中国科学院大学研究生教材系列

资源经济学

沈 镭 主编

科学出版社

北 京

内 容 简 介

本书按照"总论—分论—综论"的逻辑思路，针对自然资源的系统性和部门资源的特殊性，阐述主要自然资源的经济学问题，分析资源价值理论和资源市场配置理论，着重介绍能源资源、矿产资源、水资源、土地资源、森林和渔业资源等部门资源经济学的相关理论和现实问题，综合分析自然资源核算、资源产业与资源型城市、资源流动与资源市场、资源安全、资源战略、资源环境与可持续发展等重大应用问题，为系统地认知自然资源经济学及其应用提供理论、方法和实践参考借鉴。

本书适合作为高等院校自然资源学、地理学、生态学及资源与环境类专业的研究生教材，也可供自然资源和生态环境管理部门的科研人员及管理工作者参考使用。

图书在版编目(CIP)数据

资源经济学/沈镭主编. —北京：科学出版社，2024.6
中国科学院大学研究生教材系列
ISBN 978-7-03-077796-6

Ⅰ．①资⋯　Ⅱ．①沈⋯　Ⅲ．①资源经济学–研究生–教材
Ⅳ．①F062.1

中国国家版本馆 CIP 数据核字(2024)第 009745 号

责任编辑：文　杨　郑欣虹/责任校对：杨　赛
责任印制：张　伟/封面设计：迷底书装

科学出版社 出版
北京东黄城根北街 16 号
邮政编码：100717
http://www.sciencep.com
北京中石油彩色印刷有限责任公司印刷
科学出版社发行　各地新华书店经销
*
2024 年 6 月第　一　版　开本：787×1092　1/16
2024 年 6 月第一次印刷　印张：21 1/4
字数：558 000
定价：118.00 元
(如有印装质量问题，我社负责调换)

前　言

面向国家建设美丽中国，实现碳达峰与碳中和目标，适应全球气候变化和可持续发展的需要，急需根据中国的自然资源国情、自然资源综合管理要求和自然资源学科人才培养需求，系统地介绍资源经济学的基础理论与研究方法。编写一本具有中国特色的适合研究生使用的资源经济学教材，既是学者们多年的夙愿，也是当前国家在自然资源综合管理实践方面的需要。

资源经济学研究是应用经济学研究的重要组成部分。早在 20 世纪 20～30 年代，西方发达国家就有一批著名经济学家关注资源的经济问题，如哈罗德·霍特林、罗伯特·索洛、丹尼斯·梅多斯等。他们关心的资源泛指一切自然资源和社会资源，侧重探讨资源消耗与经济社会之间的效率与公平问题，曾经出现一个经典之问，即，经济学资源还是资源经济学？也就是说，人们讨论的资源经济学到底应该是经济学家利用经济学方法来研究资源，还是真正研究资源的经济问题。由此出现两类"资源经济学"：一是资源"经济学"，它与经济学没有本质区别，是一般经济学理论在资源问题上的具体应用，其实质是经济学，研究者不一定具备资源科学方面的专业知识，不是真正意义上的资源经济学者；二是"资源经济"学，它呈现了典型的学科交叉特征，立足于资源科学、经济学、管理学和政策学的新兴交叉领域，通过跨学科的研究视角和方法论，解决资源开发利用过程中的"经济或不经济"问题。20 世纪 80 年代以来，随着国内外对资源与环境问题的关注，一大批环境科学领域学者纷纷编写出版了《资源环境经济学》，20 世纪 90 年代末以来，特别是 21 世纪已经过去的 20 多年，世界资源供需格局发生了深刻变革，中国的资源经济问题不但表现出与西方国家相似经历的共性特征，也具有鲜明的本土化特征。遗憾的是，过去的大多数资源环境经济学专著把资源(特别是自然资源)作为环境要素来看待，重点讨论资源开发利用的环境外部性问题，国内学者也纷纷翻译或借鉴西方国家的相关论著，出版了不少资源环境经济学教材。

中国的资源经济学研究在学科体系、主要内容和逻辑框架上应体现新时代的国家战略需求。随着中国提出生态文明建设、绿色发展、山水林田湖草沙生命共同体、美丽中国等一系列理念和重大国家战略，建立具有中国特色的自然资源经济学科体系，已经面临着越来越多的现实需求和学理上的变革机遇。中国的资源经济学应该侧重于主要的自然资源经济问题及其主要部门自然资源，如水资源、土地资源、能源资源、矿产资源、森林及草原资源、海洋资源等；需要利用经济学和资源科学的相关理论来丰富并创建真正意义上的资源经济学。

为此，本书编写主要从以下四个方面展开：一是系统梳理西方资源经济学的相关理论方法和发展历程，重点介绍资源市场配置理论和资源价值理论基本原理，并提出资源经济学在中国本土化的资源科学体系中的定位与理论探索；二是分别介绍主要自然资源经济学，包括能源资源、矿产资源、水资源、土地资源、森林和渔业资源，侧重各门类自然资源的经济属性、资源优化配置政策和主要经济问题；三是介绍一些资源经济的综合问题与策略，侧重自然资源核算、资源产业与资源型城市转型发展、资源流动与贸易、资源安全与地缘经济、自然资源战略、资源环境与可持续发展；四是介绍一些重要的资源经济学研究方法和应用模型。

本书的主要内容在中国科学院大学的研究生核心课程中连续讲授了 10 年，讲义也经过了历届研究生的使用和多次不断修改完善。本书由沈镭确定编写大纲和定稿，来自中国科学院地理科学与资源研究所、中国地质大学（武汉）、华北水利水电大学、中原工学院、河南工程学院等科研机构及院校的老师参加了编撰工作，具体编写分工如下。

第 1 章，沈镭、陶建格、钟帅；第 2 章，王礼茂、沈镭、何利；第 3 章，沈镭、钟帅、何利；第 4 章，沈镭、高丽、钟帅、薛静静；第 5 章，沈镭、陶建格、钟帅；第 6 章，沈镭、卢亚丽、钟帅；第 7 章，沈镭、汪小英、姚予龙；第 8 章，沈镭、汪小英；第 9 章，王礼茂、沈镭、何利；第 10 章，沈镭、高丽、沈明；第 11 章，沈镭、胡纾寒、高丽；第 12 章，王礼茂；第 13 章，赵建安；第 14 章，赵建安、沈镭、何利。沈镭负责统稿，钟帅和李德龙完成全书的校订，杨沁东、安黎、朱屹东、苏越飞、孙文昊参与了图件绘制工作，蔡乐参与了书稿校订和整理工作。

本书得到了中国科学院大学教材出版中心的资助，还得到了中国科学院地理科学与资源研究所和中国自然资源学会的支持；同时，科学出版社的编辑付出了辛勤劳动，为本书的出版奠定了基础。感谢封志明、谢高地、黄贤金、陈劭锋等专家对本书的认真审定和提出的宝贵意见；感谢陶建格、汪小英、高丽、何利、卢亚丽等在前期收集和编辑书稿资料过程中所做的大量工作。

本书侧重于阐述自然资源的基本特性、稀缺性和合理开发利用的相关经济问题。随着国家对自然资源实行统一管理和体制机制的不断改革，肯定还有大量的理论方法和管理实践问题亟待研究与探索。为此，恳请各位专家及读者对本书提出建议和意见，以便今后更进一步完善。

沈镭

2024 年 4 月 21 日

目　　录

第1章 绪 论

资源经济学的研究对象一般专指自然资源。但是，传统的资源概念往往被泛化，导致各种资源概念不一。本教材所讨论的资源经济学限定为自然资源经济学，它是研究稀缺的自然资源如何有效配置及合理利用的交叉性应用经济学科。本章重点介绍一些学科背景知识，厘清自然资源的相关概念和分类方法，简述资源科学和资源经济学的基本原理，说明自然资源经济学与经济学和资源科学体系的相互关系，综述资源经济学的产生与发展、学科发展脉络和学科研究体系。

1.1 学科背景

1.1.1 资源的内涵与外延

1. 资源与自然资源的界定

"资源"的概念源于经济学科。经济学"资源"是指"资财的来源"。《辞海》把"资源"定义为"资财之源"，而且一般是指天然的财富来源。目前，资源科学理论研究也未对资源形成统一的明确定义。不同学者和管理人员在实践中对资源的理解也有所不同，不同的资源分支学科可能出现不同的资源界定。总体上看，资源的概念一般有广义和狭义之分。

广义的资源包括人类创造的、可以满足其生存与发展所需的所有物质或者非物质要素，是自然界与人类劳动和科技文化相结合的产物。人类逐步加深对自然界的认识，不断地发掘可用的资源种类，并不断地扩大其生产、使用规模，使得资源概念的内涵和外延被日益拓展。因此，广义的资源既包括人类所需的一切自然物，如水、土地、生物、矿产、阳光、空气等，也包括所有人类劳动形成的有形物品，如各种设备、房屋、其他消费品及生产资料产品，以及无形资源，如信息、知识与技术、人类的体力和智力。

古典经济学早就论述了广义资源的概念。英国的威廉·配第（William Petty）认为"土地是财富之母，劳动是财富之父"。马克思在讨论资本主义剩余价值来源时提出"劳动力和土地是形成财富的两个原始要素，是一切财富的源泉"的论述。恩格斯认为："劳动与自然界结合起来才是一切财富的源泉"。自然界为各种劳动提供原材料或燃料，而劳动则把原材料或燃料变为可利用的财富。狭义的资源专指自然资源。联合国环境规划署（United Nations Environment Programme，UNEP）界定的资源是指在一定时间和地点、能够产生经济价值、可以提高人类当前及未来福利的所有自然环境因素和条件。狭义的自然资源不包括那些目前尚未开采、无经济价值，但技术上可利用的部分矿产资源，以及无法开发利用但有观赏、探险猎奇、考察研究等价值的旅游资源，如沙漠、冰雪覆盖地区等。

《不列颠百科全书》（*Encyclopedia Britannica*，又称《大英百科全书》）认为自然资源包括人类可利用的自然生成物和生成它们的环境功能。水、土地、大气、生物（包括森林和草场）、岩石、矿产、陆地、海洋等都是自然生成物，而环境功能是指太阳能、地球物理的环境功能（气象、海洋现象、水文地理现象）、生态学的环境功能（植物的光合作用、生物的食物链、微生物的腐蚀分解作用等）和地球化学的循环功能（地热、化石燃料、非金属矿物生成作用等）。《中国资源科学百科全书》界定自然资源为人类可以利用的、自然生成的物质与能量。自然资源是人类生存与发展的物质基础，它是随时间变化的动态概念，主要包括水、土地、气候（光、温、降水、大气）、生物、矿产和海洋等六大类资源。

2. 资源的外延及各种认识

显然，人们对"资源"概念的解释和使用有不同的外延含义。一是把资源看作广义资源，认为资源包括自然资源和社会资源，这种理解常见于资源经济学和生态经济学中。只有广义的资源合理组合和优化配置，才能最终实现资源、生态环境与社会经济之间协调发展。二是把资源专指为自然资源。美国经济学家阿兰·兰德尔（Alan Randall）只把资源看作人们发现的有用途和有价值的物质。他的著作中所讨论的资源都是自然资源，我国很多著作标注的是"资源"，实际上也只论述了自然资源。一些权威辞书把"资源"条目定义为"生产资料和生活资料的天然来源"，这些也指的是自然资源。在多数情况下，人们谈论某一国家具有资源优势或者某个地区是资源丰富地区等时，也专指自然资源。三是把资源看作生产要素。西方经济学家黑迪（Heady）就是把资源与生产要素等同，都视为生产过程的驱动力。现代西方微观经济学[尤其是帕累托最优（Pareto optimality）理论]就是研究生产要素优化配置，以实现效率最大化。四是把资源当成产品或原材料。一般所说的产品市场上的资源短缺就是指资源性产品。

1.1.2　自然资源的分类

自然资源的类型划分有多种方法，一般常见的分类方法有以下几种。

1. 按实物类型进行的分类

自然资源主要有水、土地、气候、生物、能源、矿产等部门性资源，以及海洋、旅游等综合性资源。

（1）水资源。水资源是指在一定技术经济条件下可被人类利用且补给条件好的淡水，如河流及湖泊淡水、大气水、土壤水、冰川水等，也包括通过海水淡化形成的水资源。

（2）土地资源。土地是可供人类生产与生活及维持生态系统的重要空间场地，是地球表层各种自然条件和人类各种活动过程及其影响的自然综合体，涉及地形、土壤、气候、植被、岩石、水文等多种因素。土地资源则专指可供农、林、牧业或生态等其他用途的少部分土地，为人类生存与发展的基础资料和劳动对象。

（3）气候资源。一般是指光、热、水、风、大气成分等可直接或间接被人类利用的物质和能量，是在一定的技术经济条件下可为人类生产、生活、生态等所利用的自然资源，具有遍在、清洁和可再生的特点，通常又细分为热量、光能、水分、风能和大气成分等资源。

（4）生物资源。生物资源专指生物圈中对人类有用的动植物和微生物有机体及其生物群落。它是自然资源的有机组成部分，具有遗传、再生、可解体、多用途、不可逆、流动等特性。其中动物资源还可以细分为陆栖野生动物资源、内陆渔业资源和海洋动物资源；植物资源可细分为森林、草原、野生植物和海洋植物等资源；微生物资源可细分为细菌、真菌等资源。

（5）能源资源。能源资源是指能够提供某种形式能量的物质或物质运动的源泉。自然界蕴藏丰富多样的能源资源，包括：来自太阳辐射及其转换的各种能源，来自地球内部的地热能及核能，来自地球与其他天体相互作用而形成的潮汐能。能源资源也有很多分类方法，一般分为常规能源和新能源。已被人类社会广泛利用的能源是常规能源，如煤炭、石油、天然气、水能和核能等；在当前技术经济条件下尚未被大量广泛利用，但已经或即将被规模化利用的能源称为新能源，如太阳能、风能、地热能、潮汐能等。

（6）矿产资源。矿产资源专指由地质成矿作用生成的、埋藏于地壳内部或地表的各种有用物质和能量，是具有工业利用价值的矿物或元素集合体，一般为固体、液体、气体状态，在人类生命周期内都是不可再生的资源，因此又称为耗竭性资源，在一定时间和技术条件下其储量有限。中国目前已发现 173 个矿种，细分为 4 大类型，即能源矿产（13 种，包括煤炭、石油、天然气、煤层气、页岩气、油页岩、石煤、天然沥青、泥炭、地热、铀、钍、油砂）、金属矿产（包括 59 种、7 小类）、非金属矿产（包括 95 种、3 小类）和水气矿产（6 种，包括地下水、矿泉水、二氧化碳气体、硫化氢气体、氦气、氡气）等。

（7）海洋资源。海洋资源是与陆地范围相对应的自然资源，特指其来源、形成和存在方式都直接与海洋相关的各种物质和能量，是一大类综合性资源，可细分为海洋生物、海洋矿物、海水化学、海洋动力等资源。海洋生物资源包括所有生长或繁衍在海水之中可利用的动物和植物；海洋矿物资源包括滨海砂矿、陆架油气、深海沉积矿产、海底多金属结核和富钴锰结壳、可燃冰等；海水化学资源是溶解在海水中的氯、钠、镁、硫、碘、铀、金、镍等元素，其性质同海洋矿物资源一样，但开采方法与海洋矿物资源完全不同；海洋动力资源是指蕴藏在海洋中的各种动能，如潮汐、波浪、海流、温度差、密度差、压力差等。

（8）旅游资源。旅游资源是指自然界中对人类具有吸引力、可供旅游业开发利用并产生效益的各种要素的总称，是一大类综合性自然资源，可细分为自然风景旅游资源和人文景观旅游资源。前者是各种特殊的自然地理条件和自然资源，如独特的地貌、气候、水文、生物等；后者是人类活动及其遗留的，且具有特殊观赏价值的自然资源，包括人文景物、文化传统、民情风俗、体育娱乐等。西方国家将旅游资源称为游客吸引物（tourist attractions），这里不仅是指旅游地的旅游资源，还包括完备的接待设施、优良的服务及便捷的交通条件。

2. 按可持续性进行的分类

按照自然资源的储量或者资源量是否存在减少情况，可分为耗竭性资源和非耗竭性资源。

（1）耗竭性资源。分为可更新性资源和不可更新性资源。可更新性资源有水资源、土地资源、生物资源（如森林、作物、野生及家养动物、水产渔业）等，这些资源的储量依靠自然循环或者生物自身生长繁殖而得以更新和维持。如果合理规划并管理好这些资源，可以做到永续利用。反之，如果开发利用不当或者破坏了其循环更新过程，可能造成资源储量衰竭。不可更新性资源专指矿产资源和化石燃料资源。

（2）非耗竭性资源。通常包括恒定性资源和易误用及污染的资源。

以上这种资源细分的方法如图 1.1 所示。

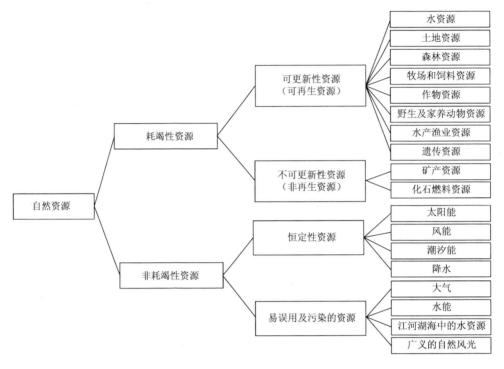

图 1.1　基于可持续性的自然资源类型

3. 按自然资源形态进行的分类

自然资源一般可分为物质性资源和功能性资源。

（1）物质性资源。主要是指煤炭、油气、矿石、木材等产品，其供给量有限，是国民经济中生产活动的常规投入要素，也是经济学中经常讨论的自然资源。

（2）功能性资源。主要是指自然环境、阳光、旅游资源等，也称为环境资源。这些资源的容量或承载能力具有一定限制，也不便于进行市场交换，而是直接进入消费过程，为人们提供舒适度或满足感。

两种资源具有明显的区别与联系，其区别也是自然资源经济学与环境资源经济学的区别所在。

4. 按人类对资源认知程度进行的分类

自然资源一般可分为现实资源和潜在资源。

（1）现实资源，是指在人类社会发展的某个特定历史阶段能够利用的资源。

（2）潜在资源，是指在人类社会发展的某个阶段尚不能充分认识和开发利用，但在未来可能成为现实资源的资源。

5. 按自然资源开发利用程度进行的分类

自然资源一般可分为原生自然资源和次生自然资源。

（1）原生自然资源，是指源于大自然且能被人类所利用的天然资源，随着科学技术的进步，可利用的自然资源种类、数量、质量等将会不断发生变化。

（2）次生自然资源，是指被人类开发利用过至少一次的自然资源和以自然资源为基础派生出来的资源，前者如城市矿产、再生资源（废弃物）等；后者包括人类认识和利用资源的各种工具及设备、新能源、新材料等。

1.1.3 自然资源的基本属性

自然资源作为一个整体，具有自然和社会两大基本属性。自然属性反映的是自然资源系统状态和关系，包括系统的边界、成分、结构、功能等，一般表现出系统性、稀缺性、多用性、区域性、成因差异性等特性。社会属性反映的是自然资源进入社会经济系统的特性，也是作为人类社会生产与生活的劳动手段和劳动对象的性质。

1. 自然属性

（1）系统性。在地球圈层内各种自然资源是相互依存和相互制约的自然系统。该系统中任何一种资源的变化，必然引起其他资源的相应变化。各种资源既相互作用，又相互反馈，循环往复，互为因果，相互交织在一起并共同构成统一的整体。例如，开采地下水资源造成的大面积采空区，在重力作用下可能导致地层断裂、弯曲、陷落和崩塌，产生一系列的槽形凹地，使其表面的土地资源和生态环境遭受严重的破坏。森林资源兼具经济效益和生态效益，不仅提供林木等物质性产品，还具有涵养水源、保持土壤的生态环境效益。山地森林资源一旦遭受破坏，森林资源系统就会丧失削洪、减枯的调节功能，导致河流含沙量增加。长期以来，因上游植被破坏，黄河已成为世界上水土流失最严重的河流之一。自然资源的系统性特点表明，开发利用自然资源应具有全面的观念，实行综合利用、协调发展。

（2）稀缺性。自然资源在满足人类需要并产生经济价值或者生态系统服务价值的过程中，必然出现对自然资源的利用和消耗问题，而相对于人类需求的无限性和人口增长而言，自然资源的供给不足，表现出稀缺性。不可再生资源的稀缺性最为明显；对于可再生资源，虽然其在客观世界存在着"再生性"，但在一定的时间、地点能够产生经济价值或服务价值的部分也是有限的，如太阳能、水资源。

（3）多用性。科学技术进步促使自然资源的用途得到扩展。以水资源利用为例，人们最早发现其泄洪、排水、补给地下水等功能，之后发展为渔业、农业灌溉、水上运输、水力发电等水资源功能。近年来，人们认识到水资源还具有生态环境调节功能，特别是具有调节小气候、净化大气、优化水质等环境功能，娱乐、陶冶情操、提供景观等休憩功能，以及防灾避险等功能。多用性决定了开发利用自然资源时必须坚持综合开发和优化开发原则。

（4）区域性。自然资源往往在空间上呈现不均衡分布，反映了区域组合差异和富集特征。一些国家或地区的资源极其富集，另一些国家或地区的资源相对贫乏。空间分布不均是自然资源在世界各地流动的主要驱动力。石油、铁矿石、木材等是国际资源贸易最重要的进出口物资。

自然资源空间流动表现为三种基本形式。一是自然资源的移动，如地表水径流，人类可以开掘运河和渠道，把水资源调入稀缺地区，如南水北调。二是自然资源产品的移动，如原油、矿石、木材等。这类资源可以加工成不同的资源性产品，通过各种运输方式输向其他地区。三是自然资源的不可移动，这种资源具有固定的空间约束，不能发生空间位移，如土地及附着在其上的房屋、道路、桥梁、港口等。由于自然资源空间分布不均衡及具有流动差异性，自然资源的开发利用条件较为复杂。

（5）成因差异性。如前所述，自然资源可以按开发利用程度划分为原生自然资源和次生自然资源。对于可再生的自然资源，如太阳能、风能等，太阳能来自太阳辐射，风能来自自然风的循环更新，在一定时期内可以保持供应稳定。这些资源可以周期性再生。对于可更新的自然资源，如森林和渔业资源，或者其他的动物资源、植物资源和微生物资源，都是有生命的有机体，其更新程度取决于自身的繁殖能力和外界的环境。

2. 社会属性

自然资源具有的社会属性反映在以下三个方面。

（1）对自然资源的认识、评价、利用需要科学技术的投入。人类需要一定的科学技术手段才能将自然资源转变为有用的物品。科学技术进步不断扩大人类开发利用自然资源的深度与广度。一旦开发利用技术取得了突破，以前不能利用的资源也可以成为有用的自然资源。

（2）自然资源价值中附加了人类的劳动。马克思认为，人类对自然资源附加了劳动因素，是"合并到土地中了，与自然资源浑然一体"。无论是埋藏在地下的矿产资源还是山区中的原始森林，尽管从直观上很难体现人类的附加劳动，但是为了发现或者保护这些资源必须付出一定的劳动，增加了资源勘查和保育成本，体现了其社会价值。

（3）自然资源是生产力的重要组成部分。一般来说，生产力由三个方面构成：一是从事物质资料生产的劳动者；二是劳动资料，包括生产工具、耕地、建筑物、道路、运河、仓库等；三是劳动对象，包括自然界直接提供的自然资源及其加工的燃料和原材料，如棉纱、钢材等。显然，生产力中的劳动资料和劳动对象都与自然资源紧密相关。

1.1.4 自然资源学的基本原理

1. 地域分异规律

地理学认为各种自然地理要素及其特征在特定地区可能遵循沿某个方向变化的规律，即地域分异规律。地球的陆表起伏造成了热量、温度、湿度、水分等差异，由此形成世界各地的自然要素及其综合体在纬度及经度上的水平地带性和某个区域的垂直地带性。例如，矿产资源分布受成矿构造的控制，具有显著的地域分异规律，决定了矿产资源开发利用的地域性特征。地域分异的空间规模大小不一。有的随纬度变化产生全球或者区域差别，形成巨大的高原、高山和平原；有的随海拔变化在局部产生分异，如低处河谷向高处分水岭的变化。不同尺度的分异规律是密切关联的。一般来说，高一级地域分异下存在很多次一级的分异。不同的地域空间也形成了各种自然资源组合，这是自然资源综合区划的基础，也是资源经济学需要研究的重要内容。

（1）大尺度地域分异规律。主要是纬度上的热力差异、经度上的气候干湿度差异、大地构造和地貌上的地理环境差异所造成的纬度和深度地带性。

纬度地带性差异表现为地球上的不同热量带，沿纬度方向延伸并发生变化，规模上形成海陆分布和大地构造-地貌差异，以及不同干湿度分区和大地构造-地貌分区。大气和降水具有地带性分异，形成不同的植被带和生物群落、土壤带和地貌景观。深度地带性差异由地球内力作用形成，其规模大小不一，在海陆空间各地均有分布，形成复杂多样的自然资源组合。

（2）中尺度地域分异规律。在大尺度地域分异格局下，还可以形成高地和平原内部的地势地貌分异、局部气候分异和垂直变化。

高地包括山地和高原，与平原一样，在其内部还有次一级的地貌分异。例如，华北平原，从海边到山麓可以分为海陆交互相沉积物的滨海平原、滨海及河流沉积的交接洼地、典型冲积平原、冲积物或洪积物断续分布的交接洼地、山前洪积冲积平原。从平原向高地过渡，以及从山间盆地向其周围山地过渡也存在一系列地貌分带。例如，从华北平原向太行山和山西高原延伸，出现山麓丘陵和盆地相间带、丘陵、盆地、山麓、高原等。

局部气候分异一般发生在海岸和湖泊沿岸。由于干湿风和水温的调节、水面蒸发的影响，这些地方气候变化比较和缓，空气比较湿润。在一些灌溉区、森林区、城市等，不同的气候差异形成不同的气候资源。垂直变化一般表现为随海拔的增加而出现气温下降，一般海拔每升高 100m 气温平均下降 0.5～0.6℃，而降水则是到一定海拔后开始减少，使景观及其各组成要素发生相应的垂直分带现象，该现象在植被、土壤、水热条件等方面的变化非常明显，这也是生物资源、土地资源、气候资源垂直地带性分布的根本原因。

（3）小尺度地域分异规律。在局部地区因地貌起伏、小型气候、特殊岩性、土质、地表水和地下水等差别而形成的地方性分异规律，在小范围内发生变化，称为小尺度地域分异，主要表现为局部地貌变化和小气候、特殊的岩性和土质与排水条件。例如，从河谷到分水岭依次是河床、低河漫滩、高河漫滩、低阶地、高阶地、谷坡、山坡和山顶，相应形成差异明显的土壤类型与生物群落。特殊地貌部位的基岩风化壳直接影响了土壤发育，而不同岩性和排水条件可以发育出不同的植物种类和生物群落，以及各种类型的土地资源。

2. 自然节律规律

自然界所有地理要素随时间的变化遵循一定的时序规律性变化，这种自然过程称为自然节律规律。随着时间的变化，某类型的自然资源可能消失，新类型的替代资源出现，或者是资源数量发生增加或减少，质量可能变好或变差。自然资源发生节律性变化是适时、适地和优化开发利用自然资源的重要科学依据，在对自然资源利用前景进行预测时，必须予以考虑。

自然节律性在农业自然资源领域的表现最为明显。在农业自然资源系统中，粮食、作物和其他农产品都是光、热、水、土等多种资源共同作用的结果。农作物的生长受日际、年际变化的影响，以及太阳黑子周期甚至更长周期的影响。农作物本身也要经历生长、发育、繁殖、衰亡等变化过程，所有这些变化相互交织在一起，形成各种各样的叠加作用。

3. 资源循环规律

资源循环是指人类在开发利用自然资源过程中某一阶段产生的副产品或废弃物还可以作为下一阶段的资源来加以利用的特性。自然资源得到不断循环利用，可以最大限度地减少自然资源的损失或对环境的破坏。地球本身就是一个动态的循环系统。自然界存在各种各样的物质和能量循环，如碳循环、氮循环、水循环等。人类和动物自身也存在各种营养平衡和循环。人的消费需要是促使资源在社会经济系统中发生循环的根本动力。

国民经济社会生产需要尽量用较少的自然资源与劳动投入，创造出尽可能多的产品并尽可能保护好生态环境，尽量充分地提高资源循环效率。资源循环规律表明，资源循环效率与自然资源投入成反比、与自然环境优劣程度成正比，也与消费品数量、质量及满足需要的程度成正比。广义的循环经济是人与自然之间进行资源循环利用的各种活动；狭义的循环经济是指生产和消费过程产生的废弃物循环利用。人与自然之间的物质循环展现了资源循环规律。

1.1.5 资源经济学的基本原理

资源经济学是应用经济学的一个分支，尽管其作为一门独立分支学科较为年轻，但早期很多经济学流派已对资源经济学的相关问题进行了大量探索。资源经济学借鉴经济学的基础理论与定量分析方法，探索解决自然资源调查评价、勘查开发、合理配置、保护利用的公共政策和决策问题。微观经济学和福利经济学是资源经济学的常用基础理论和分析方法，侧重分析资源经济活动及有关公共政策的社会成本-效益，以及资源经济活动对个人、企业、产业活动、经济部门乃至区域、国家和全球的影响，这些相关原理对自然资源开发利用、保护与管理具有重要的理论价值。

1. 资源利用最优耗竭理论与霍特林法则

资源利用最优耗竭理论是关于自然资源的经典理论，主要讨论不可更新自然资源利用的最优耗竭速度与条件。有些自然资源是不能再生或更新的耗竭性资源，如石油、煤炭等矿物能源，其储量虽大但存量不会增加。这类资源若想实现长期可持续利用需要科学决策。美国经济学家索洛（Solow）和霍特林（Hotelling）提出了自然资源优化利用的两个基本条件。

资源利用最优耗竭理论的第一个条件是索洛提出的。他认为：资源产品价格由资源产品的边际生产成本与资源影子价格组成。这表明实现自然资源效率最大化必须把环境成本、生产成本、时间成本等纳入资源性产品价格之中。然而，在竞争市场条件下，企业往往不考虑上述成本，使得自然资源产品价格只包含边际生产成本和稀缺地租。

资源利用最优耗竭的第二个条件是霍特林在《可耗竭资源经济学》中提出的。他首次将导数和微分应用于资源存量的时间配置研究，发现：随着时间的推进，矿区使用费必须按照与利率相同的增长率来进行调整。也就是说，社会持有存量资源的稀缺地租增长率应与社会长期利率相当，也反映了社会长期利率对资源耗竭速度具有显著影响。社会利率高将加快资源耗竭；反之，社会利率低则有助于减少资源消耗和保护资源。这表明，资源利用最优耗竭的条件是任何时刻的资源耗用应等于其获利水平，没有时间机会成本，也称为霍特林法则。

在上述资源利用最优耗竭理论的两个条件中，第一个条件是关于流量（消费量）最优或最优开采，其中对资源产品最优定价作了解释；第二个条件则是反映存量（储量）最优利用或最优保护，也说明了如何合理调整资源租金或资源使用费。这两个条件是资源利用最优耗竭理论的核心内容，对于自然资源，特别是不可更新资源，主要是矿物能源、金属或非金属矿产资源、地下水资源等的合理开发利用和有效保护具有重要的应用价值。

2. 共享资源与外部性理论

有些自然资源的利用可能带来外部性,特别是共享资源。共享资源是指其产权为公共所有、人人享有对其开发利用的自然资源。共享资源的类型很多,如荒原上的野生动植物、国际上的公共水域、局部地下水域及地下水、大气层等。

共享资源的最大问题是其产权公有,每个人都可以使用这种资源且都担心在未利用这种资源之前其可能被他人用尽,无法排斥他人使用这种资源的权利。资源使用者可能把人类共同拥有的大气层和水体当成其私人的废物排泄场所,而不考虑任何环境后果。由此可能出现人人都抢夺或者浪费共享资源,加速资源耗竭甚至破坏其再生能力,形成"公地悲剧"。

外部性是指开发利用某种自然资源对其他资源或环境状况产生影响。外部性可能是两种资源开发利用之间的影响,也可能是开发利用资源对环境的影响。在资源生产活动或其消费活动之间也存在各种外部性。早期的经济学家常常引用一个典型的环境问题举例说明外部性。例如,火车在铁路上行驶冒出的火星,可能引燃铁路沿线农民的麦田,这就是外部性。

为了解决共享资源的外部性问题,马歇尔(Marshall)提出了外部性理论,后来庇古(Pigou)等也做出了重要贡献,这为资源经济学的建立和发展奠定了理论基础,也是对市场经济理论的修正。一般而言,当一种资源生产或消费活动对其他生产或消费活动产生某种影响,但这种影响并未体现在其资源市场价格时,就产生了外部性。外部性是私人成本或收益与社会成本或收益之间存在差异的主要原因,导致实际资源价格不是最优资源价格。外部性有两种:外部经济性和外部不经济性。例如,当流域上游植树造林、保护水土,保障了下游的水资源,即社会收益超过私人收益,这是典型的外部经济性。反之,如果上游过度开发森林资源造成水土流失或洪水泛滥,对下游的工农业生产和运输造成不利影响就是外部不经济性。其中,多数外部性导致资源配置失灵的根源是其产权不清。如果资源产权清晰,外部性影响将在资源价格中体现,也称为"外部性内部化过程"。例如,当河流上游的污染者损害了下游用水者,则上游的污染者需要把下游水质降到特定水平以下,否则就要受罚或者补偿。这时,上游污染者可以与下游用水者通过协商和交易活动换取有限污染的权利,下游用水者则可以获得治理污染的费用或者补偿,如此可以使整个社会福利都得到改善,这也展现了外部性理论的重要作用。

3. 资源估价与核算方法

自然资源具有价值和使用价值。为了实现资源有偿利用并发挥市场在资源优化配置中的基础作用,首先要对自然资源进行价值评估。常见的资源估价方法有 5 种,包括:收益资本化(revenue capitalization)法、市场比较(market comparison)法、市场趋势(market trend)法、影子价格(shadow pricing)法、竞价(bidding)法等。与资源估价相关的是资源核算(resources accounting)。它是 20 世纪 80 年代提出的一个概念,目的是对一定时空范围内的自然资源,经过详细统计和合理估价后,采用账户的形式分别核实其数量和价值量、测算其总量平衡和了解结构变化状况。

4. 资源稀缺性及其度量指标

资源稀缺性是指人们在某段时间范围和技术经济条件下所拥有的资源不能满足人们欲

望的一种状态。这种"稀缺"在经济学上是相对于人类无限增长的欲望而言的，并非"实际数量缺少"，而是"相对不足的资源供给与人类绝对需求增长"之间的矛盾。对于原生性资源（如耕地或原油等）和经过加工形成的资源性产品（如农产品或石化产品），其资源价格和价格指数可作为测度其资源稀缺状况的指标。如果资源价格高或价格指数增大，反映其资源稀缺程度高，反之亦然。另外，资源或资源性产品的生产成本和资源租金（如地租或矿区使用费），也是测度资源稀缺状况的重要指标。

5. 资源代际分配原理

由于自然资源的供给稀缺，进行资源配置时必须考虑当代人与下一代人的资源需求。代际分配就是要实现不同代际的资源配置公平。资源经济学认为，贴现率的考量决定了资源代际最优分配方案，政府可以并只能通过调整贴现率优化资源的代际分配。例如，降低贴现率可以延缓资源耗竭的速度，为后代保留更多的资源；而提高贴现率会加快资源耗竭。

6. 资源产权理论

西方资源经济学讨论的自然资源一般要求产权清晰。资源产权是资源经济学中一个非常重要的前置条件，包括资源所有权、使用权、处置权和获益权，是资源权利的集合。同时，资源经济学特别重视产权公有的共享资源问题及其产生原因，探索对其进行有效管理的途径。

7. 资源效率原则

资源经济学特别重视资源效率问题，包括资源使用效率、资源配置效率，以及与资源开发利用有关的其他效率，如技术效率、规模效率、生态效率、社会效率等。

以上这些资源经济学理论在后续章节中将分别根据具体情况进行详细介绍。

1.2　资源经济学的产生与发展

1.2.1　资源经济学的学科萌芽

人类社会的发展史就是一个逐渐开发利用自然资源的漫长过程。在新石器时代晚期，由于弓箭的发明和使用，人们依靠集体的力量捕猎的动物逐渐增加，也开始了兽类的驯化和饲养。与此同时，人们逐渐积累了对植物生活习性的知识，可以利用简单粗糙的原始农具，对那些可食用且产量较高的野生植物进行种植，这些都是对原始自然资源的开发利用过程。从自然资源的原始利用发展到原始农业活动，再到农业社会，人们从崇拜自然到尊重自然，产生了一系列朴素的自然资源科学利用知识和经济学思想。

1. 自然资源的原始利用与自然崇拜

人类从狩猎-采集型社会发展到农业社会以来，消耗了大量的原生自然资源。古代人类通过采集、狩猎，并简单加工一些原生矿物及生物来获取生产生活所需资源。当原生自然资源不足以保障人类的生产生活需求时，人类逐步创造了规模化的人工培育资源技术，由此进入农业社会。人类历史80%~90%的时间都处于这一时期，可利用的自然资源以可更新资源

（特别是生物资源）为主。人类在开发利用自然资源的过程中，不断改进生产工具和生产技艺，积累了对自然界的认识，尤其是天文和历法方面的基础知识。农牧民族为了获得生存的物质保障，需要遵循自然界的循环节律并使生产活动与之相协调。人们通过气候观测认识了太阳和月亮的运作及气候的冷暖变化。对于农业社会，认识年际变化规律可以为耕作、播种和收获提供科学指导。中国在公元前 6000～前 5000 年的黄河和长江流域就已有农耕作业。

其中，种子资源的发现、认识和改良极大地推动了人类文明向前迈进，促使土地资源成为农业文明的核心。早期的农业生产所能利用的土地只是一些水利条件较好的河流沿岸与绿洲盆地的优质土地，形成了大河流域与绿洲地区的远古文明，仅在一些耕地狭小地区才形成特殊的"城市国家"。然而，由于早期生产力水平极低，人类对自然资源的利用与需求层次也很低，虽然积累了一些极为原始的自然资源利用知识和经验，但缺乏系统的总结和传承。

2. 古代朴素的资源意识与尊重自然观

农业社会对自然资源利用的种类已经丰富多样。这些资源包括铁、铅、金、银、铜、锡等矿产和以土地（耕地）、林木（建筑材料、冶炼燃料）、水流（灌溉）、水力（水车）等为主的农业自然资源。当时的资源供给规模只能维持社会经济生产和基本生活的正常需求，对农业自然资源的开发利用深度和广度还比较有限。总体上看，古代人类只是小规模和低水平地开发利用自然资源，且以生物质资源为主，人们对资源的认识隐含在对大自然的认识之中。这种古代朴素的资源观和尊重自然理念散见于西方和中国古代的哲学著作及中国古代的一些农业记载之中。

古代的资源思想中也出现了人与自然资源关系的论述。古希腊哲学家柏拉图（Plato，公元前 427—前 347）认为：一个国家无论人口多少都要尽量保持人口与土地资源之间的平衡，因为土地是抚养一定数量人口并确保其基本需求的资源基础。亚里士多德（Aristotle，公元前 384—前 322）也提出了理性思维，认为宇宙万物遵循着一定的规律运行，不被神、投机取巧或者各种魔术控制。这与中国公元前 6 世纪老子提出的"人法地，地法天，天法道，道法自然"的尊重自然观念相一致。古代一些有关农业自然资源的著作中也可以找到一些正确处理人与自然资源关系的观点。公元前 2 世纪至公元 4 世纪，古罗马先后有 4 部农书问世，主要论述了当时农业资源利用、种植栽培技术及农奴管理等问题。中国古代最早出现的农业文献是先秦时期的《上农》《任地》《辩土》《审时》。《上农》主要介绍了重农宜商政策和措施，《任地》讨论了土地利用与土壤改良，《辩土》主要分析了土壤耕作与合理栽培，《审时》指出了天时的重要性，强调农业生产必须适应自然界气候变化规律。公元 533～544 年，贾思勰完成的《齐民要术》是中国现存最早和最完整的农业科学著作，该书根据实践经验得出"顺天时，量地利，则用力少而成功多。任情返道，劳而无获"的论点。这是中国传统农学的主导思想，强调要在尊重自然和掌握自然规律的基础上发挥人的主观能动性。

3. 中国古代农业的因地制宜思想

中国早在封建社会前期就提出了因地制宜思想，相关著作如《周礼》《管子》《礼记》《齐民要术》等，是中国古代对自然资源保护的理论贡献，主要观点如下。一是强调土宜思想。《管子·地员》和《齐民要术·种谷》最早记载了不同土壤适宜种植的作物及如何合理利用土壤。二是提出了地宜思想。《淮南子·泰族训》和《礼记·礼器》中都论述了不同的地形地理条件（山陵、平原、低地和水泽等）应该发展适宜的生产。1149年，陈旉完成的《陈旉农书》中有"地势之宜篇"，首次提出了"地力常新壮""用粪犹用药"的观点。王祯于1304年在《农书》"地利篇"中叙述了以"土宜"教民的故事，介绍了大禹平治水土之后指导农民"视其土宜而教之"；论述了土地在区域差异、物产类型、质量高低、产量不同等方面的特点，初步形成了中国农业自然资源分区与全国农业区划的概念雏形。马一龙在《农说》中提出了继承荀子的"人定胜天"思想，提出"知时为上，知土次之；知其所宜，用其不可弃；知其所宜，避其不可为；力足以胜天矣"，清楚地反映了时宜、地宜和物宜的科学思想。

总之，因地制宜思想在我国悠久的历史长河中不同时期具有不同的内涵，其发挥的作用不完全相同，也没有形成理论体系，但都有利于发展农业生产和促进资源的可持续利用。

1.2.2　资源经济学的基本思想

1. 近代中国的自然资源经济思维

明清以来，中国的自然资源思想不断发展，许多政治家、思想家及一些博物学家对自然资源进行了零星记载和简单概述。明清时期大量方志著作中一般列有"物产""土产""矿产"等项，对地上的动植物资源和地下的矿产资源都有记载和描述。例如，《正德琼台志》（明）在"土产"部分记载了海南出产的动物、植物、矿物和药物，类型丰富多样，对每种物产还有说明，指出了海南岛丰富的自然资源及动植物中丰富的热带亚热带特产属性。其他还如《大明一统志》、四川《富顺县志》（清）等。这些内容丰富的方志资料既是中国资源科学史的重要研究内容，也对研究自然资源与环境变迁、区域资源配置变化等资源经济学问题具有重要价值。

中国很多百科全书式著作也记载了自然资源利用问题。明代药物学家李时珍于1578年编撰完成的《本草纲目》阐述了中国古代对自然界万物的分类思想，是当时世界上最完整的植物资源科学专著。达尔文的《物种起源》引用了《本草纲目》，将其作为物种选择问题的例证。明代地理学家徐霞客考察完成的《徐霞客游记》翔实地介绍了动物、植物、喷泉、地热、矿产等珍贵的自然资源。徐光启的《农政全书》和宋应星的《天工开物》描述了农业自然资源及其他资源的性状特征、资源利用方式等。这些专著不仅极大地丰富了我国各类自然资源知识，还形成了当时对自然资源合理利用的资源经济学思想。

中国近代产生了一些零星的资源经济学思维。明清时期的农业生产有了很大发展，清末创造了在人均耕地2亩（1亩≈666.67 m^2）的条件下养活4亿人口的奇迹。当时人们利用农业资源的特点，继承精耕细作的传统，扩大耕地面积，增加复种，提高单产，这是传统农业文明开发利用自然资源的科学成果。随着人口的增长，贫穷落后的现实迫使人们开始意识到土地资源的有限性。一些学者从土地和人口占比的角度进行了中国与世界其他各国的对照分析，提出了土地面积并不是创造财富的唯一因素，只要发展先进的生产技术，即使在较少的土地上也能让较多的人口过上充足富裕的生活。

2. 西方的自然资源思想

近代西方经济学家也对自然资源开发利用进行了记录、描述、归纳和总结。在17世纪自然科学发展的早期，生物学家考察了不同生物的特性并做了描述记录，采用归纳法将不同性质的生物归并成不同的类群。随着 18 世纪新大陆探险活动的开始，生物学记录的物种快速增多，动植物的分类更为详细明确。卡尔·冯·林奈（Carl von Linné, 1707—1778）从 1732 年起开展了矿物、植物和动物的多次考察，于 1735 年出版了划时代的著作《自然系统》，是世界上较早的一部有关矿物、植物、动物的百科全书，详细介绍了矿物的形成、植物和动物生长与生活，以及植物界的分类和改进，涉及 7300 种植物、4235 种动物。1527 年，德国矿物学家阿格里科拉（Agricola, 1494—1555）系统整理了矿物知识和岩石分类，描述了采矿和冶金等生产过程，提出了矿物与矿石的区分方法，被称为矿物学之父。18 世纪后，由于英国工业革命、法国大革命和启蒙思想的推动，欧洲兴起了大量的科学考察和探险旅行，自然资源成为直接研究对象，有关野外考察成果不断涌现，不同的学术观点和学派之间争论较为活跃。

这个时期的西方资源经济学家主要关注以土地和生物为主的农业自然资源。重商主义政策推动了海外资源贸易和殖民活动，鼓励资本原始积累，催生了为适应国外资源市场的加工生产。发生于 18 世纪中叶的英国工业革命中，以大机器生产和蒸汽动力为标志的生产活动彻底改变了人类开发利用自然资源的思维和方法，加快了自然资源规模化和掠夺性利用进程，也使人们普遍持有“资源无限论”观点。同时，西方古典政治经济学家、人口学家、农学家对自然资源的合理利用进行了精辟的阐述。例如，17 世纪古典政治经济学创始人配第（Petty, 1623—1687）发表了“土地是财富之母，劳动是财富之父”的精辟观点；1798 年，马尔萨斯（Malthus, 1766—1834）发表了《人口法则随笔：其对社会进步的潜在影响》，从人口增长与土地资源生产力的动态关系出发，提出“人口以几何级数增长，生活资料以算术级数增长”的人口法则，认为人口将无限制地增长直到食品供应的极限，并产生食品严重短缺。李嘉图（Ricardo, 1772—1823）的地租理论很好地解释了日益存在的自然资源稀缺性。美国自然保护之父、著名森林学家平肖特（Picchot, 1865—1946）从保护资源的角度认为“保守主义就是对自然资源的一种利用方式，使其在最长的时间里提供数量最多、质量最好的产品”。美国地理学家和外交家马什（Marsh, 1801—1882）的著作《人与自然：人类活动所改变的自然地理》（1864 年）指出：人类活动并非完全对环境有害，如改良土壤、排干沼泽都有利于人类生活，而环境变迁是一种地质事实，与人的活动关系不大，但滥用自然环境可能导致土壤侵蚀、淤积和其他退化。恩格斯（Engels, 1820—1895）在 1876 年也有一段经典论述：“我们不要过分陶醉于对自然界的胜利。对于每一次这样的胜利，自然界都报复了我们。每一次胜利，在第一步都确实取得了我们预期的效果，但是在第二步和第三步却有了完全不同的、出乎预料的影响，常常把第一个结果又取消了。”

1.2.3　资源经济学的形成与发展

资源经济学科形成独立的框架体系经过了初创、建立和成熟等三个阶段。

1. 初创阶段

该阶段发生在 17 世纪 60 年代～20 世纪 20 年代，是西方古典经济学和新古典经济学繁荣时期，很多经济学大师的论著中出现了资源经济学的许多思想和观点。一些古典经济学家最关注如何提高资源利用效率和长期经济增长问题，认为资源供给是国民财富和经济增长的制约因素，提出了代价决定论和劳动价值论，认为自然资源的价值受生产财富所付出的费用、成本或劳动等代价的影响。之后，新古典经济学家运用边际分析法和均衡分析法，提出了边际效用价值、均衡价格、资源优化配置和外部性等理论。当时提出的一些基础理论和方法为资源经济学的初步创立奠定了很好的学科基础。

2. 建立阶段

该阶段发生在 20 世纪 20～50 年代。20 世纪 20 年代，人口飞速增长导致世界资源需求大幅上升。19 世纪下半叶至 20 世纪初完成的第二次工业革命，把人类推进到电气时代。由于生产力的大幅提升，大规模地开发利用深部和偏远地区的自然资源成为可能，形成了相关的资源产业，但也带来了资源衰竭、环境污染和生态破坏等问题。此阶段的资源经济学主要是研究部门资源（或资源产业）的经济问题，探索一些世界性的资源及环境问题，出版了很多专著。例如，1924 年，美国经济学家伊利（Ely, 1854—1943）和莫尔豪斯（Morehouse, 1898—1966）合著的《土地经济学原理》出版；1931 年，霍特林（Hotelling, 1895—1973）发表的《可耗竭资源经济学》是资源经济学诞生的标志。同时，中国的章植于 1930 年出版了第一本《土地经济学》专著，张丕介和朱剑农出版了《土地经济学导论》（1944 年）和《土地经济学原理》（1946 年）。该阶段资源经济学讨论的重点是土地和矿产资源的经济学问题。

3. 成熟阶段

西方资源经济学的成熟阶段是在 20 世纪 50 年代之后。20 世纪 70 年代末，美国和苏联学者的著作中出现了"资源科学"的提法。该时期出版了不少有影响的论著，如梅多斯（Meadows）等的《增长的极限》（1972 年），苏联学者明茨（Mints）的《自然资源的经济评价》（*Экономическая оценка естественных ресурсов*）（1972 年），沃德（Ward）和杜博斯（Dubos）的《只有一个地球》（*Only One Earth*）（1972 年），班克斯（Banks）的《自然资源经济学》（*The Economics of Natural Resources*）（1976 年），史密斯（Smith）的《自然与环境资源经济学》（*Economics of Natural & Environmental Resources*）（1977 年），达斯古普塔（Dasgupta）的《经济理论与耗竭性资源》（*Economic Theory and Exhaustible Resources*）（1978 年），豪（Howe）的《自然资源经济学——问题、分析与政策》（*Natural Resource Economics: Issues, Analysis, and Policy*）（1980 年），等等。

在这一阶段，学者关注的重点是资源短缺和世界经济危机问题。以凯恩斯学派为代表的西方经济学家主张经济增长决定论。当时世界经济和社会发展呈现人口、经济和城市化的快速增长特征，造成了各种自然资源高消耗和废弃物高排放，也不断威胁着人类的生存与发展。土壤、气候、能源、淡水、森林、生物多样性、海洋等资源问题，以及水体、空气、海岸带污染和极地臭氧层破坏等生态环境问题，迫使人们开始反思盲目追求经济增长的发展观和对自然资源粗放的利用方式。20 世纪 60 年代后期，以罗马俱乐部为代表，反增长或零增长的悲观发展理念诞生。20 世纪 80 年代末兴起的第三次工业革命促进了社会生产力快速发展，人类步入了知识经济时代，自然资源的利用方式和利用范围发生了重大变化，对资源悲观论进行了大量的反驳，提出了资源可持续利用思想。世界各地涌现了一批资源经济学研究机构，先后出版了较多的资源与环境经济学论著。例如，西蒙（Simon）的《最后的资源》（*The Ultimate Resource*）（1981 年），克鲁蒂拉（Krutilla）的《自然资源经济学》（*The Economics of Natural*

Environments）（1985 年），丹尼尔（Daniel）的《自然资源经济学》（*Natural Resource Economics*）（1986 年），尼利和维恩伯格根（Neary；Wijnbergen）的《自然资源与宏观经济学》（*Natural Resources and the Macroeconomy*）（1986 年），兰德尔（Randall）的《资源经济学》（1989 年中文版），珀曼（Perman）、马越、麦吉利夫雷（McGilvray）、科蒙（Common）等著、侯元兆等翻译的《自然资源与环境经济学》（1995 年第 1 版，2002 年第 2 版）等。

1.2.4　可持续利用资源观

1. 资源的悲观与乐观之争

从世界范围看，资源供给是否可持续？大自然提供给人类的各种自然资源是否能够维持全球不断增长的各种需求？即使能够维持需求，是否存在资源供给的极限？围绕这些问题，20 世纪 70 年代以来，各国学者形成了资源可持续利用的悲观与乐观两种不同的观点。

悲观派的代表体现在《增长的极限》研究报告。这是罗马俱乐部于 1968 年 4 月成立后完成的第一个具有世界影响力的学术报告。自 1972 年发布至 20 世纪 80 年代中期，报告先后被译成 34 种语言并发行几万册。报告根据一些全球性重大因素，如人口、资本、粮食、不可再生资源、环境污染等，建立分析模型，并提出 20 世纪末至 21 世纪初全球将出现增长极限的结论。为避免人类陷入增长极限困境，报告建议在 1975 年停止人口增长、1990 年实现工业投资"零增长"，最终达到全球均衡。如今反思这种稳定增长的世界模型，虽然可以看出该模型具有明显的缺陷，但它揭示了人口、资本、粮食、不可再生资源及环境之间的关系，也一定程度上对实现资源消耗下降和环境污染得到改善的双赢目标的可能性进行了论证。

乐观派的学者比较分散，最有代表性的是西蒙。他在《最后的资源》（也译为《没有极限的增长》）中明确反对《增长的极限》的悲观论点，系统论述了资源、生态、人口等重大问题。西蒙对罗马俱乐部的研究方法提出了批判，认为不能用技术分析方法预测未来，最切合实际的是历史外推方法，据此得出人类可用的资源无限，生态环境可以日益好转，工业化过程出现恶化只是暂时的，粮食供给不存在问题，人口可以达到平衡。

上述研究成果既有积极意义又有不足。其积极意义在于深入探讨了经济增长与资源消耗之间的相互关系，促使人们开始关注资源与人口、环境与发展的问题，改变人类对全球资源格局及可持续问题的思维方法，特别是加强资源环境承载能力的研究。不足之处是没有考虑各个因素之间的复杂关系以及技术和制度变革带来的巨大作用。

2. 现代的自然资源思想

人类开发利用自然资源的历史表明，在一定的技术条件和发展水平下，人与资源的矛盾是客观而又永恒存在的。人类利用自然资源时必须遵循自然规律和经济规律，否则将受到大自然的惩罚。在世界个别国家或局部地区，因人口迅猛增长，可能出现资源相对短缺的现象，但通过科学的管理、公平的资源贸易、加大科学技术的投入，可以极大地提升人类开发利用自然资源的能力，扩展人类开发利用自然资源的边界。面对当今世界资源、环境、人口与发展的各种挑战，人类必须进行有效干预和自我调节，不仅要发挥市场机制在资源优化配置中的基础作用，还要采取各种干预措施并加强国际合作。这些思想充分体现在联合国应对全球气候变化和实现 2030 年可持续发展目标的各项具体行动之中。

3. 科学的自然资源系统观

从地球系统科学角度看，可持续利用资源观表现在自然资源的系统观、辩证观、层次观、平衡观、价值观和法制观。

（1）自然资源系统观。人类必须充分认识到自己是人与自然大系统的一个子系统，正确处理人与资源、某种资源与其他资源、资源与环境、资源与生态、资源与社会经济等各种子系统之间的关系，必须节约并高效利用自然资源，真正倡导并践行人与自然协调发展的理念。

（2）自然资源辩证观。这是要求辩证地看待和处理好四个资源问题：一是资源的有限性与无限性。自然资源的物质属性是有限的，有些资源甚至不可再生。人类科学认识和合理利用资源的潜力是无限的，既不能盲目悲观也不能盲目乐观，但要实现可持续发展必须考虑自然生态系统的资源环境承载能力。二是资源大国与资源小国。中国地大物博，是世界上资源总量大国，但与世界人均水平相比，庞大的人口总量使中国成为资源人均量小国。三是资源的有用性与有害性。自然资源只有在一定技术经济条件下进入人类生产生活利用特定环节之中才是有用的资源。有些资源经过利用变成废弃垃圾，而经过分类处理若能再利用也是资源。这种资源的双重性要求人们最大限度地开发资源并消除其有害性，实现资源循环利用。四是自然资源的质与量。资源优劣取决于其品质，有些是绝对的，但有些又是相对的，关键在于资源利用的技术经济水平。某些低品位劣质资源，只要开发利用技术实现重大的突破，资源总量就会大大提高，中国的低品位铁矿石、加拿大和美国页岩油气等，就是很好例证。

（3）自然资源层次观。相对于人类认识和利用水平，自然资源本身具有一定的层次性。农业社会中可利用的自然资源量小且层次低。工业社会对自然资源的利用深度、广度和程度不断加大，人们最早只利用煤和油气等，现代社会已开始利用各种各样的新能源和新材料。

（4）自然资源平衡观。自然资源的利用必须实行动态平衡，这种平衡不是简单的数量控制，也不是瞬时的静止调节，而是复杂的、有规律的动态调控。中国长期采取的能源平衡、矿产资源总量控制、耕地占补平衡、水土资源平衡、森林渔业育用平衡等就是实际例子。

（5）自然资源价值观。传统的观点认为自然资源取之不尽、用之不竭，导致人们无偿地或低价地开发利用资源，外部性不计入总成本之中，造成极大的破坏和浪费。正确认识资源的价值与价格，是实现资源市场化调节的关键，也是实现资源有偿使用和可持续利用的前提。

（6）自然资源法制观。坚持资源法制观是充分运用好资源产权的法律属性。长期以来，我国全民所有的自然资源所有权在法律上得不到有效的确认和有力的保护，资源法治观念淡薄，难以依法实现资源的综合利用和节约使用，出现执法不严和严重破坏、浪费资源的现象。

1.2.5　中国的资源经济学科发展

中国的资源经济问题研究开始于 20 世纪 50 年代，到 90 年代达到高峰，进入 21 世纪后逐步趋于平稳发展。为了保障国民经济社会发展需要，中国组织了大规模自然资源综合考察与研究，完成了自然资源综合评价、综合区划和国土空间整治规划，以及面向 2000 年自然资源保护程度分析与战略研究，取得了很多重要成果，为中国特色资源经济学的形成与发展奠定了扎实基础。改革开放后，特别是 1992 年的联合国环境与发展会议之后，资源经济学及其分支学科发展加快。全国各地高校陆续建立资源环境学院（系），涌现大量资源环境经济方面的研究与管理机构，出版了一批代表性成果，如李金昌等主编的《资源经济新论》（1995

年）、张帆主编的《环境与自然资源经济学》（1998 年）、杨云彦主编的《人口、资源与环境经济学》（1999 年）等。一些部门资源经济学，如土地、矿产、林业和农业自然资源等成果也陆续问世，如周诚的《土地经济学原理》（1989 年）、贾芝锡的《矿产资源经济学》（1992 年）、廖士义的《林业经济学导论》（1987 年）、万建中的《农业自然资源经济学》（1992 年）等。

1.3 资源经济学的研究体系

1.3.1 研究对象

本书所讨论的研究对象主要是自然资源。严格地讲，这里的"资源经济学"应是"自然资源经济学"。为了与传统的称谓一致，本书采用《资源经济学》书名。有些同名教材还涉及其他的资源，如人力资源、信息资源、社会资源等。

1.3.2 研究内容

资源经济学的研究内容刻画了自然资源经济活动的诸多要素和影响因素之间的内在联系及其逻辑结构，需要理清逻辑思路、核心概念、理论主线和重点领域。

（1）逻辑思路。自然资源的稀缺性决定了对其优化配置的必要性，这是资源经济学的逻辑起点。要实现资源最优配置，必须先弄清各种自然资源的自然属性、经济属性、法律属性、生态属性，探究自然资源与经济社会及生态环境的关联与耦合关系，提出科学的管理措施与调控策略，这是资源经济学研究的基本思路。

（2）核心概念。资源经济学涉及很多概念，但是其核心概念是资源稀缺性、资源价值与价格、资源供给与资源需求，由此延伸出资源配置和资源效率等。

（3）理论主线。资源经济学的核心理论是资源价值规律和资源供求规律。自然资源价值与其生产投入和产出密切相关，自然资源的价格由供给和需求决定。自然资源价值规律揭示人类无限需求与各种资源稀缺供给之间的矛盾运动及其表现形式。

（4）重点领域。主要包括：自然资源价值原理与方法；各类自然资源的基本属性和经济属性、关键经济问题及其解决思路；各类自然资源的评价、空间分布特点、开发利用现状、可持续开发利用对策；资源与人口、环境及社会经济发展关系演变和复杂模型应用。

1.3.3 研究方法

1. 资源经济学的研究方法

资源经济学既是一门综合性学科又是交叉性学科，研究范围和应用领域跨度较大，学科理论综合性强，应用特色鲜明，大致可分为以下三个方面。

（1）基本方法论。需要了解资源经济学的基础科学问题和典型研究范式。一些哲学流派对资源经济学的思想形成及演变具有一定的影响，如一般较多讨论的是资源经济学的价值观和科学观等哲学问题，如何认识各种自然资源基本属性并开展相应实证分析，如何辨识自然资源的应用价值，如何区分资源经济活动的理性经济主体及其权责归属，等等。

（2）基本原理和方法。资源经济学研究经常借鉴传统的经济学方法，如归纳与演绎法、抽象与综合分析法、总量与结构分析法、规范与实证分析法、动态与静态分析法、存量与流量分析法等，也采用农户调查、问卷统计等分析技术，开展理论研究和方法体系的构建。

（3）技术性方法。为了精确表达一些理论与实践问题，需要对特定对象开展技术性分析，如运用数理统计与建模、计量经济学分析、市场调查、投入-产出和成本-收益分析、计算机制图图元文件（computer graphic metafile, CGM）建模和情景分析等方法。

2. 资源经济学的实证分析与规范分析

资源经济学通过实证分析方法客观描述各种资源经济活动，解决经济过程"是什么"的问题。揭示自然资源开发利用过程的客观规律必须抓住主要因素，剔除次要因素，推理形成理论和模型，认识资源经济规律。这种方法即是演绎法和归纳法，两者在实践中相互补充。

演绎法是从基本假定或者从已有法则推论出结论的一种研究方法，其基本步骤是：根据所要分析的事实做相关假设前提→从假设的前提推演出结论→对结论进行验证。演绎法的推演结论必须限定在假设范围内才有效，一般为陈述性，有非数学式和数学式两种形式。

归纳法是从许多个别的事实中推论出普遍性原则的方法。它的基本步骤是：观察→形成假设→得出结论。

资源经济学还大量采用规范分析方法，其主要关注的资源经济问题是"应该是什么"或"如何是好的"，即先做出价值评判，确定判别事件优劣的标准。在分析中，评判标准一旦确定，就比照事件。若某种事件满足其标准，就被认为是"优"的；反之，则被认为是"劣"的。

资源经济学运用规范分析方法，就是要考察何种资源开发利用方式符合可持续发展原则，符合则是"优"的；何种资源开发利用方式不符合可持续发展原则，即是"劣"的；对既有的资源政策做出"优"和"劣"的评判，指出应该出台什么样的资源政策等。由于规范分析取决于研究者的价值评判，不同研究者对于问题分析的出发点、角度、方法、前提假设等存在显著差异，不同的甚至完全相反的结论经常同时被提出，需要正确辨别。

1.3.4　学科定位

资源经济学与经济科学和资源科学关系最为密切，在两大学科体系中均处于重要地位。

1. 资源经济学在经济学中的地位

经济学是一门研究人类行为及如何配置有限资源的科学。资源经济学是在认识自然资源稀缺性的基础上探索其供需规律、合理配置方案及其配置效率的应用经济学科。

（1）资源经济学是一门决策科学。由于自然资源的稀缺性，既有自然资源不能满足人们无限的需要，人们必须进行优化选择和决策，选择和决策就存在成本，即有了"这个选择"，就意味着失去"那个选择"；对于不同选择的权衡即是考虑机会成本和科学决策。"机会成本"与"会计成本"不同，是反映资源稀缺特征的边际成本。机会成本是边际成本的一种表现形式，是指自然资源有限且存在多种用途的情况下，新增一单位的特定用途而不得不放弃其他可能用途所带来的最大效益。

（2）资源经济学是一门社会科学。资源经济学是研究人类行为的社会科学。人的行为多种多样，形成了多个社会科学学科。资源经济学关注对于自然资源开发利用的选择问题，这与其他的社会科学学科又有明显的区别。

（3）资源经济学属于应用科学。资源经济学是经济学的一个分支，强调"学以致用"。为了研究自然资源的优化配置问题，必须深入分析自然资源在不同用途之间、在同一用途但不同使用者之间，以及现在与未来之间的代际最优配置等问题；需要研究缓解资源稀缺问题的各种措施与政策的有效性并提出政策建议，为相关部门提供科学依据。这些研究可直接服务于国民经济社会发展的实践，是应用经济学的重要内容。

2. 资源经济学在资源科学中的地位

资源科学是首先创立于中国本土的综合性学科，以单一门类自然资源或者自然资源系统作为研究对象，分析自然资源的量与质、时空格局、开发利用与保护及管理策略等。《中国资源科学百科全书》列出了资源科学的学科分类，其包括基础资源学、部门资源学和区域资源学，如图1.2所示。

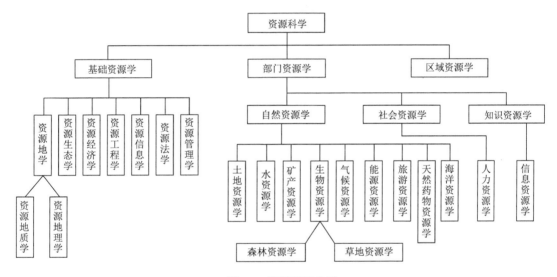

图 1.2　资源科学分类

资源经济学首先是资源科学与经济学的融合，也是在资源科学中发展最早也最为成熟的应用学科。对单一门类自然资源经济问题的研究，形成了从有关学科派生出的部门资源经济学，如土壤学（土地资源经济学）、动物和植物学（生物资源经济学）、地质学（矿产资源经济学）、水文和气候学（水资源经济学和气候变化经济学）等。资源经济学与其他学科也存在一些联系和交叉关系，特别是环境科学（环境经济学）、经济学（人口资源环境经济学）、生态学（生态经济学）、国土经济学等。

总之，在学科定位方面，资源经济学在资源科学体系中属于基础学科，而在现代经济科学体系中属于应用经济学科。目前，一般从三个角度界定资源经济学的学科性质：一是认为它是狭义的自然资源经济学；二是把它看作自然资源科学与经济科学的交叉学科；三是认为它属于应用经济学中的生产力要素经济学。研究实践中这三种理解都存在，需要根据具体的研究问题及相关背景进行判断，并合理运用相关理论和方法。

资源经济学需要借用自然科学和社会科学的基础理论。资源科学体系有关理论虽然尚未完善，但可以参考物质流动分析、资源循环理论、热力学定律、资源环境承载力及相关数学与计算机模拟方法，也需要了解微观及宏观经济学、制度经济学、会计学、法学与管理学等有关理论知识，尤其是自然资源价值理论和自然资源核算理论等。

练 习 题

1. 如何理解资源和自然资源的内涵与外延？
2. 自然资源是如何分类的？它有哪些基本属性？
3. 简述资源经济学的形成与发展态势。
4. 简述主要的资源经济学研究内容与研究方法。
5. 如何正确理解自然资源的系统视角？
6. 如何正确认识资源经济学的不同学科定位？它们能合理应用于哪些实证研究？

主要参考文献

陈国栋, 洪天求, 刘因. 2005. 矿产资源经济潜力评价理论与方法研究. 资源调查与环境, (2): 97-104

封志明. 1998. 资源科学的历史观: 人类-资源关系的演进历程. 大自然探索, 17(1): 23-27

封志明, 王勤学, 陈远生. 1993. 资源科学研究的历史进程. 自然资源学报, (3): 262-269

谷树忠. 1998. 资源经济学的学科性质、地位与思维. 资源科学, (1): 18-24

谷树忠, 姚予龙, 沈镭, 等. 2002. 资源安全及其基本属性与研究框架. 自然资源学报, (3): 280-285

黄奕妙. 1989. 资源经济学(下册). 北京: 北京农业大学出版社

黄奕妙, 樊永廉. 1988. 资源经济学(上册). 北京: 北京农业大学出版社

兰德尔. 1989. 资源经济学: 从经济角度对自然资源和环境政策的探讨. 施以正译. 北京: 商务印书馆

厉以宁, 章铮. 1995. 环境经济学. 北京: 中国计划出版社

吕国平. 2000. 论新资源观. 资源·产业, (9): 12-18

马克思. 2011. 资本论. 孙绍武主编. 呼和浩特: 远方出版社

马中. 1999. 环境与资源经济学概论. 北京: 高等教育出版社

欧阳志云, 王如松, 赵景柱. 1999. 生态系统服务功能及其生态经济价值评价. 应用生态学报, (5): 635-640

珀曼, 马越, 麦吉利夫雷, 等. 2002. 自然资源与环境经济学. 侯元兆, 张涛, 李智勇, 等译. 北京: 中国经济出版社

曲福田. 2001. 资源经济学. 北京: 中国农业出版社

孙鸿烈. 2000. 中国资源科学百科全书. 北京: 中国大百科全书出版社

汤姆·蒂坦伯格, 琳恩·刘易斯. 2011. 环境与自然资源经济学. 8 版. 北京: 中国人民大学出版社

唐咸正, 王娟. 2004. 论资源经济学的研究对象. 自然资源学报, (3): 273-278

汪慧玲. 2011. 农业自然资源评估. 兰州: 甘肃人民出版社

汪应宏. 2005. 资源经济学导论. 徐州: 中国矿业大学出版社

王宏卫. 2014. 《自然资源学》的教学改革与思考. 教育教学论坛, (49): 216-217

吴宝华, 刘庆山, 吕锡强. 2002. 自然资源经济学. 天津: 天津人民出版社

吴季松. 2004. 创建资源系统工程管理新学科——兼谈"首都水资源规划"新型工程管理. 中国工程科学, 6(8): 5-11

吴季松, 吕国平. 1997. 论可持续发展的资源辩证系统观. 中国人口·资源与环境, 7(1): 16-21

徐青. 2006. 基于循环经济的经济增长评价问题研究. 南京: 河海大学博士学位论文

余良晖. 2014. 重要矿产资源保护与合理利用综合评价及差别化管理研究. 北京: 中国地质大学(北京)博士学位论文

张帆, 夏凡. 2016. 环境与自然资源经济学. 3 版. 上海: 格致出版社

张履鹏, 王建平, 牛银栓, 等. 1993. 资源经济学. 开封: 河南大学出版社

张文秀. 2001. 资源经济学. 成都: 四川大学出版社

郑永琴. 2013. 资源经济学. 北京: 中国经济出版社

中国自然资源学会. 2017. 中国资源科学学科史. 北京: 中国科学技术出版社

Ely R T, Morehouse E W. 1924. Elements of Land Economics. New York: Macmillan

第 2 章　资源价值理论

資源稀缺是资源经济学的讨论起点，在某种程度上它体现了资源价值，而资源产权制度是保障资源价值的基础。如何对自然资源进行合理的分配，还涉及帕累托效率及其改进问题。本章将重点介绍资源稀缺、资源价值、资源产权与资源效率等内容，简述帕累托效率实现的必要条件与途径，并对帕累托最优与卡尔多-希克斯改进进行比较分析。

2.1　资源稀缺

2.1.1　资源稀缺的内涵与测度

1. 自然资源稀缺的含义

1）资源稀缺性的内涵

稀缺是相对于主观的人类欲望而言所定义的客观供给能力有限性。各种经济活动的产生就是为了在特定的时空约束下，应对人类社会生存和发展需求与有限的自然资源供给的矛盾。资源稀缺性（resource scarcity）是指在一定时间与空间范围内，相对于人类社会不断增长的需求而显现的资源供给不足状态。资源供需矛盾不断加剧有两方面的原因：一是随着全球人口的不断增加，资源需求总量不断上涨，同时科技进步也创造出日益多样化的需求；二是人类活动带来的生态破坏和环境污染，导致大自然界提供的资源数量和种类大幅减少。人类不断增长的资源需求与有限的资源供给之间的矛盾，是人类生存与发展的永恒问题。要解决这一难题，人类只有分别增加资源供给和节制或减少资源消费。资源稀缺性要求我们认真思考人类的需求理性和人口增长可持续性，并对传统国内生产总值（gross domestic product, GDP）增长模式和生态环境保护持有科学的态度。

2）资源稀缺的类型

（1）绝对稀缺。绝对稀缺是在给定的技术、经济条件下，资源总的需求量超过总的存量。在特定的时间、地点，任何资源的质量和数量都是绝对有限的，无法不受限制地满足人们当前及未来的全部需求。例如，人口不断增长，生产生活用地也逐年增加，土地资源有限性也日益显著。据估计，不可再生的矿产资源，按现有消费增长率计算，全球现有矿产的储量、可采量已经很难满足人类长远的需要。其他可再生资源如水、生物资源等，其再生能力也要受到多种因素的制约。随着人类社会的不断发展和资源开发技术的不断进步，资源稀缺问题会更加突出。

（2）相对稀缺。相对稀缺是指资源总量上能满足需求，但时空分布不均衡造成局部稀缺。例如，我国煤炭资源总量位居世界前列，储量非常丰富，但空间上主要集中分布在北方，需要"北煤南运"。"西电东送""南水北调"等,都是为缓解由资源空间配置错位造成相对稀缺采取的措施。

关于资源稀缺问题,有两个经济模型值得一提,一个是李嘉图模型,另一个是边拓模型。

李嘉图模型(图 2.1)认为,一定的自然资源(R_t)和劳动力(L_t)数量组合存在一个生产的可能性曲线,等产量曲线和生产的可能性曲线相切的点即为最优的自然资源和劳动力数量组合。等产量线表示生产给定产量水平的两种生产要素(在此是劳动力和自然资源)的不同投入组合,即曲线上任意点代表的产量相同。等产量线的曲线形态是凸向原点并向右下方倾斜,反映了边际替代率递减规律,在此是指增加一种生产要素(自然资源或劳动力)的使用量时,在给定产量约束下对于另一种生产要素(劳动力或自然资源)的替代量将变得越来越少。不同的等产量线不能相交,离原点越远的等产量线表示越高的产量水平。生产可能性曲线也称为生产可能性边界,表示在给定生产要素总量或预算条件下,不同生产要素组合所能达到的最大产出,即曲线上每一个点都代表了一种可能的、有效的投入组合。生产可能性曲线表现为向外凸的形态,反映了边际机会成本增加规律,在此是指增加一种生产要素投入(自然资源或劳动力),在预算约束下不得不放弃另一种生产要素投入(劳动力或自然资源)的数量逐渐增加。将所有等产量曲线和生产的可能性曲线相切的点连接起来得到国民总收入(gross national income, GNI)的扩展路径(G_t)。扩展路径的斜率越小,表示自然资源越稀缺。

边拓模型认为,相对于资本、劳动力的供给来说,自然资源处于一种非常充裕的状态,其供给不会因时间、目前的利用情况等因素的改变而改变,即自然资源不存在稀缺,存在稀缺的是劳动力和资本。

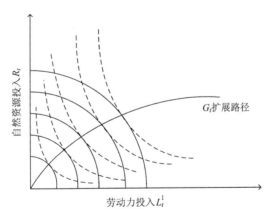

图 2.1 李嘉图模型的投入变化曲线、扩展路径

2. 资源稀缺性的测度

资源稀缺性可以通过以下 3 类指标来测度:相对资源稀缺性指标、不可再生资源的物理测度指标、经济测度指标。

1)相对资源稀缺性指标

自然资源相对稀缺性指标(relative scaricity index, RSI)用于衡量某个国家或区域自然资源的相对稀缺性,计算公式为 RSI=(LR/WR)/(LC/WC),式中,LR 为一个国家或地区资源供给量;WR 为世界各国的资源供给量;LC 为一个国家或地区资源消费量;WC 为世界各国的资源消费量。若 RSI 小于 1，则表示该国家或地区该资源与世界平均水平相比是相对稀缺。据此可以直观地判断某种资源相对于更大尺度范围是否存在稀缺性。

2）不可再生资源的物理测度指标

资源稀缺的物理测度（physical measure）通常是用储量（reserves）来表示。尽管储量指标本身可以直接衡量一种资源的稀缺程度，但用储量来表示稀缺程度时，一般不用绝对储量表示。通常采用的指标是资源储量与其年开采量或年利用量的比值，表示现有资源多少年后会被耗尽，即用资源可开采年限或资源的耗竭年限指标来衡量。按照资源储量可使用年限计算，又可以分为静态储量指数和动态储量指数两种方法。

静态储量指数：当前储量与当前开采量或利用量的比值，计算公式为

$$T = S_0 / R_0$$

式中，T 为开采年限；S_0 为当前储量；R_0 为当前开采量或利用量。

实际上，多数情况下资源每年开采量和利用量不可能固定不变，而是随着人们需求的变化而变化，计算储量的耗竭年限就要考虑开采量和利用量的变化情况。动态储量指数是在静态的基础上，假定资源开采或利用以一个不变的增长（降低）率变化，再推算当前储量的使用年限。其计算公式为

$$Y' = \ln \frac{(r \times s + 1)}{r}$$

式中，Y' 为使用年限；r 为年均消费增长（降低）率；s 为静态储量指数。

储量指数计算起来比较简单易懂，而且该指数具有前瞻性和可比性等特点。该指数越小，表明该资源可供使用的年限越短，资源也就越稀缺，反之则稀缺程度较低。

对于可再生资源稀缺的物理测度，可用最大可持续产量这一概念。最大可持续产量是指资源利用速率控制在资源再生能力范围内所能达到的最大产量。最大可持续产量越小，说明资源越稀缺。以捕鱼为例，当捕鱼量维持在再生量以内，渔业活动可持续，而一旦捕鱼量超过再生量，可能导致渔业资源的枯竭。

3）经济测度指标

资源稀缺的经济测度，是指用经济学指标度量资源的相对稀缺状况，主要指标包括资源价格、资源开发成本和资源租金等。

（1）资源价格。资源价格是指获取单位资源所付出的代价。在市场经济条件下，价格是反映资源稀缺程度的重要信号。一般情况下，资源价格越高越稀缺，反之亦然。

（2）资源开发成本。成本越高表示资源越稀缺。受技术经济条件的影响，人们一般先开富矿，后开贫矿，后期开发较低品位的矿产时，开采成本会随之增加。土地类似，人们先期开发优等地，然后是中等地，最后是劣等地。土地开发成本提高也反映土地资源的日益稀缺。

（3）资源租金。当资源的使用者和所有者不同时，使用者需要向所有者支付一定的费用，即资源租金。经济学认为资源租金是自然资源所有权的经济表现形式。对于企业而言，资源租金是生产过程耗竭的自然资源价值。边际开采成本难以观察，市场的不完善和政府的调控也会使资源的价格扭曲，因此租金或矿区使用费指标很难准确反映资源的稀缺状况。

2.1.2　资源稀缺缓解途径

从宏观看，缓解资源稀缺的有效途径主要有以下两方面：一方面是扩大资源的来源——

开源,另一方面是减少资源的消耗和浪费——节流。具体有以下几种主要途径。

(1)通过技术进步,发现新的资源储量。人类社会经济发展历程表明,任何重大的技术变革在很大程度上都可以看作受到资源稀缺驱动。世界石油储量的增加主要依靠技术进步;美国页岩气产量的迅速增长主要依靠页岩气开采压裂技术进步。

(2)循环再利用,提高资源利用率。通过有效利用资源或者废弃物资源化利用,使很多废弃物品(如废纸、废金属、废玻璃等)得以回收再利用,缓解原生资源供给不足问题。

(3)扩大稀缺资源的替代。资源多用性使得资源之间可以相互替代。早期主要以不可更新资源替代可更新资源,历史上用石油替代鲸油,用塑料和铜铁替代木材,用煤替代薪柴等。未来资源替代方向应该是由可更新资源替代不可更新资源、恒定(无限)资源替代有限资源,如太阳能、风能等新能源、可再生能源替代化石能源。

(4)发挥价格的杠杆作用。在市场经济条件下要发挥价格对资源供需的调节机制,促使资源的节约和优化配置。制定合理的资源价格政策是有效缓解资源稀缺的重要途径之一。

(5)改善交通运输条件。改善交通运输条件是扩大资源储量、缓解资源分配不均的重要途径。首先可以促进边远地区资源的开发利用,有利于将资源从丰富地区向匮乏地区调配;其次降低资源勘探活动的成本,使许多难度大、成本高的勘探和开发成为现实。

(6)合理利用“两种资源、两个市场”。利用国内外两种资源、两个市场,可以克服国内稀缺资源对经济发展的约束。首先,利用国内市场实现资源在国内不同区域间的合理调配,调节余缺;其次,利用全球资源市场,通过进出口贸易弥补国内资源稀缺。

(7)有效的制度安排。有效的制度安排可以提高资源利用效率。有效的资源产权制度、企业组织制度对提高资源利用效率的作用很大,模糊、无效的产权关系可能产生“公地悲剧”。

2.2 资 源 价 值

关于自然资源价值问题,学术界还存在许多争论,主要有以下三种观点:一是认为自然资源属于自然生成物,不是劳动产品,也就没有价值;二是认为自然资源虽不是劳动产品但参加了市场交换,存在交换价值;三是认为自然资源具有稀缺性,供求关系决定其价格变化。

2.2.1 效用价值论与劳动价值论

1. 效用价值论

效用价值论是以资源“稀缺”和“效用”为理论基础解释价值的形成。该理论认为效用是价值的源泉,自然资源对人类有效用就有价值。而效用来源于两个方面,即自然赋予属性和人的主观感受。如果人们的某种欲望或需求得到了满足,这种资源就具有某种效用。资源稀缺性对人类的需求形成制约,需要通过使用者付费来体现在资源价格之中。价值由效用和稀缺性决定,效用决定价值的内容,稀缺性决定价值的大小。

边际效用价值论认为效用和稀缺性共同决定资源价值。边际效用价值论的主要观点有:①价值形成的充要条件是既要“稀缺”也要有“效用”;②效用价值量取决于边际效用量,边际效用是衡量价值的尺度;③边际效用具有递减规律,资源性产品的边际效用随供给增加而减少;④效用量由供求状况决定,其大小与需求强度成正比。

2. 劳动价值论

马克思的劳动价值论认为价值是凝结在商品中的一般的、无差别的人类劳动。自然资源在天然状态时没有包含人类的劳动，也就没有价值。虽然劳动价值论将劳动作为价值形成的源泉，但马克思并没有否定不包含人类劳动的东西就没有价格。在特定条件下，某些本身并没有价值的东西，在形式上仍然可能有价格。马克思曾引用威廉·配第的观点，认为"土地是财富之母，劳动是财富之父"，即土地是有价值的，不管这种土地是自然还是已开发状态，其价值是支付使用土地本身的地租。自然资源的劳动价值是人类开发利用自然资源需要付出劳动投入所产生的价值。自然资源从天然状态到可以利用的产品，需要付出大量的劳动对其进行勘探、开采、冶炼、加工和运输等，最终才能为人类所利用，其价值由开采、加工所消耗的劳动所决定，而价值量大小取决于投入的社会必要劳动时间。

2.2.2 自然资源价值的基本认识

1. 自然资源价值的形成

资源价值源于资源对于人类需要的效用，由大自然的禀赋和人类的劳动共同决定。也就是说，资源由劳动和大自然共同创造，资源价值也应该来源于劳动和大自然。

2. 自然资源价值的定义

关于资源价值有两种不同的定义：一种认为资源价值是指资源的效用和人的需求在一定时空条件下发生的经济关系，即把资源价值看作效用与需求的关系；另一种认为资源价值是指在一定的时空条件下资源满足人类需要的效用。

3. 自然资源价值的类型

自然资源价值由使用价值和非使用价值构成。使用价值包括直接利用价值、间接利用价值和选择价值；非使用价值包括传承价值、存在价值（图 2.2）。

（1）直接利用价值。直接利用价值是指自然资源为人类生产和消费直接提供有用的物质，包括食品、能源、原材料等实物，以及从资源环境中得到的服务，如森林资源中的植物果实、木材，又如在森林公园里获得的休闲娱乐、健康等。

（2）间接利用价值。间接利用价值主要是指自然资源为社会和环境系统提供服务功能的价值，如改善人类生存环境、为其他生命提供必要的生存栖息环境、维持生态系统循环和生物多样性等。

（3）选择价值。选择价值主要是指为人类将来能够利用或者为保证后代能够可持续利用而愿意支付的价值，又称为未来价值或期权价值。

（4）传承价值。为了某种资源继续存在而愿意支付的价值，如生物栖息地和濒危物种。

（5）存在价值。为了代际公平，将资源或环境保护或保留给子孙后代去使用的价值。

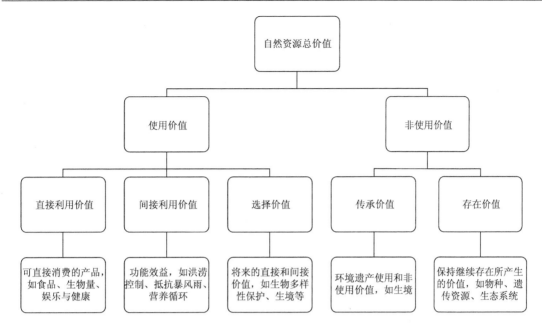

图 2.2 自然资源价值构成系统

2.2.3 自然资源价值评估方法

1. 直接参与市场交易的自然资源估价

市场交易形成市场价格。对于能够直接参与市场交易的自然资源，一般采用直接市场价值法，主要有市场估价法、成本费用法、净价法等。

（1）市场估价法。根据自然资源在交易和转让市场中形成的价格来评估自然资源的价值。这个前提条件是自然资源市场发育较为成熟且市场秩序较为规范，如土地、水产、矿产资源等市场较为成熟，可采用这种方法进行估价。

（2）成本费用法。通过分析自然资源成本构成及其表现形式，间接推算自然资源价格。例如，森林资源价格由森林培育成本费用、预期利润、预期税金构成。

（3）净价法。根据自然资源产品的市场价格扣除成本和费用之后间接推算自然资源价格。例如，矿产资源价格可推算公式为 $P = P_1 - C_1(1+P_t) - P_2$。式中，$P$ 为该矿产资源价格；P_1 为该矿产品市场价格；C_1 为矿山采选总成本；P_t 为采矿业平均利润率；P_2 为开发运输费用。

以上的直接市场价值估价法都要求具有资源市场交易和价格信息。现实中，很多自然资源缺乏相应的市场交易，也就无法形成市场价格，难以采用此类方法估价。

2. 无市场交易的自然资源估价

有些自然资源没有直接参与市场交易，需要采用替代市场法和假想市场法。

1）替代市场法

用替代市场价格估算自然资源价值或价格，称为替代市场法，主要有旅行费用法、资产价值法和收益还原法等。一般用于评估具有间接利用价值和选择价值的自然资源。

（1）旅行费用法。将旅行费作为替代物衡量旅游景点或娱乐物品价值，如对自然风光、娱乐场所的价值估算。

（2）资产价值法。根据某种潜在价值来估算资源环境对资产价值的影响，如特定区域土地价格可以参考周边房屋价格来估计。

（3）收益还原法。把未来的预期收益按照一定的还原利率折算为现值进行估价。一般采用一年期银行存款利率加上风险调整值，并扣除通货膨胀率作为还原利率。价格计算公式为 $P=a/r[1-1/(1+r)^n]$。式中，P 为自然资源价值；r 为还原利率；a 为自然资源的年平均净收益；n 为使用年限。

以上的替代市场法是参考直接市场价格、与所替代的自然资源有相同或相似消费体验的商品或服务，这些信息本身比较可靠，所涉及的因果关系也客观存在。

2）假想市场法

如果自然资源交易既没有直接市场又找不到替代市场时，需要人为构建一个假想市场来估算自然资源价值。例如，意愿评估法就是根据对消费者的调查，确定其对资源环境效益的支付愿望，并获取反映资源环境效益或损失的信息。在某些地区开展自然景观点或者自然保护区建设时，可估计其遗传价值和存在价值，但因受主观影响较大，其估价结果有较大的偏差。

3. 其他的自然资源估价方法

理论界还有一些其他的估价方法，估价结果的不确定性较大，可以参考。

1）边际机会成本法

该方法是根据边际机会成本（marginal opportunity cost, MOC）理论估算资源产品的边际机会成本，推算资源价格和资源价值总量。资源的价格（p）相当于其边际机会成本，由三部分组成，即边际生产（私人）成本 mpc、边际使用（耗竭）成本 muc、边际外部成本（主要为生态环境系统的损害）mec，计算公式为 $p = \text{mpc} + \text{muc} + \text{mec}$。

2）资源耗竭价值估计法

资源耗竭价值是指人类当前使用资源导致未来使用者无法使用该资源而造成的损失，相当于该资源的未来价值。资源耗竭价值可以通过使用者成本来进行估计，主要用于森林资源、矿产资源及煤、油气等矿物能源资源估价。其计算公式为

$$UC=Y-R, \quad Y/R=1-1/(1+r)^{n+1}$$

式中，UC 为使用者成本；Y 为实际收入；R 为使用费（销售价扣除成本）；r 为贴现率；n 为资源耗竭时间。

3）生态价值估计法

该方法认为生态系统服务功能由各个单项服务功能组成，需要分别为各个单项服务功能选择适当的评价方法进行估算，然后再加总作为整个生态系统的生态价值。例如，森林生态系统功能可以分解为净化空气、涵养水源、防风固沙、保持水土、固碳等，分别评估、核算各项服务，最后进行汇总。

2.3　资　源　产　权

2.3.1　资源、资产与资本

1. 资源、资产与资本的基本内涵

（1）资源。资源是指天然存在、有使用价值、产权明确、可提高人类当前和未来福利的自然因素的总和。如前所述，尽管自然资源有多种定义，但至少包含以下几个限定条件，即自然生成物、能够产生价值或提高人类福利、法律权属清晰。

（2）资产。经济学理论认为凡是能带来预期收益的物品都是资产。自然资源资产是指所有权明确，所有者能够有效掌控且能带来预期经济收益的自然资源，如土地、森林、矿产、水等，都是自然经济资产的范畴。

（3）资本。资本是以货币资金或其他资产形式存在的财富，包括所有投入再生产过程的有形资本、无形资本及金融和人力资本。资本具有增值性、扩张性、流动性等自然属性和虚拟性、复杂性等社会属性。资本既有流量的概念也有存量的概念，从投资活动来看，资本与流量核算相联系；而作为投资活动的沉淀或者累计结果时，又与存量核算相联系。

2. 资源、资产、资本三者相互关系

（1）资源是"三资"（即资源、资产、资本）关系的基础，具有使用价值和探明或者潜在的储量；资产是在资源储量基础上具有特定质量、权属和预期收益的资源，是要求产权明晰、有利可图的部分资源；资本则是具备自由流动能力的、具有增值要求且能反映复杂社会关系的部分资源性资产。

（2）从资源到资产再到资本，是资源实体经济价值逐渐显化和确定的过程，而从资本到资产再到资源，则是投资者、经营者将资本通过投资和市场传导到实体经济的过程。

（3）对于国家而言，资源是国家所有的财产，要行使管理主权，查明储量，促进资源勘查开发；资产和资本又是国家财富的重要组成部分。对于企业而言，依法占有资源权益是经营的基础，资产是生产经营的核心，资本是运营的动力或手段，三者往往一体化运营。

3. 自然资源资产的分类

自然资源资产的类型多样，不同的视角可形成不同的分类。

（1）从资产所有者划分，可分为公有（国家所有、集体所有）自然资源资产、私有自然资源资产、共有（混合所有）自然资源资产。我国的自然资源资产是公有自然资源资产。

（2）从资产实物性质划分，可分为土地资源资产、水资源资产、矿产资源资产、生物资源资产、生态资源资产和综合性资源资产。土地资源资产因土地的空间属性而成为最重要和最基础的自然资源资产，其他自然资源资产一般与其高度关联或者从属于土地资源资产。

（3）从资产使用性质划分，可分为公益性资源资产、准公益性资源资产和非公益性资源资产。公益性资源资产完全用于公共目的，一般禁止用于经营和营利目的。

（4）从资产存在位置特性划分，可分为原位性资源资产和非原位性资源资产。前者如土地资源，其位置不可移动；后者如矿产资源，其开发利用后通过运输或贸易可以实现位移。

评价一个地区自然资源资产总体状况,应重点关注其原位性资源资产。

(5)从资产所有权分割特性划分,可分为专有资源资产和共享资源资产。前者边界清楚、可分割,具有排他性,主要由市场配置;后者边界不清或者不可分割,具有非排他性,一般由法律规定或历史原因成为公共资源,由政府配置并委托代理管理。

(6)从资产作用大小划分,可分为战略性资源资产和非战略性资源资产。前者与国计民生密切相关,而且是在非常态下(如战时)难以从国际市场获取的资源资产;后者并非如此。

2.3.2　产权理论与自然资源产权

1. 产权理论

1)产权的概念与内涵

产权是财产权的简称,是法定主体对财产所拥有的各项权能的集合统称,一般包括对特定经济客体(如资产)所享有的所有权、使用权、处分权和收益权。

产权具有三个基本构成,一是产权主体,即享有或拥有财产所有权或具体享有所有权某一项权能,以及享有与所有权有关的财产权利的人(自然人、法人)、单位、组织或国家;二是产权客体,即产权权能所指向的标的,也就是产权主体可以控制、支配或享有的,具有经济、文化、科学等价值的物质资料和各类无形资产;三是产权权利,即产权主体依法对产权客体行使的一组权利和享受的相应利益。产权的核心是产权权利,包括所有权、使用权、处分权和收益权等一系列权利或"权利束",其中收益权最为关键。

2)产权制度

产权制度是以产权为依托、对财产关系进行合理有效组合与调节的制度安排。其表现形式是以特定的生产资料所有制为基础,对财产占有、支配、使用、收益与处置过程中所产生的各类产权主体的地位、行为权利、责任、相互关系等加以规范的法律制度。产权制度是为了赋予产权主体占有的合法性,明晰产权主体及其关系,激励产权主体高效率利用和有效保护资产。现代产权制度是权、责、利高度统一的制度,核心是产权主体和产权收益归属清晰,基本要求是权责明确和保护严格,其重要标志是流转顺畅,财产权利与利益相符。

2. 自然资源产权

1)基本概念和类型特征

自然资源产权是指对自然资源享有的所有、占有、处分、收益等综合权利,是权利主体对某一特定自然资源具备的占有、使用、支配、收益、转让等权利,以及由此派生出的各种他项权利。从资源分类来看,自然资源产权主要有土地资源产权(地权)、水资源产权(水权)、矿产资源产权(矿业权)、森林资源产权(林权)等,其中土地资源产权一般是其他自然资源产权的载体。从产权主体划分,可分公有、私有和共有等三种自然资源产权。我国全部是公有自然资源产权(包括全民所有和集体所有),没有私有自然资源产权。

自然资源资产产权制度是关于自然资源资产产权的制度安排,包括主体结构、主体行为、权利指向、利益关系等内容,是关于自然资源资产产权的形成、设置、行使、转移、结果、消灭等具体规定和安排。我国自然资源资产产权制度的核心要求是确保全民所有或集体所有的各种自然资源资产的权益,并接受全民或集体的监督。

2）自然资源产权特征

综合来看，自然资源产权具有四个特征：一是产权安排复杂而多样。自然资源产权是一组权利（束）的总称，可以组合也可以分开，一个主体可能不享有自然资源所有权但可拥有使用权，或者不同的主体可能对同一种自然资源都拥有权利。二是产权边界不易清晰界定。有些自然资源因缺乏明确的物理空间界限，如流域水权，或者具有多重功能，导致产权不明晰，造成自然资源管理混乱，难以建立自然资源交易制度。除法律规定的权利外，由社会约定俗成认可的资源使用者也可以通过进入权和经营权，从法定产权者获得直接或间接的经济收益，如林下种植和养殖业。三是资源开发利用带来的负外部性。不同的自然资源利用方式具有不同的外部性。例如，土地利用对植被和水资源产生的影响，矿产资源开发利用对土地及生态环境造成的不利影响，上游水资源开发利用对下游水资源产权人利益的影响。四是排他性，表现为国外自然资源所有权的私有特征，或自然资源使用权的专有特征。

3）自然资源所有权制度和使用权制度

在所有权制度方面，我国对自然资源所有权的取得、变更和消灭或终止等进行了明确的规定。我国宪法规定：矿藏、水流、森林、山岭、草原、荒地、滩涂等自然资源，都属于国家所有，即全民所有；由法律规定属于集体所有的森林和山岭、草原、荒地、滩涂除外。城市的土地属于国家所有，农村和城市郊区的土地，除由法律规定属于国家所有的以外，属于集体所有；宅基地和自留地、自留山，也属于集体所有。自然资源所有权的主体可能出于某种原因需要变更，一是因征用而变更，如集体土地被国家征用而成为国有土地；二是因权属主体的变更而变更，如因集体经济组织的分立、合并、解散而发生的权属主体变更；三是因对换或对调而变更，国家和集体所有的自然资源有时出于公共利益的需要可以互换或者对调。自然资源所有权有时由于法律规定事实而归于消灭，如资源耗竭或者自然灾害造成资源灭失。

在使用权制度方面，自然资源使用权是指依法对自然资源控制并开发利用的权利，主要有以下四种取得方式。一是授予或者指定，国家所有的自然资源可由法律规定确定或者由法律规定的国家机构授予国有企事业单位、集体经济组织使用；二是拍卖，国家所有的部分自然资源可通过拍卖使竞买人取得对自然资源的所有权；三是开发利用者自然或授权取得，在法律明确规定的情况下，开发利用者可以取得该资源的使用权；四是买卖交易，按法律规定或者法律不禁止的方式，由原使用权主体将资源使用权通过买卖的方式转让给其他主体。与所有权的变更不同，自然资源使用权的变更要求变更使用权的主体和内容，如分立、解散、破产或转让而发生的使用权主体的变更；因合同内容的变更而变更，以合同形式取得资源使用权的，若转让双方协商修改使用权范围和方式，则使用权随之发生变更。其中，国家依法规定探矿权、采矿权的转让必须依法进行，不得擅自转让。自然资源使用权的消灭是因为出现了法律事实归于消灭；终止是指因法律原因或者合同原因，原来享有的使用权不再享有。

2.3.3　主要自然资源产权

1. 土地资源产权

土地产权是指有关土地财产的一切权利的总和，这些权利可以分散拥有，聚合在一起则表现为一个"权利束"，包括土地所有权及与其相联系的和相对独立的各种权利，如土地所有权、土地使用权、土地租赁权、土地抵押权、土地继承权、地役权等。

土地权利是指权利人按照法律规定，直接支配土地、享受其利益，并排除他人干涉的权利。土地权利是一种财产权，在物权法上为土地物权，也是最重要的不动产物权。《中华人民共和国物权法》（简称《物权法》）将土地权利分别在所有权、用益物权和担保物权中作了规定。根据《物权法》的规定，结合我国土地权利的传统划分和相关法律规定，可将土地权利划分为土地所有权、土地使用权、地役权和土地抵押权四个大类。

1）土地产权的界定

（1）土地所有权。土地所有权是指土地所有者依法所享有的占有、使用、收益和处分的权利。土地所有权是土地权利体系中最重要、最基础的权利，属于财产所有权的范畴，但我国土地所有权相对于一般财产所有权，还具有主体特定性、交易禁止性、权属稳定性等特点。

土地所有权是由土地所有制决定的。我国实行土地的社会主义公有制，即全民所有制和劳动群众集体所有制，表现在土地所有权方面是确立了国家所有和集体所有两种土地所有权。

国家土地所有权是指国家作为土地所有权的主体，依法对国家所有的土地享有的占有、使用、收益和处分的权利。国家土地所有权是我国土地所有权制度的重要内容，是实现社会主义全民所有制经济占主导地位的经济制度基础。国有土地的所有权只能由国家统一行使，国家以外的任何社会团体和个人都不得作为国有土地的所有权人。

集体土地所有权是指农村集体经济组织对其所有的土地行使占有、使用、收益和处分的权利。它是除国家土地所有权外的另一种土地所有权，其主体有三种：①乡（镇）农民集体所有，即原来实行人民公社时期以人民公社为基本单位的农民集体所有；②村农民集体所有，即原来实行人民公社时期以生产大队为基本单位的农民集体所有；③村内两个以上农村集体经济组织的农民集体所有，即原来实行人民公社时期以生产队为基本单位的农民集体所有。

（2）土地使用权。土地使用权是指单位或者个人在法律允许范围内对土地所享有的占有、使用和收益的权利，体现出土地所有权和土地使用权相分离的基本原则。《中华人民共和国土地管理法》（简称《土地管理法》）第十条规定，"国有土地和农民集体所有的土地，可以依法确定给单位或者个人使用。使用土地的单位和个人，有保护、管理和合理利用土地的义务"。《物权法》用益物权规定的土地承包经营权、建设用地使用权、宅基地使用权都属于土地使用权。

土地使用权具有以下特征：一是土地使用权是基于所有权派生出来的一种权利，没有土地所有权就没有土地使用权。二是土地使用权的目的是获得土地的使用价值，从土地利用活动中获得经济利益或为其他活动提供空间场所。三是土地使用权是对土地的直接占有权、支配权和一定范围内的处分权。四是土地使用权具有一定的稳定性，一方面土地使用权人只要依法使用土地，就不受他人非法干涉，包括不受土地所有权人的干涉；另一方面土地使用权虽有期限，但一般期限比较长。五是土地使用权一般仅限于地上、地表和地下的一定空间范围，地下矿藏、文物、埋藏物等属于国家，使用权人不能因为对土地具有使用权，而认为对上述物品具有权利。六是使用土地的单位和个人，有保护、管理和合理利用土地的义务。土地使用权主要有以下几种类型：①土地承包经营权，是指土地承包经营权人依法对其承包经营的耕地、林地、草地等享有占有、使用和收益的权利。土地承包经营权是一项独立的物权，受法律的保护。②建设用地使用权。在《物权法》出台前，建设用地使用权是按土地用途划分的一个土地使用权类型，它包括国有建设用地使用权和集体建设用地使用权。《物权法》

主要规定了国有建设用地使用权，《物权法》第一百三十五条规定，建设用地使用权人依法对国家所有的土地享有占有、使用和收益的权利，有权利用该土地建造建筑物、构筑物及其附属设施。③宅基地使用权是经依法审批由农村集体经济组织分配给其成员用于建造住宅的、没有使用期限限制的一种土地权利。宅基地使用权人依法对集体所有的土地享有占有和使用的权利，有权依法利用该土地建造住宅及其附属设施。

（3）地役权。地役权是指土地权利人按照合同或协议约定，利用他人不动产提高己方不动产收益的权利。地役权是一种用益物权，是在土地所有权、使用权、承包经营权基础上设立的从属的物权。在地役权关系中，有权利用他人不动产使己方土地收益得到提高的一方为地役权人，其土地为需役地；允许他人利用其不动产而获得一定补偿的一方为供役地权利人，其不动产为供役地。地役权起初仅用于调整私人之间土地利用的关系。随着经济社会的发展，无论是大陆法系国家还是英美法系国家，地役权的主体、客体和功能不断扩展，越来越多地服务于公共利益。

（4）土地抵押权。土地抵押权是指抵押人以其合法拥有的土地权利作为履行债务的担保，当债务人到期不履行债务或宣告破产时，抵押权人有权处分被抵押的土地权利，并从中优先受偿。土地抵押权是担保物权，是一种从属权利。从我国现行法律规定来看，土地抵押权是指土地使用权的抵押权，法律只允许对土地使用权进行抵押，而对土地使用权以外的其他土地他项权利，没有明确规定。

以上四种土地权利通过土地确权完成。土地确权是指依据法律和政策规定，按照法定程序，确认土地所有权、使用权及他项权利归属的行政行为。土地权利是最重要的财产权利，确定土地所有权、建设用地使用权、宅基地使用权等土地权利归属，是保护土地权利人合法权益的前提和基础，是从实体上解决土地权利归属问题，土地确权结果具有法定性和权威性。

2）土地产权属性

（1）自然界限明确：土地所有权空间界限清晰。

（2）可分离性：土地所有权与土地使用权可以分离，任何单位和个人依法只有土地使用权，而没有土地的所有权。

（3）可流转性：农村土地使用权流转是指拥有土地承包经营权的农户将土地经营权（使用权）转让给其他农户或经济组织，即保留承包权，转让使用权。流转模式包括互换、交租、入股、宅基地换住房、承包地换社保、股份及合作。

3）土地产权管理

（1）地籍管理。地籍是记载土地的位置、界址、数量、质量、权属关系和用途等基本状况的簿册。地籍管理是国家通过建立完整的地籍图、簿册，并按统一的方法、要求和程序实施的一系列行政、经济、法律和技术工作措施体系。

（2）土地登记。土地登记是国家依照法律程序将土地的权属关系、位置、面积、用途、等级、价格等在专门的簿册上进行登记的一项重要土地行政管理制度，分为初始土地登记和变更土地登记。

4）农村土地产权制度存在的问题

（1）所有权缺乏明确界定。农村集体土地所有权的行使主体不够明晰，农民集体组织对自己所拥有的土地所有权权能、权责、权益难以充分体现。

（2）使用权缺乏明确界定。农村土地使用权中分离出了承包权、经营权、租赁权、转让权等多种权能。在法律制度上还没有进行明确、细化与相应的界定,导致在农村土地的开发利用过程中出现耕地被非法占用、不规范流转、撂荒等问题。

2. 水资源产权

1)水资源产权的概念

水资源产权是指对水资源占有、使用、收益、处分的权利,包括水资源所有权、使用权、分配权、经营权、水面使用权等。

水资源具有多重特性,可以循环再生但储量有限,可以长期供给但具有自然极限,短期供给依赖于水利设施。水供给具有区域自然垄断性,上游地区处于自然领先地位;水利服务既有私人物品属性,又有公共物品属性。这些特性决定了水资源产权具有自身的特殊属性。一方面,许多国家把水资源作为一种特定自然资源从土地资源中分离出来,将其规定为国家所有的一种公共资源,对其进行规范;另一方面,又对水的部分使用权进行分配,促使水资源优化配置和高效清洁利用。水资源产权具有可分割性,所有权和使用权可以分离,其中使用权能成为可交易的财产权。

2)水权分类

依据《中华人民共和国水法》(简称《水法》)的规定,我国水资源所有权从整体上说属于国家,但农业集体经济组织所有的水塘、水库中的水(即水资源中的部分水体)属于集体所有。依据处于支配地位的水权行使主体的差异,可以将水权的产权结构划分为四种形式。

(1)全民所有、中央政府直接管理的水权称为国有水权。

(2)流域各地区共同拥有、委托流域管理机构管理的水权称为流域水权。

(3)流域内各地区分别拥有、地方政府管理的水权称为区域水权。

(4)区域内组织或社团拥有的水权称为集体水权。

3)水资源产权制度

根据水资源产权的可交易特征差异,主要有以下三种制度安排。

(1)私有水权制度:所有权属个人所有,在这种产权制度下,拥有水资源所有权的个人可以出售或转让其所有权。

(2)公有水权制度:所有权由国家所有,在这种产权制度下,水资源的所有权没有可交易的对象,不能也不允许交易。

(3)共有水权制度:水资源所有权由集体拥有,与公有产权制度相似,其所有权交易受到严格的限制。

3. 矿产资源产权

1)矿产资源产权定义

矿产资源产权是指矿产资源所有权及其派生的矿业权,是占有、支配、使用、处置矿产资源的各种经济关系、法律关系和社会关系的总和。《中华人民共和国宪法》(简称《宪法》)、《中华人民共和国矿产资源法》(简称《矿产资源法》)和《物权法》均明确规定,矿产资源产权归国家所有,国家是矿产资源所有权的唯一主体,由国务院行使所有权,地表或者地下矿产资源的国家所有权,不因其所依附的土地所有权或者使用权的不同而改变。

2）矿业权

矿业权是在矿产资源所有权上设置与让渡的使用权，是国家基于矿产资源所有权而设立的勘探、开采矿产资源的权利，在我国包括探矿权和采矿权。《物权法》对其界定为：矿业权是由矿产资源所有权派生而来，是对矿产资源不动产所有权行使使用和收益的一种权利，具有用益物权的占有、使用、收益等权能。矿业权独立于矿产资源所有权而存在，并具有受公权依法规制的私权特性，为矿业权人的法人财产权，即矿业权人对矿产资源依法勘查与开发，使未知的矿产资源增值为矿产资源资产，再增值为矿产品而流转并依法受益。

（1）探矿权。探矿权是指在依法取得的勘查许可证规定范围内，勘查矿产资源的权利。从探矿权的界定可以看出，探矿权的使用，在空间上限定在规定范围内，在时间上限定在从探矿初始到勘查阶段结束的全过程，在内容上专指从事矿产资源的勘查。探矿权的实物形态是指不同探明程度的资源量（也可以称为资源潜力）的占有权。探矿权属于物权，其内容包括：勘探权、临时用地权、优先权、转让权等。我国《物权法》把探矿权定性为用益物权。探矿权人具有优先获得采矿权的权利。

（2）采矿权。采矿权是指组织或个人在依法取得采矿许可证规定范围内，开采矿产资源和获得所开采矿产品的权利。采矿权的含义：①采矿权的主体是单位和个人；②采矿权的取得需要依法经过行政许可并取得采矿许可证；③采矿权的内容包括开采矿产资源的权利和开采后获得矿产品的权利；④采矿权内容的两种权利必须在采矿许可证规定的范围内行使。关于采矿权法律属性的学说有很多，但归纳起来主要有两类：一类是物权模式下的采矿权，如特许物权说和用益物权说；另一类是非物权模式下的采矿权，如资源权说、公权说、债权说等。

3）矿产资源产权关系不清晰的主要表现

（1）矿产资源产权与土地资源产权、水资源产权、森林资源产权之间的关系不明晰。我国实行的是地下资源产权和地表资源产权完全分离的产权制度模式，矿产资源所有权与所依附的土地所有权或使用权分离，容易造成两者之间的冲突，加上矿产资源客体的隐蔽性和不确定性，造成产权客体范围不清，模糊了矿产资源产权和其他资源产权之间的边界，给不同产权资源之间的协同管理带来困难。

（2）矿产资源产权管理内部关系不清晰。主要是国务院作为矿产资源所有权的唯一代表，与行使委托代理的主管部门和各级政府之间，在行政管理权和财产管理权上缺乏明确的界定。

（3）矿产资源所有权与其派生的矿业权，在权能和相互关系上认识不清。学术界对矿业权的属性存在争议，有准物权论、用益物权论、债权论、使用权论、他物权论等多种观点。现行法律规定采矿权是对确定的矿藏客体拥有占有、使用、收益三项权利，至于有无处置权尚存在争议；而探矿权占有的仅是勘探区块（租地）的某种土地使用权，而不是矿产资源本身。与采矿权不同的是探矿权行使权能的客体仍不清楚，故其物权属性屡遭质疑，而探矿权的收益权又未清晰界定，作为其所有权和使用权目的的权益无法落实。

4. 森林资源产权

森林资源产权是森林资源的所有权、使用权、收益权和处分权的集合。长期以来，森林资源的产权问题一直制约着我国森林资源保护和林业经济的发展。

1）森林资源产权关系的界定

森林资源的所有权通常归国家或者集体所有。作为所有者，国家和集体一般不直接参与森林资源的生产和经营，而是通过让渡使用权的形式实现所有权。森林资源的处分和收益权利也是使用权行使的延伸。在实践及相关研究中主要关注使用权。森林资源使用权的实现形式是多样的，既有由国有企事业单位或者农村集体承担的公有制实现形式，也有以股份联营或者个体承包为表现的非公有制实现形式。

2）公有制为主体的产权关系

森林资源公有制实现形式包括国家所有和集体所有两种。国家所有的所有权通过国家兴办的实体（即国有企事业单位）来体现，即"国家所有、分级管理、多级占有"的产权管理模式。集体所有是集体作为形式上的所有人，通过集体利益的代表人（村长或村支书）及其村委会成员来实现。森林资源的公有制实现形式从表面上看实现了所有权与经营权的分离，实际上存在着所有权人的利益监管缺位状态，不能实现对使用权人的有效监督和约束。

3）非公有制的产权关系

森林资源非公有制实现形式是一种最有效、最具活力的所有权实现形式。随着林业产权制度的改革，林业产权逐渐成为森林资源所有权实现形式中不可缺少的重要组成部分。森林资源的非公有制实现形式大致分为以下几种：股份合作经营、联合经营、个体承包经营、租赁经营、责任山（田）经营、庭院林业经营等。非公有制实现形式解决了森林资源所有权人缺位的问题，以及用益权人在权利行使中的权利保障和充分实现问题。当然非公有制的产权关系也存在问题，如林木的处分、收益权不能得到保障和经营自主权受到限制等。

2.4　资 源 效 率

2.4.1　资源效率的界定与测度

1. 资源使用效率与资源配置效率

经济上的效率可以分为两个层次：资源使用效率与资源配置效率。

（1）资源使用效率。资源使用效率是狭义的效率概念，也称为生产效率，是指一个生产单位或部门利用既定的生产要素生产出最大量的产品。

（2）资源配置效率。资源配置效率也称为"经济制度的效率"，是指经济活动中的各种资源在各种不同的使用方向之间，寻求一种最佳分配方式，使社会福利达到最大化。

资源使用效率与资源配置效率的区别在于实现途径不同。资源使用效率的实现是通过改善内部管理方法和提高生产技术，而资源配置效率则是通过外部的生产要素流动来完成。两者之间也存在相互联系。一方面，资源配置效率的高低在一定程度上影响资源使用效率的状态，即总体上的资源配置不当会使微观上一些生产单位或行业的资源利用效率降低；另一方面，资源使用效率也影响资源配置效率，如果微观上效率较高就能为社会经济资源总量的增加创造条件，为资源配置合理化提供重要前提。

2. 静态效率与动态效率

（1）静态效率。在同一时点利用若干资源配置方案实现优化选择的经济学标准称为静态效率。如果某一时点的资源配置使资源使用的净效益最大化，这一配置状态就是静态效率。

（2）动态效率。当不考虑时间因素时，静态效率标准对于比较不同的资源配置方案十分有用，然而现实生产实践中很多资源配置涉及在不同时间、不同世代之间进行选择的问题。为了解决上述问题，需要把静态效率的概念扩展为动态效率的概念。动态效率不仅关注成本和效益，而且考量时间成本对效益的影响，即比较分析发生在不同时间的净效益。

2.4.2　帕累托最优

1. 含义

帕累托最优（Pareto optimality）：指资源分配的一种理想状态，即在没有使任何人境况变坏的前提下，使至少一个人变得更好。帕累托最优状态表现为不可能再有更多的帕累托改进的余地，是公平与效率的理想状态。

（1）帕累托无效率（Pareto inefficiency）：指的是一个经济状态还可能在其他人效用水平不下降的情况下，重新配置资源和产品，使得至少一个人的效用水平有所提高。

（2）帕累托改进（Pareto improvement）：指在存在帕累托无效率的情况下，至少存在一种资源重新配置的可能，可以使某些人的效用水平在其他人的效用水平不下降的情况下有所提高。换句话说，帕累托改进是指朝着帕累托最优状态前进的行动过程。当一切帕累托改进的机会都用尽了，这时任何一个人的境况改善就不得不损害另外一些人的利益，这时的状态就是帕累托最优；反之，只要存在帕累托改进的可能性，就不是帕累托最优。

2. 帕累托最优实现的必要条件

要实现帕累托最优，必须满足三个必要条件：高效率的资源配置、高效率的产品组合和消费者选择的高效率。

（1）高效率的资源配置：是指任何两种投入品的边际技术替代率（marginal rate of technical substitution, MRTS）对于使用这些投入品的资源开发利用者来说都相等，也等于这些投入品价格之比。

（2）高效率的产品组合：是指任何两种资源开发产品的边际转换率（marginal rate of transformation, MRT）对于每个资源开发利用者都应该相等，也等于两种产品价格之比。

（3）消费者选择的高效率：是指任何两种资源开发产品的边际替代率（marginal rate of substitution, MRS）对于每一个消费者的选择来说应该相等，也等于两种产品价格之比。

简言之，帕累托最优实现的必要条件为交换最优条件、生产最优条件及交换和生产最优条件：交换最优条件即任意两种商品 X、Y 的 MRS 对于每一个参加交易的人来说都相同。生产最优条件即任意两种生产要素的 MRTS 对于使用这两种投入要素的商品生产来说都相同。交换和生产最优条件即任意两种商品之间的 MRS 必须与任何生产者在这两种商品之间的 MRT 相同。

3. 帕累托最优与卡尔多-希克斯改进

帕累托最优描述的是在特定外部条件下有限行为策略的权衡问题，而当外部条件改变或出现新的行为策略时，帕累托最优也将发生改变。

1）卡尔多-希克斯改进

如果一种变革使受益者所得足以补偿受损者的所失，这种变革称为卡尔多-希克斯改进。

卡尔多改进更为实际，因为只要一个人的福利状况由于变革而变好，而其收益能够补偿受损者的损失且还有剩余，即整体效益改进，不需要满足不能有一个人的状况因变革而变坏的前置条件。卡尔多改进认为只要变革后社会的整体效率提高了，受损者的利益能得到足够补偿即可。然而，这种补偿只是一种假想的情景，多数案例中实际难以补偿到利益受损者。

希克斯质疑卡尔多原则是一种"假想中"的补偿，而现实中受益者并没有对受损者进行任何补偿。他认为，判断社会福利的标准应该从长期观察，只要政府的一项经济政策从长期来看能够提高全社会的生产效率，尽管在短时间内某些人会受损，但所有人的境况经过较长时间后都会由于社会生产率提高而"自然而然地"获得补偿，也即"长期自然的补偿原则"。

2）卡尔多-希克斯改进的现实意义

帕累托改进是可行路径，是因为它展现了效率改善的可能，有助于兼顾多方利益，不使任何一方利益绝对受损，可使相关利益主体处于和谐状态，减少行动阻力。我国经济领域的改革开放之所以成功，最初采取的就是帕累托改进的策略：在给某个群体提高效益的同时，不伤害其他任何群体的利益（早期的联产承包责任制）。经过多年改革开放，现今这种类似帕累托改进式的机会已经很少了。当下改革都会涉及复杂的利益调整，难以做到人人受益，这时候的改革重点就是看整体收益是不是正的，是不是足够大。如果答案是肯定的，就可以形成卡尔多-希克斯改进，即用总的改革收益，补偿一部分可能在改革中受损的群体（如1998年前后困难国企改革的下岗分流问题）。

在实践中，假如某种变革可以使受益者的收益大于受损者的损失，总的收益还是增加。若严格遵从帕累托最优原则，这种变革就不能进行，就浪费了本可以增加整体利益的可能性。西方发达国家和部分采用西方民主选举制的发展中国家，在推进改革和经济建设时常常会出现这种状况。但也不可以走到一个极端，即为了整体利益而实施革新，就不惜牺牲某些个人或个别群体的利益。因此，如果存在着这种卡尔多-希克斯改进机会，使其中的利益受损者得到应得的补偿就是最基本要求。只要实行了必要的补偿，就可以在不损害他人利益的前提下创造出新的利益，所以卡尔多-希克斯改进实际上也是帕累托改进。

与帕累托最优的定义类似，如果某种状态下已经没有任何卡尔多-希克斯改进的余地了，那么，这种状态就是达到了卡尔多-希克斯效率。

练 习 题

1. 如何判断资源稀缺？

2. 相对于耗竭性资源来说，可再生资源似乎变得越来越稀缺，哪些因素导致这种现象的发生？

3. 缓解资源稀缺有哪些途径？

4. 高斯定律对于资源有效配置理论的主要贡献是什么？

5. 分析现有制度下我国实施资源产权制度改革的途径和突破口。

6. 结合土地资源、水资源、矿产资源谈谈现代产权理论下, 资源合理配置的原理和思路。

7. 简述资源使用效率与资源配置效率的联系和区别。

8. 如何理解实现帕累托最优的必要条件及其实现途径?

9. 市场在实现帕累托最优上存在哪些缺陷?

10. 如何用卡尔多-希克斯改进分析现实中的改革和利益调整等问题?

主要参考文献

蔡运龙. 2014. 自然资源学原理. 2 版. 北京: 科学出版社

陈静, 陈丽萍, 赵晓宇. 2019. 自然资源保护地役权建设的立法建议. 中国土地, (5): 32-33

邓禾. 2007. 我国森林资源产权体系的反思与重构. 浙江林业科技, 27(2): 70-76

迮君. 2012. 浅谈帕累托效率与卡尔多效率. 时代金融, (6): 213

丁玲丽. 2005. 自然资源核算浅析. 统计与决策, 21: 11-13

封志明. 2004. 资源科学导论. 北京: 科学出版社

甘庭宇. 2008. 自然资源产权的分析与思考. 经济体制改革, (5): 54-57

高宇, 王守雷. 2011. 论我国自然资源产权制度改革下的创新与反思. 法制与社会, (8): 50

葛京凤, 郭爱清. 2004. 自然资源价值核算的理论与方法探讨. 生态经济, (S1): 70-72

谷树忠. 2019. 关于自然资源资产产权制度建设的思考. 中国土地, (6): 4-7

谷树忠, 李维明. 2015. 自然资源资产产权制度的五个基本问题. 中国经济时报, 2015-10-23

黄亚珍. 2006. 林业产业化法律制度研究. 重庆: 重庆大学硕士学位论文

姜文来. 2000. 关于自然资源资产化管理的几个问题. 资源科学, 22(1): 5-8

蒋葵, 雷宇羚. 2015. 自然资源资产负债表下自然资源资产价值的确定. 财会月刊, (34): 31-33

劳成玉. 2004. 绿色 GDP 与自然资源的资产化管理. 光明日报, (2004-09-29)[2024-06-10]. http://gmw.cnlolgmrb/2004-09/29/content_108730.htm

萨缪尔森, 诺德豪斯. 1996. 经济学(上). 14 版. 北京: 北京经济学院出版社

李慧明, 左晓利. 2007. 水权交易: 交易的"权"是什么. 生态经济(学术版), (2): 2-5, 17

李建华, 李靖. 2017. 采矿权法律性质的再认识. 国家检察官学院学报, 25(6): 126-146, 172

李抗. 2008. 完善土地抵押权制度的探析. 资源与人居环境, (24): 20-22

李莉, 裴荣富, 李进文, 等. 2007. 建立合理勘查开发模拟与矿业循环经济的应用. 中国国土资源经济, (11): 13-16, 46

李太淼. 2009. 构建和完善有中国特色的自然资源和环境产权制度. 中州学刊, (4): 49-54, 261

李香菊, 祝玉坤. 2011. 西部地区矿产资源产权与利益分割机制研究. 财贸经济, (8): 28-34

林向阳, 周冏. 2007. 自然资源核算账户研究综述. 经济研究参考, (50): 14-24

刘旭东. 2010. 资源价值及其形成过程. 知识经济, (24): 98

刘一明. 2011. 不同水权制度下水资源分配机制的比较. 农业经济与管理, (1): 68-75

刘永存. 2011. 浅析探矿权的法律性质. 矿产保护与利用, (1): 5-9

刘长旭, 汪沅. 2010. 马克思劳动价值论与西方经济效用价值论的差异性. 经济视角(下), (3): 60-62

马中. 1999. 环境与资源经济学概论. 北京: 高等教育出版社

马苗卉. 2019. 浅析矿产资源资产产权制度. 国土资源情报, (2): 37-41

梅林海, 邱晓伟. 2012. 从效用价值论探讨自然资源的价值. 生产力研究, (2): 18-19, 104

蒲志仲. 2008. 略论自然资源产权界定的多维视角. 经济问题, (11): 12-16

曲福田. 2011. 资源与环境经济学. 2 版. 北京: 中国农业出版社

王永瑜. 2009. 资源租金核算理论与方法研究. 统计研究, 26(5): 47-53

王湛, 刘英, 殷林森, 等. 2021. 从自然资源资产负债表编制逻辑到平行报告体系——基于会计学视角的思考. 会计研究, (2): 30-46

阳盼盼. 2017. 基于劳动价值论的自然资源价格构成研究. 价格月刊, (2): 1-4

张帆. 1998. 环境与自然资源经济学. 上海: 上海人民出版社

张洪涛, 唐金荣, 齐亚彬, 等. 2014. 矿产资源资产资本理论与实践. 北京: 地质出版社

张建华. 2002. 资源租金估计及分配. 中国经济问题, (4): 63-68

赵海林, 赵敏, 毛春梅. 2003. 水权理论与我国水权制度改革初论. 生态经济, (10): 59-61

郑永琴. 2013. 资源经济学. 北京: 中国经济出版社

朱广新. 2007. 地役权概念的体系性解读. 法学研究, (4): 24-41

庄立, 刘洋, 梁进社. 2011. 论中国自然资源的稀缺性和渗透性. 地理研究, 30(8): 1351-1360

第3章 资源市场配置理论

> 资源经济学的理论基础来源于经济学，特别是与市场配置相关的理论，具体包括：资源供求理论、资源生产者理论和资源消费者理论。本章将着重介绍这三个基础理论，以便读者能快速地理解其他的知识内容，同时为尚未系统地学习过经济学的读者提供一些理论支持。

3.1 资源供求理论

供给和需求理论（简称供求理论）是经济学最重要的理论。马克思和新古典经济学对供求理论有不同的贡献，了解这些可为正确理解资源供求理论奠定基础。

3.1.1 马克思的供求关系理论

马克思尽管没有提出独立的供求理论，但他的许多供求关系的理论思想都与资源供给和资源需求密切相关，主要体现在以下几个方面。

（1）供求关系表现了商品经济与市场的联系。商品经济包含许多相互对立统一的概念，如生产和消费、价值和使用价值、商品和货币等，一旦与市场建立联系，即是供求关系。马克思认为：在市场上"互相对立的只是两个范畴：买者和卖者、需求和供给。在商品的供求关系上再现了下列关系：使用价值和交换价值的关系、商品和货币的关系、买者和卖者的关系、生产者和消费者的关系，尽管二者可以由第三者即商人来代表"。

（2）供给和需求的概念在不同视角下可以相互转换。视角转换的关键在于对商品类型的认识。对于最终商品而言，厂商的产出是供给，居民的消费是需求；而对于作为生产资料的中间商品、资本和劳动力而言，产业链上层厂商和居民的投入是供给，产业链下层厂商对这些生产资料的投入是需求。因此，对供给和需求的理解不能跳开具体的商品类型，定义需要明确分析视角。马克思提及供给和需求的内涵时认为："要给需求和供给这两个概念下个定义是比较困难的，它们好像只是同义反复"。例如，对于自然资源，站在不同视角可以发现不同的商品类型：煤炭作为自然资源产品，自然界是供给，煤炭企业是需求；煤炭加工之后作为最终商品，则煤炭企业的产出是供给，生产企业用煤是需求。

（3）供给和需求是"社会必要劳动时间"的交换，市场交易形成有效供给和有效需求。供给和需求都是为了价值或使用价值，但市场只有存在"有效"供给和"有效"需求才能形成交易，即供给的产品只有满足社会需要才是有效的，而只有具备购买力的需求才是有效需求。市场交易行为反映的即是劳动者之间对于"社会必要劳动时间"的交换。对于自然资源而言，只有进入市场交易才能形成有效供给和有效需求，如大宗矿产品；而无法形成交易的，只能通过政策和制度设计实现价值，如污染和二氧化碳排放的控制，政府需要建立有效供给，才能满足全社会的有效需求。

（4）供求关系的变化形成价格波动。供求关系形成市场价格，供求关系的变化引发价格的变化，而价格的变化进一步影响供求关系的变化，最终供求关系与价格的相互影响将在波动中逐渐趋于稳定，形成长期趋势。例如，大宗矿产品的国际价格直接受到出口国和进口国的交易关系影响，而对价格波动的趋势判断也将影响出口国和进口国签订长期协议的决策。由此，出口国和进口国的国际贸易格局及其对价格波动的预期形成了国际价格变化趋势。

3.1.2　新古典经济学的供求理论

西方经济学的新古典学派在古典经济学供求理论的基础上提出了均衡价值论，并通过数理模型为供求关系建立了标准化的分析框架。

1. 需求理论

西方经济学的需求理论是关于市场交易行为的理论，核心问题是商品交易如何实现。其中，"需求"定义为消费者（或者需求方）所面对的商品数量与价格的函数关系，并认为一般商品需求量与价格呈现反比例关系，价格越高需求量越少。但也有特殊商品的存在，即价格越高反而需求量越大，这与消费者对该特殊商品的预期有关，即消费者估计远期价格还会提高，因此近期出于投资或者储备的目的增加了购买量。对于一般商品而言，假定其在可预见时间内的供给量保持稳定，那么影响商品需求的因素主要有五个，即市场价格、当地收入水平、市场规模、该商品的替代品情况、消费者偏好。将商品需求与市场价格建立函数关系，即需求曲线。横坐标表示需求量，纵坐标表示市场价格，一般商品的需求曲线是一条由左上向右下倾斜的负斜率曲线，表现了一般商品需求与市场价格的反比例关系。影响需求曲线的五个因素在需求曲线上的变化呈现为两种，即曲线上的变化（也即需求量在需求曲线上的位移），如价格变化引致商品需求量的变化，或曲线本身位置或形态的变化，如收入水平增加、市场规模扩大、替代品和消费者偏好变化等。

对于单个或某一类消费者而言，需求曲线向右下方倾斜的特点由边际效用递减规律决定。"效用"定义为消费者对于特定商品的满足感，"边际效用"定义为每增加一单位商品需求量所获得的满足感。在该商品极为稀缺时，消费者获得该商品的满足感最高，愿意支付的价格也就越高，而随着消费者获取该商品数量的增加，满足感随之下降，愿意支付的价格也随之下降，即消费者每增加一单位该商品所获得的新增效用逐渐减少，称为边际效用递减规律。当消费者面临多种一般商品的选择时，可支配收入的约束使消费者必须在不同商品需求组合之中做出权衡以获取最大效用。根据线性最优化理论，消费者只有在每种商品上获取的最后一单位效用相等时，消费者的总效用才能达到最大，此时称为消费者均衡，即在这种状态下，消费者不会再改变商品组合的选择。

2. 供给理论

供给理论是关于企业生产行为的理论，核心问题是如何保障产品供应的稳定性。在假定市场需求不变的情况下，"供给"定义为投入成本与产出的函数关系，认为成本与产出数量呈现正比例关系，即投入越高则产出越多。然而，由于技术瓶颈的存在，新增投入与新增产出是递减函数关系，即新增投入的增加所形成的产出数量不断减少，最终达到一个产出峰值，之后无论投入如何增加，产出都不再增加，除非突破技术瓶颈。这称为边际产出递减规律或边际报酬递减规律。

在商品价格不变的情况下，企业生产行为定义为在既定产出下实现利润最大化或者成本最小化，利润是企业售出产品之后所获收益与其投入成本的差额。利润最大化和成本最小化是等价定义，只是概念表述不同。企业生产行为一般受到产品的市场价格、投入的生产要素成本、市场上与本产品形成替代或互补关系的商品的价格等方面影响。其中，对于企业行为分析需要区分"产品"和"商品"的概念，"产品"是企业完成生产过程但尚未进入市场的产出，"商品"则是已经上市进行交易的"产品"。换句话说，"商品"是标注价格并进入市场交易的"产品"。在商品概念下的企业行为即是利润最大化；在产品概念下的企业行为即是成本最小化。对于自然资源而言，区分"产品"和"商品"非常重要，因为并非所有的自然资源都进入市场交易，也并非所有的自然资源都可以由市场形成价格。例如，在市场价格出现剧烈波动或者低迷的情况下，开发自然资源的企业可能会提高库存，或者暂停开发，此时用"产品"可以表现企业的生产能力，但用"商品"却无法表现盈利能力；当开发自然资源出现水土污染和温室气体排放时，市场无法将这些"负面产出"准确识别为企业应负担的成本，导致自然资源作为"商品"的价格过低，市场无法发挥有效的价格机制控制污染和排放，就需要政府介入来调整自然资源商品的价格。

与需求曲线类似，在商品价格出现变化的情况下，商品价格与企业产出之间的函数关系即供给曲线，商品价格与企业产出呈现正比例关系。这是假定随着商品价格提升，企业将提供更多的产出，可能是同样的企业实现更多的产出，也可能出现更多的企业提供产出。随着市场商品供给增加，企业收益也随之增加，但由于边际报酬递减规律的存在，企业收益增长曲线逐渐呈现递减函数特征，直到新增一单位产出形成的企业收益等于所需投入的单位成本，也即边际收益等于边际成本，企业实现了利润最大化或成本最小化。可以推断，如果边际收益大于边际成本，企业还将增加产出或者出现更多企业产品进入市场；而如果边际收益小于边际成本，企业将减少产出或者部分企业退出市场。只有边际收益等于边际成本，即利润为零，也即新增利润为零，企业不会扩大生产，也不会有新的企业进入市场，此时称为生产者均衡。

3. 市场均衡

市场均衡定义为消费者均衡与生产者均衡同时实现的状态，也即在给定市场条件下，将企业提供商品数量与消费者交易价格建立函数关系，即供求函数。在图上表现为需求曲线和供给曲线相交，得到市场均衡价格和商品均衡数量。在市场均衡价格下，消费者将不会改变交易行为，生产者也将提供稳定的商品供给（图3.1）。

3.1.3 资源供求理论的基本原理

自然资源的供求行为在给定时空条件下满足经济学供求理论的基本原理。其中，"给定时空条件"要求明确"一定时期"与"特定区域"的特征。

（1）自然资源的需求是指在一定时期内，特定区域的自然资源购买者愿意而且能够购买的自然资源商品数量。自然资源商品的存在意味着该地区具有市场交易条件，从自然资源的

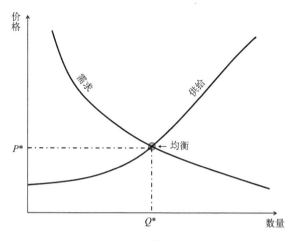

图 3.1　供求函数与市场均衡

供给曲线向右上方倾斜，表示生产者在不同价格水平下愿意出售的产品数量；需求曲线向右下方倾斜，表示消费者在不同价格水平下愿意购买的商品数量。供给曲线与需求曲线相交，得到市场均衡下的商品价格和数量

挖掘、加工到商品化等环节存在完整的技术链，而自然资源利用的每一个环节都具有不同的商品形态及技术特征，以满足当地或者其他地区在不同的技术条件下对不同的自然资源商品形态的需求。例如，煤炭泛指不同商品形态的"煤炭商品"，经过不同技术类型的洗选作业之后，可以满足火力发电厂的燃料需求，也可以满足煤化工厂对原料的需求。

　　自然资源的品类多种多样，有的可以视为一般商品，满足需求曲线形态变化的特征和边际效用递减规律；有的在某些情况下可能成为特殊商品。例如，对于可再生资源，如土地和水资源，因其可再生的自然属性，在一般情况下可以保证供给稳定，可将其视为一般商品；对于非可再生资源，如煤炭和石油而言，其供给能力在可预见时期内将面临枯竭，并且其全球分布格局极不均衡，当出现国际能源价格高涨的情况时，国际市场往往会在短期内出现持续"追涨"的局势，即价格越高交易增长越快。然而，并不能简单将可再生资源和非可再生资源分别对应一般商品和特殊商品。例如，即使是作为可再生资源的水，在干旱地区面临水资源短缺的情况下，水价上升也可能伴随着交易增长，而作为非可再生资源的煤炭和石油，随着持续出现的能源技术进步，其供给能力也不断加强。在难以判定自然资源商品属性的情况下，消费者预期是决定自然资源作为一般商品或者特殊商品的主要因素，而消费者预期直接受到时间和空间要素的影响。因此，自然资源的商品属性不能跳开对"给定时空条件"的认识，即短期与长期的权衡及区域地理特征。

　　（2）自然资源需求的影响因素。同一品类自然资源在不同时期和不同区域可能面临不同的需求情况，而自然资源禀赋、生态环境特征、技术条件、经济结构和市场预期对自然资源需求行为有着显著的影响。其中，自然资源禀赋特征在很长的历史时期内塑造了区域贸易的比较优势基础，也促进了区域技术条件、经济结构和市场预期等影响因素的作用效应，而生态环境特征带来了限制或激励因素。例如，中东地区是石油资源富集地区，自工业革命以来逐渐形成了依赖石油开发贸易的技术和经济发展特征，但也形成了中东各国经济结构失衡、发展路径单一、贸易体系脆弱等特点，极易受到国际能源市场的价格波动影响，而中东地区酷热及干旱少雨的生态环境特征也加剧了各国经济系统的脆弱性问题。

　　自然资源作为一般商品，满足需求曲线的行为特征，即价格越高需求越少，而价格越低则需求越多。在自然资源的交易市场上，除价格外，还有多种因素影响自然资源商品的需求。

第一，居民平均收入水平。自然资源作为一般商品，居民平均收入水平的增加会引起对一定时期自然资源需求的增加，但消费的自然资源商品形态将发生显著变化。例如，在居民平均收入水平较低时，对原材料形态的自然资源需求较高，如作为能源的薪柴需求；当居民平均收入水平逐渐增长时，电力成为主要能源需求品类，而薪柴需求将逐步下降乃至消失。

第二，具有相关利用属性的自然资源价格变化。在技术革命推动下，现代自然资源利用模式往往是多种自然资源在特定技术条件下的组合，呈现出价格联动特点。例如，国际能源价格波动往往是煤炭、石油和天然气的同方向波动，只是相互之间会出现时滞效应，但对于某些能源富集国家而言，国内能源市场价格波动可能受益于其资源禀赋优势，可以平抑价格波动。又如，对于钢铁工业而言，作为燃料的煤炭价格升高可能导致钢铁企业缩减产能，对于铁矿石的需求也将减少，抬高铁矿石价格。反之，煤炭价格降低可能导致铁矿石价格降低。

第三，自然资源价格的市场预期变化。自然资源市场的大宗交易特征使得自然资源价格很容易受到突发事件的冲击。在此过程中，实际是市场预期改变了对某种自然资源价格变化趋势的判断，从而对当前自然资源的需求造成影响。为规避突发事件的风险冲击，许多自然资源品类的大宗交易市场，如能源和铁矿石等，引入了期货交易制度，利用金融市场的贴现交易方式反映对市场预期变化的判断。例如，中国与美国的短期贸易争端，造成中国的国际贸易形势恶化，减少大宗自然资源商品的进口，可能使国际市场降低对这些商品价格的预期。

第四，人口数量变化。自然资源作为一般商品，在其他因素（如价格、收入、价格预期等）不变的情况下，人口越多，对自然资源的需求就会越多；反之，人口越少，对自然资源的需求就会越少。我国是一个人口大国，尽管自然资源储量总量相对丰富，但其人均保有量较低，社会经济发展对各类自然资源的需求也很大，导致我国自然资源供给较为紧缺。

（3）自然资源的供给是指在一定时期内，特定区域的自然资源的可获得数量。随着社会经济发展和技术进步，自然资源的供给品类和数量都可能发生变化。例如，在农业时代，人类的能源需求以薪柴为主，来自森林资源供给；在工业时代，能源需求以煤炭和石油为主，来自地质矿藏资源供给，但薪柴需求并非消失，而是存在于农村或者不发达地区。自然资源供给需要区分自然条件和经济条件的差异。

（4）自然资源的自然供给是指由自然条件决定的资源供给能力。自然条件包括地质地貌、历史沉积、气候地理等，自然供给下降意味着在当前技术条件下，资源储量面临着枯竭问题。

（5）自然资源的经济供给是指由社会经济发展的需求特征决定的资源收益能力。即满足特定用途的资源供给增加形成了收益的增长，在短期受到价格波动、市场预期、突发事件和政策等的影响较为显著，在长期则与技术进步趋势、自然资源禀赋的分布格局及国际经济和贸易局势密切相关。例如，能源资源的经济供给受到国际能源市场的显著影响，尽管煤炭、石油和天然气等化石能源在可预见时期内将逐渐枯竭，但技术进步的贡献也在不断提高其经济供给能力并延长供给年限，如能源效率技术、深度采掘技术、可再生能源技术等。

（6）自然资源供给的影响因素。

第一，市场价格。自然资源作为一般商品，与市场价格的关系满足供给理论的基本定义，供给量与市场价格呈同方向变化：市场价格越高，供给量越大；市场价格越低，供给量越少。然而，自然资源也会成为特殊商品，当市场预期出现了某种自然资源供给过剩问题时，将引发市场抛售行为，即市场价格越低，供给量越大，其关键问题在于自然资源的经济供给能否取得预期收益。自然供给是经济供给的总量约束：在经济供给尚未达到自然供给上限时，供给曲线较为平缓，其价格弹性较大，即价格波动造成的供给量变动较为显著；在经济供给即将达到自然供给上限时，供给曲线较为陡峭，其价格弹性较小，即价格波动难以影响供给量。

第二，自然资源需求。自然资源需求通过市场价格影响自然资源供给，具体包括对品类的需求和对功能的需求。对于某种自然资源而言，可替代资源品类的需求变动对该资源的经济供给能力形成显著影响，如化石能源和可再生能源的相互替代；满足特定功能用途的自然资源供给受到特定技术条件变化的影响，如新能源、新材料、可再生资源的发展。

第三，科学技术的发展。当自然资源利用的科学技术发展到一定程度时，原先不能利用的自然资源变得可以利用，或原先利用成本太高的自然资源可以降低成本，使得自然资源的自然供给能力提高，经济供给能力也随之加强。

第四，自然资源禀赋及利用的集约程度。自然资源禀赋及利用的集约程度越高，开发成本就越低，自然供给能力越强，经济供给也就随之增加。

第五，交通条件的改善。原来由于交通可达性条件不足而未能开发利用的自然资源变得易于接近，或降低了运输成本，由此增加了自然资源的经济供给。

第六，自然资源市场预期变化。对于耗竭性矿产资源，市场形成了对资源耗竭的预期，将抬高市场价格，引发短期供给急剧增加的市场过热现象。

第七，政府政策与公众舆论。政府通过法律、法规、规划及相关措施，以及税收、投资、信贷和价格政策，可以促进或抑制自然资源的经济供给。公众舆论常常是促使政府采取有关政策的动因，它本身也可以促进或抑制某些特定用途的自然资源经济供给能力。

3.1.4　资源供需分析

自然资源供需分析的关键在于对需求引致市场预期变化的判断。

1. 资源需求的变动

自然资源需求的变动通过需求曲线表现为两种形态：一是在需求曲线上点的变动；二是需求曲线本身的变动。深入认识需求曲线的函数定义——"消费者愿意且能够承担的商品数量"：在需求曲线上点的变动表示在价格变化中，消费者"能够承担"的商品数量发生变化，而需求曲线本身的变动是在价格之外的因素影响下，消费者"愿意"购买的数量发生变化，这些外部因素可能是收入增加、人口增长、技术进步、气候变化等。换句话说，需求曲线上点的变动表示自然资源的价格与需求量的函数关系，即需求行为对于价格信号的反应过程；而需求曲线本身的变动表示外部驱动因素发挥作用，也即需求行为受到外部作用而发生变化的过程。

（1）自然资源需求曲线上点的变动，表示在其他条件不变的情况下，某种自然资源市场价格变化引起的该自然资源需求量的变动，表现了消费者对于该自然资源价格变化的反应过程。例如，当石油价格下降时，同等数量的消费者可以承担更多的石油，或者更多的消费者能够购买石油，引起石油需求量的上升。如图 3.2（a）中，当某种自然资源的价格由 P_1 上升为 P_2 时，引起自然资源的需求量由 Q_1 减少为 Q_2，即价格上涨、需求减少，自然资源价格和需求量的变化沿着需求曲线 $Q=D(P)$ 移动。

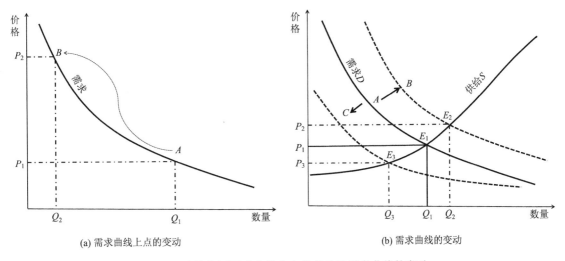

(a) 需求曲线上点的变动 (b) 需求曲线的变动

图 3.2 自然资源需求曲线上点的变动和需求曲线的变动

（2）自然资源需求曲线的变动，表示在价格不变的情况下，外部因素变化引起的该自然资源需求量的变化。这里的"外部因素"包括但不限于人口、技术、平均收入水平、相关自然资源类商品价格、消费者偏好和市场价格预期等。需求曲线根据作用因素的差异表现为两种变化，一是需求曲线的平移，如图 3.2（b）中 A 需求曲线 $Q_1=D_1(P_1)$ 平移至 B 需求曲线为 $Q_2=D_2(P_1)$；二是需求曲线斜率的变化，如图 3.2（b）中 A 需求曲线 $Q_1=D_1(P_1)$ 移动至 C 需求曲线 $Q'_3=D_3(P_1)$，其斜率变小，曲线变得平缓，价格 P_1 降低至 P_3（或上涨至 P_2）将导致更多（$Q_3>Q'_3$）（或更少 $Q_2<Q'_2$）的需求量。

在现实中，自然资源需求曲线上点的变动和需求曲线的变动可能同时出现，应根据实际情况进行观察分析，区分价格的变化和价格之外其他因素的变化。仍以石油为例，人口增长或平均收入水平增加，需求曲线将向右平移，即价格不变而需求量增加。在技术进步的作用下，出现其他自然资源产品对石油作为燃料或者化工产品的大规模替代，石油需求曲线变得平缓，石油价格弹性增大，可替代资源产品价格变化将对石油价格及其需求量形成较大影响。

2. 资源供给的变动

与需求变动的分析类似，自然资源供给的变动也分为供给曲线上点的变动和供给曲线的变动，而供给曲线的变动同样包括平移和斜率变化两种类型。

自然资源供给分析需要充分认识资源有限性、分布非均衡性、开发有偿性等基本假设条件。在不同尺度视角下，供给分析的目标并不相同。在国家乃至国际宏观视角下，自然资源供给的基本目标是确保在可接受价格下的稳定供给能力，依靠市场机制和技术进步应对自然资源禀赋有限的问题，但国际政治经济局势的剧烈变化引发了长久以来对石油安全乃至资源安全问题的关注。在国家内部各区域视角下，自然资源供给的基本目标是确保"区域调配的效率最优化"，主要依靠基础设施建设解决自然资源分布不均衡问题，但基础设施建设涉及短期巨额投入与长期收益不确定性的权衡问题；在企业生产行为视角下，自然资源供给的基本目标是在成本-收益权衡下确保高效开发利用，实现利润最大化，但开发成本往往难以完全覆盖生态破坏或环境污染等外部性治理成本，而将外部成本内部化又会面临市场竞争问题。

（1）自然资源供给曲线上点的变动，表示在其他条件不变的情况下，某种自然资源市场价格发生变化所引起的该自然资源供给量的变动，表现了生产者对于自然资源价格变化的反应。例如，当石油价格上升时，同等数量的生产者愿意供给更多的石油，或者更多的生产者能够提供石油，引起石油供给量的上升。如图 3.3（a）中，当某种自然资源的价格由 P_1 上升为 P_2 时，引起自然资源的供给量由 Q_1 增加为 Q_2，即自然资源价格和供给量的变化沿着供给曲线 $Q=S(P)$ 移动。

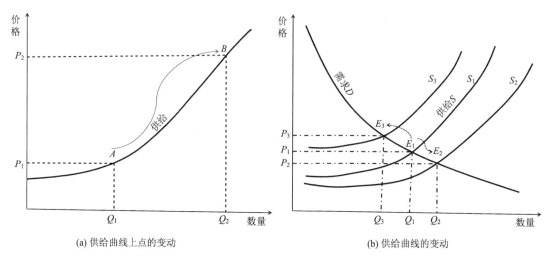

(a) 供给曲线上点的变动　　　　　　　　(b) 供给曲线的变动

图 3.3　自然资源供给曲线上点的变动和供给曲线的变动

（2）自然资源供给曲线的变动，表示在价格不变的情况下，外部因素变化引起的该自然资源供给量的变化。这里的"外部因素"包括但不限于自然资源禀赋及自然供给能力、生产规模、技术装备、投入成本、竞争性自然资源类商品价格、生产者对于消费者和市场预期的认识等。供给曲线根据作用因素的差异也呈现两种变化，一是供给曲线的平移，如图 3.3（b）中供给曲线 $Q_1=S_1(P_1)$ 向左平移为 $Q_3=S_3(P_3)$；二是供给曲线斜率的变化，如图 3.3（b）所示，供给曲线 $Q_1=S_1(P_1)$ 向右移动变为 $Q_2=S_2(P_2)$，其斜率变小，曲线变得平缓，价格 P_1 的降低（或上涨）将导致更少（或更多）的供给量。仍以石油为例，生产规模扩大或生产能力增强，供给曲线将向右平移，即价格不变而供给量增加。技术进步对石油供给曲线的影响同样显著。随着石油开采和提炼技术的持续进步，生产效率提高，成本降低，供给曲线变得平缓，弹性增强。在相同价格水平下，企业能供给更多石油，或在较低价格下提供相同数量的石油。

（3）自然资源供求变动的市场均衡分析，即将自然资源的需求曲线 $Q=D(P)$ 和供给曲线 $Q=S(P)$ 联立，建立自然资源供求函数进行分析。自然资源的需求曲线与供给曲线相交，可以得到市场均衡价格和均衡数量。市场均衡价格是消费者和生产者共同接受的价格，即在此价格水平上，消费者不会改变需求量，生产者也不会改变供给量，供需行为不发生变动则价格也不再变动。那什么情况下价格会发生变化呢？是在价格之外的因素发生变化时。因此，市场均衡分析实际上是关注需求曲线变动和供给曲线变动对市场均衡价格、供需均衡数量及其供求双方造成的影响。例如，在需求不变的情况下，供给曲线右移意味着供给量增加，则市场均衡价格将下降；相反，在供给不变的情况下，需求曲线右移意味着需求量增加，市场均衡价格将上升。

需求曲线和供给曲线的相对斜率的差异应得到重视。例如，在曲线变得平缓之后，价格变动将导致更大程度的供给量或需求量变动；反之，当曲线较为陡峭时，价格变动对于供给量或者需求量变动的影响较小。从经济学视角来看，曲线变得平缓意味着生产者或消费者对价格更为敏感，那么价格的小幅变动都会导致他们大幅改变生产或者消费行为。一般而言，供给曲线的变动意味着技术壁垒变化，而需求曲线的变动意味着市场上存在替代产品，也就是对于生产者和消费者同时存在多条曲线，生产者和消费者必须同时评估这些产品，才能做出决策。在宏观层面上，社会经济发展的典型特征就是供需曲线从陡峭走向平缓的过程。

从需求曲线出发，对于生产者而言，以苹果公司为例，苹果手机（iPhone）上市至今所面对的需求曲线就是从陡峭走向平缓的过程。iPhone 刚上市时几乎没有竞争对手，出现了一大批"忠实拥趸"，每逢新品上市就出现持续的连夜排队现象，这时价格的轻度上涨就能让苹果公司直接赚得更多，而消费者几乎不会改变购买决策，即需求曲线非常陡峭；后来，三星公司和华为公司在全球市场上与苹果公司展开竞争，而这时的苹果如果提高 iPhone 价格，那么就会有一批"果粉"转向三星和华为。因此，我们看到苹果这几年开始采取多样化价格策略，照顾中低端市场的消费者，也开始注重贩卖情怀和回忆，从其他角度巩固"果粉"的忠诚度，这就表现为苹果面对的需求曲线走向平缓。换个市场，如 vivo、OPPO 和小米的中低端市场，就是一个竞争程度较高的市场，这些厂商面对的需求曲线较为平缓，价格竞争是优先策略选项。

从供给曲线出发，对于生产者而言，供给曲线从陡峭走向平缓，意味着其技术壁垒逐渐下降的过程，也即厂商调节生产的能力程度更强。还是以苹果公司为例，2010 年，iPhone4 刚上市时就处于一种技术垄断地位，是作为一种智能手机的开创性产品，当时的生产技术相比于现在还不成熟。在 iPhone 火遍全球的情况下，苹果公司不是不想扩大产能，但限于当时的工艺装备条件，只好采取"饥饿营销"的策略，确保生产资金快速回笼，推动产品更新换代并持续提高技术壁垒，也就是继续确保供给曲线的陡峭特征。vivo、OPPO、小米、三星和华为等公司通过模仿、跟随和自主研发，逐渐开始在低、中、高端抢占市场，总体表现为智能手机的技术壁垒下降，所有厂商调整生产水平的能力都有了大幅提升，供给曲线走向平缓，消费者也有了更多选择。同时，维持供给曲线陡峭特征也存在显著的风险和不确定性。例如，当年的诺基亚在传统手机领域实现了霸权，也意味着生产能力固化，所以当智能手机一上市，它根本来不及进行生产能力的调整，只能变卖资产。

3.1.5 资源供求变动的定量分析

通过联立自然资源的需求曲线和供给曲线建立供求均衡分析框架，主要内容是量化分析需求曲线和供给曲线的变化程度，引入了物理学的"弹性"概念作为基础内容。

1. 弹性的含义

需求曲线和供给曲线的斜率特征、变动及两者相交的均衡过程是经济学分析框架的基本内容。从生产者和消费者的交易行为出发，在利润最大化和效用最大化的基本假设下，相对价格变动将引起需求量和供给量的变动，经济学分析通常借用"弹性"来描述这个变动过程。其中，定义"相对价格"是为了区分"绝对价格"。"相对价格"是指对于生产者和消费者而言，在市场交易中具有某种关联的不同商品的价格比较关系，生产者的生产决策和消费者的消费决策建立在对不同商品价格的相对关系的判断上，而并非商品价格本身的高低。例如，对于煤电企业而言，如果来自山西的煤炭价格上升，而内蒙古的煤炭价格不变，在运输条件不变的情况下，煤电企业可能减少山西煤炭采购并增加内蒙古煤炭采购，但如果山西和内蒙古的煤炭价格同时上升，那么煤电企业可能不会改变采购决策。

弹性（elasticity）在物理学的定义是指某个物体受到外部力量的作用而发生反应的程度。经济学家阿尔弗雷德·马歇尔（Alfred Marshall）将经济学范畴的弹性定义为由一个经济变量变化引致另一个经济变量发生变化的改变程度，用相对变化比例衡量。例如，现有两个经济变量 x 和 y，且存在 $y=f(x)$，则 y 相对于 x 的弹性定义为

$$\frac{E_y}{E_x}=\frac{\dfrac{\Delta y}{y}}{\dfrac{\Delta x}{x}}=f'(x)\frac{x}{y} \tag{3.1}$$

即经济变量 x 的每一单位变化引致的经济变量 y 的相对比例变化。对于进行市场交易的生产者和消费者而言，经济变量 x 一般指市场均衡价格，经济变量 y 分别为供给量和需求量。根据经济学原理，有以下定义：①需求的价格弹性，指市场价格每变动一单位对需求量变动造成的相对影响，如假定价格每上涨 1%，需求量减少 1%，则需求的价格弹性为 1；②供给的价格弹性，指市场价格每变动一单位对供给量变动造成的相对影响，如假定价格每上涨 1%，供给量增加 1%，则供给的价格弹性也为 1。经济学分析一般用 ε 表示弹性，ε 的取值显示了需求曲线或供给曲线的形态。以需求曲线为例，参考式（3.1），需求曲线的弹性公式为

$$\varepsilon=\frac{E_Q}{E_P}=\frac{\dfrac{\Delta Q}{Q}}{\dfrac{\Delta P}{P}}=f'(P)\frac{P}{Q} \tag{3.2}$$

ε 的取值范围决定了需求曲线的形态，具体如下。

（1）当 $\varepsilon=1$ 时，说明需求量上升和价格下降的幅度相同，即价格下降 1%，需求量就会上升 1%，这是一般商品交易常见的情况，也是经济分析常用的假设条件。

（2）当 $0<\varepsilon<1$ 时，说明尽管需求量随着价格下降而上升，但需求量下降程度小于价格上升程度，即需求变化对于价格变化不敏感，也称为缺乏弹性，需求曲线呈现较为陡峭的状态。具有此类特征的自然资源商品常见于技术工艺或者区域限制，并且缺乏替代品，如稀土。

（3）当 $1<\varepsilon<\infty$ 时，说明较小程度的价格下降将引致较大程度的需求量上升，即需求变化对于价格变化较为敏感，也称为富有弹性，需求曲线呈现较为平缓的状态。具有此类特征的自然资源产品常见于大宗矿产品，如铁矿、石油、煤炭等，由于储量相对较大且分布较为广泛，各地区产品存在较强的相互替代作用，某一地区产品价格下降将导致该地区产品需求大幅增加。

（4）当 $\varepsilon\to 0$ 时，需求曲线垂直于横轴，在此情况下，无论价格如何变动，需求量皆稳定于一个给定数值，即需求完全无弹性，非常罕见。

（5）当 $\varepsilon\to\infty$ 时，需求曲线平行于横轴，在此情况下，价格稳定于一个给定数值，需求量则可能出现任意数值，即需求具有完全弹性，也非常罕见。

如前所述，影响自然资源产品需求变动的因素除了价格之外，还有替代商品和收入水平

等，出现了需求交叉弹性（cross-price elasticity of demand）和需求收入弹性（income elasticity of demand）。自然资源产品的需求交叉弹性和需求收入弹性反映了不同品类的自然资源产品在满足生产和生活需求的过程中，存在着不同程度的互补或者替代关系。其中，价格弹性反映的是直接关系，而需求交叉弹性和需求收入弹性反映的是间接关系，即通过价格传导的反应机制。需求交叉弹性表示存在互补或替代关系的不同产品之间存在交互价格影响，一种商品价格波动影响了另一种产品的需求。例如，燃料产品与铁矿产品具有某种程度的互补关系，燃料价格上升可能引起铁矿产品的需求下降；而不同地区的燃料产品具有某种程度的替代关系，即某地区燃料价格上升可能引起相邻地区的燃料需求上升。需求收入弹性是消费者收入变化导致其价格预期发生了变化，进而影响对某种产品需求的价格弹性。例如，当消费者收入较低时，对于生活必需的自然资源产品（如水资源），其需求的价格弹性较大，也意味着价格上升可以产生明显的节水效果；而当消费者收入较高时，水需求的价格弹性将变小，所以价格上升引发的节水效果可能不明显，需要采取其他手段。

需求交叉弹性表示为

$$\varepsilon_{\text{cross}} = \frac{EQ_A}{EP_B} = \frac{\dfrac{\Delta Q_A}{Q_A}}{\dfrac{\Delta P_B}{P_B}} = f'(P_B)\frac{P_B}{Q_A} \tag{3.3}$$

式中，$\varepsilon_{\text{cross}}$ 为需求交叉弹性；Q_A 为自然资源产品 A 的需求量；P_B 为自然资源产品 B 的价格。

同理，需求收入弹性表示为

$$\varepsilon_{\text{income}} = \frac{EQ_A}{EY} = \frac{\dfrac{\Delta Q_A}{Q_A}}{\dfrac{\Delta Y}{Y}} = f'(Y)\frac{Y}{Q_A} \tag{3.4}$$

式中，$\varepsilon_{\text{income}}$ 为需求收入弹性；Q_A 为自然资源产品 A 的需求量；Y 为某类消费者的平均收入水平。

2. 需求价格弹性的政策含义

需求交叉价格弹性作为直接关系是弹性分析基本落脚点，是基于需求曲线直接分析自然资源产品的需求量与价格的相互作用关系，而需求交叉价格弹性和需求收入弹性实际上都是通过价格传导机制发挥作用。换句话说，交叉弹性和收入弹性作为间接关系，是分析其他互补或替代产品价格或收入等外部因素作用导致某种产品需求曲线的形态改变之后的需求量和价格的相互关系，目的在于比较需求曲线的形态变化所产生的差异，对于自然资源的相关政策研究具有重要意义。

图 3.4 列出了需求曲线的三种形态，包括：以 45° 角向上或向下倾斜（即 A 线和 D 线）、垂直于横轴（B 线）、平行于横轴（C 线），分别表示需求的价格弹性（或绝对值）等于 1、趋向于 0、趋向于无穷的状态，而其他形态（如需求的价格弹性 $0 < \varepsilon < 1$）的需求曲线形态位于 A 线和 B 线之间或 B 线和 D 线之间，需求的价格弹性 $1 < \varepsilon < \infty$ 的需求形态位于 C 线和 A 线之间或 C 线和 D 线之间。

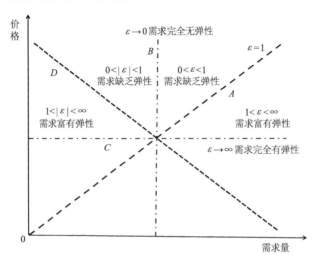

图 3.4 需求曲线的三种形态

假如需求曲线位于 A 线与 B 线之间，或 B 线与 D 线之间（即需求曲线向下倾斜的常见情况），由于需求的价格弹性较小，价格上升程度大于需求量减少程度，作为产品供给方的企业收入增加。在这种情况下，对于自然资源产品而言，如果其价格上升主要源自新增税收，那么意味着新增税收将主要由消费者承担，也即企业将大部分税收转嫁给消费者，常见于对某种自然资源产品的供给形成垄断地位的企业。

假如需求曲线位于 C 线与 A 线之间，或 C 线与 D 线之间（即需求曲线向下倾斜的常见情况），由于需求的价格弹性较大，价格上升程度小于需求量减少程度，企业收入将减少。在这种情况下，自然资源产品的新增税收将主要由企业来承担，也即大部分税收难以转嫁给消费者，但同样也意味着价格的小幅下降可以大幅提高自然资源产品的需求量，形成"薄利多销"的现象，常见于大宗自然资源产品市场。

需求的交叉弹性和收入弹性表现为某种自然资源产品的需求曲线形态。在多种外部因素的作用下，表现为 B 线和 C 线之间变化形态的过程。例如，某种自然资源利用技术的突破性进步，可能使该自然资源产品的需求曲线变得平缓，价格弹性增大，也即从 B 线向 C 线变化形态的过程。同理，假如气候变化导致某种自然资源产品的供给安全出现问题，如高温干旱天气频发导致的大范围水资源短缺问题，可能使该自然资源产品的需求曲线变得陡峭，价格弹性减小，也即从 C 线向 B 线变化形态的过程。

需求曲线的价格弹性分析同样适用于供给曲线。随着厂商生产能力的提高及厂商数量的增加，供给曲线的价格弹性同样会经历逐渐增加的过程，也意味着特定商品的市场供给能力提升。因此，市场供求变动的背后是一系列事件，可以归纳以下经济视角的基本认识。

（1）需求曲线的变动意味着替代产品的存在，需求曲线从陡峭走向平缓，也即价格弹性逐渐增大，意味着市场竞争程度的提高，消费者更容易获得更好的产品，对于消费者有利。

（2）供给曲线的变动意味着垄断状态或技术壁垒的变化，供给曲线从陡峭走向平缓，也即价格弹性逐渐增大，意味着生产者逐渐丧失垄断地位，但生产能力（也即应对市场变动的自我调整）却逐渐提升的过程，厂商的利润逐渐降低，但风险也逐渐降低。

（3）消费者追求的是平缓的供给曲线和需求曲线，产品多样化是消费者天然的需求特征，也即价格弹性足够大的市场发展环境，一方面是不希望生产生活必需品由于技术限制出现短缺，另一方面是希望多一些质优价廉的选择，这也是社会经济发展的长期趋势。

（4）生产者追求的是平缓的供给曲线和陡峭的需求曲线。生产者需要在特定消费者群体中"建构"陡峭的需求曲线，即不断提升自己的生产能力的同时不断培育自己的"忠实拥趸"，但在市场竞争和技术进步的条件下，并不存在长久的竞争优势。

（5）跳出市场供求变动的视角，是供求双方针对价格（成本）采取的行为变化，而这种行为变化反映了供求双方对于市场预期的错位过程。古典经济学追求的完全竞争市场即是供求双方市场预期保持一致的过程，称为"均衡"。均衡本身是一种动态过程，即供求双方市场预期经历的"错位—一致—再错位—再一致"的过程，具体的反映就是价格的波动。

（6）价格波动的变化反映了"供过于求"和"供不应求"因时因地而不断变化的过程。随着大多数产品的技术壁垒不断降低，"供过于求"将成为常态，"供不应求"将逐渐少见，社会福利水平也随之提高。

3.1.6　资源供求理论的应用

1. 资源税

为了说明供求均衡理论在自然资源政策中的应用，下面利用供求理论讨论税收对均衡价格的影响。假定政府对某种自然资源（如石油）征收资源税，图 3.5 表示征税前后的石油需求曲线 D 和供给曲线 S 的变化。显然，假定每单位石油的市场价格为 1 元，得到供求均衡数量为 500 万 t。如果对每开采一单位石油征 0.2 元的税收，将对每单位石油的价格产生什么影响？或者从石油消费者的角度看，有多少税收将以较高的价格形式转嫁给消费者？

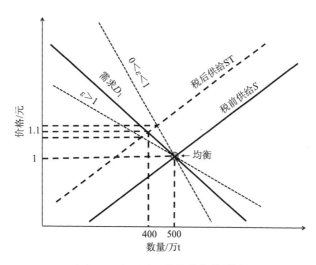

图 3.5　资源税对均衡价格的影响

因为资源税是向自然资源开采企业征收的，所以企业的生产成本增加，供给曲线向左上方移动，移动的程度取决于资源的税收总额在企业和消费者之间的分配情况。图 3.5 中的税后供给曲线是 ST。当石油被征税后，其均衡价格为 1.10 元，比征税前的均衡价格增加 0.10 元。因此，资源税的一半份额转嫁给了消费者，即消费者必须为每单位石油多支出 0.10 元。

资源税的另一半份额由开采者承担，每单位石油的税后卖价减少了 0.10 元。这是因为需求和供给的价格弹性同时为 1。然而，情况可能发生变化。在需求的价格弹性小于 1 并趋向于 0 时，均衡价格上升的幅度逐渐增大并趋向覆盖全额税负，消费者将逐渐承担更多资源税份额乃至几乎所有税负，而生产者税负逐渐减少至几乎不承担税负；在需求的价格弹性大于 1 并趋向于无穷时，均衡价格上升的幅度逐渐减小并趋向于无税负，消费者将逐渐摆脱更多资源税份额乃至几乎不承担税负，而生产者税负逐渐增大至覆盖几乎所有税负。

同理，假定需求曲线的形态不变，而供给曲线的形态发生变化。当自然资源产品供给的价格弹性较小，表现为小于 1 并趋向于 0 时，意味着供应量对价格变化较不敏感或极不敏感，企业难以通过减少供给来应对成本上升（因税收导致成本上升），只能通过提高商品价格补偿税负，也即企业会尽可能地将税负全部转嫁给消费者。此时如果需求对价格也不敏感（即价格提高不会导致需求量大幅下降，也即需求刚性），那么税负就更多由消费者承担；而如果需求对价格敏感，则消费者可以减少需求从而降低部分税负，最终企业也将承担部分税负。当自然资源产品供给的价格弹性较大，表现为大于 1 并趋向无穷时，意味着供给量对于价格变动较为敏感或非常敏感，企业可以通过增加供应量或减少成本来适应税负，避免价格上涨导致需求减少，对消费者影响较小，也即企业很难将税负转嫁给消费者。

因此，对于资源税或其他政府征收的自然资源相关税费而言，供需双方价格弹性的相对差距决定了税负的承担情况：当供给或需求的弹性差异较大时，价格弹性较小（即相对刚性）的一方承担的税负较重。这也说明，对于处于垄断地位的自然资源开发企业而言，政府对其征收资源税往往最终都会由消费者承担，而难以发挥资源税对于保护资源禀赋和生态环境的作用，应该考虑配合其他措施，如加大该类自然资源产品进口，削弱其垄断地位，实施配额制度或生产限额，提升资源使用效率和推广替代资源的使用，等等。

2. 限价政策

政府为了实现特定经济目标或对自然资源采取保护性政策，往往干预市场价格。政府对市场价格的干预一般有以下两种常见情况，即最低限价和最高限价。

（1）最低限价。政府对某种自然资源产品设定的最低指导价格，也称为支持价格（support price），目的是避免市场定价过低导致对该自然资源的过度开发。市场机制由于认知、技术或者环境的限制，难以实现短期经济利益和长期可持续效益的相互权衡。例如，矿山开发所导致的空气和水资源污染，在其负面效应显现之前，市场定价机制无法准确识别外部成本，只能采取"先污染后治理"的事后处置策略。只有当污染的负面效应得以体现在市场价格中时，市场定价机制才能将其外部成本"内部化"。在此过程中，需要政府根据案例经验对信息不完全的资源价格进行干预，使之涵盖经过科学核算的"外部成本"，形成最低指导价格。必须明确的是，政府指导的最低限价在短期内无法实现自然资源的高效利用，反而可能给企业增加成本负担，需要其他政策或措施协调，如政府利用财政手段购买因价格上升形成的过剩产品。如图 3.6 所示，对于某种自然资源产品，市场均衡价格 P^* 形成于需求曲线和供给曲线的交点，但政府认为该价格水平难以实现生态环境保护和自然资源可持续利用的目标，设定了指导价格 P_1。在此价格下，必然导致一些不愿承担如此高价的消费者放弃购买，或者现有消费者减少购买量，而企业也会形成超额供给，但企业收益取决于需求的价格弹性。在需求的价格弹性较大（>1）的情况下，企业减产将导致收益下降；而在需求的价格弹性（绝对值）较小（>0 且<1）的情况下，企业减产反而使收益提高。

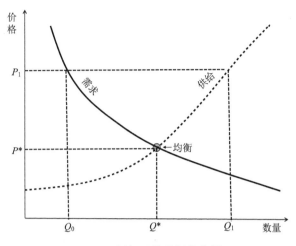

图 3.6　最低限价的经济分析

（2）最高限价。最高限价是指政府对某种自然资源产品设定的最高指导价格，也称为顶板价格（ceiling price），目的一般是防止关系国计民生的基础类或关键自然资源产品在短期内的异常上涨，如燃料、原材料，对正常生产生活秩序造成较大负面影响。例如，在成品油市场上，政府对汽油、柴油制定最高限价。最高限价一般低于短期的市场均衡价格。

政府对某种自然资源产品实行最高限价的后果是会引起该自然资源产品的供不应求，需要相应配套措施来保证市场供给。如图 3.7 所示，P^*为政府价格干预之前由某种自然资源产品的供需曲线相交形成的市场均衡价格；Q^*为均衡交易数量。当政府实行最高限价干预政策，给出指导价 P_1，并且 $P_1<P^*$。在 P_1 的价格上，消费者的需求量增加为 Q_1，但企业的供给量仅为 Q_0，由此产生了超额需求。

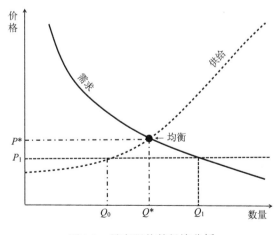

图 3.7　最高限价的经济分析

超额需求的形成会引发一系列不良后果，如排队抢购、黑市交易、市场秩序失效等。这是因为超额需求将改变消费者对于特定产品的预期，即降低消费者对于该产品保障正常供给能力的信心，产生对可预见未来供给量下降的担忧，使其不得不采取"囤货"的行为。同时，在黑市猖獗的情况下，如果实行最高限价产品的需求价格弹性较小，其黑市价格将可能会远高于均衡价格。因此，只有在一些极为特殊的情况下，如发生战争或者极为严重的通货膨胀，政府才会谨慎采用最高限价政策。最高限价可能导致某些自然资源管理产生"两难困境"。例如，对于水资源而言，某些区域由于水资源禀赋的限制而出现激烈的部门用水竞争问题，但由于水资源供给的高度垄断性，在保障基本生产生活需求的要求下，政府可能会采取最高限价政策。然而，实施最高限价政策可能加剧水资源短缺问题，所以一般采取总量调控政策，即在控制水资源总量的情况下，由市场完成分配过程。在短缺问题严重时，通过征收资源税的方式达到限制水资源开发或者遏制浪费现象的目的。

3.1.7　资源产品开发利用的动态分析：蛛网理论

前面对于个别资源市场的供求均衡分析采用的是静态分析。静态分析方法重点说明什么是均衡状态或均衡所要求的条件，而忽略达到均衡状态的过程或取得均衡的时间因素，也不考虑经济变化过程中所包含的时间阻滞，忽视从一个均衡点转移到另一个均衡点的过程变化，仅仅比较两个均衡点的状态差异。与静态分析不同，动态分析关注经济现象的变化过程，是探讨在一定条件下变化过程所涉及的不同主体及其相互之间发生联系的状态随时间改变的程度及先后顺序。其中，蛛网理论（cobweb theorem）就是一个典型的动态分析例证。

蛛网理论这个专有名词是英国的卡尔多于 1934 年首先提出来的，用来描述市场价格围绕均衡点不断变化所呈现的形同蛛网的过程。美国的舒尔茨、意大利的里西、荷兰的丁伯根于 20 世纪 30 年代分别提出较为完整的理论论述。

蛛网理论改变了以往对价格变化过程的静态认识。在以往的静态认识中，尽管接受价格会随着市场供需态势的改变而变化，但随着供需关系趋于稳定，价格也会趋于稳定，即认为市场交易量及其价格的均衡状态会被打破也会自动趋于恢复，关注均衡状态变化前后的程度。蛛网理论放弃了"市场自动趋于均衡"的假定，认为市场均衡状态下的价格及其交易量如果受到扰动，并不一定会恢复到原来的均衡状态。因为在现实中，产品从生产到上市都需要一定的时间，并且产品的生产交易过程在一定时间内呈现周期性特征。即便是在假定完全竞争的市场条件下，产品在每一个生产周期中所面对的市场价格都可能会发生变化，而生产者难以根据变化实时调整，仅能在下一个生产周期调整，于是出现市场交易和价格变化的时滞性，即上期价格决定当期产量，而当期价格决定下期产量。

蛛网理论解释了当生产者和消费者对市场价格变化的预期与实际情况不符时可能出现的变化过程。在市场均衡条件下，生产者和消费者都不会改变其市场供需行为，而当有新的重大事件发生时，假如生产者和消费者对其理解不一致，就会出现预期不一致的情况。例如，当生产者在某种利好消息的影响下认为下一周期的产品市场价格会上涨，将在当期调整生产计划扩大产量，供给曲线将向右移。但如果消费者对此消息并不认可且维持原来的购买水平，则需求曲线不变，市场价格将会下降，迫使部分生产者在下一期削减产量甚至退出市场，而在下期供给不足的情况下，市场均衡可能直接回到原点，也可能在更高的价格和更低的交易量上出现。如此循环往复，市场价格在各个时期的均衡点上下波动，形成蛛网似的图形。

显而易见的是，市场价格围绕均衡点波动的过程，受到供给曲线和需求曲线的相对价格弹性差异的影响，呈现出收敛型、发散型、封闭型三种蛛网形态。

（1）收敛型蛛网。当供给曲线的价格弹性小于需求曲线的价格弹性，即市场价格波动对商品供给量的影响小于对需求量的影响。价格和数量波动随着时间推移逐渐减弱，经过一系列周期性的调整过程"回归"最初的均衡点，如图 3.8 所示。因此，供给价格弹性小于需求价格弹性被称为"蛛网稳定条件"。

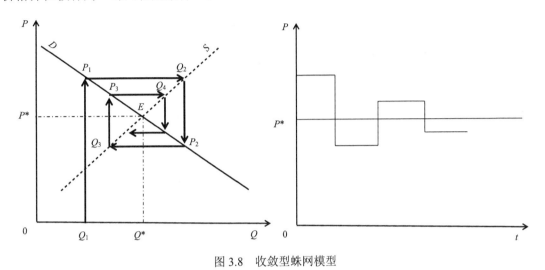

图 3.8　收敛型蛛网模型

（2）发散型蛛网。当供给曲线的价格弹性大于需求曲线的价格弹性，即市场价格波动对商品供给量的影响大于对需求量的影响。在此情况下，任何导致价格偏离均衡点的因素都会使市场在后续周期内的价格和数量波动幅度更大，价格和数量波动将逐渐远离最初的均衡点，如图 3.9 所示。因此，供给价格弹性大于需求价格弹性被称为"蛛网不稳定条件"。

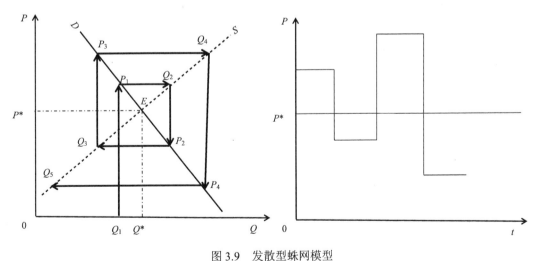

图 3.9　发散型蛛网模型

（3）封闭型蛛网。封闭型蛛网描述的是一种特殊情况，即供给曲线的价格弹性等于需求曲线的价格弹性。在这种情况下，市场价格变动对供给量的影响与对需求量的影响完全相同，市场价格和交易量永远环绕其均衡值波动不止，其波动幅度既不扩大，也不缩小，形成封闭图形。因此，供给价格弹性等于需求价格弹性被称为"蛛网中立条件"。波动幅度与均衡值背离程度取决于均衡开始被破坏时与均衡值背离的程度，如图 3.10 所示。

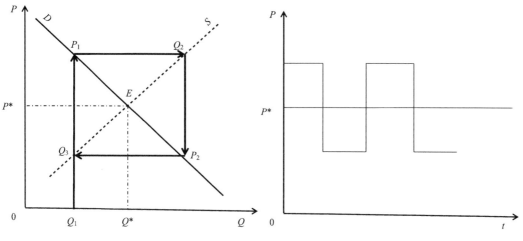

图 3.10　封闭型蛛网模型

对于自然资源产品而言，由于技术条件限制，收敛型蛛网是常见状态，而人类开发利用自然资源的技术进步和历史发展过程也是不断突破蛛网收敛效应的过程。当技术进步逐渐增大供给曲线的价格弹性时，市场均衡将会呈现新的状态，即形成更低的价格和更高的交易量。消费者也将改变对该类自然资源产品供给能力的预期，消费信心得到增强，需求曲线的价格弹性也将增大。例如，随着农业技术进步，我国当前的粮食平均价格已经远远低于改革开放前期的水平，并且交易量也在持续增长，消费者至少不再担心突然遭遇严重的粮食危机。

3.2　资源生产者理论

3.2.1　生产函数概述

1. 生产函数的含义及对自然资源要素的认识

生产函数表示在给定时期的技术水平下，企业或厂商所投入的多种生产要素与其所能达到的最大产出之间的关系。西方经济学中认定的生产要素最初只包括劳动力和资本两种类型，也即认为经济发展的本质在于劳动力和资本的持续增长。TP（total product）为产出总量；L 为劳动力；K 为资本，得到最简单的生产函数为

$$TP = f(K, L) \tag{3.5}$$

在全球贸易、科技革命及大型跨国公司兴起等时代背景下，资源禀赋、技术进步、企业家才能等生产要素在企业生产过程中逐渐得到重视，并体现在生产函数的扩展之中。其中，土地是第一种在生产函数中识别出来的自然资源要素，从资本中"分离"出来。

假设 $X_1, X_2, \cdots, X_n$ 表示生产某种产品的 n 种生产要素投入量，包括劳动力、资本和各种自然资源要素，如土地、水和各种原材料等。在既定技术水平下的生产函数可表示为

$$TP = f(X_1, X_2, \cdots, X_n) \tag{3.6}$$

2. 常见的生产函数形式

（1）里昂惕夫（Leontief）生产函数。描述了一种固定投入比例的生产函数，即对单位产出而言，所有生产要素之间的替代率是固定的，也即所有要素投入的相对价格弹性为 0，生产要素之间完全没有替代性特征，也可视为完全互补性特征（图 3.11）。例如，钢铁冶炼中煤炭和铁矿石的投入比例是固定的，单独增加某种要素投入无法增加产量。

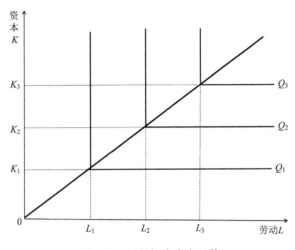

图 3.11　里昂惕夫生产函数

（2）柯布-道格拉斯（Cobb-Douglas）生产函数。是一种广泛应用的函数形式，用于描述劳动力和资本可以在一定范围内以固定比例相互替代。其特别之处在于，劳动力和资本的产出弹性之和可以等于、小于或大于 1，这分别代表着规模报酬不变、递减或递增；两种或多种要素之间的替代弹性为 1。其一般形式为

$$Q = A \times K^{\alpha} \times L^{\beta} \tag{3.7}$$

式中，Q 为资源产出量；A 为全要素生产率；K 为资本投入量；L 为劳动力投入量；α 为产出关于资本投入的弹性（资本的产出弹性）；β 为产出关于劳动力的弹性（劳动力的产出弹性）。类似地，可以构建多种生产函数，如土地-资本-劳动力函数、能源-资本-劳动力函数等。

3.2.2　生产函数的表现形式

1. 要素投入的短期和长期效应

在经济学中，短期和长期的区分基于生产要素是否可调整。短期内，某些生产要素（如设备和建筑）无法调整，这些被称为固定生产要素，它们决定了该时期的产出上限。而可变生产要素，如劳动力和原材料，可以根据产量需要进行调整。长期则是指所有生产要素均可调整的时间段。不同行业的短期和长期标准因其特性而异，不单纯依赖时间的长短。这种划分揭示了在不同时间尺度上，企业如何调整其生产资源以响应市场变化。

2. 边际产出递减规律

边际产出递减规律表明，在一定技术条件下，随着可变生产要素的逐步增加，产出增加的速率呈现出先加速后减速的趋势（图3.12），也即"边际报酬递减规律"。在生产初期，每增加一单位的投入可以带来较大的产量增加；但达到一定的投入量后，每增加的单位投入对产量的增加影响开始递减。若投入继续增加超过一定的生产能力极限，将导致总产量降低，进入低效率的生产状态。

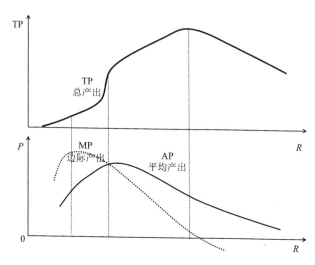

图 3.12 总产出、平均产出和边际产出的关系曲线

生产要素的投入效率可以分为三个阶段：从零到平均产出最大为第一阶段，从平均产出最大到总产出最大（即边际产出为零）为第二阶段，总产出达到最大之后为第三阶段。

在第一阶段，边际产出高于平均产出，平均产出递增，生产效率随生产要素投入的增加而上升。第二阶段是生产要素的合理投入区间，虽然边际产出和平均产出下降，但总产出仍在增长，表示生产尚在高效区间。在第三阶段，边际产出变成负值，任何进一步的投入都会导致总产出的下降，反映了资源过度投入的低效生产。因此，合理的生产要素投入应集中在第二阶段。对于自然资源而言，合理的投入不仅提高生产效率，而且有助于资源保护，防止造成环境问题。例如，矿山开采应在注重优势矿种的同时，考虑环境保护和资源的综合利用，以避免资源浪费和环境破坏。

3.2.3 两种可变资源生产要素的生产函数

1. 需要两种自然资源要素投入的生产函数

在长期阶段，企业能够调整所有生产要素，使用长期生产函数来指导生产决策。为简化分析，我们考虑一个包含两种自然资源要素的长期生产函数，这样做既便于作图，也能更清晰地理解相关概念。例如，假设两种自然资源要素分别为资源 R_1 和资源 R_2，总产出为 TP，长期生产函数的表达式为

$$TP = f(R_1, R_2) \tag{3.8}$$

为了最大化产出，企业总是寻求最佳的资源组合以实现最低成本。这一选择不仅受生产函数的影响，也取决于资源价格。为阐释最佳组合（optimum factor combination），经济学家提出了"等产量线"和"等成本线"的概念。

2. 等产量线

等产量线（equal product curve），也称为生产的无差异曲线（product indifference curve），表示在一定技术条件下，不同的资源要素组合能够生产出相同数量产出的多种可能性。等产量线上的每个点都代表了达到特定产量所需的不同资源组合。例如，表 3.1 表示生产 300 单位建筑产品 X 所需两种资源生产要素 R_1 和 R_2 的各种组合。

表 3.1　生产 300 单位建筑产品 X 所需两种资源生产要素的各种组合

生产要素	组合一	组合二	组合三	组合四
资源 R_1	10	20	30	60
资源 R_2	60	30	20	10
商品 X 产出量	300	300	300	300

图 3.13 中的等产量线 Ⅰ 和 Ⅱ 展示的是不同的产量水平（300 单位和 600 单位）及其所需资源 R_1 和资源 R_2 的不同组合。如 A 点代表 10 单位的 R_1 和 60 单位的 R_2，B 点代表 60 单位的 R_1 和 10 单位的 R_2。随着产量的增加，所需的资源总量也会增加，但资源要素的组合比例可能因技术条件和资源价格的变化而有所不同。曲线之间的位置和形状变化可以反映生产技术的规模报酬（如规模报酬递增、不变或递减）和投入品的替代弹性（即一种资源可以在多大程度上替代另一种资源而不影响产出量）。理论上，在同一平面上可以有无限多的等产量线，分别代表各种特定产量所需资源 R_1 和资源 R_2 的各种不同数量的组合

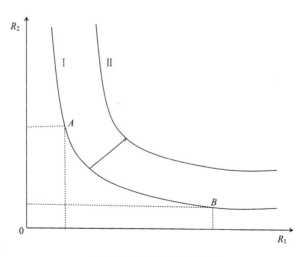

图 3.13　等产量线示意图

边际技术替代率（MRTS）描述的是在不改变产出的情况下，每增加一个单位的某种生产要素投入量而导致另一种生产要素投入量的减少程度。等产量线通常具有一系列重要的

特征。

（1）等产量线上任意点的边际技术替代率为负，也即对任意点所作切线的斜率均为负。这是假定在一定技术条件下维持同等产量，增加 R_2，则必须减少 R_1，反之亦然，也即

$$\text{MRTS} = \frac{\Delta R_1}{\Delta R_2} \tag{3.9}$$

式中，ΔR_2 为 R_2 的增加量；ΔR_1 为 R_1 的减少量。该式表达的是等产量线上任意一点的生产要素边际技术替代率等于这两种要素的边际产出比率。

（2）等产量线凸向原点，反映生产要素的边际技术替代率递减，即增加一种要素投入时，为保持相同产量所能减少的另一种要素投入量越来越少。如果两种要素可完全替代，则等产量线是直线；替代性越强，等产量线越靠近直线。完全不可替代时，等产量线是折线。表明在不变产量的情况下，随着某种要素投入量的增加，其替代另一种要素投入的能力递减。

（3）距离原点越远的等产量线代表的产出量越大。

（4）任何两条等产量线都不能相交。

3. 等成本线

等成本线（iso-cost curve）表示在一定总成本下可购买的不同生产要素组合。若生产要素价格固定，等成本线是直线。在多条等成本线中，离原点越远表示总成本越高（图 3.14）。

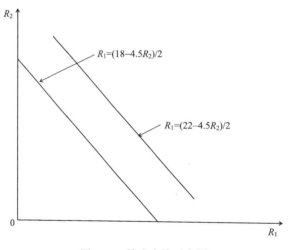

图 3.14　等成本线示意图

给定资源 R_1 的价格为 2000 元，R_2 的价格为 4500 元。当总成本为 18000 元时，等成本公式为 $18000 = 2000 \times R_1 + 4500 \times R_2$ 或 $R_1 = (18 - 4.5R_2)/2$，即全额购买 R_1 时，$R_1 = 9$ 单位，$R_2 = 0$ 单位；全额购买 R_2 时，则 $R_1 = 0$ 单位，$R_2 = 4$ 单位。当总成本为 22000 元时，等成本公式为 $22000 = 2000 \times R_1 + 4500 \times R_2$ 或 $R_1 = (22 - 4.5R_2)/2$，即全额购买 R_1 时，$R_1 = 11$ 单位，$R_2 = 0$ 单位；全额购买 R_2 时，则 $R_1 = 0$ 单位，$R_2 = 4.888$ 单位。因此，对于任意 R_2，都能计算对应的 R_1 值。

从上面分析可以看出，等成本线的斜率等于两种生产要素的价格比率。在生产要素价格不变的条件下，任何一条等成本线的斜率均相等。在图形上表现为所有的等成本线相互平行。

4. 生产要素的最佳组合

等产量线展示了生产一定量产品的不同生产要素组合，反映了技术条件。在生产中，因为生产要素价格变动，调整生产要素组合可以节约成本。例如，如果资源 R_1 的价格下降而 R_2 的价格不变，生产过程就应减少 R_2 的投入，增加 R_1 的投入。对于企业而言，在给定产量下实现最低成本，或在给定成本下实现最大产量，即是最佳的生产要素组合。

等产量线和等成本线的结合可以直观展现企业如何确定生产要素的最佳组合。生产要素的最佳组合是指在实现给定产量的各种生产要素组合中，总成本最低的那个组合。在图形上，生产要素的最佳组合点是等产量线与最低等成本线的切点，如图 3.15 中的 E 点。假定生产 300 单位产品 X 需要两种作为生产要素的资源 R_1 和 R_2，两种资源的投入组合（等产量线）为既定，R_1 和 R_2 的价格组合（等成本线）既定。那么，哪一个组合是 R_1 和 R_2 的最佳组合呢？如图 3.15 所示，X 为生产 300 单位产品的等产量线，$R_{11}R_{21}$、$R_{12}R_{22}$、$R_{13}R_{23}$ 分别代表不同的等成本线 TC_1、TC_2、TC_3，其中 $TC_1 < TC_2 < TC_3$。

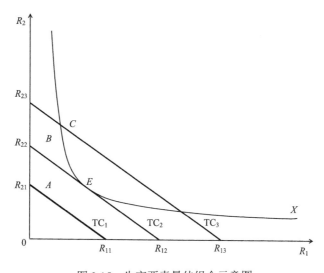

图 3.15 生产要素最佳组合示意图

300 单位产品 X 的生产要素最佳组合是 $R_{12}R_{22}$ 既定等产量线 X 的相切点 E，原因如下。

第一，$R_{11}R_{21}$ 线上 A 点代表的总成本虽小于 $R_{12}R_{22}$ 线上 B 点代表的总成本，但在 $R_{11}R_{21}$ 线上任意点的 R_1 和 R_2 的组合都无法实现既定产量，即 $R_{11}R_{21}$ 线上任意一点都位于等产量线的下方。

第二，$R_{12}R_{22}$ 线上 B 点虽然与 E 点代表的总成本一样大，但其所在位置也处于等产量线的下方，所以无法实现既定产量。

第三，$R_{13}R_{23}$ 线上 C 点位于等产量线与等成本线 TC_3 的交点，虽然代表可以实现既定的产量，但不是最低成本。

第四，虽然等产量线上的任意一点所代表的产量与 E 点相等，但等产量线上除 E 点之外的任意点都位于等成本线 TC_2 的右边，也即这些点的总成本都大于 TC_2。所以只有 E 点才是最佳要素组合。需要指出的是，如果等产量线不是一条匀称的曲线，切点就可能不止一个，从而最佳要素组合也可能不止一种。

最低成本的均衡条件表明：由于经过等产量线上的 E 点所作切线的斜率，等于在 E 点的生产要素（R_1 和 R_2）的边际技术替代率，而 R_1 和 R_2 在 E 点的边际技术替代率取决于 R_1 和 R_2 的边际产量大小，即 MRTS=$\Delta R_1/\Delta R_2$=R_1 的边际产量（MPPR$_1$）/ R_2 的边际产量（MPPR$_2$）。

由于等产量线上的 E 点所作的切线就是等成本线，等成本线的斜率即为 R_1 的价格（PR$_1$）/ R_2 的价格（PR$_2$）。同时，在 E 点的等产量线的斜率正好等于与之相切的等成本线的斜率，所以有 MRTS=$\Delta R_1/\Delta R_2$=R_1 的边际产量（MPPR$_1$）/ R_2 的边际产量（MPPR$_2$）=R_2 的价格（PR$_2$）/ R_1 的价格（PR$_1$）。如此，最低成本的均衡条件（least-cost equilibrium conditions）可以表述为：任何投入的两种生产要素的边际产量之比，必须等于它们的价格之比，即

$$\text{MRTS} = \frac{\Delta R_2}{\Delta R_1} = \frac{\text{MPPR}_1}{\text{MPPR}_2} = \frac{\text{PR}_1}{\text{PR}_2} \qquad (3.10)$$

由此还可以推导出最低成本的均衡关系，表示为

$$\frac{\text{MPPR}_1}{\text{PR}_1} = \frac{\text{MPPR}_2}{\text{PR}_2} \qquad (3.11)$$

这意味着对于每一种生产要素而言，企业每新增 1 单位货币投入所得的边际产量必须相等。例如，有资源 R_1=10、资源 R_2=2 的组合和资源 R_1=4、资源 R_2=5 的组合，都可实现相同产量，最佳投入组合取决于 R_1 和 R_2 的价格。如果 PR$_1$ =2 元，PR$_2$ =5 元，则 10 单位 R_1 和 2 单位 R_2 的组合总成本为 2 元×10+5 元×2=30 元，比 4 单位 R_1 和 5 单位 R_2 的组合总成本 2 元×4 + 5 元×5 = 33 元低，企业应采用总成本为 30 元的要素组合。如果花费 1 元使用 R_1 所获得的边际产量大于花费 1 元使用 R_2 所获得的边际产量，企业就要增加 R_1 的投入量，并减少 R_2 的投入量，即以 R_1 替代 R_2；反之，则以 R_2 替代 R_1。如此不断调整，直到花费每 1 元所购买的 R_1 和 R_2 的边际产量相等。这时两种生产要素的组合为最佳组合，既定产量的总成本最低。

在既定总成本的条件下，最大产量发生在等成本线与等产量线相切的点。假定生产要素价格不变，等成本线 R_1R_2 既定，A、B、C 为等产量线。使既定总成本所获得的总产量最大的均衡点就是等成本线 R_1R_2 与等产量线 B 的相切点 E，如图 3.16 所示。

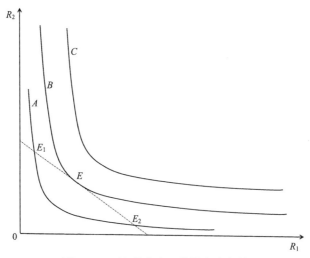

图 3.16　既定总成本下的最大总产量

为什么均衡点只能在 R_1R_2 线与 B 线的相切点上呢？原因如下。

第一，虽然 C 线上的各点所代表的产量都大于 B 线上各点所代表的产量，但 C 线上各点都高于 R_1R_2 线，即其成本都大于既定成本，故均衡点不能在 C 线上。

第二，A 线与 R_1R_2 线的相交点 E_1 与 E_2，虽然它们代表的总成本与既定总成本相等，但它们的产量却低于 B 线所代表的产量，故均衡点不能在 A 线上。

第三，B 线上 E 点之外的其他任意点，虽然代表的产量与 E 点相等，但这些点都在 R_1R_2 线的上方，即花费的成本都大于既定成本。

因此，均衡点只能在 E 点。与前面所述均衡条件相同，在 E 点，两种生产要素的边际技术替代率正好等于这两种要素的价格比率。

3.2.4　生产的规模收益

1. 规模收益的含义及其变动情况

规模收益描述当所有生产要素等比例变化时产量的变动情况。以生产技术水平不变为前提，当所有生产要素的投入量同时增加时，规模收益有以下三种可能的情况。

（1）规模收益不变（constant return to scale），指所有生产要素投入量与产量同比例增长。例如，所有生产要素投入量增加一倍，产量也增加一倍。

（2）规模收益增加（increasing return to scale），指产量增长率超过所有生产要素投入量的增长率。例如，所有生产要素的投入量增加一倍的情况下，产出量增加一倍以上。

（3）规模收益递减（decreasing return to scale），指产量增长率低于所有生产要素投入量的增长率。例如，所有生产要素的投入量增加一倍的情况下，产出量的增加小于一倍。

2. 规模收益的形成原因

企业规模收益变动原因分为内部和外部两方面。内部原因是劳动分工细化与成本节约。

（1）劳动分工细化。在规模收益增加阶段，随着企业规模扩大，劳动分工细化和生产效率提高带来规模收益增加，如采用大型的、自动化程度高的专业化设备，推行先进生产工艺方法。反之，如果企业在规模收益增加阶段无法继续将规模扩大到一定程度，生产效率就会降低，在竞争中就会处于不利地位。在规模收益递减阶段，企业规模扩大会导致生产要素投入的协作效率降低，随之降低生产效率。

（2）成本节约。在规模收益增加阶段，企业扩大生产规模可以降低单位生产成本，如原材料和生产设施的充分使用、单位产品管理费用的节约、人数较多的技术培训费用的节约等。专业化分工细化、工人劳动效率提高、先进设备引进等也极大地降低了成本。反之，在规模收益递减阶段，企业生产规模扩大导致组织结构庞大和管理层级增加，也导致内部沟通成本上升，还会使企业的管理费用增加，市场反应速度放慢，信息传递失真，决策效率下降。

在外部原因方面，在规模收益增加阶段，同类企业的聚集导致企业效率的提高和成本的降低，特别是在中心城市、产业园区的聚集，有利于生产技术的交流和公共设施的使用，同类企业间的分工、协作，熟练工人的获得也会比较容易，促进规模收益的产生。在规模收益递减阶段，同类企业的过度聚集会导致企业间争夺公共设施的利用权，争抢各种资源，从而引起资源价格上升，增加企业的运营成本，引起规模收益递减。

3. 适度规模问题

一般认为，企业规模报酬变化呈现递增至稳定再到递减的模式：初期规模扩大带来报酬递增，达到一定规模后进入报酬稳定阶段，继续扩大则报酬递减。因此，过大或过小的企业规模均不经济，只有适度的规模才能实现规模经济。确定企业的适度规模受多种因素影响，如组织结构、管理水平、信息技术、交通状况和资源丰度等，使其确切大小难以界定。随时间变化，对企业适度规模的认识也在不断演进。有人曾预计，到21世纪中叶，全球的汽车厂平均有5万个人就足够了。但实际上自21世纪初以后，对于一个汽车厂适度规模大小的认识发生了许多变化，争议从一万人、十万人到百万人甚至千万人。

3.3 资源消费者理论

消费者理论认为，人们消费旨在获得身体或心理的满足，称为效用（utility）。经济学家基于效用的理解和衡量方法差异，发展了基数效用论和序数效用论。同理，消费者开发利用自然资源也是为了满足身体或心理需求，如环境美化和制造便利的交通工具等。

3.3.1 效用的含义与类型

（1）效用的界定。效用是人们在消费一定量商品和服务时的心理满足程度。消费的目标是使人们获取最大的满足。

（2）效用具备的条件。任何资源物品是否具有效用取决于消费者是否具有消费这种物品的欲望，以及该种物品是否具有满足人们欲望的能力。不满足这两个条件就不能将其称为效用。效用是人们所获得的主观感受，而不是物品的客观自然属性。因此，一件物品的效用因时、因地、因人不同。例如，矿泉水对于富人和穷人的效用不同（因人不同）；水果对于生活在热带地区和寒冷地区的人具有不同效用（因地不同）。

（3）基数效用，是指用1、2、3等基数数字表示消费者获得心理满足程度的大小。例如，在发达国家，公众更喜欢优美的环境，自然风光要比高楼大厦的城市环境更有吸引力，可以把优美环境的效用赋值为20，现代高楼居住环境赋值为10，表示相对满足程度的大小。

（4）序数效用，是指用首先、其次、再次等顺序表示人们的心理满足程度。人们对事物都带有一定的偏好，什么是喜欢的，什么是比较喜欢的，什么是最不喜欢的，以此排定相互顺序，表示这些物品在人们心里的相对重要程度，但相对程度又难以量化。例如，最喜欢的效用就大，最不喜欢的效用就小，甚至没有，即以效用排序作为评判的标准。

3.3.2 基数效用论

基数效用论假定消费者购买商品所获得的满足感是可以量化并可加总求和的。例如，用10元看一场电影的效用是50，用5元买一杯饮料的效用是5，那么看电影时随手买一杯饮料，合计支付55元将总共获得55个效用单位。

对效用的量化使效用可以相互比较，由此提出了总效用（total utility, TU）和边际效用（marginal utility, MU）的概念：总效用是在给定消费量的基础上获取的效用总和，$TU=f(Q)$；边际效用是在给定时间内增加一单位消费所获得的效用量，$MU=-\Delta TU/\Delta Q$。

（1）边际效用递减规律。随着消费某种商品数量的增加，在其他条件不变时，消费者从每增加一单位商品中所得到的额外满足度趋向于减少。例如，一个非常口渴的人，喝第一杯水的效用最大，他会感到特别香甜，假设效用量为20；当喝第二杯水时，他可能会感觉没有喝第一杯水香甜，此时效用降为10；当喝第三杯水时，因为已经喝过两杯水获得了总效用30，所以他感觉此次的效用为5；当喝第六杯水时，对他而言喝不喝都无所谓，此时效用量为0；再喝第七杯反而会不舒服，效用量降为负值（表3.2）。

表 3.2　喝水的总效用和边际效用变化

水杯数	总效用（TU）	边际效用（MU）
0	0	0
1	20	20
2	30	10
3	35	5
4	38	3
5	40	2
6	40	0
7	36	−4
8	30	−6

将表 3.2 绘制成图 3.17，可以直观理解边际效用递减规律。从图 3.17 中可以看到，当 TU 递增时，MU 为正；当 TU 最大时，MU 为零；当 TU 递减时，MU 为负。从图上还可以看出，随着消费数量的增加，MU 始终是递减的。

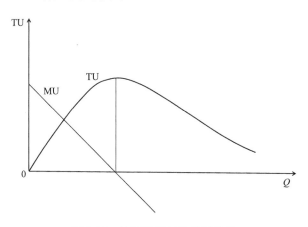

图 3.17　边际效用与总效用曲线

（2）消费者均衡。是指消费者花费给定代价使自己所获得的效用达到最大化，或者为了达到一定的效用量而使自己所支付的代价最小化的一种状态。例如，假设消费者手里有 40 元，准备去购买 X 和 Y 两种资源，其中 $P_X = 5$ 元，$P_Y = 10$ 元，X 和 Y 的边际效用已经给定（表 3.3 和表 3.4）。请问消费者为了实现效用最大化应如何购买 X 和 Y 资源？

表 3.3　两种资源商品的边际效用比较

X	MU$_X$	Y	MU$_Y$
1	20	1	24
2	10	2	22
3	5	3	20
4	3	4	17
5	2	5	15
6	1	6	12
7	0	7	10
8	−1	8	8
9	−3	9	6

表 3.4　不同的购买方案及其总效用

	方案一	方案二	方案三	方案四	方案五
X	8	6	4	2	0
TU$_X$	40	41	38	30	0
Y	0	1	2	3	4
TU$_Y$	0	24	46	66	83
TU	40	65	84	96	83

注：总效用计算过程如方案一，8 份 X 资源的边际效用加总，即表 3.3 中第 2 列相加（20+10+5+3+2+1+0−1=40）。其他以此类推。

从表 3.4 的五个方案中可以看出第四个方案最好，因为消费者所获得的效用最大。在此方案中，消费者买了 3 份资源 Y 时，所获边际效用是 20，为此支付的价格为 10 元，因此，每 1 元 Y 的边际效用是 2，即 MU$_Y$/P_Y = 2，消费者同时买了 2 份 X，所获边际效用是 10，为此支付的价格为 5 元。因此，每 1 元 X 的边际效用也是 2，即 MU$_X$/P_X = 2。如此，得出消费者均衡条件为

$$\frac{MU_X}{P_X} = \frac{MU_Y}{P_Y}$$

（3.12）

当 MU$_X$/P_X > MU$_Y$/P_Y 时，对于消费者而言，意味着单位货币条件下，X 的边际效用大于 Y 的边际效用，作为理性的消费者就会增加对 X 的购买，而在给定预算下也减少对 Y 的购买。随着购买 X 数量的增加，X 的边际效用将逐渐递减，直到与 Y 在减少购买后逐渐上升的边际效用相等。当 MU$_X$/P_X < MU$_Y$/P_Y 时，情况正好相反，消费者将逐渐减少对 X 的购买，增加对 Y 的购买，直到两者的边际效用相等。

3.3.3　序数效用论

序数效用论分析不同商品相对于消费者的相对顺序。序数效用论认为效用是一种心理现象，既无法计量，也不能加总，只能表示对不同商品消费的满足程度的相对顺序。例如，对于某些消费者而言，他可以明确喜好哪种商品或者相对"更"喜好哪种商品，但他可能难以

量化具体的喜好程度，只能将其排序。例如，消费者对于资源类商品 X 和 Y 的相对偏好顺序决定了这两类商品的效用大小：如果消费者更加喜欢 X，记为 $X>Y$，即消费者认为 X 的效用要比 Y 大；如果消费者更加喜欢 Y，记为 $X<Y$，即消费者认为 Y 的效用要比 X 大；如果消费者二者都喜欢，那么意味着两种商品无差异，记为 $Y\sim X$，即消费者认为 X 和 Y 的效用是一样的。

（1）序数效用论对于消费者偏好的三个基本假设如下。

第一，偏好的完全性。消费者总会对商品组合做出自己的比较，要么 $X>Y$，要么 $X<Y$，要么 $Y\sim X$，这三者只能选其中一个，这确保了商品之间的可比性。

第二，偏好的可传递性。对于三个商品组合 X、Y、Z，如果 $X>Y$，$Y>Z$，那么就可以知道 $X>Z$。

第三，偏好的非饱和性。如果商品之间的区别仅在于数量，那么消费者总倾向于选择更多的数量，即总是认为"多比少好"。

（2）无差异曲线（indifference curve），表示获取相同效用程度的不同商品组合，即对于消费者而言，线上所有点的效用程度都相同，但任意点与其他点的商品组合不同（图 3.18）。不同的效用程度将形成不同的无差异曲线，不同的无差异曲线不能相交。所有的无差异曲线都凸向原点，离原点越远意味着效用程度相对越大。

（3）边际替代率递减规律。在"多比少好"的假设下，序数效用论认为，在给定总效用水平不变的情况下，随着某种商品 X 消费增加，消费者偏好用商品 X 替代商品 Y 的倾向将逐渐减弱，表现为每新增 1 单位 X 消费所要放弃 Y 的数量逐渐减少，也即边际替代率递减规律。由此可以得出 X 对 Y 的边际替代率为

$$\mathrm{MRS}_{XY}=\left|\frac{\Delta Y}{\Delta X}\right|=\left|\frac{Y_2-Y_1}{X_2-X_1}\right| \tag{3.13}$$

式中，ΔY 和 ΔX 分别为 X 和 Y 的变化量。由于两者的变化方向相反，需要用绝对值衡量边际替代率的程度。如图 3.19 所示，MRS_{XY} 是任意点沿无差异曲线移动时的变化率，也即无差异曲线的斜率。

在总效用（TU）不变的情况下，无差异曲线上任意一点的移动都会带来 X 和 Y 的变化量及其各自边际效用的变化，由此得到

$$\left|\Delta X\cdot \mathrm{MU}_X\right|=\left|\Delta Y\cdot \mathrm{MU}_Y\right|\Rightarrow\left|\frac{\Delta Y}{\Delta X}\right|=\left|\frac{\mathrm{MU}_X}{\mathrm{MU}_Y}\right| \tag{3.14}$$

因此，边际替代率实际上是两种商品的边际效用之比。

（4）边际替代率的特殊情况。在某些特殊情况下，边际替代率取值将出现特例（图 3.20）。

一种情况是完全替代，即两种商品对于消费者而言完全无差异，此时边际替代率为一个固定常数。例如，某些消费者认为两斤玉米粉与一斤面粉无差异，无差异曲线如图 3.20（a）所示；另一种情况是完全互补，即两种商品对于消费者而言完全不可替代，必须同时使用和消费，无差异曲线将呈现直角形状：一种商品数量不变，另一种商品数量也不变。例如，钢铁冶炼中需要消耗同样比例的煤炭和铁矿石，如图 3.20（b）所示，图中水平线是指铁矿石冶炼需要固定比例的煤炭，如果不增加煤炭投入只增加铁矿石投入，不会增加钢铁产量；同理，如果铁矿石投入不增加，只增加煤炭投入也不会增加钢铁产量。

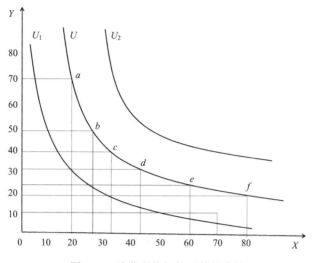

图 3.18　消费者偏好的无差异曲线

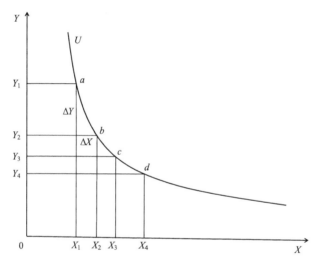

图 3.19　两种商品的边际替代率

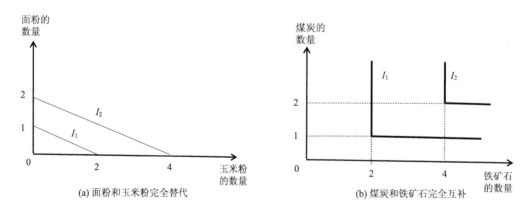

图 3.20　两种商品完全替代和完全互补的无差异曲线

练 习 题

1. 什么是自然资源的供给？它与自然资源的经济供给有何区别？

2. 什么是价格弹性？

3. 影响资源供给和资源需求的主要因素有哪些？它们各自是如何变动的？

4. 资源需求的变动和资源供给的变动对均衡价格和均衡数量有何影响？

5. 马克思和新古典经济学对供求理论的贡献有何不同？

6. 政府如何对市场进行干预？有哪些具体政策手段？

7. 什么是边际产出递减规律？什么是边际效用递减规律？两者有何区别？

8. 按照自然资源供给弹性和需求弹性的相互关系及其对比情况，价格和产量的蛛网波动一般有哪些不同情况？

主要参考文献

封志明, 江东, 雷梅, 等. 2020. 资源科学的学科建设与人才培养模式的实践与思考. 自然资源学报, 35(8): 1817-1829

高鸿业. 2007. 西方经济学. 4 版. 北京: 中国人民大学出版社

何盛明. 1990. 财经大辞典. 北京: 中国财政经济出版社

李伟, 李泓泽. 2013. 微观经济学. 北京: 人民邮电出版社

林自新. 2004. 马克思的供求理论与新古典供求理论之比较. 生产力研究, (11): 11-12, 22

杨继国. 2003. 马克思的供求理论及其发展. 上海: 全国高校社会主义经济理论与实践研讨会会议

赵军, 杨凯. 2004. 自然资源福利计量的参数模型与表征尺度: 理论与应用比较. 自然资源学报, (6): 795-803

赵学增. 1994. 《资本论》中的资源配置理论. 当代经济研究, (3): 22-28

朱善利. 2007. 微观经济学. 3 版. 北京: 北京大学出版社

庄宗明, 陈永志, 陈琛. 2004. 中国经济发展进程中的热点问题探讨. 北京: 经济科学出版社

Jaffé W, Walras L. 2003. Elements of Pure Economics. London: Routledge

第4章 能源资源经济学

能源是维系国民经济和社会发展的基础性自然资源。人类所有的活动都离不开能源，但能源作为可耗竭的、不可回收的资源又具有显著特殊性。本章将重点介绍耗竭性、不可回收的矿物能源资源（石油、天然气、煤炭和铀矿）。首先，介绍能源资源的基本属性、能源资源经济学的主要研究内容；其次，详细介绍霍特林理论模型与能源资源最优利用和最优配置；然后，从经济学视角，分别讨论煤炭资源替代、石油资源垄断、天然气价格管制和国家能源安全；最后，讨论能源资源开发利用的经济与环境关联关系，并系统介绍了我国能源资源的主要经济问题。

4.1 能源资源经济学原理

能源资源是国民经济发展重要的物质基础，是社会经济可持续发展的最根本驱动力，也是工业经济赖以生存的基础，人类的物质文明和精神文明都离不开它。能源资源开发利用的有效性直接关系到经济发展和人民生活水平的提高。解决好能源资源的开发利用问题，既是我国经济建设的核心问题，也是我国可持续发展战略的一项重要保障。能源供求失衡将直接影响经济发展和人民生活水平的提高，保障能源的安全供应、科学开发及有效利用是现代化建设的重要前提条件。

4.1.1 能源资源的基本属性

1. 能源资源的概念

能源也称为能源资源，是指通过加工、转换或者直接取得能量的各种形式的物质或自然过程。目前，理论界对能源的定义各种各样。例如，《大英百科全书》关于能源的定义为：能源是一种包含着光、风、水和燃料的术语，人类适当地转换手段可让其提供所需的能量；《日本大百科全书》对能源的解释是：在人们的生产活动中，利用电能、机械能、热能、光能等来做功，用来作为这些能量源泉的自然界中的各种载体，都称为能源；中国《能源百科全书》认为：能源是一种可以相互转换的能量的源泉，可呈现多种形式。

2. 能源资源的分类

（1）按能源资源的使用方式划分，主要包括一次能源和二次能源。前者是存在于自然界的可以提供现成形式能量的能源资源，如煤炭、原油、天然气、水能及核能等；后者是一次能源需要经过加工转换才能形成能量的能源资源，主要有煤油、柴油、煤气、液化气、电力等。

（2）按能源的再生性划分，主要将一次能源划分为可再生能源与不可再生能源。可再生能源是指在自然界可以自然得到补充、不断再生的能源，主要包括风能、太阳能、地热能等；不可再生能源是指经过长期地质作用形成并在可预见时期内可能耗竭的能源，主要指化石燃料（煤、石油、天然气、铀矿等），其储量有限，在经过长期大规模开采之后总会耗尽。

（3）按能源开发、加工、利用过程中是否造成温室气体和（或）污染物排放划分，可分为污染型能源（煤炭、石油等化石燃料）和清洁型能源（风能、太阳能等）。

（4）按能源生产技术的应用及发展情况划分，可分为常规能源和新能源。常规能源是指在当前社会经济中得到广泛利用的能源，如煤炭、石油、天然气等；新能源特指采用先进技术开采的能源，如风能、太阳能、页岩油气、生物质能、海洋能等。

（5）按能量的来源划分，主要包括：①来自太阳的能量，即太阳辐射能及间接来自太阳能的煤炭、生物质能等；②蕴藏于地球内部的地热能；③各种核燃料，即原子核能；④来自月亮、太阳等天体对地球的相互吸引所产生的能量，如潮汐能。

3. 能源的供给和需求

1）能源供给

能源供给是指在一定时间内特定能源生产者面对各种可能的价格水平，愿意并且能够提供的对应能源数量，即特定的能源价格水平对应特定的能源数量，也称为有效供给。反之，如果价格水平过高或过低，导致消费者难以承担或生产者不愿出售，就无法形成有效供给。能源供给具有以下基本特点：①化石能源供给的有限性，即化石能源储量在可预见时期内是绝对有限的，导致其面对人类不断增长的能源需求时形成了天然的供需矛盾。②能源资源分布的不均衡性，表现在全球能源资源的数量和质量存在显著的区域性差异。例如据美国《油气杂志》于 2022 年 12 月 5 日发布的《全球油气储量报告》，截至 2022 年底，从已探明石油资源储量分布来看，储量排名前 10 位的国家占全球总量的 85.7%，储量排名前 5 位的国家分别为委内瑞拉、沙特阿拉伯、伊朗、加拿大和伊拉克，占全球总量的 61.9%。。中国石油储量为 37 亿 t，位列第 13 位。③能源供给模式的多元化，即随着能源技术的发展、环境保护要求的提高，再加上新能源品类及其技术的不断涌现，能源资源的开发利用呈现出多样化、清洁化及全球化的格局。

能源供应安全是全球持续关注的热点，各个国家都在力求不断提升能源技术效率、开发新能源、开拓更多供给渠道等。自然环境条件、市场制度和社会经济结构都会对能源供给产生影响，如区域资源禀赋、市场供需结构、能源生产及利用效率、价格水平波动、投资和基础设施建设等。此外，地缘政治因素也可能影响能源资源的供给。一些能源资源匮乏的国家对外依存度较高，能源供给受国际政治经济局势影响的风险较大，主要影响因素如下。

（1）能源资源储量。能源资源储量是指在一定的技术条件下及明确的时间内可开发资源的存量水平，在技术进步或其他因素影响下可能发生改变。有的资源储量虽然已被发现，但受到一些因素的制约不具备开采条件或者开采价值，构成不了实际供给。

（2）能源资源价格。与其他商品类似，在其他因素不变的条件下，能源价格升高，能源生产者愿意提供的产量就越高；相反，能源价格下降，生产者自然会减少能源供应量。与其他一般商品不同的是，能源资源开发利用需要高昂的前期资金投入和高新技术门槛，导致能源供给相对能源需求缺乏弹性，这也导致短期内的能源价格对能源供给量的影响较弱，并且特定时期内的开采能力难以提升，生产者一般通过调整库存量应对短期能源价格波动。

（3）能源投资。勘探、开采及洗选等基础设施和设备条件是能源供给的直接物质基础，需要大量的资金投入，称为能源投资。在新增可采储量的保障下，新的资金投入可以形成新的基础设施、设备条件、技术研发和产业服务等，带来产量的提升。在适当放开能源产业市场准入的条件下，允许民营资本、外资进入能源投资领域也能在一定程度上缓解能源短缺问题。这些投资相互联系、相互促进，共同构成了国家能源资产体系。

2）能源需求

能源需求是指消费者在面对各种可能的能源价格下，愿意购买并且能够购买的对应能源数量。与其他商品需求类似，有效的能源需求必须要求消费者同时具备购买意愿和购买能力，否则即为无效需求。能源需求是一种引致需求，是由人们将能源作为要素投入的产品需求而派生出来的，它的价值在于特定产品需求带来的能源服务需求而非能源资源本身，也即能源服务需求产生了对能源资源的需求。这种引致需求对于不同行业和不同消费者有着不同的表现形式。例如，对于普通居民而言，通过使用冰箱、电视、热水器等家用电器等能源服务需求而间接消费了能源；在工业生产中，能源作为燃料提供服务。

能源需求是由多重因素共同决定的，主要有经济增长水平、能源价格、产业结构等。

（1）经济增长水平。经济增长是推动能源需求增长的重要因素，两者呈正相关关系。经济增长往往意味着工业生产规模的快速扩大，伴随着劳动力、资本等生产要素投入量快速增加，也催生了作为原料和燃料的能源投入量的快速增加。同时，居民收入也随之增长，并衍生了更多对家用电器、交通工具、旅游出行等能源服务的需求增长。相反，当经济增长受限，工业部门不得不缩减生产规模，减少劳动力和资本投入，并减少能源消耗，这也将导致居民收入下降，从而减少对一些生活能源服务的消费需求。

（2）能源价格。能源价格作为市场经济调节的有效手段，也是影响能源需求的一个重要因素。与其他商品一样，能源价格与能源需求呈反向的相互变化关系，即能源价格上升将导致能源需求量减少，而价格下降将带来能源需求量增加。同时，由于工业部门受到特定技术条件的制约，能源需求也相对缺乏弹性，能源价格对能源需求的影响在短期内并不显著。在短期内，技术条件不易改变，能源替代能力有限。例如，燃煤与燃油的设备很难通用，煤炭价格或者石油价格波动对煤炭或石油需求的影响不太显著。只有当能源价格在长时间内持续波动时，工业部门为降低成本或争取更多利润将加大投资、更新设备，从而大幅提升能源效率或改变能源利用模式。因此，能源需求的价格弹性在长期相较短期更大。如果能源价格没有扭曲，价格对于需求的调节是有效率的，但能源资源利用过程产生的环境外部性、代际公平等问题，使得能源价格的不确定性程度高于一般商品，也使能源价格的波动幅度更大且更为频繁，尤其是在地缘政治的影响下甚至脱离基本供需因素。

（3）产业结构。当一个经济体的工业部门集中了大量的能源密集型行业，经济体的发展也将导致能源需求快速增长。当经济体发展到一定阶段，能源密集型行业在工业部门的占比逐渐下降，而服务业在产业结构中的占比逐渐上升，能源需求的增长率将趋于平稳，能耗水平随着能源技术进步逐渐下降。

4.1.2　能源资源经济学的主要研究内容

能源资源经济学主要关注能源资源的勘查、开发、利用、加工、转换等过程的经济问题，以及能源资源与社会经济系统和生态环境系统之间的耦合关系，其作为一门学科是应用经济学的一个新分支，起始于 20 世纪 70 年代的石油冲击。早期能源资源经济学侧重研究耗竭资源的最优利用与优化配置。1973 年的石油危机对国际经济形势造成严重冲击，引起了大批经济学家对能源资源供需失衡及相关地缘政治问题的关注。近年来，能源资源储量约束、局部短缺及高能耗的粗放增长方式，尤其是化石能源消费引发的气候变化和环境问题，使能源经济学的研究范畴进一步扩展，融合了区域和产业经济学、生态学和环境科学的诸多主题，形成了多学科交叉的特征。

1. 能源资源最优化利用的基本理论

能源资源的最优化利用从勘查活动开始。显而易见的是，如果能源资源储量不变，能源开发成本和价格将会不断上升。为降低成本，发掘更多资源储量，当今世界能源资源的勘探活动始终没有停止，而且还会继续扩大勘查规模并采用日益先进的各种勘查技术。对于能源资源勘查活动而言，如果发现了新的大规模储量，那么能源资源的未来预期价格将会下降，这在短期内将会刺激能源企业扩大能源开采量以避免利润减少，由此新增产量反而引起能源价格快速下跌，使得未来预期价格下跌在短期内形成市场价格下跌，也使勘探活动的成本相对上升。因此，为确保能源资源的勘探活动处于最优水平，必须使勘探活动的单位投入成本，也即边际勘探成本，等于新增一个单位储量的边际成本。

（1）霍特林法则。1931 年，美国数理经济学家哈罗德·霍特林（Harold Hotelling）首次用数学的方法刻画了可耗竭性资源的最优化利用过程，被称为霍特林法则。资源最优化利用需要具备两个条件：①随着时间推移，由资源稀缺产生的自然租金的增长速率必须与社会贴现率相同；②资源产品的价格必须等于边际生产成本与资源影子价格之和，其函数表达式为

$$F'(x) + \frac{P'}{P} = s \tag{4.1}$$

式中，为资源边际生产率；P 为资源坑口价格，是时间函数 $P(t)$ 的缩写；P'/P 为资本回报率；s 为相关的贴现率。其经济学含义是：边际资源生产率+边际资本回报增长率=贴现率。

对于可耗竭资源而言，如能源资源，由于它们是不可再生资源，其储量固定，不随生产要素投入增加而增加，通常情况下 $F'(x) = 0$。式（4.1）所示的函数可以改为

$$\frac{P'}{P} = s \tag{4.2}$$

式（4.2）的经济学含义是：在不考虑环境价值和开采成本假设等的前提下，若开采不可再生资源的资本回报率等于贴现率，开采者对两种选择没有偏好，也即把资源保存在地下或者把资源开采出来并无区别。进一步推导式（4.2），可变为

$$P_t = P_0 \cdot e^{st} \tag{4.3}$$

式中，P_t 为时间 t 时的资源价格；P_0 为初始时间的资源价格。

式（4.3）是霍特林法则最基本的数学模型，表达不可再生资源因耗竭而逐步稀缺的基本特性，被认为是耗竭性资源经济学的最基本原理。该法则是对最优开采条件下不可再生资源影子价格变化规律的描述，认为不可再生的、耗竭资源有效开采必须建立在价格增长率等于贴现率的基础上，是时间序列上任何有效率的不可再生资源开采过程必须满足的效率条件。

霍特林法则隐含了一个前提条件，即资源初始存量是已知的，且开采成本固定不变，不考虑环境价值、权利金等。实际上，能源资源储量总是随着技术进步、投资勘探活动等不断变动，未来储量变动也存在不确定性，而环境因素和资源税费（权利金）等都必须考虑。

1990 年，英国环境经济学家大卫·皮尔斯（David Pearce）在其著作 *Economics of Natural Resources and the Environment* 中提出了包含权利金要素的资源价格，进一步完善了资源价格理论。其理论公式为

$$P_t = C_t + R_t \tag{4.4}$$

式中，C_t 为边际开采成本；R_t 为资源权利金（包括资源租金和边际使用成本）。式（4.4）的经济学含义是：资源价格等于边际开采成本与边际使用者成本之和。

（2）霍特林价格轨迹的变化。Pearce 和 Turner（1989）利用几何图形对霍特林价格轨迹进行了有趣的解释。霍特林价格轨迹变化如图 4.1 所示。右上象限反映资源价格随时间的变化路径，它遵循霍特林法则，但也产生了两个科学问题，即：初始价格如何确定？资源耗竭需要多久？左上象限反映资源需求曲线（相当于逆转横坐标反着看）。右下象限是一个假想的参考系，即沿着 45°线，把向下的垂直变化转换到向右的时间轴上。左下象限反映资源需求量、资源存量、时间三者之间的关系。

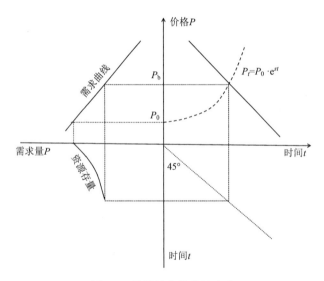

图 4.1　霍特林价格轨迹变化

图 4.1 隐含两条重要的含义：①随着资源价格上升，必然出现后备技术价格（backstop technology price），在图 4.1 中用 P_b 表示，必将有新的替代资源产生。例如，常规石油价格上涨时，就会出现砂岩油或页岩油、页岩气，这些便宜石油必将替代原油；但是随着油价上升，油价最终要与采油成本取得均衡，即图中 P_b 为新的油气开采后备技术价格对油气需求起着限制的杠杆作用。②只有在替代或后备资源（backstop resource）不易获得或其价格跳动的情况下，非再生资源才有可能耗竭。这意味着图中 P_0 是最优的初始价格。

2. 能源资源最优利用的影响因素

（1）开采成本。当开采成本下降时，资源初期价格水平下跌，刺激资源需求增长，将加

快资源的耗竭速度，资源价格曲线变化趋势更陡；反之，当开采成本提高时，资源初期价格水平上升，需求减少，资源的耗竭速度将减慢，资源价格曲线变化趋势更缓。

当可耗竭性资源价格上涨到高于替代资源平均成本时，新能源技术将推动大量使用替代资源，并会出现可耗竭资源无用论，最终影响耗竭资源价格上涨，之后逐步回落。这种能源替代技术，有时也称为后备技术，由此产生的能源价格峰值被称为"后备技术价格"（图 4.2 中 P_b）。后备技术价格（P_b）与资源开采成本（C）、时间成本（R_t）之间的关系为

$$R_t = \frac{P_b \cdot T - C}{(1+s)^{(T-t)}} \tag{4.5}$$

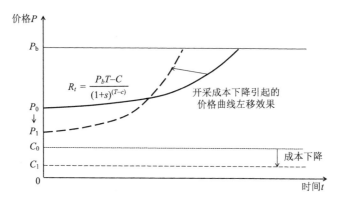

图 4.2　开采成本对能源资源价格轨迹的影响

式（4.5）的经济学含义是：任何时间成本（或边际使用者成本）等于支撑技术价格减去开采成本之后的贴现值（社会贴现率为 s）。根据霍特林法则，时间成本随着贴现率提高而增加，后备技术在资源耗尽前就已经发生。

（2）贴现率。贴现率的概念来自金融行业，指特定资产的未来预期价格折算成当前价格的利率，用来衡量时间成本。

对于特定自然资源而言，贴现率越高，意味着保存资源的成本越高或者开采资源的成本越低，应加快资源开采；贴现率越低，则保存资源的成本越低或者开采资源的成本越高，应减缓开采或者留待未来开采。贴现率对能源价格轨迹的影响如图 4.3 所示，提高贴现率将导致资源价格曲线向左侧移动，初始资源价格下降，开采时间缩短且时间点提前。贴现率对资源耗竭的影响具有双面性。在需求侧，高贴现率刺激高需求，资源以更快速度耗竭；在供给侧，高贴现率下资源所有者偏好保留资源，资本投资减少，阻止需求和资源耗竭。

（3）资源需求。资源需求是指在给定贴现率和开采成本的情况下，价格变化引致的资源需求量的变化。在现实中，人口增加、收入增加及替代性能源资源的需求减少等诸多因素都会引起特定能源资源需求的增加，从而加快该能源资源的耗竭速度，并且这些需求变化弹性相对较小。在供给相对稳定的前提下，刚性需求的增加将促使价格上涨，也即资源需求增加导致资源价格曲线整体向左上侧移动，初始资源价格上升（图 4.4）。资源开采水平较高，促使后备技术价格提早发生，出现新的替代能源，从而延缓资源耗竭的速度。

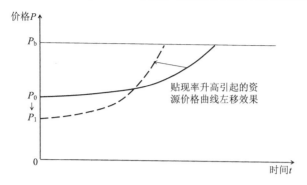

图 4.3 贴现率对能源资源价格轨迹的影响

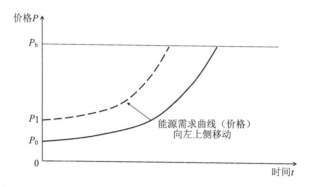

图 4.4 资源需求对能源资源价格轨迹的影响

（4）后备技术价格。技术进步使后备技术价格的变动对资源的最优利用也产生很大影响。由于技术进步在一段时间内会降低开采成本，后备技术的出现意味着资源价格变得更为低廉。随着替代资源新技术不断发展和应用，后备技术价格呈逐渐下降趋势。与此同时，技术进步的难度逐渐提升。因此，后备技术价格下降影响资源价格曲线整体下移（图 4.5）。价格水平低于过去，刺激资源需求增加，导致资源耗竭速度更快。

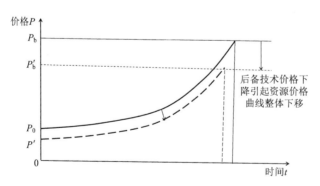

图 4.5 后备技术价格对能源资源价格轨迹的影响

（5）资源储量。随着技术进步，勘探发现更多的能源资源储量，可以明显影响资源价格走势。因时间和地质条件的差异及勘查投入的阶段性特点，资源储量增加可能是一次或多次。在需求不变的条件下，单次资源储量增加，可延长开采时间，资源价格整体水平下移

[图 4.6(a)]。在需求不变的条件下，每当多次资源储量增加时，往往促使资源价格整体水平大幅度下移，并且每当有新储量发现时资源价格出现下跌拐点[图 4.6(b)]。

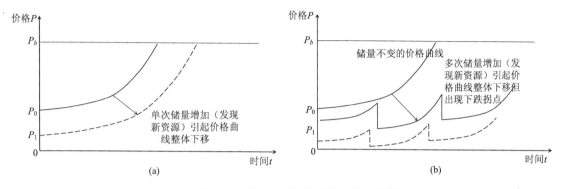

图 4.6　资源储量增加对能源资源价格轨迹的影响

当今世界能源资源的勘探活动始终没有停止过，而且还会继续扩大勘查规模并采用日益先进的各种勘查技术。

4.1.3　能源资源的最优配置

对能源资源的最优配置涉及能源市场的宏观均衡和跨期资源最优开发的微观配置。

1. 能源资源的市场配置

能源资源的市场配置主要通过能源供给与能源需求运动来实现。经济学的市场均衡是指特定经济系统的供给和需求在给定时期内维持相对平衡的状态：一是供求双方的数量上维持均衡；二是在没有外力的作用下，供求双方都不具备改变价格现状的意愿和能力。由于市场存在多种能源品类，能源市场均衡也划分为单一能源品类市场均衡和多种能源品类市场均衡。

（1）单一能源品类市场均衡。假定在其他条件不变的情况下，单一能源品类的市场价格只受该能源本身的供需影响，而不受其他商品市场的影响。例如，在分析原油市场时，假定原油市场价格由原油供需决定，而无须考虑煤炭、天然气等其他能源市场的影响。

（2）多种能源品类市场均衡。表示所有能源品类的市场供需在相互影响下同时达到均衡状态。例如，假设某地区能源市场由煤炭、石油、天然气和电力等多种能源品类构成，各个能源的供给量既受自身价格影响也受其他能源供需情况的影响，即

$$S_i = f(P_i, P_j, X_i) \qquad (4.6)$$

式中，S_i 为第 i 种能源品类的供给；P_i 为第 i 种能源的价格；P_j 为第 j 种能源价格；X_i 为除价格之外其他影响因素，且 i 不等于 j。同样地，各能源的需求量函数为

$$D_i = g(P_i, P_j, Y_i) \qquad (4.7)$$

式中，Y_i 为价格之外的影响特定能源品类需求量 D_i 的其他因素。

当市场供需均衡，即 $S_i = D_i$，i 为石油、天然气、煤炭和电力时，由这四种能源构成的能源市场达到了均衡。此时各个能源品类的供需数量皆为均衡数量，各个能源价格也皆为均衡价格。然而，只要能源市场内部或外部的任一影响因素发生改变，市场均衡就会被破坏。只有在

四种能源的市场供需双方根据价格信号变化做出调整后，市场才会逐渐进入新的均衡状态。

2. 能源资源的跨期配置

（1）最优利用的时段分配问题。在实际生活中，能源资源的配置必定会涉及在不同时间配置资源的问题。某一能源资源是在当前开发还是保存下来留待以后再开发？是满足当代人的需求还是为后代保存资源？如何在时间上配置能源资源满足可持续的开发利用？能源资源高效配置的关键内容是探索不同时期能源资源的合理利用，追求不同时期资源净现值最大化。资源经济学家通过资源开采模型来求得最优解。

根据霍特林的耗竭资源开采基础模型，能源资源优化开采就是寻找一个最优路径开采，使得有限的能源资源储量实现最大的利润。在该基础模型中，假设：①资源储量是有限的，随着时间的持续，资源开采规模逐渐下降；②总边际开采成本=边际开采成本+边际使用成本；③资源市场是完全竞争市场，企业（厂商）是价格的接受者；④最优开采规模由总边际成本和资源价格共同决定。如图 4.7 所示，MC_t 为边际开采成本；MU 为边际使用者成本；P_t 为资源价格；Y_0 和 Y_e 分别为企业考虑使用者成本和不考虑使用者成本的最优开采数量。

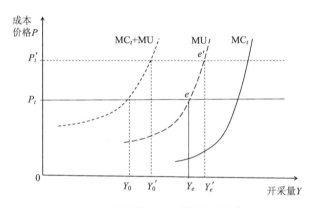

图 4.7　耗竭资源开采的基础模型

在边际使用者成本和边际开采成本固定不变的情况下，资源价格的上涨会加速资源的开采。如果价格从 P_t 提高到 P_t'，企业在考虑边际使用者成本时，资源的开采规模从 Y_0 上升到 Y_0'；如果忽略边际使用者成本，资源的开采规模从 Y_e 上升到 Y_e'。假设在开采的边际使用者成本提高，或者未来技术进步的条件下，开采成本将降低，那么资源所有者很可能要减少当前开采量或推迟开采。

（2）能源资源最优开采的两期动态配置。假设把现在和未来的能源资源开发选择作为一个两期行为，那么两期能源资源配置的有效方式即是把一部分资源用于当前时期开采，而另一部分资源留在未来开发，当期多开采一个单位，未来只能减少一个单位。在两期能源资源开采模型中，优化开采目标是使净利润现值最大化，可以利用耗竭资源线性规划模型求解。

假设可耗竭资源有一个线性需求函数，时间 t 年对该资源的需求方程可以表示为

$$P_t = a - bQ_t \qquad (4.8)$$

式中，P_t 为 t 年资源的价格；Q_t 为 t 年内开采的数量。假设边际成本固定不变，则开采数量 Q_t 的总成本为 C，在 t 年的所获利润为

$$\pi_t = P_t \cdot Q_t - C \cdot Q_t \tag{4.9}$$

两期能源资源优化开采的目标是，在约束条件下获得最大利润净现值，即

$$\text{Max} \sum_{t=0}^{T} (P_t \cdot Q_t - C \cdot Q_t)(1+r)^{-t}$$

$$\text{S.T.} \sum_{t=0}^{T} Q_t = \bar{Q} \tag{4.10}$$

建立拉格朗日方程为

$$L = \sum_{t=0}^{T} (P_t \cdot Q_t - C \cdot Q_t)(1+r)^{-t} - \lambda \left[\sum_{t=0}^{T} Q_t - \bar{Q} \right] \tag{4.11}$$

式（4.11）表示单位资源能带来的利润增加值，即边际资源价值，对式（4.11）微分得

$$\frac{\partial L}{\partial Q_t} = (P_t - C)(1+r)^{-t} = \lambda \tag{4.12}$$

改写为

$$P_t = C + \lambda(1+r)^t \tag{4.13}$$

式（4.13）表明，两期能源资源最优配置时，开采方案应满足：

T 时期资源的价格=边际开采成本+边际使用成本

假设资源的净价格为 P_t，那么，资源净价格的变化率为

$$\frac{R_{t+1} - R_t}{R_t} = \frac{P_{t+1} - P_t}{P_t - C} = r \tag{4.14}$$

由此可以发现，实现资源优化配置的有效条件是：第一期边际净收益的现值等于第二期边际净收益的现值，此时两期的净收益现值最大。

3. 两期能源资源的最优配置举例

现以一个两期能源资源动态配置为例，试图说明决定如何在两期中合理分配能源资源，使资源使用的净效益现值（net present value, NPV）最大化。

假设：一个煤炭资源开发的边际成本是固定的，MC=4；两期中煤炭储量固定；两期的边际收益函数是固定不变的，MB=16–0.4Q；煤炭储量为 40 个单位；贴现率水平为 10%，请问：如何分配两期开发煤炭资源才能使其 NPV 最大化？

首先，假如按照一期全部开采完，则边际成本等于边际收益，即 MC=MB，则 4=16–0.4Q，Q=30。也就是说，当煤炭储量开采到超过 30 个单位后，由于边际成本高于边际收益而不能开采（图 4.8）。此时，边际收益只有 MB=16–0.4×30=4.0。

其次，按照两期开采，假设第一期开发为 X 单位，第二期开发剩余的 40–X 个单位，按照两期的边际使用者成本的现值相等时总净收益最大化的原则，则有

$$16–X×0.4–4=[16–(40–X)×0.4–4]/(1+10\%) \tag{4.15}$$

求解式（4.15）可以得出，第一期开采量为 X=20.476；第二期开采量为 40–X=19.524。那么，第一期边际收益 MB=16–0.4×20.476=7.81；第二期边际收益 MB=16–0.4×19.524=8.19。两期开采的总净收益为 7.81+8.19=16。

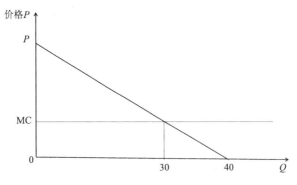

图 4.8　煤炭资源静态开采（一期）的净效益

由图 4.8 和图 4.9 对比分析可知，显然两期动态开采的现值最大，所有的煤炭资源被全部开采出来。现实中，耗竭资源的边际开采成本并非固定不变，而是随着资源开采量的增加而增加。例如，煤炭企业一般都会先开富矿，后开贫矿，开采成本会不断地上升。在开采成本不变的情况下，煤炭资源最终被完全耗尽；当开采成本不断变化时，由于边际开采成本上升，总有一部分资源不能被开发。

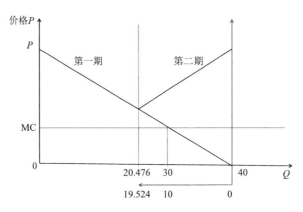

图 4.9　煤炭资源动态开采（两期）的净效益

4.2　能源资源的经济学分析

本节重点以煤炭资源替代、石油资源垄断、国家能源安全问题为案例，分析煤炭、油气等能源资源的经济学问题。

4.2.1　煤炭资源替代：中国的能源结构转型分析

1. 能源结构与低碳转型

面临全球气候变化的挑战，常规化石能源（如煤炭）的利用强度将不断下降，新能源和可再生能源（太阳能光伏、生物质能等）在能源消费结构中的比重将不断上升。自 20 世纪 90 年代以来，世界各国纷纷加大了对可再生能源技术的研发力度，不断加大可再生能源在能源消费结构中的比例。石油、煤炭、天然气等常规能源的枯竭不可逆转，可再生能源的开发有利于改变我国常规能源储量不足、能源结构不合理及资源分布不均的现状。此外，随着我国石油、天然气等能源资源的进口依存度持续提高，能源安全越来越容易受到世界石油市场的不确定性和原油产区地缘政治局势的影响。

大力发展可再生能源，替代煤炭，降低天然气和石油的对外依存度，可以降低国际能源市场对能源价格的影响，是保障国家能源安全和实现能源结构调整转型的重要选择。从国内看，低碳能源在我国能源供给与消费中的比重不断上升。我国"十二五"期末，新能源与可再生能源在能源生产结构中的比重提升至 11.4%，"十三五"期末提升至 15.9%。预计到 2030 年和 2050 年可进一步提升至 30% 和 50%（图 4.10）。在国际上，我国积极引领减缓全球变化挑战的行动。2015 年 6 月 30 日，我国面向全球公布了国家自主贡献预案（Intended Nationally Determined Contributions, INDC）——《强化应对气候变化行动——中国国家自主贡献》，明确提出了在 2030 年之前应对气候变化的行动目标。为此，理论界和管理部门广泛讨论的一个重要问题就是：新能源及可再生能源何时能够取代常规化石能源？如何通过降低生产成本、实现能源资源的有效替代和能源消费结构的优化转变？

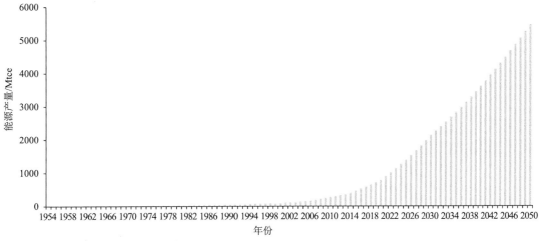

图 4.10　中国新能源及可再生能源产量变化趋势

（Mtce：百万吨标准煤，million tonnes of coal equivalent）

2. 实证模拟分析

现以煤炭发电和光伏发电的完全成本的定量比较为例，论证光伏发电能否取代煤炭发电？如果能替代，将何时发生？主要计算步骤包括：分别测算煤炭发电和光伏发电的完全成本；利用趋势回归分析和学习曲线模拟能源生产成本的变化趋势；叠加对比两种成本变化曲线，判断其变化趋势。

1）煤炭发电成本的模拟

煤炭发电的总成本计算公式为 $c=c_f+c_v$，式中，c_f 为固定成本；c_v 为可变成本。

固定成本的估算方法是：选取具有代表性的煤炭发电企业，如以我国的华能集团为例，查询其 2014 年固定成本为 6.323×10^{10} 元/年，年发电量为 1.52×10^{11} kW·h，则固定成本为

$$c_f=6.323\times10^{10}\div(1.52\times10^{11})=0.416\ 元/kW·h$$

可变成本的计算公式为

$$c_v = \frac{p_t \times g_t \times (\frac{7000}{w}) \times 10^{-6}}{1+17\%} \tag{4.16}$$

式中，p_t 为第 t 年标准煤的价格；g_t 为第 t 年每度电的供电标准煤耗；w 为天然煤发热量；17%为购买电煤的进项税率。根据秦皇岛 5500 大卡动力煤的平均价格（即取 $w=5500$），估计 2000～2013 年我国动力煤的价格。以 2000 年为基期进行换算，得到统一基期的动力煤价格和固定成本值。绘制曲线如图 4.11 所示。

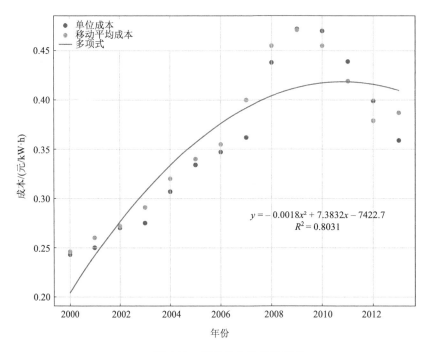

图 4.11　煤炭发电的单位成本

考虑到煤炭发电具有显著的环境影响，煤炭发电完全成本必须考虑环境成本，公式为

$$c_t = c_v + c_f + c_e(SO_2) + c_e(NO_x) + c_e(粉尘) + c_e(CO_2) \tag{4.17}$$

具体步骤为：首先，调查煤炭发电的环境污染现状。根据《2013 年中国环境统计年报》，纳入全国重点调查统计范围的火电厂共 3102 家，占重点调查工业企业数量的 2.1%。其中，独立火电厂 1853 家，排放 SO_2 共 634.1 万 t，NO_x 为 861.8 万 t，烟（粉）尘为 183.9 万 t。据此，可计算煤炭发电行业排放 SO_2 和 NO_x 的环境成本，即：2012 年，电力行业 SO_2 排放 797 万 t，NO_x 排放 1018.7 万 t，经济损失分别为 3517.8 亿元和 1240 亿元。全年火力发电量为 38928.1 亿 kW·h，故燃煤发电排放 SO_2 和 NO_x 引起的环境成本分别为 $c_e(SO_2)=3517.8/38928.1=0.0904$ 元/kW·h，$c_e(NO_x)=1240/38928.1=0.0319$ 元/kW·h。煤炭发电排放 CO_2 的环境成本，即：2012 年，燃煤排放 CO_2 为 11.7 亿 t，按照 CO_2 的排放系数 0.67（t/t 标准煤）折算，共耗煤 17.46 亿 t。再按当年燃煤价格 403 元/t 计算，燃煤发电排放 CO_2 带来的环境成本为 $c_e(CO_2)=11.7/0.67×403/38928.1=0.1808$ 元/kW·h。煤炭发电排放粉尘颗粒物的环境成本为：2012 年，燃煤排放一次性粉尘颗粒物 223 万 t，排放的 SO_2、SO_3 和 NO_x 转化为二次细颗粒

物，共计 350 万 t，合计占全国 $PM_{2.5}$ 排放总量的 40%。再按当年排放粉尘经济损失 1824.95 亿元计算，燃煤发电排放粉尘带来的环境成本为 c_e(粉尘)=1824.95×40%/38928.1=0.0188 元/(kW·h)。根据上述数据可以计算煤炭发电的完全成本，并绘制曲线如图 4.12 所示。值得注意的是，环境成本要根据基期换算不变价，以便得到各年份可比的环境成本值。例如，2012 年环境成本（现价）为 0.0904+0.0319+0.1808+0.0188=0.3219 元/t；折算为 2000 年不变价为 0.3218/0.65=0.4952 元/t。

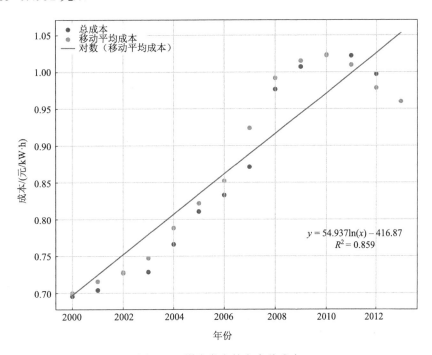

图 4.12　煤炭发电的完全总成本

2）光伏发电成本的模拟

首先，根据传统 Wright 学习曲线，可以构建双因素测度模型：

$$c = c_0 Q^{-\alpha} R^{-\beta} \tag{4.18}$$

式中，c 为太阳能光伏发电成本，表示为光伏组件的单位价格（元/wp）；c_0 为初始成本；Q 为太阳能光伏发电的累积装机；R 为太阳能光伏发电的累积研发量。Q 和 R 的学习指数分别为 $0<\alpha<1$ 和 $0<\beta<1$。wp 代表瓦特峰值（Watt-peak），是一种表示光伏组件性能的度量。瓦特峰值是指光伏组件在标准测试条件下（即光照强度为 $1000W/m^2$，光谱分布近似于太阳光在地球大气层顶部的光谱分布，组件温度为 25℃）的最大功率输出。这是衡量光伏组件成本效益的重要指标，用来比较不同大小和效率的光伏组件的成本。然后，改进上述双因素模型。对于大型地面光伏电站的建设，基本需要银行贷款投资，银行贷款占总投资的比重高，贷款利息对光伏电站成本影响巨大。因此，上述模型中需加入偿还贷款的费用变量（c_1），即

$$c_t = c_0 Q^{-\alpha} R^{-\beta} + c_1 = c + c_1 \tag{4.19}$$

采用 2000～2010 年的数据，运用最小二乘法，检验参数的显著性，进而证明该模型的

可行性。应用回归分析检验显著性满足 95%的置信区间。可以确定双因素学习曲线模型可用于光伏发电成本的估计之中：

$$\ln c = \ln c_0 - \alpha \ln Q - \beta \tag{4.20}$$

$$\alpha = 0.187899 \tag{4.21}$$

$$\beta = 0.169480 \tag{4.22}$$

光伏发电投资回收期一般采用 20 年或 25 年的设定。在此所用数据为 10MW 的光伏电站，现阶段总投入大约为 12000 万元，贷款比例为 70%，年利率为 7%，则每年偿还贷款的费用为：12000×70%×7%=588 万元。投资回收期按照 20 年计算，光伏电厂年等效满负荷发电时间按照 1500h 计算。绘制考虑偿还贷款因素的光伏发电完全成本变化曲线，见图 4.13。

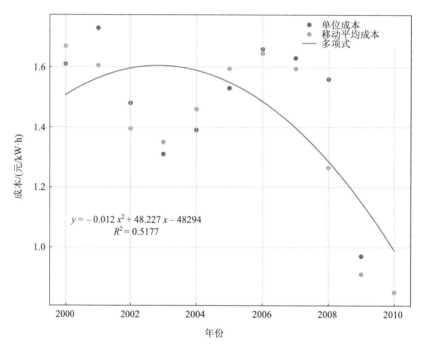

图 4.13　光伏发电的完全总成本

3）煤炭发电和光伏发电的完全成本对比分析

汇总以上煤炭发电和光伏发电的完全成本估计结果，进行回归分析预测，建立预测模型，可以得到 2004～2024 年的成本变化趋势。绘制两者的变化曲线，如图 4.14 所示，有以下结论。

（1）我国光伏发电成本与煤炭发电完全成本达到一致的时间约在 2020 年，之后光伏发电成本还将持续下降。

（2）如果不考虑煤炭燃烧的各种污染物排放及其负面环境影响，煤炭发电的成本远低于光伏发电。换句话说，如果煤炭发电可以解决负面环境影响问题，光伏发电在很长时期都难以替代煤炭发电。

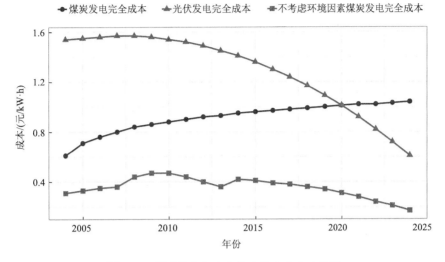

图 4.14　煤炭发电和光伏发电的完全成本比较

4.2.2　石油资源垄断：欧佩克的卡特尔垄断

卡特尔（cartel）原意为协定或同盟，是指由一系列生产同类产品的独立企业构成的组织，该组织通过集体行动控制特定产品的总产量并联合提高价格。根据美国反托拉斯法，卡特尔属于非法行为。卡特尔的组织形式包括垄断利益集团、垄断联盟、企业联合、同业联盟等，目的是通过垄断市场获取高额利润，主要手段是在商品价格、产量和销售额及其销售区域等方面订立联合行动协定，但其企业成员在生产、销售和法律上仍然保持独立性。卡特尔本质上是一种谋取垄断地位和市场控制力的串谋行为，导致一个竞争性市场转变为一个垄断市场，成为一种特殊的寡头市场。

迄今为止世界上最著名的国际性卡特尔组织当属石油输出国组织（Organization of the Petroleum Exporting Countries，OPEC），也称为"欧佩克"。欧佩克于 1960 年在巴格达成立，1965 年至今总部设在奥地利维也纳。欧佩克最初由伊朗、伊拉克、科威特、沙特阿拉伯和委内瑞拉等五国组织设立，目的是共同应对由英美主导的"石油七姐妹"，维护稳定的石油收益，沙特阿拉伯是其实际领导者。欧佩克的协作宗旨是"协调统一成员国的石油政策与价格，维护石油市场的稳定，确保为石油消费国提供有效、经济而稳定的石油供应，也为产油国提供适度的尊重和稳定的收入，使投资于石油行业的资本获得公平的回报"。截至 2023 年底，欧佩克成员国家扩展为 12 个，新加入的成员国依次为利比亚（1962 年加入）、阿拉伯联合酋长国（1967 年）、阿尔及利亚（1969 年）、尼日利亚（1971 年加入）、加蓬（1975 年加入，1995 年终止成员国资格，2016 年重新加入）、赤道几内亚（2017 年加入）、刚果共和国（2018 年加入）。其他还有一些曾经加入，之后又暂停或退出的成员国，包括厄瓜多尔（1973 年加入，1992 年暂停成员国资格，2007 年重新激活，2020 年 1 月退出）、印度尼西亚（1962 年加入，2009 年暂停成员国资格，2016 年重新激活，同年 11 月再度暂停成员国资格）、卡塔尔（1961 年加入，2019 年终止成员国资格）、安哥拉（2007 年加入，2014 年退出组织）。截至 2022 年底，欧佩克成员国石油总产量共占全球的 39.7%，其探明石油储量占全球的 79.5%，使得欧佩克对全球原油价格具有重要影响力。

欧佩克的成立是国家行使自然资源主权出现重大变化的转折点，出现了多国联合行使自然资源主权的国际治理行为，对全球石油市场和国际政治经济关系产生了深远影响。20 世纪 70 年代，欧佩克限制石油产量并大幅抬高石油价格，直接引发了"石油危机"。20 世纪 80 年代，欧佩克削减石油产量使油价上涨，并为其成员国制定产量配额。

欧佩克通过内部合作限制石油产量和操控石油价格的行为经常作为经济学教科书的范例，因为这种内部合作减少了各个成员国之间的市场竞争，又得到了国际法下国家豁免原则的保护。然而，欧佩克对于全球能源市场的影响力也受到了内部和外部的诸多挑战：欧佩克对于内部成员国的管理和约束较为松散，个别成员国有时为了自身利益会抛开协定而调整产量配额；非欧佩克国家，如俄罗斯、美国等能源资源大国不断增长的能源资源储量和产量也给欧佩克带来极大压力。

4.2.3　国家能源安全问题

1. 能源安全与石油安全

能源资源关系到一个国家的经济命脉和国防安全。近几十年来，保障国家能源安全已经成为世界各国政府政策的重要战略目标。自 1973 年第一次石油危机爆发，国际石油价格大幅波动，国家能源安全问题首次被人们认识。20 世纪 70 年代初第四次中东战争爆发，油价暴涨，石油短缺，引发了世界大战后最严重的经济危机。1974 年，国际能源机构（International Energy Agency, IEA）正式成立，第一次提出以稳定原油价格和供应为中心的"国家能源安全"概念。20 世纪 80 年代中期后，随着全球化进程加快，能源需求和价格快速增长，全球气候变暖和环境质量大幅度下降等问题叠加，国家能源安全问题已从单纯考虑能源稳定供应转向强调能源安全供应与能源生产消费及其环境保护之间的协调发展。

一般认为，国家能源安全是指能够以合理的价格、足够的数量，稳定满足国家经济社会发展需要且不对发展环境构成威胁的能源资源供需状态。该定义不仅包括能源经济可持续性，而且包含满足社会发展和保护生态环境的需要。

从时间来看，能源安全还可分为短期安全和长期安全，短期能源安全主要指技术原因及天气等突发事件导致现有能源供应不足的危险状态；长期能源安全主要指因新增加的能源供应无法满足目前能源需求的持续增长而产生的风险状态。在很多场合通常将能源安全等同于石油安全。石油在目前世界各国的能源格局中占有十分重要的地位。在世界能源消费中，石油消费约占 40%，同时在可贸易基础能源中，石油份额占到国际能源贸易的 2/3，其价格的影响程度很大。同时，石油储量不像煤炭那样在全球均匀分布。因此，几乎所有国家都将石油安全视为能源安全的核心问题。

从我国的基本形势来看，石油安全也是我国能源安全的主要矛盾。随着国内经济的不断发展及人们生活水平的提高，石油消费量不断增加，但国内石油产量却增长缓慢。我国需要进口大量石油来满足国内需要。自 1993 年成为石油净进口国以来，我国石油对外依存度不断提高。截至 2019 年，中国石油进口对外依存度已达到 70.8%。同时，中国人均年石油消费还很低，意味着石油需求的增长潜力很大。假设中国人均石油消费量达到世界平均水平，则中国石油消费总量将达到 6.6 亿 t，而按照中国 2 亿 t 的石油产量峰值计算，超过 2/3 的石油消费需要依赖进口。我国日益增大进口石油量必将对世界石油市场的供求关系产生一定的影响，国际原油价格波动也极大地影响我国油品的价格走势，进而严重影响我国经济社会的健康发展。

2. 能源安全问题的经济学分析

从经济学角度来看，能源安全是一种供需均衡的状态，即能源资源的供给和需求均衡，能源供给能够满足国家经济建设的需要及人们维持或提高生活水平的需要，能源价格既合理又能够被接受。同时，能源供需均衡状态不是静止的，而是一种动态均衡状态，任何影响因素都会破坏这一均衡状态，但经过市场调整，最终它会达到另一个均衡状态。

能源安全是国家综合安全的重要组成部分，能源属于典型的公共物品。保障国家能源安全的政策工具手段有很多。例如，保障能源资源供给，控制能源进口比例，制定保障国家安全的基本能源政策和能源战略储备计划，征收能源消费税，调节能源需求，补贴国内能源生产，征收能源进口关税，等等。图 4.15 是在考虑国家能源安全时的石油进口供求曲线变化情况。

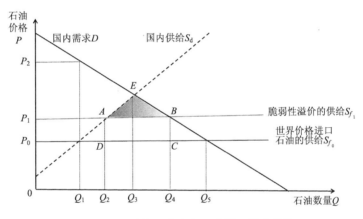

图 4.15　国家能源安全与石油进口供求曲线

图 4.15 中，S_d 为长期国内石油供给曲线；S_{f_0} 为以世界价格进口石油的供给曲线；S_{f_1} 为考虑脆弱性溢价的供给曲线；三角区 AEB 为国家安全成本，即考虑石油进口脆弱性的供给安全成本。现在分以下两种情况讨论。

（1）在不考虑国家安全时，Q_5 为世界市场价格下的国家石油需求总量；Q_1 为国内生产石油总量；Q_5-Q_1 相当于国家的石油进口总量。

（2）当考虑国家安全时，即石油供给出现脆弱性，此时的实际石油消费量为 Q_4，国内石油生产量为 Q_2，石油进口总量为 Q_4-Q_2，而自给自足石油生产总量为 Q_3。

从经济学上看，由于 $Q_5>Q_4$ 且 $Q_1<Q_2$，当国家安全出现问题时，市场趋于消费更多石油并且尽量减少国内石油产量，以便寻求达到石油的供需均衡。

当石油出现供给脆弱性（如禁运）时，石油消费量将是 Q_1 而不是 Q_3，石油价格是 P_2。此时，国家来不及开发其他能源资源；短期内供给曲线在 Q_1 处于完全无弹性（垂直直线），价格上升为 P_2，到达供需均衡。因此，禁运期间消费者剩余的损失非常巨大。

为应对上述市场均衡配置的失效，多数石油进口国（如 1973 年的美国）都会采取能源自给政策。但是，自给政策也会产生无效的资源配置。自给自足配置下的净收益（对应消费量为 Q_3 和进口量为 0）明显低于有效配置下的净收益（Q_4），图 4.11 中的阴影区面积 AEB 就是效率损失的大小。

国际上，通常应对国际石油禁运的最有效工具是建立国家战略石油储备。与其他替代资源不同的是，石油战略储备是一种保险式的防患，可以在很短时间内动用。储备成本越低，S_{f_1} 曲线就越低，石油进口就越有吸引力。

建立石油储备还有其他风险，如储备设备的维护、国际石油价格的波动等。为此，各国政府一般还采取其他政策，如节能（征收汽油消费税）、补贴国内油企（扩大供给、减少进口但不会减少消费量）、进口关税（$ABCD$ 面积相当于政府的关税收入）等。

4.3　能源资源的经济和环境问题

4.3.1　能源资源利用的外部性

人类对能源资源的开发利用过程会产生外部性问题，特别是环境污染及外部不经济性。能源生产和消费的外部不经济性在现实中的危害巨大且广泛，导致能源利用效率降低、能源经济秩序紊乱、能源行业与区域发展失衡，引致社会的理性偏差与信用危机，加剧人与人、人与自然之间的矛盾，令经济社会不能健康、有序地发展，造成相当巨大且广泛的危害。

能源外部性还包含代际公平与可持续性，其中市场失灵、政府失灵、法律空白等是产生外部不经济问题的主要原因。在许多情况下，政府失灵往往与市场失灵相互发生作用，形成一种被动政府失灵。能源资源及其服务在现代社会的广泛使用和发展，也使得能源外部性的外延进一步拓宽，由代内外部性延伸到代际外部性，也即由能源资源当期或者短期合理配置问题，延伸到长期或者社会不同代际的影响问题。

4.3.2　能源外部性内部化的常用政策手段

在当前的能源市场机制下，我国大多数能源产品的成本并非完全成本，而是仅反映开发成本。在加快能源资源的市场化改革、形成合理能源价格和能源税费的目标下，常用的政策工具之一是推动"能源资源外部成本的内部化调整"，完善能源资源市场化定价机制，形成能够反映能源资源稀缺程度和市场供求关系的价格调节机制，构建合理的能源资源税费体系，建立公平合理的能源产品比价关系。我国目前的能源生产和消费产生的外部不经济性问题，仅靠市场机制无法实现纠正和补偿，政府要承担起保护能源环境、监管市场的职责；采用严格执法、征税或补贴等形式，使产生外部不经济性的经济主体足额付费以实现内部化。

能源外部性内部化一般采取两种手段：一是生产和消费中对外部社会所产生的效应纳入生产者和消费者的经济行为当中，利用经济杠杆或市场机制有效控制外部不经济性；二是通过政府行为或法律手段，控制外部不经济性的发生和鼓励对社会产生额外效应（正效应）的生产行为。由于能源的外部不经济性广泛存在于现代能源经济生活的各个角落，单一的政府手段或市场行为都无法有效应对，需要政府调控和市场配置的高效配合。

政府调控和市场配置高效配合的首要问题是界定两者的作用边界。需要注重政府和市场在能源活动行为中的法治规制。以法治规则界定政府职能边界，从宪法的层次上约束政府的行为，建立受法律和社会严格限制和有效制约的有限政府，规避能源发展过程中的政府行为外部不经济性问题。当务之急，就是要加快能源体制改革，健全和理顺能源监管机制，主要包括机构改革、权责划分、内部监督三个主要方面，在政府管制的保障下充分发挥市场的资源配置作用，通过明晰产权，完善能源补偿机制，将能源生产和消费的外部不经济性内部化。

在能源问题日益严重的现代社会，法律在强调能源消费者自由与权利的同时，还应当注重能源消费者的社会责任和义务。在 21 世纪生态文明社会，必须加强消费引导，强化消费者的节能道德责任，倡导消费者在日常生活过程中自觉节约能源的社会责任感和公德意识，并通过制度设计来强化能源消费者的社会义务，提高能源使用效率。

4.3.3　我国能源资源的主要经济问题

我国能源资源总体格局是"富煤、缺油、少气、贫铀"。我国已经成为世界上第一大能源生产和消费国。

（1）煤炭是我国的主体能源和重要的工业原料。我国煤炭资源丰富，分布面广，煤炭产量已连续多年位居世界第一。全国 2300 多个县市中发现煤炭资源储量的县达到 1458 个，但 90% 的煤炭储量分布在秦岭—淮河以北地区，尤其集中在山西、陕西和内蒙古。山西、陕西和内蒙古的储量都超过了 1000 亿 t，合计占全国总量的 63.5%；储量在 200 亿～1000 亿 t 的省份有新疆、贵州、宁夏、安徽、云南和河南等，合计占全国总量的 25.3%。在东西方向上，全国 85% 的煤炭储量分布于中西部地区，而沿海地区仅占 15%。

（2）油气资源相对较丰富但进口量大，非常规天然气开发潜力大。按照国际常用的油气富集程度标准归类世界 103 个产油国，我国在总量上属于油气资源"比较丰富"的国家。从区域来看，我国石油资源主要集中在东北、华北（包括山东）和西北。根据自然资源部发布的《2022 年全国矿产资源储量统计表》（数据不包括港澳台地区），截至 2022 年底，合计探明储量占全国的 77.9%，集中程度高于煤炭。在省份层面，新疆的储量最大，占全国的 17.6%；其次是甘肃（占比 12.7%）、陕西（占比 9.2%）、黑龙江（占比 8.3%）；再次是山东（占比 6.9%）和河北（占比 6.3%）。能源安全形势日益严峻。

近年来，非常规天然气在勘探和开采技术突破下实现了飞速发展，尤其是以美国为首的非常规天然气革命推动天然气工业发生了巨大的变化，将对世界能源格局产生深远影响。非常规天然气主要包括致密砂岩气、煤层气和页岩气等。我国非常规天然气储量也十分丰富，开发潜力巨大。

（3）铀矿资源依赖于进口。铀矿资源是核电的基础原料。全球铀矿资源分布极不平衡，主要集中于澳大利亚、哈萨克斯坦、加拿大、俄罗斯、南非、尼日尔、巴西、中国、纳米比亚和乌克兰等 10 个国家，这 10 个国家铀资源储量约占全球储量的 87%。尽管我国铀矿资源相对丰富，但大部分品位低、埋藏深、开采成本较高，经济可采的资源量明显不足，未来在加强地质勘查工作的基础上具有很大的资源潜力。当前国内探明的铀资源和产量远不能满足我国核电发展的需求。同时，铀作为国家战略资源，易受地缘政治的影响，供应安全问题更为突出。此外，在福岛核事故的影响下，核电的安全性受到了广泛关注，甚至引发了局部地区居民的强烈抵制。因此，我国未来核电发展或将面临诸多挑战和限制因素。

（4）水力资源的开发已相对达到上限，未来增长空间不会太大。我国水力资源丰富，其理论蕴藏量约 6.76 亿 kW，其中经济合理可开发的约 3.79 亿 kW（技术可开发资源量）。水力资源主要分布在西部和中南部，占全国 93.2%，其中仅西南占比就达到了 67.8%。从省区来看，水力资源在全国占比 10% 以上的省份有四川（26.8%）、云南（20.9%）和西藏（17.2%）。与化石能源资源主要分布在北方相比，水力资源在空间上有较强的区域互补性。

（5）除水能外的风、光等其他可再生能源资源发展较快。我国可再生能源行业的增长速度已超过化石燃料和核电。目前，我国风、光等可再生能源发电的装机容量稳居世界第一。2020 年，我国新增可再生能源发电装机 1.39 亿 kW，其中风电、光伏发电新增装机 1.2 亿 kW，创历史新高。截至 2020 年底，我国常规水电装机达到 3.38 亿 kW，年发电量 1.35 万亿 kW·h；可再生能源发电量超过 2.2 万亿 kW·h，占全部发电量比重接近 30%，全年水电、风电、光伏发电利用率分别达到 97%、97% 和 98%。其中，风电装机 2.8 亿 kW，年发电量 4665 亿 kW·h；太阳能发电装机 2.5 亿 kW，年发电量 2611 亿 kW·h。

练 习 题

1. 能源资源有哪些分类？
2. 影响能源资源供给和需求的主要因素有哪些？各自有何关联性？
3. 什么是霍特林法则？
4. 能源资源最优利用的影响因素有哪些？
5. 什么是能源资源的最优配置？
6. 如何通过资源生产消费曲线进行能源资源价格管制的经济学分析？
7. 以欧佩克为例，如何认识能源资源的卡特尔垄断？
8. 什么是国家能源安全？
9. 能源、经济与环境有什么相互关系？
10. 什么是能源资源利用的外部性？
11. 简述我国能源资源特点及其开发利用与消费的主要经济问题。

主要参考文献

程芳. 2013. 能源环境问题的外部性分析. 学术论坛, (6): 146-151, 160

丹尼斯·卡尔顿, 杰弗里·佩罗夫. 1998. 现代产业组织. 黄亚均译. 上海: 上海人民出版社

邓玲玲. 2012. 能源—经济—环境(3E)系统协调度评价及其影响因素研究. 长沙: 湖南大学硕士学位论文

林伯强, 何晓萍. 2014. 初级能源经济学. 北京: 清华大学出版社

刘晓华. 2018. 能源经济与技术创新研究. 长春: 吉林大学出版社

罗杰·珀曼, 马越, 詹姆斯·麦吉利夫雷, 等. 2002. 自然资源与环境经济学. 2 版. 侯元兆译. 北京: 中国经济出版社

毛秀英, 付冬芹, 陈敏. 2011. 欧佩克的卡特尔定价分析. 技术与市场, (5): 206-207, 209

倪红日. 2005. 运用税收政策促进我国节约能源的研究. 税务研究, (9): 3-6

沈镭, 薛静静. 2011. 中国能源安全的路径选择与战略框架. 中国人口·资源与环境, (10): 49-54

沈镭, 刘立涛, 高天明, 等. 2012. 中国能源资源的数量、流动与功能分区. 资源科学, 34(9): 1611-1621

薛静静, 沈镭. 2021. 区域能源安全的一体两面——供给和消费. 北京: 科学出版社

张洁. 2015. 能源政策: 推动可再生能源革命, 提高碳定价. 世界科学, (11):47-48,54

Hartwick J M, Olewiler N D. 1998. The Economics of Natural Resources Use. New York: Pearson

Hotelling H. 1931. The economics of exhaustible resources. Journal of Political Economy, 39: 137-175

Pearce D W, Turner R K. 1989. Economics of Natural Resources and the Environment. Baltimore: Johns Hopkins University Press

Perman R, Ma Y, McGilvray J, et al. 1999. Natural Resource and Environmental Economics. 2nd Edition. London: Addison Wesley Longman Limited

Tietenberg T. 2000. Environmental and Natural Resource Economics. London: Taylor & Francis

Tilton J E. 1996. Exhaustible resources and sustainable development-two different paradigms. Resources Policy, 22 (1-2): 91-97

第5章 矿产资源经济学

> 矿产资源经济学是以矿产资源为研究对象，使用经济学基本理论与方法，研究与矿产资源的勘查、开采、加工、使用、回收再生利用和处置等过程有关的资源优化和配置问题的学科。矿产资源的根本属性是其不可再生性或耗竭性。本章首先介绍矿产资源经济学原理，包括矿产资源的自然属性和经济属性及矿产资源供求特征，然后简要介绍矿产资源经济学的主要研究内容，其次讨论矿产资源优化配置与利用，解析再生矿产资源、战略性矿产资源的开发利用经济问题，最后对比分析国内外矿产资源价格与税收政策及我国主要矿产资源经济问题。

5.1 矿产资源经济学原理

5.1.1 矿产资源的内涵与属性

1. 矿产资源的界定

矿产资源是由地质成矿作用产生的、天然赋存于地壳内部或埋藏于地下或出露于地表或来自于外部天体、具有开发利用价值的矿物或有用元素的集合体。

矿产资源的定义具有如下关键内涵。

（1）矿产资源是天然的自然资源，是经历过几百万年甚至数十亿年的地质变化才形成的可耗竭性资源。

（2）矿产资源具有利用价值，是社会经济发展的重要物质基础，现代社会的生产、生活、生态等活动都离不开矿产资源。

（3）矿产资源具有固态、液态、气态等多种形态。目前世界已知的矿产有 168 种，其中 80 多种应用较广泛。按其特点和用途，通常分为四类，即能源矿产 11 种；金属矿产 59 种；非金属矿产 92 种；水气矿产 6 种。

（4）有些矿产资源可以回收再利用。矿产资源经过人类开发利用废弃后，可以通过回收加工再次变成有用的资源，如以矿物为原料的黑色金属、有色金属、塑料等，这些通常也称为再生资源、二次资源、城市矿产。

2. 与矿产资源相关的其他概念

（1）矿产（minerals）。矿产泛指一切埋藏在地下（或分布于地表的、或岩石风化的、或岩石沉积的）或来自外部天体的可供人类利用的天然矿物或岩石资源，是资源学概念。

（2）矿床（mineral deposit）。矿床是指地表或地壳里由于地质作用形成的并在现有技术条件下可以开采和利用的矿物集合体，是地质学概念。矿床是地质作用的产物，但与一般岩石不同的是，它具有经济价值。矿床的定义随经济技术的发展而变化。19 世纪时，含铜高于 0.5%的矿物集合体才有开采价值，才能被称为铜矿床，随着科技进步和采矿加工成本的降低，含铜 0.4%的铜矿床已被大量开采。

（3）矿山（mines）。矿山是指具有特定开采边界的、采掘矿石（非油气）的独立生产经营单位。矿山一般包括一个或多个矿床、采矿车间（或称为坑口、矿井、露天采场等）和一些辅助车间，大部分矿山还包括选矿场（洗煤厂），是技术学概念。

（4）矿业（mining industry）。矿业是指从事矿产资源勘查、开采及其初级加工的产业，也称为采矿业，属于采掘业的重要行业，是产业经济学概念。

（5）矿城（mining city）。矿业城市的简称，是指某一地区围绕一种或几种丰富的矿产资源形成一个主要以矿石开采、加工、冶炼为产业的城市。但是在不同的发展阶段、不同的生产力水平条件下，矿业城市的数量、规模、地位和作用各不相同，是地理学概念。

以上的矿产、矿山、矿业和矿城统称为"四矿"。

3. 矿产资源的基本属性

1）矿产资源的自然属性

自然属性是与矿产资源的成因、组分等相关的特性。

（1）不可再生性。矿产资源是经过千万年甚至上亿年的漫长地质时代形成的富集体，相对于人类社会的短暂历史，矿产资源具有不可再生的自然属性，人们可以通过劳动去寻找发现矿产资源，但是不能以人为方式去创造矿产资源。

（2）组分复杂性。矿产资源的形成及开发利用同时受地质、技术和经济条件三大因素的影响和制约。其中地质条件是天然形成的，就人类社会历史来看，是不变的；地质作用使物质在地壳内部进行了地质变化，这种变化是不可逆的、分异的；技术和经济条件是随人类社会进步而不断变化的，使得矿产资源所包含的内容和范围也发生变化。

（3）隐蔽性。由于成矿条件差异和资源科学认知的局限性，多数矿产资源的赋存具有不确定性和隐蔽性的特点，决定了矿产资源开发决策具有一定的风险性。由于矿业工作具有探索性强、风险性大的特点，有时即使做了大量地质勘查工作和详细周密的可行性研究，还会由于一些不可预见的因素发生意外情况。

（4）综合性。地质成矿作用的复杂性，导致多数矿产资源是共生或伴生，具有多种重要的经济价值。开展矿山综合利用，可以使一矿变多矿，贫矿变富矿，小矿变大矿，呆矿变活矿，无矿变有矿。

2）矿产资源的经济属性

经济属性包括矿业生产的阶段性、技术进步对矿产资源开发过程的经济影响、矿产资源供需的经济规律等方面的内容。

（1）矿业生产的阶段性。包括：矿产勘查及矿床经济评价，确定矿床的开发前景；矿产储量评估、矿业权评价、矿山设计、建设与资金筹措；矿山开采与经营；矿石加工处理；闭坑及矿山修复。矿业生产经济收益呈递减趋势，这是矿业的普遍规律。矿业企业生产发展的全过程一般分为三个阶段。第一阶段是初期投产时期：从基本建设完成后，试生产（试车）开始，到矿石产量达到设计能力为止。在该阶段，大型矿山一般需 5 年左右，中、小矿山需 2～3 年。该阶段尚难发挥投资效益，但随着设备正常运转，工艺流程合理调试，主要采选指标正确控制，矿山企业矿石产量逐年提高，直到达到设计要求产量，矿山经济效益也随之逐渐上升。第二阶段是稳定生产时期：达到设计生产能力后，矿业企业生产均衡，产量稳定，也是矿山经济效益最好的阶段。从矿山效益和企业还贷的角度考虑，该阶段一般要求生产稳定年份不应低于矿山总服务年限的三分之二。第三阶段是矿山产量递减的衰老时期：开采范围内储量逐年减少，产量逐年降低，提升运输环节复杂，矿山的开采条件逐渐恶化，生产成本增加，矿业企业的经济效益递减。该阶段按一般设计要求，大型矿山通常为 7～10 年，中小型矿山通常为 3～5 年。

（2）技术进步对矿产资源开发过程的经济影响。在资源耗竭理论模型中，高品质、低成本的矿床枯竭之后，产品成本将急剧上升。但无论如何，有效需求也会因其他的因素而终止。例如，由于太阳能和核能等可再生能源的发展，化石燃料行业终将消失，塑料等其他建材可能逐步替代金属建材。科技进步必将导致矿产品生产成本和市场价格发生变化。矿产品生产成本和市场价格已成为社会决定是否放弃某种矿产开采，并以另一种矿产替代的重要指标。通过长期观察可知，实际矿产品价格是上升或下降，很大程度上取决于矿产品替代的新技术是否能抵消资源耗竭造成的成本增加。

（3）矿产资源供需的经济规律。矿产资源的供给和需求与经济发展呈现规律性变化。利用不同的矿产资源的使用强度差异，可以呈现矿产资源消费与经济增长之间的不同形态曲线。例如，采用矿产资源使用强度绘制的三种曲线有：倒"U"形曲线、"S"形曲线和上升型曲线（图 5.1）。

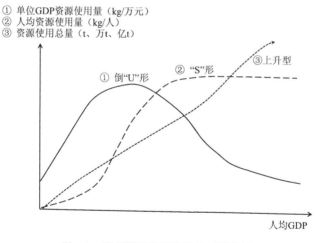

图 5.1　矿产资源使用强度的三种曲线

图 5.1 中，第一种倒 U 形曲线的纵坐标是单位 GDP 资源使用量（单位为 kg/万元），第二种 S 形曲线的纵坐标是人均资源使用量（单位为 kg/人），第三种上升型曲线的纵坐标是资源使用总量（单位为 t、万 t、亿 t）。

矿产资源消费与人均 GDP 的曲线规律揭示了从农业社会到工业社会，再到后工业社会甚至信息社会的矿产资源消费演变趋势。无论哪种曲线，一般趋势是：随着经济的不断增长，矿产资源的消费不会无限增长，当经济发展到一个较高水平时，矿产资源消费必将达到顶点，之后不再增长，或者呈现稳定或缓慢下降态势。不同种类的矿产资源，由于其功能和作用的不同，其到达顶点或峰值点的时间不同。例如，钢和水泥消费与一个国家的城市化水平和基础设施完备程度密切相关，其消费的零增长点一般在人均 GDP 10000～12000 美元；而铜和铝等资源由于其在国民经济建设中的作用更加广泛，其消费零增长点到来的时间稍晚，人均 GDP 一般在 18000～20000 美元。

3）矿业经济的循环经济特征

循环经济是一种以资源的高效利用和循环利用为核心，以"减量化、再利用、再循环"（reduce, reuse, recycle, 3R）为原则，以低消耗、低排放、高效率为基本特征，符合可持续发展理念的经济增长模式。矿业循环经济是指地球上的矿产及矿产品遵循矿产物质的自身特征和自然生态规律，按其勘查、采选冶生产、深加工、消费等过程构成闭环物质流动，与之依存的能量流、信息流内在叠加，达到与全球环境、社会进步等和谐发展的一个经济系统。3R 原则在矿业循环经济中的表现形式主要是贫富矿兼采、综合回收、一矿变多矿、清洁生产、保护生态等。

5.1.2 矿产资源的需求与供给

1. 矿产资源的需求

多数矿产资源是作为工业生产资料进入加工或再利用环节，最后形成人们需要的最终产品。因此，矿产资源是生产要素，矿产资源需求一般是引致需求或中间需求。

矿产资源需求的生命周期规律非常明显，一般为倒 U 形或钟形规律，与矿产资源开发利用的四个阶段相对应，即初始、增长、成熟、衰退，如图 5.2 所示。

图 5.2 的倒"U"形曲线刻画了工业化不同阶段的矿产资源需求特点，它包括起飞点（初始增长期）、转折点（快速增长期、缓慢增长期）及零增长点和衰退期等。一般认为：矿产资源消费强度取决于一个国家所处的工业化阶段和社会经济发展水平。在人均 GDP 低于 1000 美元的前工业化阶段，矿产资源的消费强度快速增长；在人均 GDP 为 1000～2000 美元的工业化阶段，矿产资源消耗强度持续增长；在人均 GDP 超过 2000 美元的后工业化阶段，矿产资源消耗强度不断下降。

与矿产资源供给类似，世界各国矿产资源的需求格局也遵循一定的变化规律（图 5.3）。

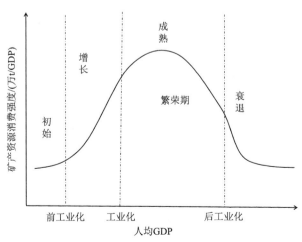

图 5.2 矿产资源需求与工业化关系的倒"U"形曲线

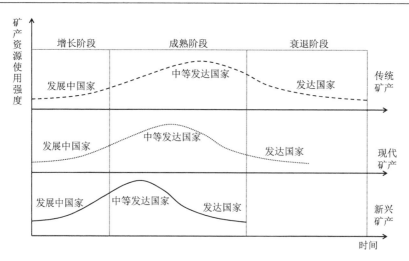

图 5.3　世界各国矿产资源需求格局变化规律

图 5.3 显示世界各国矿产资源需求呈现波次递进规律。总体来看，传统矿产在工业化初期阶段作为主导矿产；进入工业化成熟期及技术较为发达的国家广泛使用现代矿产作为矿产资源；进入后工业化阶段、经济多样化及技术先进的发达国家初步应用的矿产资源是新兴矿产。由于世界不同国家和地区、不同部门间经济发展水平和所处经济发展阶段不同，其矿产资源消费增长的起点、增长速率和峰值到来的时间各异，从而构成资源需求增长的波次性和递进性特征。对这种波次性规律的探讨表明，中国在经济发展过程中的矿产需求曾经或正在出现快速增长是一个正常的规律和现象。此外，在工业化过程和经济社会发展过程中，不同类型矿产资源消费具有相对稳定的出现顺序和特定演变序列。

2. 矿产资源需求影响因素

影响矿产资源需求的主要因素包括：中间投入需求、最终商品需求、生产技术、投入要素比例、其他要素价格等。矿产品作为生产资料，其需求与工业生产密切相关。影响矿产资源需求弹性的主要因素有：矿产资源在最终产品成本中的占比、最终产品的需求弹性、矿产资源可替代程度。若矿产资源占最终产品成本的比例大，则该矿产资源需求趋于富有弹性；反之，则缺乏弹性。如果最终产品富有弹性，相关矿产资源也富有弹性。矿产资源的替代品越多，其需求弹性越大；反之，则缺乏弹性。

3. 矿产资源的供给

矿产资源供给是由矿业对矿产资源需求的响应引起的。矿业对矿产资源需求响应的供给可分短期（3 年以内）、中期（3～10 年）和长期（10 年以上）。短期内因生产能力没有达产，矿产资源供给能力不可能增加，中期因新矿山建设略有提高，长期矿产资源供给能力可通过开发新勘查项目而扩大；矿产资源供给弹性表现为低价时弹性大、高价时弹性小；当矿产资源供给达到矿业生产能力时，供给接近完全缺乏弹性；对于可回收利用的二次矿产资源，矿产资源的供给包括原生资源的供给和再生资源的供给。

矿产资源供给具有周期性。人类社会发展的不同阶段开发利用不同的矿产资源。因而，按照矿产资源应用阶段可以划分如下：一是传统矿产，其主导矿产有铁、铜、铅、锌、锡、煤等；二是现代矿产，其主导矿产有锰、镍、铝、铬、钒、石油、天然气等；三是新兴矿产，其主导矿产有铂、锗、钴、铀、钛、稀土等。这大致反映出矿产资源供应与产业"雁行"式演进的周期性变化规律（图 5.4）。

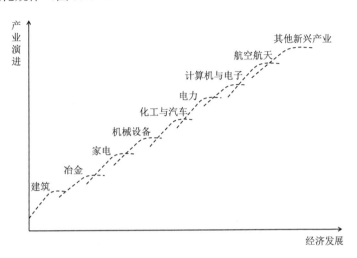

图 5.4　矿产资源供应与产业"雁行"式演进的周期性变化规律

　　一定的地域变化规律也体现在世界各国矿产资源供应格局之中。随着国家现代化进程的演变，矿产资源的对外依存度不断上升，依托本国矿产资源供应的比例不断下降；与此同时，一个国家或地区的开发程度越高，其社会结构越先进，矿产资源的本地供应不断下降；相反，依靠区外或国外的矿产资源供应不断增长（图 5.5）。

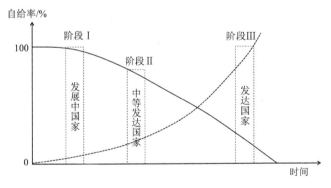

图 5.5　世界各国矿产资源供应格局变化规律

4. 矿产资源供给影响因素

　　生产成本是影响矿产资源供给的一个重要因素，而地质、技术和社会经济等因素又制约着矿产资源的生产成本。含量、矿床产状、赋存深度、规模、地质构造、矿岩力学性能、矿石品位及选冶性质、矿产共生情况等要素属于地质因素。采选技术水平、效率、技术密集程度、生产能力等要素属于技术因素。资金来源、矿区基础设施、法律政策及政治经济形势等要素属于社会经济因素。

矿产资源储备是影响矿产资源供给的另一个重要因素，包括商业储备和战略储备。商业储备可以处于生产与交换的各个阶段。在采选企业，通常有精矿储备；在冶炼厂，可能储备精矿也可能储备金属，或者兼而有之；在加工制造工厂，一般有一定量的金属储备。商业储备的原因，可能是生产对原料的需求，也可能是动力不足，还可能是为了等待有利的市场行情。其他重要的商业储备场所是矿产交易市场，具有重要的调节和稳定作用。矿产资源储备量受货币利率的影响，高利率趋于减少矿产储备。对于特定矿产的生产与销售环节，通常设置一个技术要求的最小储备量。只有超过这个最小储备量，才会对矿产资源市场及价格产生影响。战略储备是国家政府出于政治、国防等因素而实施的储备，主要的战略储备矿产有铬、锡、锰、锑、钨、钴、石油等。美国是实施战略储备政策最早、储备矿产品种最多、数量最大的国家。

5.2　矿产资源优化配置与利用

5.2.1　原生矿产资源有效配置与最优利用

1. 矿产资源的时间配置

矿产资源的时间配置是指合理安排矿产资源在不同时段上的最优开发利用，即动态优化问题。根据矿产资源储量和开发利用动态特征，确定矿产资源开发利用的最佳时段及最佳时限的控制与决策。能源资源最优利用与配置的霍特林法则同样适用于矿产资源。

对于耗竭性的矿产资源开发利用，因为其不可再生性和资源储量的有限性，面向利益最大化目标，即针对有限的矿产资源，在不同时期和不同用途之间进行最佳的资源配置，使其产生最大的经济效益。为此，可以采用霍特林法则来判断，即矿区使用费（资源租金、边际使用成本）随时间推移，以与社会贴现率（参照银行利率）相同的速度增长，也即任何时间的机会成本为零。此时，资源产品价格等于其边际生产成本与资源影子价格之和。

现举例如下：

假设某铁矿资源的有效供给量 Q 为 20t，在两个时期内用于加工生产同一种钢铁产品，每生产一个单位钢铁产品消耗的铁矿资源量为 0.8t，在第一时期和第二时期对铁矿资源的需求不同：第一时期每个钢铁产品的销售价格为 $P_1=10-0.4x_1$ 万元，x_1 为第一时期产品的钢铁产量；第二时期每个钢铁产品的销售价格为 $P_2=12-0.3x_2$ 万元，x_2 为第二时期产品的钢铁产量。在第一时期和第二时期铁矿资源开采并加工生产钢铁产品时的总平均成本分别为每个钢铁产品 2 万元和 3 万元，贴现率 $r=10\%$。请分析在两个时期内如何合理配置该铁矿资源？

求解：

第一步，根据给定的条件，可以计算出第一时期和第二时期钢铁产品的最大销售量，分别为

$$x_{1\max}=\frac{10-2}{0.4}=20 \qquad x_{2\max}=\frac{12-3}{0.3}=30 \tag{5.1}$$

第二步，计算两个时期产量组合的最大经济效益。假设第一时期和第二时期钢铁的产量分别为 x_1 和 x_2 时该铁矿资源加工生产的钢铁产品经济效益最大，则目标函数为

$$\max f(x) = (10 - 0.4x_1 - 2)x_1 + \frac{(12 - 0.3x_2 - 3)x_2}{1 + 10\%} \tag{5.2}$$

约束条件为

$$0.8x_1 + 0.8x_2 \leqslant 20\,\text{t} \text{ 且 } 0 \leqslant x_1 \leqslant 20, \quad 0 \leqslant x_2 \leqslant 30 \tag{5.3}$$

对式（5.2）求导，令 $\frac{\partial f}{\partial x_1} = \frac{\partial f}{\partial x_2} = 0$，可以得出：$x_{1a}$=10（单位），$x_{2a}$=15（单位）。

因 x_{1a} 和 x_{2a} 满足上述目标函数式，也就是说，符合两期产品销售的经济效益最大时的钢铁产量应该是 10t 和 15t。

据此，可以计算在第一时期、第二时期加工产品的最佳资源配置量分别为：第一时期铁矿资源量为 $0.8x_1$=0.8×10=8（t）；第二时期铁矿资源量为 $0.8x_2$=0.8×15=12（t）。

对应上述两个时期铁矿资源加工生产的钢铁产品最大的经济效益为

$$\max\big[f(x)\big] = (10 - 0.4\times10 - 2)\times10 + \frac{(12 - 0.3\times15 - 3)\times15}{1 + 10\%} = 101.36（万元） \tag{5.4}$$

2. 矿产资源的空间配置

矿产资源在空间分布上表现出极大的差异性，社会经济系统中资源要素的流动性及区域社会经济状况的差异性又进一步强化了这种差异。如何在空间上对这些稀缺的矿产资源进行优化配置并有效组织生产，从而实现矿产资源在区域上的最优分配，可持续地满足人们的物质消费需求，是资源经济学界长期研究的课题。

矿产资源空间配置可能产生区位效应，这是因为矿产资源配置存在区位成本，即在其他条件不变的情况下，因矿产资源产地距离物质集散地（集运点、市场、城镇等）的远近而发生的成本。同时可以证明，区位成本会随距离增加呈指数形式上升。因此，在市场辐射范围一定的情况下，企业配置矿产资源的决策应在市场价格与边际运输成本之间进行权衡。市场对矿产资源具有吸引力，而吸引力的大小也随距离的缩短而呈指数增加。对于多个市场，必然存在多个中心对矿产资源产地的争夺，这就涉及确定各中心地域的引力范围。

引力范围是指中心地域吸引原材料、输出产品的有效空间。1949 年，康弗斯（Converse）提出了"断裂点"的概念，即中心地域的引力边界。由中心地域到引力边界的距离计算公式为

$$R_A = \frac{D_{AB}}{\left(1 + \sqrt{\dfrac{P_B}{P_A}}\right)}$$

式中，R_A 为断裂点到中心地域 A 的距离；D_{AB} 为两中心 A、B 之间的距离；P_A，P_B 分别为两个大小不同的中心地域中的人口规模。这一简化公式提供了一种量化计算思路。

3. 矿产资源动态优化与最优配置

矿产资源开发利用的优化过程在数学运算中是一个极值的求解过程，包括极大值（如净收益、产值和产量等）和极小值（如成本等），优化过程包括静态优化和动态优化。在静态优化模式中，最常用的有线性规划、目标规划等方法。这些方法在生产实践中发挥了重要作

用，解决了矿产资源配置过程的部分动态优化问题。然而，复杂条件的矿产资源动态优化过程是一个非线性问题。近年来最常用的方法是拉格朗日乘数法，即构造一个最优化问题，有

$$\max V(x_1,\cdots,x_n) \tag{5.5}$$

给出相应的约束条件为

$$G(x_1,\cdots,x_n) \geqslant C \tag{5.6}$$

用拉格朗日表达式重新定义上述问题为

$$L = V(x_1,\cdots,x_n) - \lambda\big[G(x_1,\cdots,x_n) - C\big] \tag{5.7}$$

式中，λ 为拉格朗日乘数，表示因约束参数 C 发生变化而带来的目标值的变化，也反映出约束条件的边际价值或价格，即目标函数因约束条件的一单位变化而产生的最大增量。因此，λ 又常被称为投入 C 的影子价格。对拉格朗日函数求解，即可得到矿产资源最优配置的结果，由此可以构建矿产资源的最优配置与管理模型。

随着对矿产资源的持续开采，可采储量会越来越少，长期开采成本逐渐提高，甚至在资源耗竭以前，就可能使成本高到足以抑制资源需求的程度。因此，资源耗竭并非意味着储量为零，而是指成本升高到将资源需求量压低到零的水平，实际耗竭时限要比理论耗竭时限短得多。

矿产资源在时间上的最优配置称为期间最优配置，是指在一个有限的时间周期 T 内，各时期 t_i 矿产资源最优开采的策略。这里的最优不是指特定时期的个别变化，而是指保证整个开采周期取得最优效果的总策略及其在各时期的子策略。显然，子策略最优化必须服从全局最优准则，下面将重点介绍期间最优配置的一般模型。

在任何一段时间内，矿产资源开采的净收益由两个因素规定，即收益 $P(R)\cdot R$ 和成本 $C\cdot R$，则在一个任意长的有限周期 T 内，最大净收益现值为

$$\max\mathrm{PV} = \int_0^T \frac{P(R)\cdot R - C\cdot R}{\mathrm{e}^{rt}}\mathrm{d}t \tag{5.8}$$

这里，$P(R)$ 为需求函数，即开采品价格 P 与开采量 R 之间的关系为

$$P(R) = \beta_2 - \beta_1 \cdot R \tag{5.9}$$

由于矿产资源开采率为存量随时间的变化速率，即

$$\frac{\mathrm{d}s(t)}{\mathrm{d}t} = -R(t) \tag{5.10}$$

则期间矿产资源开采量为

$$\int_0^t R(t)\mathrm{d}t = R(T) \leqslant S \tag{5.11}$$

另有

$$\begin{cases} P,R \geqslant 0 \\ P\cdot R - C\cdot R \geqslant 0 \end{cases} \tag{5.12}$$

根据式（5.9）~式（5.12）可以构建出矿产资源最优开采模型，模型中的变量如下。PV 为纯收益或净收益或者净收益现值；T 为时间周期长度；P 为价格或价格的需求函数；R 为

开采量或开采时间路径；C 为成本变化率或单位成本；r 为利率或贴现率；t 为时间；S 为资源存量；$R(T)$ 为累积开采量；β_2，β_1 为价格需求函数中的参数。

该模型的哈密尔顿函数为

$$H = \frac{P(R) \cdot R - C \cdot R}{\mathrm{e}^{rt}} - \lambda R \tag{5.13}$$

式（5.13）的第一部分为贴现净收益函数，第二部分为矿产资源的矿区使用费（或影子价格）λ 与开采量 R 的乘积。

针对时间离散问题，可将上述模型修改为

$$\max \mathrm{PV} = \sum_{t=0}^{t-1} \frac{P(R) \cdot R - C \cdot R}{(1+r)^t} \tag{5.14}$$

$$\sum_{t=0}^{t-1} R_t = P(T-1) \leqslant S \tag{5.15}$$

则

$$H = \frac{P(R) \cdot R - C \cdot R}{(1+r)^t} - \lambda R \tag{5.16}$$

根据式（5.15）和式（5.16），可以导出最优开采量的时间路径为

$$R_t = \beta_0 + \frac{(S - T\beta_0)(1+r)^t}{\mu(T)} \tag{5.17}$$

根据式（5.17），决策者就可以在 T 已定的条件下，按照矿产资源开发的设计计划，顺利地求出各年度（t_i）的最优开采量。这也是唯一能在既定的需求水平下使整个开采期现值达到最大的开采序列，或称为最优控制开采量序列。

利用该模型，还可以讨论技术进步对期间最优配置的影响。迄今为止的人类发展表明，技术进步始终呈现递进式的变化，缓解矿产资源的耗竭过程。但矿产资源的不可再生性决定了技术进步对其影响的局限性。一般来说，技术进步的作用只会体现在以下两个方面：一是通过勘查发现新的资源存量；二是在生产过程中重复利用或再循环矿产资源。

当资源存量增加时，只要在模型中引入资源的发现量 Z 和勘探或发现的成本函数 $P(Z)$，则公式可以变为

$$\int_0^t \left[P(R) \cdot R - C(R) - P(Z) \cdot \mathrm{e}^{rt} \right] \mathrm{d}t \tag{5.18}$$

满足：

$$\frac{\mathrm{d}S}{\mathrm{d}t} = Z - R$$

构造的哈密尔顿函数为

$$H = \frac{P(R) \cdot R - C(R) - P(Z)}{\mathrm{e}^{rt}} - \lambda(Z - R) \tag{5.19}$$

对于重复利用或再循环的再生矿产资源，这只是一种节约使用资源的方式，同时间接地反映了资源存量的增加。它的模型与式（5.19）相同，只是 Z 为资源的节约量或重复利用量，

P 为重复利用或再循环的成本。

上述模型描述了矿产资源的影子价格与矿产资源发现量（或节约量）之间的关系，以及矿产资源开采量、存量及发现量之间的关系等。最终得到一个非常有用的结论，即技术进步为矿产资源价格随边际成本上涨的过程增加了一个制动调节器，技术进步是一种降低成本、平抑资源价格的目标导向活动。

5.2.2　再生资源有效配置与最优利用

原生矿产资源可以回收、再循环利用。如何配置再生矿产资源将是未来矿产资源利用的重要课题。

1. 再生资源的界定

再生资源是指在社会生产和生活消费过程中产生的，已经有全部或部分失去原使用价值但经过回收、加工处理能够使其恢复使用价值的各种废弃资源。

2. 再生资源的来源与分类

再生资源有两大来源，分别是社会生产过程和生活消费过程产生的各类废弃物。一般包括废旧金属，报废电子产品、报废机电设备及其零部件，废造纸原料，废轻化工原料，废玻璃等。广义上的再生资源还应当包括报废汽车与轮船等。此外，符合环保控制标准的、可用作原料的进口固体废弃物也是我国再生资源的重要组成部分，如图 5.6 所示。

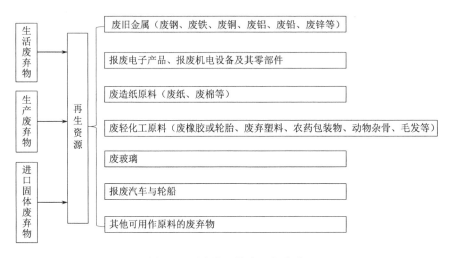

图 5.6　再生资源的来源与分类

再生资源分类复杂，种类繁多。各种再生资源来源于不同渠道，物理形态各异，成分千差万别，往往导致环境遭受不同程度的污染。因此，再生资源作为一种特殊的工业原料，必须对其进行严格的分类管理。

我国再生资源交易市场上主要有七大类：金属、纸类、塑料、可乐瓶、易拉罐、玻璃和杂货（包括木头、编织袋和织物），每一类还有具体的细分类。《再生资源回收管理办法》将再生资源分为废旧金属，报废电子产品、报废机电设备及其零部件，废造纸原料，废轻化工原料、废玻璃等。我国海关总署对进口固体废弃物也有一套分类标准。目前，国际上比较通用的废料分类标准是美国废料再生工业协会（Institute of Scrap Recycling Industries，ISRI）每年修订和发布的《废料规格手册》（*Scrap Specifications Circular*）。该手册将废料分类为废旧非有色金属（nonferrous scrap）、废旧有色金属（ferrous scrap）、碎玻璃（glass cullet）、废弃纸张（paper scrap）、废弃塑料（plastic scrap）、废弃电子产品（electronics scrap）和废弃轮胎（tire scrap）。此外，还有废料规格的详细指南，其突出优点是根据废料的性质分类，既有利于回收和贸易，也有利于废料加工利用，可操作性很强。虽然 ISRI 的《废料规格手册》不是国际标准，但已经被大多数国家采用。例如，我国《铜及铜合金废料》（GB/T 13587—2020）等废杂有色金属分类标准在修订时就将其作为重要参考标准。

5.2.3　矿产品耐用性与资源替代

1. 耐用产品及其淘汰

任何产品的淘汰都与其耐用性（robustness）密切相关。耐用性是指一个产品的使用时间长短，也称为使用寿命。例如，磁性的寿命达 10 年以上，马达的寿命不会超过 5 万小时，腐蚀、振动、静电等外部环境影响会导致使用寿命缩短。任何新产品从市场上试销到被淘汰，如同所有生物一样，都有一个发生、发展、成熟和衰亡的过程。可以用一条曲线来描述市场产品运动的发展变化轨迹，这条曲线称为产品生命周期曲线（又称为成长曲线），它是指新产品在研制成功后，从投入市场开始，发展到成长、成熟到衰退被淘汰为止的整个销售过程的全部时间，如图 5.7 所示。

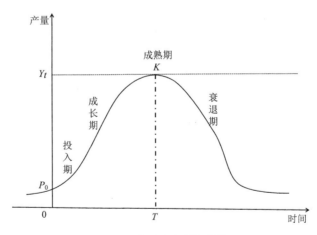

图 5.7　产品生命周期曲线

在资源供过于求且产品更新换代特别快的背景下，耐用产品淘汰包括以下三种情况。

（1）功能性淘汰。功能优越的新产品更优越于旧产品，如电视机的真空管。这种淘汰不存在问题，是自然选择，如小型光盘（compact disc, CD）机、MP3、电脑、手机的淘汰等。

（2）潮流性淘汰。消费者个人偏好引起的个人口味变化，如衣服、饰品等。这也没有问题，是市场选择。

（3）耐用性淘汰。磨损等破坏性因素导致产品无法继续使用，如电冰箱等。

耐用产品淘汰存在两大问题：一是有效耐用水平是多少。二是市场是否能够实现耐用性产品的有效供应。有效耐用性可以实现产品净收益的最大化，并产生更大的社会效益。从需求方面来看，消费者并不了解如何区分耐用性，耐用性强的产品价值可能被高估或低估；从供给方面来看，在缺乏竞争市场、信息不对称等情况下，生产商可能为扩大销量而鼓励消费者缩短淘汰周期。所以很难说耐用性最好的产品效益就最好。

2. 废弃矿产品

废弃矿产品是最为主要的一大类再生资源。对废弃矿产品进行二次开发利用，可以扩大矿产资源供给，降低生产成本，防止环境污染和生态破坏。

和原生矿产资源的二次开发相比，再生矿产资源利用是指有关矿产原料及产品的废旧料，通过加工处理进行再回收利用，而原生矿产资源的再开发主要针对暂不能综合开采或采出后暂不能综合利用的矿石，当技术水平提高后，可再次进行开发利用。

值得指出的是，矿产资源最优利用和配置与矿产资源的开采成本和处置成本相关。在完全竞争和有效市场条件下，原生矿产资源的开发一般先易后难；随着矿产资源不断枯竭，各国采矿业逐步转向其国内低品位资源和国外高品位资源；技术进步虽然可以降低开采低品位矿产资源的成本，但随着世界范围内矿产开采规模快速增长，原生矿产资源越来越难以开发利用成为可预见的主要趋势。因此，对矿产资源进行多次回收和再利用是矿产资源可回收性的最大特点。市场对再生资源具有较大的需求拉动效应。消费者在保证质量的前提下，愿意选择低廉的、回收加工过的再生资源产品。消费者也可以通过把废弃产品送到收集中心获得一些收益，降低处置成本。然而，废弃产品的质量和纯度对再生资源的回收利用影响很大，有些规格标准、质量高的产品（如易拉罐），一般比其他废品（如废塑料）易于加工处理。

在完全市场条件下对可回收的再生矿产资源实行有效配置，需要遵循以下原则，即：只要资源回收的边际成本低于替代资源开发成本，市场倾向于回收再生资源而不去开发原生资源。那么，再生资源利用程度取决于其资源回收率，累计再生资源量为

$$S = A + Aa + Aa^2 + Aa^3 + \cdots + Aa^n = \frac{A}{1-a}（当 n \to \infty）\tag{5.20}$$

式中，A 为初始资源；a 为资源回收率；S 为最终资源回收总量。

当 $a=0$ 时，$S=A$，说明资源不可回收；当 $a>0$ 时，说明可利用资源总量超过原生资源储量；当 a 越接近 1 时，可回收资源总量就越大。

式（5.20）表明，只要可回收的矿产资源能够反复不断地回收利用，最后的废弃物将达到最小化（物尽其用）。

3. 资源替代

资源替代是指各种资源在用途上能相互代替的一种途径。某些珍贵、稀缺原材料或物品可用其他相对低成本可获得的原材料或物品来代替，替代品具有被替代品的全部或主要性能，如以煤代油、以塑料代金属、以棉代丝等。

资源替代的总趋势是用较充足的资源代替稀缺资源；用人造材料代替天然材料；用较便宜的材料代替昂贵的材料；用非金属材料代替金属材料；用新型材料代替传统材料；用国产或当地材料代替进口或外地远距离调进材料。

显然，耐用消费品的替代性较小。短期内，耐用消费品会有一个折旧的因素，所以价格的波动对其需求的影响不大。一般而言，耐用消费品价格相对较高，非耐用消费品价格相对较低。短期消费习惯难以改变，找到合适的替代品也需要时间，所以非耐用消费品短期需求价格弹性小；耐用消费品价格高，消费者倾向于等待销售促销，使短期需求价格弹性大；但从长期来看，一些耐用消费品总是要买的，故其长期需求价格弹性小。

5.2.4 战略性矿产资源的脆弱性

1. 战略性矿产的内涵与界定

战略性矿产（strategic minerals）的概念最早由美国国防部门提出，是指那些无论对于战争还是经济发展都具有战略重要性且在国内供不应求时必须依赖进口的特殊矿产资源。

战略性矿产资源与国家利益存在不同程度的相关性，主要体现在：一是在国家危急时期的战略需要；二是在国家经济社会发展的重大战略实施时期缓解潜在风险的战略需要。由于战略性矿产资源的社会成本高于市场价格，当资源供需的缺口较大时，各国政府必将采取补救措施。

判断矿产资源是否具备战略价值，主要考虑三条原则：一是重要性。战略性矿产必须是对经济社会具有重要作用或者对国防军工和新兴产业发展起到关键作用的矿产。二是供应风险。战略性矿产必须是由于供应地局势、运输通道或市场等因素存在一定供应风险的矿产。三是不可替代性。战略性矿产必须是在现有经济、技术条件下，无法被其他矿产完全/部分、经济、足量替代的矿产资源。

2. 国外对战略性矿产资源的政策导向

世界各国对战略性矿产资源的政策工具一般是采用财政手段和编制战略性矿产清单。常用的财政手段有两种：一是征收进口关税，这对战略性矿产资源的社会成本状况具有指示作用，可鼓励国内生产和替代资源使用；二是利用关税收益建立战略储备，当出现供给中断时可以及时提供应急供给，保障国家社会经济安全。

各国列出的关键金属种类和数量有所不同，但这些元素绝大部分都属于稀有金属（如锂、铍、铷、铯、铌、钽、锆、铪、钨等）、稀土金属（镧、铈、镨、钕、钐、铕、钆、铽、镝、钬、铒、铥、镱、镥、钪、钇等）、稀散金属（镓、锗、硒、铟、碲、铼、铊等）和其他稀少、稀贵金属（铂族金属、钴等），可简称为"四稀"元素。世界发达国家一般定期地确定并发布战略性和脆弱性矿产名单。

因资源禀赋等差异，各国在编制战略性矿产清单时关注的资源种类也不同。美国政府列出的战略性矿产资源清单中多达 42 种矿产，其中钴、铬、锰和铂等 4 种最为突出。为防止高度依赖进口，美国还出台了一系列法规政策保障资源安全。例如，早在第二次世界大战前，美国就制定了《战略矿产法》（*Strategic Minerals Act of 1939*）、1946 年的《战略与关键材料储存法》（*Strategic and Critical Material Stockpiling Act*）、1979 年的《战略与关键矿产储存修正法 1979》（简称 1979 年修正法案）（*Strategic and Critical Materials Stockpiling Revision Act of 1979*）、1966 年的《食物用于和平法》（*Food for Peace Act of 1966*）、1980 年的《国家原材料和矿产政策研究与发展法》。其中，1979 年修正法案还建立了国防储备交易基金，用于接受售卖储备资源所得收益，保障充足战略资源储备。2013 年，美国综合考虑国防军工矿产、战略性新兴产业矿产及中国的优势矿产等，最新确定了战略性储备原材料，包括氧化铝、钨、锑、铋、铍、铬、镝、铒、萤石、镓、锗、锰、铪、碳化硅、钽、铽、铥、锡、钇等 19 种。

2014 年 5 月，欧盟根据经济重要性和资源供应风险性，再次更新并发布了《欧盟关键性原材料报告》（*Report on Critical Raw Materials for the EU*），确定 20 种战略性矿产，包括锑、铍、硼酸盐、铬、钴、炼焦煤、萤石、镓、锗、铟、菱镁矿、镁、石墨、铌、铂族、磷钙土、重稀土、轻稀土、金属硅、钨。与 2010 年发布的《欧盟关键性原材料》（*Critical Raw Materials for the EU*）相比，这次涉及的矿种更多、覆盖面更广、分类更细。

3. 战略性矿产的脆弱性和替代性

世界各国的战略性矿产脆弱程度依赖于两大因素：一是矿产供给缺口产生后果的严重性；二是应对矿产资源供给缺口的能力。各国弥补战略性矿产资源供给缺口的常用方法是在供给短缺时选择其他替代资源和减少战略性矿产出口。

一些学者试图建立定量评价模型和指标来衡量战略性矿产资源的脆弱度。例如，Hazilla 和 Kopp（1984）建立了 5 种战略性矿产经济计量模型，包括钛、钒、钴、铌和镉；通过估算这 5 种矿产的供应脆弱性对美国经济可能产生的负面影响，定量测算其脆弱度（表 5.1）。

表 5.1　1974 年矿产资源供给短缺情景模拟

短缺率/%	社会成本/百万美元				
	钛	钒	钴	铌	镉
5	23	19	6	6	—
15	69	38	12	11	—
25	140	98	30	35	—
35	198	159	49	46	1
50	340	21532	25667	17136	2
85	33475	80752	74976	78800	4

从表 5.1 中可以看出，战略性矿产的短缺率与经济损失成正比；当短缺率超过 35%，损失迅速攀升；当短缺率等于 50% 时，钛矿带来的损失最低，而钴矿最高；当短缺率等于 85% 时，钒矿带来的损失最大。因此，为保障矿产资源安全而采取限制进口的行为，会引起国内资源价格上涨，反而使进口国更加依赖于资源进口。

表 5.1 也显示出一些政策含义：第一，如果资源短缺率较小（低于 35% 及以下），国家战略性矿产资源安全可以有效应对，不会造成严重的经济损失。第二，战略性矿产脆弱性的大小取决于短缺的规模。不同的短缺率水平下，不同战略性矿产造成的相对经济损失将发生变化。第三，市场会对进口矿产资源或者国内生产做出反应，或可造成市场失灵。当进口极为重要的矿产且风险较大时，市场会察觉一个价格比，但这一价格比难以覆盖社会成本，将导致低效率和过度依赖进口矿产资源。

5.2.5　城市矿产资源的回收处理与市场失灵

1. 城市矿产的概念

城市矿产（urban minerals）是对废弃资源再生利用规模化发展的形象比喻，是指工业化和城镇化过程中产生和蕴藏于废旧机电设备、电线电缆、通信工具、汽车、家电、电子产品、金属和塑料包装物及废料中，可循环利用的钢铁、有色金属、贵金属、塑料、橡胶等资源。根据有关分析，工业革命经过 300 年的掠夺式开采，全球 80%以上可工业化利用的矿产资源已从地下转移到地上，以"垃圾"的形态堆积在人们周围，总量高达数千亿吨，并还在以每年 100 亿 t 的数量增加，成为一座座永不枯竭的"城市矿山"。

2. 城市矿产利用的市场失灵

由于废弃矿产品回收与原生矿产资源利用之间的市场均衡存在一定的偏差，市场经常会出现失灵。这涉及五个关键影响因素，包括废弃矿产品处理成本与再生资源回收效率、废弃矿产品处理决策、废弃矿产品交易市场、公共政策、环境污染危害。

（1）废弃矿产品处理成本与再生资源回收效率水平之间存在一定的关系。假如回收某种废弃矿产品 A，最终销售矿产品 B，那么废弃矿产品 A 的收益应该等于再生资源 B 的销售收益加上不去回收产品 A 的成本（边际处理成本或者回收节约成本），即

$$再生资源回收收益＝废弃矿产品边际处理成本＋再生资源收益 \qquad (5.21)$$

上述边际成本大致相当于回收再生资源的边际收益。由 B 于总是大于或等于零，式(5.21)表明再生资源总是有利可图的，其回收效率较高。

（2）废弃矿产品处理决策。市场上一般有两种可回收的废弃矿产品，即新废料和旧废料，前者如钢铁生产过程的废钢，是在钢铁生产过程中产生的废料；后者如汽车产品中可回收的废钢，是在废弃产品中回收的废料。显然，上述两种废料在废料来源、回收难易、运输成本和市场效率上有很大差异（表 5.2）。

表 5.2　新旧废料的比较

比较项	新废料	旧废料
废料来源	生产过程	消费者使用
回收难易	相对容易	困难
运输成本	低	高
市场效率	有效且实现程度高	无效

废弃矿产品处理决策需要考虑其回收效率。利用边际个人处置成本和边际社会成本可以进行废弃矿产品处理决策，废弃矿产品回收效率如图 5.8 所示。

图 5.8 中，MC_p 为废弃矿产品处理边际个人成本；MC_s 为废弃矿产品处理边际社会成本；MC_r 为边际回收成本；Q_p 和 Q_s 为个人有效回收总量和社会有效回收总量。

当 $MC_p < MC_s$ 时，回收市场无效。这是废弃矿产品处理的外部性，边际回收成本只等于边际个人成本；只有当所有的社会成本都包含在边际处置成本中，才能达到社会有效回收总量 Q_s。

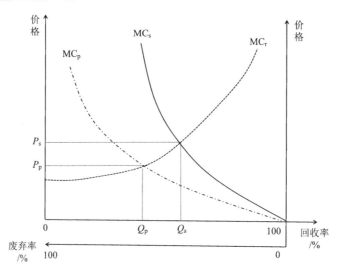

图 5.8 废弃矿产品回收效率

当 $MC_r=MC_p$ 时，无法弥补社会边际成本，回收市场也无效。

只有当 $MC_r>MC_s$ 时，社会边际成本都包含在内，回收市场有效。

5.3 矿产资源价格与税收

5.3.1 矿产资源价值与价格

1. 矿产资源的效用与价格

由于人们忽视自然资源的"稀缺性"和"自然存在"，传统经济核算并没有给予矿产资源应有的价值体现，矿产资源的无序开发和利用导致资源短缺，甚至枯竭，危及经济社会和生态环境的可持续发展。目前，人们已经认识到自然资源的稀缺性、矿产能源资源的不可再生性等自然存在价值，许多学者从事相关研究，但目前还没有一个统一的价值构成体系。矿产资源属于自然资源，"自然资源"一词中，"自然"表明其是天然之物，是自然世界的有效组成部分，"资源"表明其对于人类社会是有用、有价和稀缺的。

在西方经济学中，物质的价格来源于效用，矿产资源价格来源于其能够满足人的需求的属性，即为人类的生存和发展提供物质基础。依据西方经济学论述矿产资源价格，矿产资源的稀缺性和有用性共同决定了其价格。效用论的不足之处在于研究矿产资源不同于普通商品，矿产资源的"自然存在"效用具有公共性，矿产资源的代际效用无法解决。

2. 矿产资源生产价值论

自然资源价值构成根据再生产的性质包括自然价值和社会价值。自然资源是天然之物，通过自然再生产满足人类社会的需要形成自然价值。随着人口增长和经济社会发展，自然资源的天然分布和自然再生产无法满足人类的需要，人类开始进行自然资源的社会再生产，使一些自然资源具有了社会再生产的性质。

矿产资源的社会价值是矿产资源社会再生产过程决定的。矿产资源满足人类社会物质需求和精神需求是进行自然资源社会再生产的缘由，矿产资源可以直接用来满足人们的需要，也可以作为生产要素进入人类的生产活动，间接满足人们的需要。在矿产资源有用的前提条件下，人们付出劳动将其开发出来，其价值同矿产资源蕴藏丰度、开采的难易程度及地理位置相关，也同投入的劳动、资金和技术有关。开发利用矿产资源过程中凝结着人类劳动，人类为认识、勘探、开发和保护矿产资源而投入的物化劳动和活劳动应构成矿产资源的社会价值，其实质上就是对矿产资源进入经济社会系统的社会再生产。

3. 矿产资源定价方法

矿产资源定价研究是矿产资源经济学的关键科学问题。目前，基于生态环境科学、市场经济学、技术经济学等都提出了科学观点，但是争论与分歧依然存在，也导致矿产资源定价问题仍然没有形成统一标准。然而，矿产资源定价是矿产资源开发利用实践活动的理论基础，追踪相关最新理论成果，完善矿产资源定价机制和参与"两种资源""两个市场"，保障矿产资源安全研究具有很好的理论和实践意义。目前的定价方法主要有成本定价分析法、影子价格法、收益还原法、供求定价法、能量定价和能值定价法。

（1）成本定价分析法。传统的劳动价值论和生产函数是成本定价分析法的理论基础，目前成本定价分析法也是矿产资源定价的主要方法之一，对于矿产资源而言，附加在矿产资源上的劳动、资本和技术是成本定价分析法的构成要素。成本定价分析法包括三种：平均成本定价法、边际成本定价法和完全成本定价法。

（2）影子价格法。矿产资源的影子价格表示在社会经济处于某种状态时的矿产资源（产品）价值、市场供求状况、资源稀缺程度，是矿产资源配置向优化方向发展的价格。影子价格的测算又可分为边际收益法和边际成本法两种：边际收益法指影子价格反映的是一种边际资源价格，边际生产力是影子价格的基础；边际成本法指自然资源的价格应该相当于其边际机会成本。

（3）收益还原法。它依据替代与预测原理，着眼于未来的预期收益，将某一时间段的投资以适当的还原利率折为某一初始时点的现值。并通过预测的贷款偿还年限，计算出每年的还贷额，根据每年还贷额得出投资资本成本，最后通过投资资本成本、劳动和技术投入形成矿产资源的价格。对某一地区可替代的耗竭矿产资源进行价格计量时常采用此种方法，如金属矿藏的投资开发、油气资源定价。

（4）供求定价法。把矿产资源等同于普通商品，以供求规律来确定矿产资源的价格。矿产资源的稀缺性和有用性决定矿产资源价格，当某种矿产资源供应大于需求时，矿产资源价格下降；当某种矿产资源供应小于需求时，矿产资源价格上升，供给量等于需求量时的价格决定了矿产资源的价格。供求定价法抛开了矿产资源的自然属性，把矿产资源定价交给市场，由市场机制来决定。

（5）能量定价和能值定价法。它是在计算能源价格时以各种类型能源所含热当量来确定能源资源价格的测算方法。能量定价和能量定价法是根据各种能源所含能量比来确定其价格比，根据总能量和经济社会贡献确定总能量价值，进而确定各种能源的价格。这种方法使得一个国家国民总收入与其总能耗的比例关系通过能量和货币建立了联系。

5.3.2 矿产资源税与矿产租金

1. 矿产资源税的含义

矿产资源税是国家对采矿权人征收的税收，是实施矿产资源成本收益有效分配和有偿开采制度的基本形式之一，是针对自然资源征收的税种之一。

征收矿产资源税的目的是促进国有矿产资源的合理开采、节约使用和有效配置，调节矿山企业因矿产资源赋存状况、资源自身优劣、地理位置及开采条件等客观存在的差异而产生的级差收益，旨在保证企业间的平等竞争。调节级差收益在税收上的具体表现就是实行差别税额标准，对资源条件好的征收税额高些，资源条件差的税额低些。

2. 矿产资源税的作用

总体而言，矿产资源税的作用是保证国家的财政收入、调节经济活动和实现社会公平，具体体现在以下几个方面。

（1）促进企业之间开展平等竞争。我国的矿产资源税属于级差资源税，是根据矿产资源的质量、品种、地理位置、开采方式和交通运输条件等的差异来确定的税率，条件优越者税负较高，反之税负较低。这种税率可以有效调节自然资源条件差异等客观因素给企业带来的级差收入，为企业之间的平等竞争创造了条件。

（2）促进对自然资源的合理开发利用。资源课税有促进环境保护、调节级差收入的作用。矿产资源贫富不均，禀赋不同，为了调整资源条件差异所导致的极差收益，国家采取了对不同资源和不同矿区征收不同的资源开采税的措施。这项措施不仅起到了调节极差收入的作用，同时还促进了自然资源的合理开采和节约使用，有利于环境保护和生态平衡。对开采资源、利用资源实行课税，体现了矿产资源为国家所有、有偿使用的原则，可以促使纳税人节约资源，合理开发和利用资源。

（3）为国家筹集财政资金，实行资源的有偿使用。矿产资源是天然存在物，其财富价值为社会所共同享有，国家作为矿产资源的所有人，享有其所有权。政府对开采和使用自然资源的个人和企业征收税费是自然资源社会属性的一种体现。资源税是财政收入的一项重要来源，也是国家行使公共权益，体现对矿产资源权益的一种形式。随着征收范围的日益扩大，资源税的收入规模及其在国家税收收入总额中所占的比重也在相应增加，为国家筹集了大量的财政资金。

3. 矿产租金与收益分配

自然资源都有"租金"，即国有企业或公司本应上缴国家的租金，如国有土地租金、国有工业企业土地租金、国有建筑土地租金及除石油和煤炭以外的国有矿产资源租金，等等。因为我国在改革开放前实行的是计划经济体制，计划经济体制下的生产资料和生产条件都是公有的，公有的性质就决定了不应该依据所有权去获取收益，所以在传统的计划经济中没有租金这个概念，当时的租金完全表现为利润的一部分，也就是说国有企业必须上交全部利润。随着中国市场经济的发展，原来用利润涵盖租金的外部条件发生了变化。所以，国有企业或公司理应上缴自然资源使用租金。

　　矿产租金（mineral rent）是借用地租的概念，但与地租有所区别。这是因为任何土地开发都存在一定的地租，而矿产资源开发利用通常局限于那些资源丰富、开采成本较低、市场需求稳定的矿山，而这些矿山在特定时间内可能是少数。这导致了矿产资源开发利用的特殊性，与土地开发相比，矿产资源开发的地租概念更加复杂，涉及到资源的稀缺性、开采的可行性以及市场的动态变化等多种因素。以图 5.9 矿产租金为例加以说明。

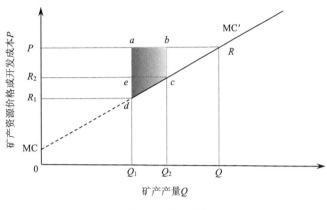

图 5.9　矿产租金

　　图 5.9 中变量的含义分别是：MC–MC′为某一区域矿产资源开发的边际总成本或供给曲线，横轴为矿产产量，纵轴为矿产资源价格或开发成本。

　　由于某一时间内所有矿床中只有满足最低工业品位的那一部分矿床才能够被开采，矿产开发成本总是在 $R_1 \sim R_2$。显然，低成本矿山（如富矿）要么较早被开发掉，要么没被发现；而高成本矿山（如贫矿）不易被开发。

　　如果高于生产成本的矿产资源销售价格为 P，那么所有生产矿山都可以获得租金，此时地租是图 5.9 中的三角形 cde，而矿产租金是图中的四边形（阴影区 abcde）。这里的关键原因是低于工业品位的矿床不会被开发而产生租金，矿产租金是某一矿床的生产成本与某一边际矿床生产成本之差。

　　政府与矿业企业之间的利益调节是靠租金和贴现率来实现的。租金是整个矿山生命周期内的全部收入扣除各种成本（如勘探成本、开发成本、运营成本、企业最小回报率）。政府可以对租金征税，而不影响企业的勘探、开发和运营。贴现率是测量货币现值的指标。一般而言，政府的贴现率比企业的贴现率要低，双方才能达成妥协。

　　对于企业而言，净收益，也称为净利润（net profit），是企业经营的最终成果。净利润多，企业的经营效益就好；净利润少，企业的经营效益就差，它是衡量企业经营效益的主要指标。净利润是指在利润总额中按规定交纳了所得税以后公司的利润留存，一般也称为税后利润或净收入。净利润的计算公式为：净利润=(1－所得税率)×利润总额。

　　矿产资源开发的收益构成如图 5.10 所示。由图 5.10 可知，矿产租金包括：政府分成、权利金、红利、产品分成和税金等。显然，矿产租金是政府与企业之间实现收益分配的主要方式，但分成多少及如何分成等需要政府做好制度安排，并与企业之间展开各种博弈。

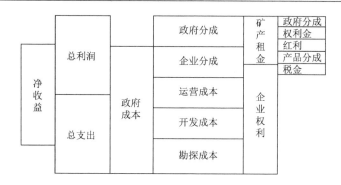

图 5.10　矿产资源开发的收益构成

5.4　我国主要矿产资源经济问题

5.4.1　矿产资源开发利用问题

1. 矿产资源粗放开发

长期以来，我国矿业粗放式经营，其原因是人们对我国的资源国情缺乏正确的认识。地方选矿厂大多采用粗放型的生产经营模式，开采规模过小、技术落后、采易弃难、采富弃贫、优矿劣用，使矿产资源遭受极大的破坏。

2. 综合利用水平低

我国矿产资源综合利用与发达国家相比，仍有较大差距。我国共、伴生矿产资源综合利用率小于 20%，矿产资源总回收率约 30%，而国外平均回收率为 50%以上。在品种上，我国综合利用的矿种，仅占可综合利用矿种总数的 50%左右；在数量上，我国铜铅锌矿产伴生金属冶炼回收率平均在 50%左右，而发达国家平均为 80%。

3. 矿产资源开发导致的环境问题严重

矿产开发，势必会影响当地的生态环境，主要包括对地形地貌的破坏和"三废"的排放。前者会造成严重的地质灾害，如地表下沉、滑坡和泥石流等；后者则会对大气、江河和农田造成污染，且会占用大量耕地。统计显示，我国金属矿山尾矿堆存量已达到约 50 亿 t，且以每年 3 亿～5 亿 t 的排放速度增长，侵占和直接污染土地达 66.7 万 hm^2，间接污染土地达 667 万 hm^2。

4. 资源短缺形势严峻

我国矿业目前正面临着资源约束（接替资源不足、利用效率低等）和环境约束（历史欠账多、地质环境破坏严重等）的双重制约。据分析，2010 年，我国 45 种重要矿产中，可以保证需求的只有 23 种，不能保证需求需要长期进口补缺的矿产达到 10 种，资源短缺主要依靠进口的矿产有 5 种，但是到 2020 年形势更严峻，可保证需求的只有 6 种，到 2050 年则完全无保证。

5.4.2　矿业权管理与改革发展

1. 矿产资源有偿使用的制度建设历程

在我国，矿产资源属于国家所有是由宪法规定的。

20 世纪 50 年代到 70 年代中叶，中国矿产资源的开发完全实行计划经济体制，地质勘查成果通过中央财政出资并无偿向国有企业提供；企业消耗的地质勘查成果不计入矿产品成本，其货币价值沉淀在利润之中并且全部上缴国家。到 1978 年，我国矿业总产值仅 242.6 亿元。

1978 年 12 月中国共产党第十一届中央委员会第三次全体会议（简称党的十一届三中全会）至 20 世纪 80 年代中期，矿产资源开发提倡"有水快流""大中小一齐上"，在那些矿产资源富集但经济落后的地区，矿业发展异常迅速，乡镇企业矿山开发成为当地农民脱贫致富的一条重要途径，但由此引起的乱采滥挖对原有矿产资源管理体制提出了严峻挑战。1986年 3 月，我国发布了《矿产资源法》，结束了矿产资源管理无法可依的历史。其明确规定，国家对矿产资源实行有偿开采，开采矿产资源必须按照国家有关规定缴纳资源税和资源补偿费，勘查矿产资源须依法登记且取得探矿权，开采矿产资源须依法申请并取得采矿权。1996年 8 月，我国通过了《全国人民代表大会常务委员会关于修改〈中华人民共和国矿产资源法〉的决定》，明确了国务院代表国家行使矿产资源所有权，确立了探矿权、采矿权有偿取得和依法转让制度。此后，国务院颁布《矿产资源勘查区块登记管理办法》《矿产资源开采登记管理办法》《探矿权采矿权转让管理办法》。2000 年 11 月，国土资源部颁布《矿业权出让转让管理暂行规定》，基本形成了矿产资源有偿使用的基本制度框架。

矿产资源的有偿使用制度改革，促使我国矿业权市场不断发育。各地的探索为矿业权市场建设不断提供实践样本。2000 年 4 月，浙江省第九届人民代表大会常务委员会第二十次会议通过《浙江省矿产资源管理条例》，明确规定了采矿权可通过拍卖方式有偿取得。2001 年6 月，浙江省国土资源厅和财政厅共同发布《浙江省普通建筑用石矿产资源采矿权拍卖及拍卖所得管理暂行办法》，成为我国第一个针对矿业权市场规范的地方性政府文件。

（1）矿业权出让竞争方式的明确规定。探矿权采矿权出让由过去单一的行政审批开始转向市场竞争出让和行政审批并存。2003 年发布的《探矿权采矿权招标拍卖挂牌管理办法（试行）》规定了采用招标、拍卖和挂牌方式获取矿业权的适用范围；2005 年下发的《关于规范勘查许可证采矿许可证权限有关问题的通知》对中央和地方的审批权限进行了调整；2006 年发布的《关于进一步规范矿业权出让管理的通知》将矿产资源划分为无风险、低风险和高风险三类，并对应制定了探矿权采矿权分类出让方式。此后就此还陆续发布了一系列部门规范性文件。

（2）矿业权出让转让的规定的不断完善。2010 年初发布的《关于进一步规范探矿权管理有关问题的通知》首次明确规定了探矿权申请人的资金能力、主体资格和勘查实施方案管理，细化了探矿权转让的条件，并规范了探矿权变革的各类行为。

2017 年，矿业权制度的建立健全取得了新突破。国家颁发了《矿业权出让制度改革方案》，要求以招标拍卖挂牌方式为主进行矿业权出让，全面推进矿业权竞争性出让，严格限制矿业权协议出让，以便充分发挥市场配置资源的决定性作用。同时要求对审批权限下放，强化监管服务，建成"竞争出让更加全面，有偿使用更加完善，事权划分更加合理，监管服务更加到位"的矿业权出让制度。此后的《矿产资源权益金制度改革方案》，探矿权采矿权价款被调整为矿业权出让收益；探矿权采矿权使用费被整合为实行动态调整的矿业权占用费；矿产资源补偿费被并入资源税；矿山环境治理恢复保证金被调整为矿山环境治理恢复基金。该方案对矿业权出让、占有、开采、环境治理恢复四个环节的现行制度进行改革，解决矿业权制度实施过程中出现的问题，完善矿业权的市场建设。《关于深化石油天然气体制改革的若干意见》也提出实行勘查区块竞争出让制度和更加严格的区块退出机制，允许符合准入要求并获得资质的市场主体在保护性开发的前提下参与常规油气勘查开采。

上述文件更加突出了"市场配置、有偿使用"，这也为未来矿业权制度改革提出了方向。

2. 矿产资源管理体制改革的健全与完善

矿业管理在计划经济时代是分散的，多个涉矿产业管理部门分治管理不同矿类或矿种；矿业的整体链条被人为分割，矿产勘查与开发分属于不同部门，管理效率低下。

改革开放以来，中国矿产资源管理机构出现了多次重大变革。

（1）1982年，地质部改为地质矿产部。将"对矿产资源的合理开发利用进行监督管理，对地质勘查全行业的活动进行协调"的职能增加进来。随后，地质矿产部设立矿产开发管理局，各省地质矿产局相应设立了矿产开发处。

（2）1998年，合并地质矿产部和国家土地管理局组建了国土资源部。全国矿产资源委员会和原地质矿产部的行政管理职能及中国有色金属工业总公司和冶金工业部等部门行使的矿产资源行政管理职能划归国土资源部。

（3）1999年，地勘队伍属地化改革。将原地质矿产部及部分行业部门的地勘队伍划归到各省（区、市）人民政府进行管理。属地化后的地勘队伍逐步实现企业化的经营模式。

（4）2018年，组建自然资源部。将原来的国家海洋局、国土资源部及国家测绘地理信息局的职责进行整合，同时整合的职责还有国家发展和改革委员会的组织编制主体功能区规划职责，国家林业局的森林、湿地等资源调查和确权登记管理职责，水利部的水资源调查和确权登记管理职责，住房和城乡建设部的城乡规划管理职责，农业部的草原资源调查和确权登记管理职责。

几次重大机构改革，对矿产资源管理制度的完善有着深远的意义。国家对自然资源管理统筹的需求、政府管理在市场经济中的重新定位、多元化投资的形成和发展，都成为健全完善矿业权制度的助力器。21世纪第一个10年期间，全国省、市两级矿业权有形市场全面建立，31个省级矿业权交易机构如期建成并运行，265个地级市（州）矿业权交易机构已经基本建成，矿业权网上交易开始进行。

3. 发展完善矿业权制度的前景展望

2001年，全国首轮矿产资源规划出台，我国矿产资源管理从此开始了有规划的历史。2001～2016年，我国进行了三轮全国矿产资源规划，每轮都体现出矿产资源管理制度在通往科学化、现代化方向又前进了一步。例如，在第一轮规划中，强调优化布局，治散治乱；在第二轮的《全国矿产资源规划（2008—2015年）》中强调统筹规划、科学开发、合理利用。2016年11月发布实施的第三轮规划——《全国矿产资源规划（2016—2020年）》，将创新、协调、绿色、开放、共享的新发展理念统筹到矿产资源勘查开发利用与保护中，提出了适应新时代发展的总体目标，即到 2020 年基本建立安全、稳定、经济的资源保障体系，基本形成节约高效、环境友好、矿地和谐的绿色矿业发展模式，基本建成统一开放、竞争有序、富有活力的现代矿业市场体系，显著提升矿业发展的质量和效益，塑造资源安全与矿业发展新格局。各个省级矿产资源总体规划全部获批，新一轮矿产资源规划进入了全面实施阶段。

2016 年底，《国务院关于全民所有自然资源资产有偿使用制度改革的指导意见》明确提出：全民所有自然资源是宪法和法律规定属于国家所有的各类自然资源，主要包括国有土地资源、水资源、矿产资源、国有森林资源、国有草原资源、海域海岛资源等。自然资源资产有偿使用制度是生态文明制度体系的一项核心制度。2017 年 7 月，国土资源部下发《自然保护区内矿业权清理工作方案》，以国家自然保护区为重点，对行政区域内各类保护区禁止矿产资源勘查开采范围的矿业权（不含放射性矿种）进行调查摸底、分类梳理、系统分析，为保护区内矿业权分类处置工作奠定基础。各地在调查研究的基础上出台相关措施，积极推进自然保护区内矿业权的退出。总之，中国矿业权制度正在不断完善进步，未来将更公平、更规范和更科学。

练 习 题

1. 矿产资源有哪些基本属性？
2. 影响矿产资源供给和矿产资源需求的主要因素是什么？
3. 矿产资源经济学的主要研究内容是什么？
4. 矿产资源如何进行时间配置和空间配置？
5. 什么是再生资源？与原生矿产资源有何联系？
6. 什么是产品耐用性淘汰？
7. 什么是战略性矿产资源？如何判定？
8. 为什么说城市矿产的回收利用可能出现市场失灵？
9. 什么是矿产资源租金和矿产资源税？两者有何联系？
10. 中外矿产资源税收有何区别？
11. 我国矿产资源开发利用存在哪些问题？
12. 如何认识矿业权的改革与发展？

主要参考文献

陈建宏. 2009. 矿产资源经济学. 长沙: 中南大学出版社

成金华. 2005. 中国矿产经济学研究现状和前景展望. 理论月刊, (5): 5-9

崔彬, 牛建英, 李超峰, 等. 2015. 现代矿产资源经济学. 北京: 中国人民大学出版社

郭剑峰. 2012. "再生"的力量. 科技潮, (11): 16-26

何利. 2015. 湿地生态资源价值管理及信息披露研究. 武汉: 武汉理工大学博士学位论文

侯万荣, 李体刚, 赵淑华, 等. 2006. 我国矿产资源综合利用现状及对策. 采矿技术, (3): 63-66, 113

黄贤金. 2010. 资源经济学. 2 版. 南京: 南京大学出版社

贾芝锡. 1992. 矿产资源经济学. 北京: 地震出版社

李万亨. 2000. 矿产经济与管理. 武汉: 中国地质大学出版社

李祝平, 等. 2011. 再生资源理论政策及其应用. 西宁: 青海人民出版社

刘文周. 2011. 矿产资源经济学. 北京: 地质出版社

马楚杨. 2011. 略谈矿床的形成原因及研究方法. 工业设计, (7): 152

马金平. 2010. 矿产资源综合回收与利用. 中国矿业, 19(9): 57-59, 70

彭渤. 2014. 矿产资源学. 北京: 地质出版社

秦德先, 刘春学. 2002. 矿产资源经济学. 北京: 科学出版社

沈镭, 武娜, 钟帅, 等. 2017. 经济新常态下中国矿业供给侧改革发展战略研究. 中国人口·资源与环境,
    27(7): 8-17

宋林飞. 2008. 发展再生资源产业的世界潮流与对策建议. 现代经济探讨, (2): 5-9

陶建格, 沈镭. 2013. 矿产资源价值与定价调控机制研究. 资源科学, 35(10): 1959-1967

滕玲. 2015. 城市矿产: 从废品到"绿金". 地球, 10: 72-75

王安建. 2012. 认识资源消费规律 把握国家资源需求. 科学新闻, (2): 49-53

王高尚, 代涛, 柳群义. 2017. 全球矿产资源需求周期与趋势. 地球学报, 38(1): 11-16

吴增红, 徐凌云. 2011. 我国矿产资源税收存在问题及对策研究. 中国矿业, 20(S1): 84-87

徐曙光. 2007. 国外矿产经学的发展概略. 国土资源情报, (10): 14-17

许晋平, 张华. 2007. 我国矿产资源经济学研究的述评. 中国矿业, (12): 37-39

张华国, 焦彦斌, 吕新彪, 等. 2011. 矿产资源税定量化分析初探. 资源与产业, 13(1): 147-153

张亮. 2013. 上市公司财务指标价值函数研究. 合肥: 合肥工业大学硕士学位论文

张越. 2008. 再生资源产业内涵及其与相关产业关系. 再生资源与循环经济, 1(12): 32-36

赵凡. 2008. 中国矿业改革 30 年——从计划走向市场的矿产资源使用制度建设. 国土资源, (12): 9-19

赵洗尘. 2010. 循环经济文献综述. 哈尔滨: 哈尔滨工业大学出版社

朱永峰, 孙世华. 2000. 矿产资源经济学. 北京: 中国经济出版社

Gordon R L, Tilton J E, 唐金荣. 2013. 矿产资源经济学的发展与展望. 中国国土资源经济, 26(1): 65-69

Hazilla M, Kopp R J. 1984. A factor demand model for strategic nonfuel minerals in the primary metals sector. Land
    Economics, 60(4): 328-339

第6章 水资源经济学

> 水是地球上人类可直接或间接利用的最重要自然资源之一。水资源不仅有类似于其他自然资源的自然属性和社会属性，而且具有明显的公共物品特性。本章重点介绍水资源的基本属性、供求规律和稀缺性，梳理水资源经济学概况，讨论水资源的时空配置、定价、公共产权、保护制度，以及我国水资源的主要经济问题。

6.1 水资源经济学原理

6.1.1 水资源的基本属性

1. 水资源的内涵

目前对于水资源有多种定义，一般包括水源、水量、水质、水文、水体、水能、水运、水产和旅游等资源。例如，联合国教育、科学及文化组织（简称联合国教科文组织）和世界气象组织认为，水资源是可供利用或者可能得到利用，在满足数量、质量的要求下，可保障某地水需要而长期供应的水源。《不列颠百科全书》定义的水资源则是包括自然界一切形态（气态、液态、固态）的水。

国内对水资源的定义也有所不同。《水法》明确规定：水资源包括地表水和地下水。根据《中国大百科全书》的定义，水资源指地球表层可供人类生存、生活和生产活动利用的（气态、液态和固态）天然水，涵盖数量和质量要求，一般指由大气降水补给并且有限可循环再生的，水质能满足特定标准的淡水。目前学界普遍认为，水资源与水具有不同的概念内涵，水资源指在一定技术经济条件下可以被人类利用的、达到数量和质量要求的淡水、水域和水能资源。

2. 水资源分类

（1）按存在形式划分。水资源主要有地表水和地下水（图 6.1）。前者是指河流（包括河川径流-地表径流和地下基流部分之和）、湖泊、冰川、沼泽和水库；后者是指地表以下的可以补给、储存的水资源。其中，地下水资源还可以划分为补给性水资源和储存性水资源两种类型：补给性水资源是指地下水含水系统从外界稳定获得的、具有一定补给数量的水量，其数量可以用多年平均值来表示；储存性水资源是指地下水含水系统在地质历史演化过程中，存留下来一定数量的水量。

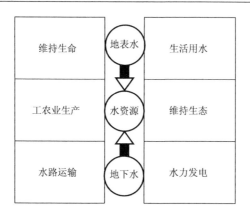

图 6.1　水资源分类

（2）按利用方式划分。水资源主要有生产用水、生活用水和生态用水。根据《中国水利百科全书》定义，生态用水是指在特定的时空范围内，维持各类生态系统正常发育与相对稳定所必需消耗的、不作为社会和经济用水的、现存的水资源，包括地表水、地下水和土壤水等。此外，在城市地区还经常提到再生水。城市水资源按水质可以进行以下分类：上水，即清洁水、饮用水；中水，即再生水，是指污水经过处理后达到一定水质标准、在一定范围内可以重复使用的非饮用水；下水，即污水。目前，我国规模化利用再生水的城市很少。2015年4月，国务院出台了《水污染防治行动计划》（简称"水十条"），要求加快水资源循环利用，确保 2020 年前城市再生水利用率达到 20%以上。当前再生水利用面临水价机制不合理、管网建设滞后、产业化程度不高、公众认识不足等诸多制约，再生水的水价低、未反映其资源稀缺性和环境属性。

（3）全球各类水资源特点。地表水总量大，分布不均。地球上淡水资源只有 2.8%，绝大部分是不能直接饮用的海水（图 6.2）。

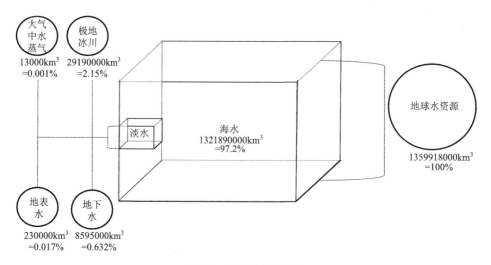

图 6.2　地球上的总水量

3. 水资源基本属性与功能

水资源是人类社会经济发展不可缺少的物质基础。水资源不仅有特殊的自然属性，也具有明显的社会属性。对此有清晰的认识和理解是解决水问题的基础和关键。

1）水的自然属性

水的自然属性是指水本身所具有的属性，主要表现为时空分布的不均匀性、随机性和流动性、质量的渐变性及可再生性、系统性等。

（1）时空分布的不均匀性。例如，我国北方地区和南方地区地形和气候的差异导致水资源时空分布的不均匀性。同时，我国存在明显的雨季和旱季之分，北方地区降水主要集中在全年的 6～9 月，降水量多；而其他月份降水稀少。

（2）随机性和流动性。水资源的随机性体现在水资源的演变受水文随机变化的影响，年、月之间的水量均发生变化，有丰水年、枯水年、平水年之分，有丰水期和枯水期之分，而且这种变化是随机的。水资源的流动性体现在水资源是流体上。

（3）质量的渐变性及可再生性。人类对水的污染是由弱到强的过程，从而引起水质量的逐渐变化。水通过蒸发、排泄、降水循环造就了其可再生性。

（4）系统性。研究水资源时，要把水资源（地表水、土壤水、地下水）看作一个整体，开发利用时应充分考虑系统内各个部分的联系和制约关系，使各部分能协调发展。

2）水的社会属性

水资源开发利用过程中与社会、经济、科学技术等发生特定联系，形成了水资源的社会特征，主要表现在地表水和地下水在开发利用过程中的经济性、伦理性、垄断性、准公共物品性和开发中的外部不经济性。

（1）经济性。水是人类生活必需品，水资源的供给又有很强的规模效应，很容易形成自然垄断。各国或地区政府为打破垄断，都会使水资源供给行业成为公共部门行业，经营的目标不是利润最大化，而是福利最大化。同时，水资源也是战略性资源之一，与国家经济社会安全及可持续发展直接相关。

（2）伦理性。水资源的伦理性表现在：①人类与水资源的关系体现着伦理道德特征，即人类以什么样的态度对待水资源。②在于财富的代际均衡。水资源是人类生存的基础资源，不仅要满足当代人的需要，也要满足今后若干代人的需要。③实现效率，兼顾公平，即在水资源使用面前人人平等。

（3）垄断性。例如，我国水资源商品经营的垄断性已从法律的角度进行了界定，2002 年颁布实施的《水法》明确规定"水资源属于国家所有。水资源的所有权由国务院代表国家行使。农村集体经济组织的水塘和由农村集体经济组织修建管理的水库中的水，归各该农村集体经济组织使用"，即行政垄断。

（4）准公共物品性。水资源作为准公共物品，表现为有限的非竞争性与非排他性，其最主要的特点是具有"拥挤性"，也就是说，在水资源的消费中，当消费者数量从零增加到某一个相当大的正数时即达到了拥挤点，这时新增加的消费者的边际成本开始上升。

（5）开发中的外部不经济性。水资源开发的外部不经济主要表现在：①对生态环境的影响。②对水文循环系统的破坏，过度的水资源开发影响了水资源自身的更新速率，人为地割断了水文循环，破坏了其系统性。

总之，水资源的自然属性和社会属性是相互联系、不可分割的。在开发水资源、建立水市场、实现制度创新的过程中，必须综合考虑水资源的自然属性和社会属性及其相互关系，提高水资源的开发利用效率，实现水资源的优化配置。

6.1.2 水资源的供求规律

1. 水资源的供给

水资源是一种复杂的自然资源，与其他资源的最大区别是水资源的流动性、兼具生态系统要素。降水就是通过水循环发生流动，形成地表水。这些流动性资源的显著特征是不受人类控制，这些流动性资源的供给量和质量预先已经确定，一旦提供出来就得尽快使用，否则就会浪费掉（还有太阳能和风力等资源）。因此，流动性水资源又分为不可储存流动资源和可储存流动资源，两者的水资源供给情况不一样。

不可储存的水资源供给确定公式为

$$F_t = R_t + W_t \geqslant R_t \tag{6.1}$$

式中，不考虑水资源质量，F_t 为一段时间 t 内所有供给的水资源；W_t 为浪费的水量；R_t 为使用的水量。

可储存的水资源（如降水）可以被捕捉并储存以供日后使用，也就是将流动资源转为储存资源，无论储存还是开采，都是由人来控制，其供给确定公式为

$$S_t = \sum_{\tau=1}^{t-1} (F_\tau - R_\tau - W_\tau) + F_t \geqslant R_t \tag{6.2}$$

上述论述表明，当前阶段的使用不能超过之前阶段加上当前阶段的流动资源的累计净存储量。以大型水库为例，在管理水库时，式（6.2）中的 F_t 为当前阶段流入水库的水流量；F_τ 为所有之前阶段流入水库的水流量。F_t 和 F_τ 由降水和水库中集水区的水文状况来决定。所浪费的水量 W_τ 由水库水的蒸发和渗漏到土壤和地下水而造成流失的水量来决定。使用的水资源总量 R_τ 由所抽取的水量或因其他各种用途（饮水、水力发电、水上交通和灌溉）所释放的水量及下游环境流量（如维持下游鱼类生存和野生动物栖息地而释放的水量）来决定。

2. 水资源的需求

水资源的需求由于兼具私人产品和公共物品的属性，产生了一些特殊现象和管理问题。有些水资源是竞争性、排他性的私人产品，有些是非竞争性、非排他性公共物品，导致水资源的使用、估价和管理往往与经济、环境、社会等问题相关联，存在一定的复杂性和困难。

世界各国的水资源需求主要是生活用水（公共供水和私人家庭供水）、生产用水（农业灌溉、牲畜养殖、工农业用水和热电用水）和部分生态用水。因此，水资源的供给与需求需要从水资源的用途来分别分析。

1）生活用水的供需

一般来讲，城市地区市政供水的主要需求者是居民家庭。单个家庭的用水需求计算公式为

$$D_w^{r_i} = f\left(p_w^{r_i}, I^{r_i}, S^{r_i}, T^{r_i}\right) \tag{6.3}$$

式中，D_w^{ri} 为居民家庭 i 的用水需求；p_w^{ri} 为居民家庭 i 的用水价格或成本；I^{ri} 为居民家庭 i 的收入；S^{ri} 为居民家庭 i 的人口；T^{ri} 为居民家庭 i 的品位偏好。一个城市地区所有单个居民家庭用水需求函数的加总就是该城市居民用水总需求函数，如图 6.3 所示。

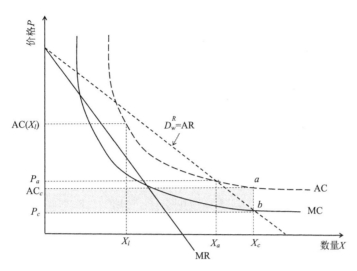

图 6.3　自然垄断与平均成本定价法

理论上，自然垄断的典型特征是：在整个生产范围内，平均生产成本和边际生产成本递减。图 6.3 中 AC 和 MC 分别表示长期平均成本曲线和边际成本曲线，对于公共供水企业而言，平均成本曲线递减表明更多的家庭连接到供水管网，导致每个家庭供水的平均成本减少，生产规模报酬递增。城市供水的设计建设费用昂贵，建设初期因服务的家庭或企业数量少（图 6.4 中 X_l），该阶段平均生产成本（总成本除以单位体积的输送水量）将非常高，随着越来越多用水户的加入，平均生产成本就会下降。

图 6.3 中标注 $D_w^R = AR$ 的曲线代表一个城市的用水曲线（或者是供水企业的平均收入曲线），MR 为城市供水企业的供水边际收入曲线，它在平均收入曲线下方。在规模报酬递增行业的自然垄断下，生产范围内平均生产成本和边际生产成本一直递减，企业的长期边际成本曲线（图 6.3 中的 MC）也总是在平均成本曲线以下，总体呈下降趋势。

在一个竞争性水资源市场，企业的供水量是在用水需求等于边际成本的位置，即图 6.3 中 X_c 处，而经济上有效的价格是在价格等于边际成本的位置。假如供水企业向客户供水 X_c 单位，收取价格（水费）$P_c = MC$，那么总收益 $P_c \times X_c$ 将不足以抵偿总成本 $AC_c \times X_c$，也就是说，企业将会亏损运营，亏损等于图中的阴影（$AC_c ab P_c$）的面积。因此，企业实行边际成本定价法，亏损或赤字需要采用一次性补贴来弥补。

一般来说，各国或各个城市的供水政策可以让供水企业的收益至少能够抵消成本。从经济效率角度看，比较成本定价法最理想，但发达国家（如美国）的供水企业一般采用平均成本定价法。图 6.3 中，供水企业可能设法将输水量设置在每年 X_a 单位，收取价格为 P_a，可以让总收益刚好抵偿总成本。现实中考虑到一些投资的最低收益，如投资扩建供水系统，水费设置可以略微高于 P_c，这样的水资源定价虽然次优但不是有效，因为一些愿意支付大于 MC 的需求没有得到满足，因此，通常的做法是实行阶梯水价政策，这将在后面详细分析。

值得注意的是，城市供水的平均成本不会永远递减，随着需求增长，必须启用新的水源，新建储存和输水系统，这些投资巨大。平均成本随着用水增长而递减，直到系统饱和。之后产能一次性大幅扩张，平均成本又突然增加。很多城市扩张后的供水平均成本都要比原来设施使用时更高。

2）灌溉用水的供需

农作物灌溉用水不仅需要抽取大量的地下水，而且还与工业和城市用水等需求者之间发生冲突，也是各国或地区的主要公共政策问题。与矿产资源类似，灌溉用水的需求是派生需求，因为这些用水需求来自对生产商品的需求。

假如某个农业商品 Q（如玉米）的新古典生产函数为

$$Q = f(W, Z) \tag{6.4}$$

式中，Q 为玉米的产量；W 为投入的水资源；Z 为所有其他投入品的矢量。在一个竞争性玉米市场，农民的利润最大化问题可以表述为

$$\max \prod = \left[P_c \times f(W, Z) \right] - P_w W - P_z Z \tag{6.5}$$

式中，P_c 为玉米的市场价格；P_w 为每公斤或每亩地水资源价格（或成本）；P_z 为所有其他投入品的价格矢量。假如玉米生产要求农民的利润最大化，则农民派生用水需求为

$$\frac{\partial \prod}{\partial W} = P_c \frac{\partial f}{\partial W} - P_w \tag{6.6}$$

式（6.6）表明，派生用水需求是玉米价格、水资源成本或价格和水的投入与玉米产出之间的技术关系函数。

因此，派生的灌溉用水需求为

$$D_W = f(P_Q \times P_W \mid T) \tag{6.7}$$

式中，D_W 为生产 Q 的灌溉用水需求；P_Q 为 Q 的市场价格；P_W 为灌溉用水的价格（或成本）；T 为固定生产技术。农民的派生用水曲线如图 6.4 中向下倾斜的曲线 D_W 所示。

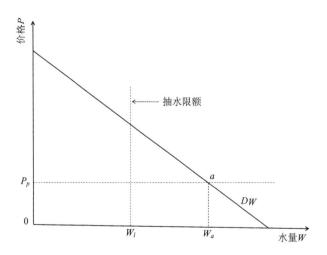

图 6.4　单个农户的灌溉抽水成本与使用

图 6.4 中 P_p 是灌溉用水的价格，一般是由从地表或地下抽水的成本和把水配送至农作物

的成本共同构成。通过不断平衡边际效益与边际成本以便实现经济效益的等边际法则，农民将不断抽水和给农作物输水，直到边际收益 $MB_p = P_p$，此时灌溉水量为 D_W 曲线上的 a 点，单个农户的用水需求量等于 W_a。

世界上很多地区要求农民持有灌溉抽水许可证，对抽水设定了一个限额，规定农民只能抽取一定限量的水资源，如图 6.4 中垂直于横轴的虚线对应的 W_l。一般来说，政府多数将抽水限额设定在农民最佳私人抽取量（图中 $W_l < W_a$）。如果抽水限额大于农民最佳私人抽取量，农民将拥有过量的抽水权，他们会在抽水成本下降时使用。

3）其他用水的供需

其他水资源用途包括家庭用水供给、牲畜喂养、水产养殖、工矿业生产等，这些都是私人供水而不是公共供水，其需求曲线类似，但水价或成本有所区别。私人家庭的边际成本或价格可以忽略，牲畜喂养、水产养殖、工矿业生产等都有派生需求，与灌溉用水类似。

6.1.3　水资源的稀缺性

水资源的稀缺性表现在物理意义上的短缺和经济意义上的短缺。前者主要表现在水资源的数量、质量、时空分布和开发方式等方面，后者反映在水资源价格变化与水资源供求均衡。

1. 水资源的物理短缺

（1）水资源总量稀少。从总量来看，在地球的水资源总量中，只有 2.5%（14 亿 m^3）是淡水，其中仅有不到 1% 的淡水资源可供人类消费及维持生态系统。

（2）水质问题是水资源短缺产生的一个重要因素，也限制了饮用水的供给能力。据联合国统计，全球河流稳定流量的 40% 左右已被污染，发展中国家约有 10 亿人喝不到清洁的水，大约每年有 2500 万人死于饮用被污染的水；预计到 2025 年，世界将近一半的人口将会生活在缺水地区。

水质污染的原因主要有四点：①城市化已经成为全球水污染现象日益严重的主要原因。②农业方面，通过降水所形成的径流和渗透把污染物带入水体，主要包括牲畜粪便、农药、化肥。③工业废水是水体污染的主要来源，其特点是量大、面广、成分复杂、毒性大、不易净化、难处理。④生活用水污染源主要来自城市生活中使用的各种洗涤剂和污水，这些物质含氨、磷、硫、致病菌多。

（3）水资源的区域性短缺。由于水资源和人口增长在时间和空间分布不均匀，许多国家和地区变得十分脆弱，有的国家和地区甚至已经处于水资源短缺状态，比较典型的有非洲部分地区、北美洲、中东、拉丁美洲和南亚等地区。

联合国教科文组织 2015 年发布了 *The United Nations World Water Development Report 2015：Water for A Sustainable World*。据测算，快速城市化带来工业增加和生活水平的改善，从而进一步导致水资源需求量的增加，预计到 2050 年，全球水资源消费量将增加 55%，而以金砖国家为首的发展中国家是未来需水量增加的主要地区。由于易获取的地表水和地下水在部分地区已接近枯竭，未来很大可能会转向深层地下水的开采。

（4）过度开采地下水。绝大部分地下水是在地质历史时期形成的，一旦耗尽则无法补给。根据 10 年来卫星数据检测,全球 37 个最大的地下水需水层有 21 个已经超过其可持续临界值，超过三分之一的需水层正面临严峻的水压力。

2. 水资源的经济短缺

（1）水资源价格对水资源供需具有重要的影响。长期以来，人们对水资源短缺性的界定与度量都侧重在物理意义上的短缺分析，忽视了水资源价格因素的关键作用。

在市场经济条件下，决定资源需求量的主要因素是价格，价格可以调节资源的有效配置。当水资源作为公共资源，被认为无价或人为定价时，可以测算其需求量；但当水资源作为非公共资源，水资源价格由市场调节时，其需求量就受到水资源价格的影响。也就是说，在市场经济条件下，水资源短缺的测算应考虑水资源价格的市场变化。

此外，在生态文明建设过程中，对水资源的分配还需要考虑生态因素和跨代际的公平性，需要有水资源可持续发展的内涵。对水资源的供需分析，还要依据水资源存量和可补充量。

（2）水资源短缺分为绝对短缺和相对短缺。绝对短缺是指水资源的存量不能满足人类或自然界生物种群的繁衍生存需要，使某一区域社会经济系统或自然生态受到严重破坏，威胁到人类生存发展或物种多样性；相对短缺是指市场形成的水资源供给与需求的均衡价格偏高，导致居民生活质量下降，只有增加水资源供给才能保证消费，但增加供给将会导致环境问题，影响水资源可持续使用，引起相对缺水。在市场经济条件下，如果水资源价格很低，水资源需求量就会上升，供给不能满足需求，市场处于非均衡状态，从而引起水资源短缺。

（3）阶梯式水价的经济学解释。在市场中，人们对水的需求，如果在生理需求范围之内，需求价格弹性接近于零（即完全无弹性）；如果超出生理需求范围，需求价格弹性将随着水资源价格的降低而逐渐增大。对于不同收入阶层，水资源处于高价格时，居民收入越高，价格弹性越大；水资源处于低价格时，居民收入越低，价格弹性越大。图 6.5 中，D_R 表示高收入者水消费的需求曲线，D_P 表示低收入者水消费的需求曲线，D_M 表示平均需求曲线。当水资源价格为高价格 P_H 时，高收入者的需求价格弹性较大，低收入者的需求价格弹性较小；当水资源价格为低价格 P_L 时，高收入者的需求价格弹性较小，低收入者的需求价格弹性较大。由此可见，水资源价格下降并不会导致高收入者对水资源的消费量增加。当水资源价格难以影响市场供需时，水资源就会出现供需不平衡，以及相对短缺，因此，水资源相对短缺与水资源价格紧密相关。图 6.5 中，当水价为 P_1 时，人们对水资源的需求量很大；当水价为 P_3

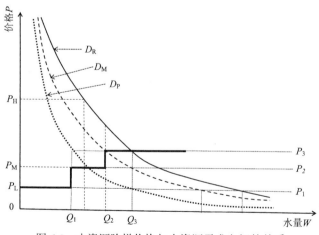

图 6.5　水资源阶梯价格与水资源需求之间的关系

时，低收入者对水的需求量为 Q_1，高收入者对水的需求量不超过 Q_3；当水价为 P_2 时，平均收入者对水的需求量不超过 Q_2。如果采用阶梯计价，每人基本生活用水量为 Q_1，不超过 Q_2 部分的价格为 P_2，超过 P_2 部分的价格为 P_3，此三类的水需求量分别为 Q_1，Q_2，Q_3。

水资源开发利用需要考虑水资源短缺的潜在可能性及其形成危害的不可挽回性，应综合考虑代际公平问题，这也说明了水资源的时空配置研究的紧迫性和重要性。

6.1.4　水资源经济学的主要研究内容

1. 学科概况

水资源经济学是利用经济学原理，研究水资源合理开发利用与保护，实现水资源在时间和空间上的优化配置，以及在此过程中与社会经济和生态环境可持续发展耦合关系的学科。水资源的经济学问题主要包括：水资源经济学如何演变？水资源是否会出现短缺？如何有效配置水资源？现有的各种配置方式和政策工具是否有效？资源管理存在哪些问题？如何采取合理的应对措施实现水资源的高效利用和最优配置？

2. 水资源经济学的学科演变

工业革命以前，人类社会对水资源的需求量小于供应量，不存在水资源短缺问题，也就不存在水资源经济学。工业革命以后，人类社会对水资源的需求量大幅提高，出现了大规模水利工程，水资源价格需要反映水利工程的成本，以实现有效的水资源配置。这一时期水利工程经济学成为研究水资源配置的有效手段。近现代以来，水资源开发程度趋近极限，同时水资源价格又长期低于边际价格，从而造成水资源的严重浪费，水资源日益成为短缺资源。人们面临着如何利用有限的水资源实现利益的最大化问题，此时，水资源经济学应运而生。

3. 国内外水资源经济学研究进展

20 世纪 70 年代，国际上对水资源的研究重点主要集中于对水资源本身价值的研究，以及对水资源和其他经济环境估价的研究上；80 年代后，水资源与环境问题凸显，各国政府、多家研究机构对水资源的研究较为重视；90 年代，经济学家开始研究采用经济杠杆管理水资源；90 年代中期以来，水资源定价一直是国际水资源研究热点之一。

国内在 20 世纪 70 年代也开始了相关研究。有关水资源经济学的研究侧重于水资源价值的评估，其中包括运用污染成本和控制污染的费用及利润对国民总收入进行修正；90 年代以来，在市场经济体制下，许多学者对宏观经济水资源管理进行了探索性的研究；进入 21 世纪后，社会经济飞速发展的同时出现了一系列的生态环境问题，大部分学者的研究视角扩展到全球和国内区域层面。

4. 水资源经济学的理论基础

水资源经济学的本质是运用经济学工具来研究人类在水资源利用中的选择行为，其目的是实现水资源在时间和空间上的合理配置与利用。

水资源经济学的所有研究都是基于水资源的三大基本属性，即自然属性、社会属性和生态属性，水资源具有循环性（自然循环、社会循环）、可再生性、时空分布不均性和随机性等自然特点。同时，水资源具有多重社会经济用途和生态系统服务功能。

5. 水资源经济学研究的关键问题

（1）人类对水资源的影响行为。包括直接影响行为和间接影响行为，前者是指人类直接利用水资源的行为，如取水、蓄水、排污等。后者是指人类通过影响水循环的外部环境而引起水资源量与质变化的行为，如大气污染、农业养殖、植树造林等。

（2）水资源利用中的利益分配。研究人与人之间的复杂利益关系，不同用水方式会对经济利益关系产生明显不同的影响，大水漫灌浪费水资源但补充浅层地下水；滴灌和喷灌虽然提高用水效率，但不能补充地下水。

（3）水资源产权和水资源价格。对水资源价值进行核算已经成为国际资源核算的重点研究内容。水资源的流动性、分布广泛性等特征，使水资源价格具有较强的区域性，且无统一的标准价格。水资源价格研究涉及的领域广泛，因此国内学者对水资源价格的研究才刚刚起步。

6.2　水资源的时空配置

6.2.1　水资源的时空分布

解决水资源时空分布不均衡的主要措施包括跨流域调水、兴修水库，以及节约用水、防止水污染等。例如，我国兴建了一些跨流域的大型调水工程，解决水资源"东多西少，南多北少"、水土资源组合不平衡的问题。我国水资源的季节分配也不平衡，年际变化大，各地陆续兴建了许多水库，洪水期蓄水，枯水期放水，以调剂各季节的河流水量。

6.2.2　水资源分配的基本配置机制

1. 水资源的总体配置原则

水资源配置是对地表水和地下水在各种可能性生产用途之间进行调配的过程。进行资源配置，首先要在不同经济主体间传递有关需求、可利用的资源信息。一般来讲，在储量不足的条件下，地表水的问题是在竞争的使用者之间配置可更新的供给。由于未来的供给主要取决于自然现象（如降水），而非当前的取水措施，因此代际的影响并不重要。而对于地下水，现在的开采会影响到后代人可利用的水资源。在这种情况下，研究地下水资源代际配置问题是水资源经济学研究中一个至关重要的方向。

地表水资源配置存在两大挑战，一是在没有储备的情况下，大量的使用者之间的竞争与供给如何实现均衡？因为所有人都可以合法竞争赢得使用水资源的权利。一些人把水作为消费品（如城市饮用水供应），另一些则仅使用而不消费（如游泳者或乘船者）。解决办法是使每个使用者的边际效益相等。二是如何提供一种可接受的方法解决地表水流量的年度波动？因为地表水在时间上的供给不稳定，所以不仅要有一个能在平均水量情况下适当配置的系统，而且必须能预测到高于或低于平均流量的情况。解决办法是采取具有优先权的使用者可以获得有保障水量的分配法则。

从机制上看，水资源的分配一般采用两种最基本的配置方式，一是计划配置机制，二是市场配置机制。

2. 计划配置机制

改革开放前，在计划经济体制下，我国水资源的配置由政府部门计划调节实现，水资源难以按照价值规律实现合理的区域流动和循环。改革开放以后，绝大部分的资源已通过市场机制配置，但水资源分配体制仍是指令式模式配置。水资源管理机制存在弊端，出现水资源短缺、流域上下游之间水的配置不合理等问题，现行的水资源管理体制和政策难以形成节水激励。由此可见，计划指标型的水资源配置机制并不是一个有效的资源配置机制。

3. 市场配置机制

在市场经济体制下，水资源配置机制主要由价格来决定。在资源配置机制中，要实现资源优化配置至少需要满足两个条件：一是价格绝对遵照资源供求变动；二是市场是完全竞争的市场。在实践中，要满足上述两个条件是不可能的。价格只能相对地围绕水资源供求变动；国家也只能通过宏观调控、产业政策的引导、加强市场法制来反对垄断，保护竞争，力求比较靠近完全竞争。

如果存在一个运作完善的市场，水资源的有限性导致开发新水资源的成本逐渐增加，进而导致水价上涨。水价的上涨会立即引发一系列的需求、供给和技术的响应。首先，水价的上涨会导致用水户采取节水措施或采用替代品，以减少对水资源的需求。其次，水价的上涨会刺激水资源供给的增加。最后，水价的上涨将会为节水技术的革新和推广提供经济上的激励。由此可见，只要有完备的水资源市场，水资源短缺的局面完全可以利用市场的力量进行调节。依靠市场的力量，使水资源达到供需平衡。

4. 三种市场配置模式

（1）水资源行政（政府）配置中的按水价分配的模式。水资源管理者认为可以按成本加适当赢利的方式给水资源定价，以改变目前水价过低造成的水资源短缺和浪费局面。

（2）通过水权市场配置水资源的模式。在充分界定水资源产权（即水权）的基础上，将水资源中用于工业、农业和其他行业的生产用水（或用水权）通过市场（即水权市场）进行交易，利用水权市场，保证水资源始终流向效益高的用途。

（3）完全的市场配置方式，即通过灵活变动的市场信息确定价格，配置与人人有关并且无法替代的水资源。如果实施完全市场配置机制，那么只是重视了经济效率，而忽略了社会公平和福利，所以应该探索计划配置与市场配置相结合的方法，既实现水资源的高效配置，又使资源分配公平、取得最大的社会效益。

5. 发达国家水资源配置的主要方法

发达国家水资源配置的主要方法有河岸法则和优先占有法则。

河岸法则是把水的所有权分配给那些毗邻水的土地所有者。这在早期是一种比较有效的解决方案，因为在毗邻有足够多水源的地方，这些土地所有者可以很方便地获得水资源。在水权与土地捆绑在一起的情况下，水权不能够单独转让，随着人口增加，靠近水源的土地变得稀缺，这种配置体系变得越来越不恰当。

优先占用法则认为，第一个到达者拥有对水的优先权，即具有优先把水从剩余地区输送到短缺地区的权利，在激励条件下可以提高水资源跨区输送能力。20 世纪后，美国政府宣布水资源所有权属于州政府，申请人被授予用益权。州政府建立了对私人灌溉企业收费的制度，严格限制把水输出本地区的能力，并建立中心机构来管理这个过程。

6. 发达国家水资源配置无效的根源分析

（1）限制转让：在结构良好的水资源产权系统下，转让权的直接结果是高效率。由优先占用法则与较严格的法律所构成的先行体系降低了可让渡的程度；它并不能替代某些官僚主义程序（如要么使用，要么丧失的原则；官僚等级用水制度）。

（2）水价：价格水平偏低，原因在于费率由历史平均成本决定，极少包括边际稀缺性租金。费率结构未充分反映向不同类型消费者提供服务的成本。

（3）公共产权问题：当许多使用者从同一个蓄水层抽水时，该蓄水层就成为公共资源，使用者失去了节约使用水资源的激励，边际稀缺性将被忽略，从而使蓄水层很快被消耗殆尽。

6.3　水资源的定价

6.3.1　水资源价值

1. 水资源价值的意义

（1）水资源价值是实现可持续发展的重要内容之一。在现代社会，水资源价值通过水利部门实现，水利部门将自然水资源加工生产成水产品，不仅使水具有了更多的使用价值，也更好地满足了社会发展与人类生活的需要。

（2）水资源价值是水资源核算的关键。水资源核算需要覆盖水利部门的供水成本，包括修建的拦、蓄、堤、引、输、调、配水等工程设施，消耗的人力、物力、财力，还有投入运行时的工程维修养护、观测试验、更新改造和相关的管理人员工资及其他管理费用。这些成本需要从水资源价格中进行回收。

（3）水资源价值是市场经济条件下配置水资源的必然需求。水产品是一种劳动产品，其中凝结着一定数量的一般人类劳动，形成了价值。在商品交换中，必须将异质的使用价值折成价值量才能进行平等交易。无论从商品属性的内部条件还是从市场经济需要的外部条件看，都要求体现水的商品属性。

2. 水资源价值的理论基础

（1）地租论。将地租论作为水资源价值的理论基础，有多种认识：①李嘉图的地租理论将地租作为农业生产中超额利润的转化形式，那么水资源价值也属于农业生产的超额利润之一。②马克思的地租理论将地租作为土地所有权的实现形式，则水资源价值也与其所有权相关。③萨缪尔森认为地租表现了土地作为生产要素的边际生产力。同理，水资源价值也表现了其作为生产要素的边际生产力。

（2）劳动价值论。从劳动价值论认识水资源价值，是基于马克思的劳动价值论定义"社会必要劳动时间是在现有社会正常条件下，在社会平均的劳动熟练程度和劳动强度下，制造某种使用价值所需的劳动时间”，也即水资源价值与其生产所需的社会必要劳动时间相关。

（3）边际效用价值论。基于边际效用价值论的水资源价值，是指分别从主观价值和客观价值评价水资源的边际效用：主观价值体现主观评价，如水好喝；客观价值体现实现某种客观结果的能力，如水能解渴。

（4）生态价值论。生态价值论是从生态系统的整体出发，将其组成部分视为相互依赖也相互制约的过程，水资源的价值表现在这个过程中发挥的调节和补偿功能。

（5）存在价值或非使用价值。存在价值或非使用价值是将资源本身视为一种财富，资源价值体现在其作为资源的特性如何影响个人选择行为或者政策效果。

3. 水资源价值的内涵

综合来看，水资源价值的内涵主要包括以下几个方面。

（1）稀缺性。稀缺性是资源价值的基本特性，但水资源的稀缺性是一个相对概念，也即水资源在某些地区或某些时期较为稀缺，而在不同地区有不同的表现形式。

（2）水资源产权。水资源产权表现了所有者对水资源的所有权，通常作为明确使用权的一种法律手段。

（3）劳动价值。人们对水资源进行开发和利用的过程中，使得水资源价值中拥有一部分劳动价值。

（4）维持生命和非生命系统的价值。生物体需要和外界自然环境进行物质能量和信息的交换，需要干净的水源。离开水体，所有生物将无法生存。而对于非生命系统，其物质构成中均以大量或少量水的存在为基础。故水对于维持生命和非生命系统有极大的价值。

（5）支持经济社会发展的价值。人类社会的经济发展离不开水资源，水资源的可持续利用保证了社会的可持续发展。

（6）生态价值。水资源在生态系统中具有多重功能，从而表现出多种生态价值：①生态资源价值；②生态环境价值；③生态认识价值；④生态审美价值；⑤生态经济价值。

（7）环境价值。水资源的环境价值主要体现在水环境作为一个完整的生态系统的纳污能力，如湖泊，具体表现在水环境的自净能力与人类排放污染数量之间的阈值。

6.3.2　水资源价格

1. 水资源定价的原则

由于水资源定价的历史环境、社会影响及在世界各国或者某一国内的不同历史阶段都不相同，准确地把握有关原则，对水资源价格中多种影响因素进行综合考量，从而形成合理的价格具有十分重要的意义。制定水资源价格（简称“水价”），首先必须在尊重历史、尊重科学、吸取国外先进经验、结合本国国情的前提下进行。例如，针对水资源定价的历史、现状、存在的问题，我国水资源定价机制应遵循的基本原则主要有：可持续发展原则、高效配置原则、成本回收和合理利润原则、用水户承受能力原则、区域差异定价原则等。

2. 影响水价形成的因素

影响水价的因素包括自然因素、社会经济因素及工程技术因素，这些因素对水价的确定产生着不同程度的影响，影响着水资源的供给和水资源价格的高低。

（1）自然因素包括水资源的丰缺程度、水资源质量的优劣、水资源多元化程度及水资源开发条件。

（2）社会经济因素主要包括社会经济发展水平、用户承受能力、水管理体制及政策、产业结构及用水部门、环境保护等，这些因素从不同侧面对供水价格产生着影响。

（3）工程技术因素主要包括供水工程运营、工程投资规模和供水保证率等。

3. 水价体系的构成

（1）基本水价实行容量和计量两部制水价。基本水价是根据补偿供水直接工资、管理费用和50%的折旧费、修理费制定的。基本水费等于多年平均用水量乘以基本水价，是水利工程单位向用户收取的最低费用。计量水价是根据补偿供水以外的水资源费、材料费等其他成本、费用及计入规定利润和税金制定的。计量水费等于实际供水量乘以计量水价，是实际用水量的货币体现。

（2）阶梯式水价。阶梯式水价是指对自来水用户使用自来水分等级收费、对超出额定部分实施增额收费。阶梯式水价有利于水资源的配置，使公民节约用水意识增强。不同地区阶梯式水价的制定标准不同，可以分为两个或多个级别。

（3）对地下水的保护价。用水环境的破坏对地下水造成严重的污染，地下水运动缓慢，水质复原能力弱，因此需要保护地下水资源，避免水质的继续恶化。水利工程机构在对地下水进行排污处理的过程中，会采取科学有效的治理方法，这些对地下水的治理与保护的成本是水价的一部分。

（4）跨流域调水水价。跨流域调水是通过建立大规模调水工程实现从丰水流域向缺水流域大量调水，缓解缺水区域的经济发展和社会生活必需用水。在实施跨流域调水过程中，很多因素对跨流域调水水价造成影响，如跨流域调水水价构成要素、水价定价、供水成本的项目组成、水资源费、水价模式、容量水价、计量水价等。

（5）污水处理价。从污染源排出的污（废）水，由于水中含污染物总量或浓度较高，超过了环境容量要求，如果不进行人工强化处理，会降低水环境质量，破坏其功能，需要对污水进行处理。整个污水处理的过程需要投入大量的人力和物力。污水处理费用的合理成本一般包括生产费用、经营费用、固定资产折旧、大修理基金、贷款利息等。城市污水处理的一部分费用来自政府补助，另一部分要按照价值规律制定收费标准，按照国家规定从营业收入中提取。

4. 水价制定的保障制度

水价的保障制度是指通过实行民主协商制度进行水资源定价，增加水价制定的透明度，建立水资源统一管理体系。例如，农业用水的定价需要充分考虑农业生产的成本及农户用水的承受能力。

6.4　水资源利用的公共产权

6.4.1　公共物品的基本特性

关于公共物品的思想可以追溯到古希腊学者亚里士多德的《政治学》，他将公共物品理解为"属于最多数人但却受到最少人关注"的事物。意大利学者马尔科的《公共财政学基本原理》英文版中首次出现了"Public Goods"一词。美国经济学家保罗·萨缪尔森开创了公共物品的理论研究，他在 1954 年发表的《公共支出的纯理论》将集体消费物品定义为"每个人对这种物品的消费，都不会导致其他人对该物品消费的减少"，即具有非竞争性消费特征的物品。此后，马斯格雷夫、布坎南、奥斯特罗姆等众多学者陆续加深了对公共物品的研究，识别了公共物品的不同特性，提出了帕累托有效的经济或制度安排。目前，理论界普遍认为公共物品的消费具有非竞争性和非排他性这两个基本特性。

1. 非竞争性

非竞争性是指公共物品被多位消费者共同使用，消费者之间的效用获取不会形成竞争性影响，即为新增消费提供这一公共物品的边际收益为零，但并不意味着这一公共物品的边际生产成本为零，因为在给定的生产水平下，每多提供一个单位的公共物品都需要消耗相应的资源，这就使公共物品的边际生产成本为正。

2. 非排他性

非排他性是指某一种公共物品被消费时，既有消费者之间无法排除新增消费者的加入，或者排除新增消费者的成本很高，这就产生了"搭便车"现象，这也导致市场经济条件下对公共物品的生产和经营缺乏必要的激励和约束机制，难以获得私营机构的投入。

在此基础上，把竞争性与排他性作为区分公共物品特征的二维尺度，可以将公共物品分为 4 个类型，即纯公共物品、共有物品、俱乐部物品和私人物品（表 6.1）。

表 6.1　物品的分类

分类项	竞争性	非竞争性
排他性	私人物品：面包、私家车等	俱乐部物品：会员制健身房、供水管网等
非排他性	共有物品：海洋资源、公共草场等	纯公共物品：阳光、国防等

6.4.2　水资源产权及多重物品属性特征

水资源产权有不同的类型，具体包括所有权、使用权、收益权和转让权：所有权是要明确水资源归谁所有的问题；使用权是指是否开发、何时以何种方式开发利用水资源的权利；收益权是通过开发利用水资源获取收益的权利；转让权就是处置水资源的权利。水资源具有多重属性，兼具纯公共物品、准公共物品和私人物品的性质。水资源的多重属性相互之间可以转换，转换条件取决于一定时空范围内的稀缺性。在一定时空范围内，当水资源供给足够充足，完全可以满足自然生态和社会生产生活需要时，水资源是纯公共物品，即兼具消费的非排他性和非竞争性，也即新增用水消费的边际成本为零；当水资源需求迅速增长，达到水资源供给能力的一个临界点，也即新增用水消费将侵占既有用水消费时，水资源成为准公共物品，呈现出竞争性或排他性的特征。例如，城市供水和排水系统提供的水资源，在不饱和运营的情况下具有消费的非竞争性和排他性特征，属于俱乐部物品，即新增用户不会增加边际成本，但需要预装市政供水管道，而在饱和运营下水资源将成为市场商品，兼具竞争性和排他性特征；河流和湖泊的观光旅游在不饱和运营下具有消费的非排他性和竞争性，即新增游客会造成运营成本增加，但不会对其他游客造成影响，但饱和运营下也将成为市场商品；由企业运营的水资源商品一开始就兼具竞争性和排他性，如桶装水、瓶装水，这种可直接交易的产品形式体现了企业对特定水资源的产权，如矿泉水或纯净水的使用权和收益权。

6.4.3 公共物品的生产与消费

1. 公共物品的生产

公共物品的生产由于消费的非竞争性和非排他性，其帕累托最优要求所有人的"公共"边际成本等于"公共"边际收益。公共物品的供给能力与公共物品的消费需求相关：当消费需求超过供给能力，将会出现竞争性（如价高者得）或（和）排他性（如先占先得）特征。公共物品的生产方式按生产者的差异主要有政府生产、市场生产和以第三部门为主体的自愿生产。在现代社会公共管理体制下，三种方式互为补充，共同服务于公共利益。

1）公共物品的政府生产

公共物品的非竞争性和非排他性特征使其边际成本与边际收益难以匹配，即新增产出的边际成本为正但其边际收益为零，使私营厂商或市场无法提供公共物品，存在市场失灵。公共物品往往是社会生产生活的必需品，在市场无法形成有效生产的情况下，就必须由政府负责生产，并通过税收的方式提取生产公共物品的成本，如市政供水、公路建设等。

政府可以成为公共物品的直接生产者，也可以成为生产的委托方。政府作为直接生产者的形式包括：中央政府直接经营、地方政府直接经营和公共团体经营；作为生产的委托方是指通过签订合同、授予经营权、经济资助、政府参股、社会资源服务等方式委托企业生产公共物品，委托方式日益多样化。

政府由于职能、效率和管理体制等限制因素无法提供所有的公共物品，政府职能过度扩张也存在政府失灵、财政负担过重、资源配置失效等现象，因此需要明确界定政府提供公共物品的范围，区分纯公共物品和准公共物品。纯公共物品由政府通过直接生产或委托生产的方式提供，而准公共物品可以在部分生产和交易环节引入市场机制。同时，纯公共物品和准公共物品的界定及其范围随着社会科技进步而发生转换，也即当公共物品的边际成本逐渐下降到极低，或存在一定技术壁垒和制度安排实现边际收益为正时，纯公共物品可以成为准公共物品，反之亦然。

2）公共物品的市场生产

如上所述，交由市场生产的公共物品统称为准公共物品。准公共物品的存在一方面是由于技术壁垒和制度安排的需要，另一方面也是为了实现资源配置效率，避免浪费并回收部分成本。例如，城市供水和高铁建设，通过用户付费的方式可以提高水资源配置效率、倡导资源节约，并回收部分前期资金投入。

准公共物品的市场生产主要有三种方式，即私营独资、政企合资、特许经营。私营独资是由私营企业自筹资金、自主生产，如职业教育或培训等。政企合资一般通过设立合资企业，针对涉及国计民生的重要行业或部门，确保供给价格和数量的相对稳定，如能源、水的供应等。特许经营是政府针对某些特殊性物品的生产者采取的一种兼顾制度保护和垄断监管的方式：一方面出于国家安全或其他重要目的，为特定生产者颁发特许营业执照；另一方面出于防止事实的垄断而导致价格操控或质量下降，制定了更为严格的生产经营监管制度，确保公共利益不受损害。

水资源同时具有纯公共物品、私人物品和准公共物品等多重属性，并且在不同场景或生产消费环境下具有不同的表现形式，需要进行仔细区分和有效监管。例如，大规模跨区域调水工程是面向社会可持续发展的长期公共利益，由政府财政出资，属于纯公共物品；饮料、瓶装水由私营企业生产供应，则属于私人物品；市政供水排水系统建设，为了节约资源并实现有效资源配置，由国营企业按市场机制运营，属于准公共物品；污水处理设施建设具有高投资和高收益的特征，往往采取"资产国有化、运营市场化"的经营方式，即政府投资基础设施建设，并通过招标委托的方式引入私营企业按市场机制运营，政府则进行全流程监管。

3）公共物品的自愿生产

自愿生产公共物品的主体一般是非营利机构或从事非营利活动的社会组织。自愿生产是对政府生产和市场生产的有效补充，缓解政府失灵和市场失灵的问题，但往往遭遇可持续经营问题，即能力和投入不足、职能有限、监管失效等问题，有待进一步完善。

2. 公共物品的消费

公共物品的消费也分为纯公共物品和准公共物品的消费，两者划分的依据是：在一定的时空环境和科技约束下，公共资源的稀缺性特征有所不同，而当环境或约束发生变化时，两者也将发生转换。"搭便车"现象即是产生于准公共物品消费，实际上是监管失效问题，也即私营生产对特定公共资源的过度侵占而导致公共利益受损，最终也会损害所有私营生产。

（1）纯公共产品消费。纯公共物品消费是指在特定条件下，消费过程既不存在竞争性，也不存在排他性，这意味着所有人都可以享受纯公共物品而不会造成相互影响，并且消费越多，所有人的福利也就增加越多。

（2）准公共产品消费。准公共物品消费是指在特定条件下，该物品消费数量的增加将出现一个"拥挤点"：在拥挤点之前，准公共物品的消费特征与纯公共物品无异，边际成本极低或趋近于零；达到拥挤点之后，准公共物品的排他性特征显现，每增加一位消费者将导致边际成本增加而边际收益依然为零，新增消费者将不断抬高边际成本直至达到准公共物品的最大供给能力。因此，在"拥挤点"之前，准公共物品的消费会由于极低的边际成本而容易被浪费，在"拥挤点"之后，持续增长的消费形成对公共物品的过度使用而损害公共利益，造成"公地悲剧"。

以水资源为例，如果一个地区的水资源或者水环境容量相对充足，完全满足当地消费，则水资源和水环境是近乎纯公共物品，兼具非排他性和非竞争性。当消费增加到无法满足当地消费时，继续抽取地下水或跨区域调水，并加强污水处理和水环境保护，增加再生水供应，此时水资源和水环境的排他性特征显现，成为准公共物品。对于一些生活奢侈性用水需求和工商业用水需求，水资源和水环境成为兼具排他性和竞争性特征的市场商品，可以通过价格机制调节供需行为。不同的需求情景下，水资源价格弹性具有显著差异：作为纯公共物品和准公共物品的水资源，对价格变化相对不敏感；而作为市场商品的水资源，对价格变化相对较为敏感。因此，水资源分别作为公共物品和市场商品的定价和管理政策应该予以科学区分。

6.5　水资源保护的主要制度

长期以来重开发轻保护的发展模式导致水资源遭到严重破坏，日益严峻的水资源短缺和水污染问题已经引发了全球广泛关注，世界各国相继出台了一系列水资源管理和保护政策，取得了一些良好的进展，如美国的许可权交易制度、欧洲发达国家的资源税费体系等。

我国的水资源管理制度和相关政策体系经历了由行政直接管控向市场调节加政府监管改革的过程。2012 年 11 月 8 日，中国共产党第十八次全国代表大会报告中提出："要节约集约利用资源，推动资源利用方式根本转变，加强全过程节约管理，大幅降低能源、水、土地消耗强度""加强水源地保护和用水总量管理，推进水循环利用，建设节约型社会"，其主要内容是要深化资源性产品的价格和税费改革，建立合理的资源有偿使用制度和生态补偿制度，充分反映市场供求关系和资源稀缺程度，体现生态价值和代际补偿等需要。

6.5.1　资源有偿使用制度

资源有偿使用制度是为了维护所有者权益、反映市场供求关系和资源稀缺程度所建立的资源管理制度。国务院印发的《关于全民所有自然资源资产有偿使用制度改革的指导意见》（简称意见）指出，自然资源资产有偿使用制度是生态文明制度体系的一项核心制度。制度改革对促进自然资源保护和合理利用、切实维护国家所有者和使用者权益、完善自然资源产权制度和生态文明制度体系、加快建设美丽中国意义重大。意见针对土地、水、矿产、森林、草原、海域海岛等 6 类国有自然资源的不同特点和情况，分别提出了建立完善有偿使用制度的重点任务。其中，完善水资源有偿使用制度，健全水资源费差别化征收标准和管理制度，严格水资源费征收管理，确保应收尽收。

6.5.2　生态补偿制度

生态补偿制度是为了防止生态破坏、维护并促进生态良性发展、实现生态价值和体现代际补偿需要等目标建立的环境管理制度。该制度的管理对象是从事对生态环境产生或可能产生影响的生产、经营、开发和利用的活动及其活动主体，管理内容包括补偿主体、受益主体、补偿标准、补偿模式等内容。2010 年，国务院将生态补偿条例列入立法计划。2013 年，全国人大常委会审议了《国务院关于生态补偿机制建设工作情况的报告》。近年来随着各项体制机制不断完善，中央到地方及相关部门已经形成了一整套较为系统的政策体系。

6.6　我国水资源的主要经济问题

6.6.1　我国水资源概况

我国水资源的分布情况主要呈现两个特点：一是水资源地区分布不均匀；二是时程变化。

降水量从东南沿海向西北内陆递减,即总量多,人均少;南方多,北方少;东南部多,西北部少;夏秋多,冬春少;山区多,平原少。

1) 水资源短缺严重

国际标准认为,人均水资源如果低于 500m³、1000m³、2000m³、3000m³,分别是极度缺水、重度缺水、中度缺水、轻度缺水国家,据此判断我国总体上是一个严重缺水的国家,全国有 16 个省份属于重度缺水区,6 个省份属于极度缺水区;全国 400 多个城市属于严重缺水和缺水城市。京津冀地区人均水资源仅 286m³,为全国人均的 1/8,世界人均的 1/32,比国际标准的极度缺水水平还低。此外,可利用的淡水资源有限,水资源浪费、污染及气候变暖、降水减少等现状也加剧了水资源短缺的危机。

2) 主要河流的径流年际、年内变化大

我国主要河流的径流量年际、年内变化较大。北方主要河流都曾出现过连续性丰水期和连续性枯水期。例如,黄河在 1922～1932 年曾出现过连续 11 年的枯水期,其年平均径流量比正常年份少 24%,也在 1943～1951 年出现过连续 9 年的丰水期,其年平均径流量比正常年份多 19%。连续性丰水期和枯水期现象导致水旱灾害频繁、农业生产不稳定且供需矛盾突出等一系列问题。

我国降水的年内分布也极不均匀,主要集中在汛期。长江以南地区的河流汛期为 4～7月,其径流量占年径流总量的 60%左右,华北地区主要河流汛期在 6～9 月,占年径流总量的 80%以上。同时,由于我国雨热同期,天然降水为农作物生长创造了有利条件。

3) 水资源区域分布与社会经济格局不匹配

我国水资源区域分布与人口、耕地、矿产开发和经济发展的格局不匹配。全国 80%的水资源分布在长江流域及其南部地区,长江流域以北的水资源量仅为全国的 14.7%,其中,黄河、淮河、海河等流域的水资源短缺问题尤为突出。西北内陆干旱区的水资源量仅占全国的4.8%,社会经济发展受到明显制约。

4) 水资源开发利用潜力有限

虽然我国水资源总量不少,但并非都可以利用。受经济技术条件的限制、生态环境因素的影响等,一些水资源暂时无法开发利用。我国年度用水总量呈逐年递增趋势,用水结构与以前相比也发生了较为明显的变化,工业和生活用水占总用水量的比例逐年上升,农业用水比例在下降。近几年水资源状况分析和水利部资料显示,我国用水总量正逐步接近国务院确定的 2020 年用水总量控制目标,开发空间十分有限,目前年均缺水量高达 500 多亿 m³。

6.6.2 我国水资源存在的问题

随着经济社会的快速发展、人口增多、环境污染和气候变化等,水资源面临的形势越来越严峻,水资源短缺成为我国社会发展的阻力。我国当前水资源存在的问题如下:①人均水资源总量短缺。我国是一个水资源总量丰富但人均水资源量贫乏的国家。虽然河流众多,但是人均占有量却很少。尽管水资源总量位居世界第 6 位,但人均保有量只有 2500m³,仅为世界平均水平的 1/4,是联合国明确的 13 个贫水国家之一。②水资源时空分布不均。③水环境污染问题日益突出。全国污水排放总量逐年上升,河湖污染有加重之势。人口剧增和工业发达,导致产生大量的生活污水、生活垃圾、工业废水和工业废渣,这些所有的废弃物往往排放到江河湖海,再加上其他各种因素,造成水环境的严重污染。④水资源浪费严重。部分地区水价偏低导致市场机制难以发挥作用,用户节水观念淡薄而造成过度用水形成浪费。
⑤水土流失严重。部分地区森林植被遭受严重破坏,导致土壤流失严重,水资源供补循环的
平衡被打破,造成一些地区水源减少而连年干旱,另一些地区则泥沙淤积而形成洪涝灾害。

练 习 题

1. 如何理解水资源的内涵?

2. 水资源有哪些属性? 如何进行水资源的分类?

3. 如何理解水资源的稀缺性?

4. 如何理解水资源的时空配置?

5. 如何理解水资源的价值?

6. 水资源如何定价?

7. 水资源经济学的主要研究内容包括哪些?

8. 为什么说水资源具有公共物品特性?

9. 现有哪些主要的水资源保护制度? 请做简要说明。

10. 我国的水资源存在哪些主要经济问题?

主要参考文献

波斯泰尔. 1998. 最后的绿洲. 吴绍洪, 等译. 北京: 科学技术文献出版社

葛颜祥. 2003. 水权市场与农用水资源配置. 泰安: 山东农业大学博士学位论文

国务院. 2017. 国务院关于全民所有自然资源资产有偿使用制度改革的指导意见. 中华人民共和国国务院公
    报, (4): 8-12

刘敬阳. 2009. 水资源保护制度的经济比较分析. 水利科技, (1): 70-71

刘玉娟, 尚建君. 2013. 我国水资源存在的问题及保护对策. 科技创新与应用, (25): 151

栾维功, 钟玉秀. 2004. 水价确定的影响因素. 水利发展研究, (10): 4-7

宁立波, 徐恒力. 2004. 水资源自然属性和社会属性分析. 地理与地理信息科学, 20(1): 60-62

钱正英, 张光斗. 2001. 中国可持续发展水资源战略研究综合报告及各专题报告. 北京: 中国水利水电出版社

沈大军, 梁瑞驹, 王浩, 等. 1998. 水资源价值. 水利学报, (5): 55-60

夏骋翔. 2006. 水资源短缺的定义及其测度. 水资源保护, 22(4): 88-91

徐恒力. 2001. 水资源开发与保护. 北京: 地质出版社

佚名. 2015. 水资源并非取之不尽. 中国环境科学, 35(5): 1465

余永定, 张宇燕, 郑秉文. 1999. 西方经济学. 北京: 经济科学出版社

《中国水利百科全书》编辑委员会. 2006. 中国水利百科全书. 北京: 中国水利水电出版社

第7章 土地资源经济学

> 土地资源具有一些自身特性，特别是与其他自然资源相比，土地的位置固定不变，位置的重要性不仅在于直接影响了土地的价值，还受其周边土地用途的影响。土地资源能够提供多种服务，各种土地利用方式可以同时存在，但一些用途不能兼容而造成土地资源利用中的冲突，市场为解决这些冲突提供了不同的手段。本章将重点介绍土地资源的基本属性，回答土地资源利用的有效性和可持续性，分析土地资源利用的一些经济问题、最优配置原理与影响粮食安全的土地资源政策，以及农业土地资源利用与管理，简要分析和介绍了我国土地资源的主要经济问题。

7.1 土地资源经济学基本原理

7.1.1 土地资源的概念

1. 土地和土地资源

由于土地本身的复杂多样性，土地的概念一直是学者争论不休的焦点和难点，在不同时期、不同学科门类中、基于不同的研究目的，人们对于土地有不同的理解，致使土地的内涵不断深化和拓展，也是不少新兴学科的突破口与试金石。

一般学术界认为：土地即地球表面一定空间范围内的陆地和水面，包括除海洋之外的纯陆地，以及陆地上的江河、湖泊、水库、池塘等水面。上述陆地水面作为陆地的附属物也是陆地不可缺少的组成部分，其范围或边界也随着降水变化、陆地侵蚀、人工改造等处于经常的变动之中。

联合国粮食及农业组织（Food and Agriculture Organization of the United Nations, FAO）1976年发布的《土地评价纲要》中这样定义土地："土地是由影响土地利用潜力的自然环境所组成，包括气候、地形、土壤、水文和植被等。它还包括人类过去和现在活动的结果，如围海造田、清除植被，以及反面的结果，如土壤盐碱化。而纯粹的社会特征不包括在土地的概念之内，因为这些特征是社会经济状况的组成部分"。中国地理学家普遍赞同土地是一个综合的自然地理概念，认为土地"是地表某一地段，包括地质、地貌、气候、水文、土壤、植被等多种自然要素在内的自然综合体"。一般认为，土地并不包括地下矿藏。

土地概念与土地资源概念二者既联系密切也有一定区别。一般来说，土地的范畴要大于土地资源的范畴，土地资源是指在土地总体中，当前或者未来一段时间内依靠一定的技术和生产力条件能为人类所利用并产生一定价值的土地。随着科学技术的进步，人类利用土地的能力也在不断进步，因此土地资源的范围也将不断扩大。多数情况下，土地和土地资源的概念比较模糊，国内外学术界使用这两个概念时一般不特别区分。

2. 土地资源的分类

为了对土地资源进行系统的识别、评价和利用，有必要针对土地资源不同的特性进行系列分类，如根据土地存在的地形地貌类型分类、根据土地利用类型分类等。

（1）根据土地存在的地形地貌类型分类，可将土地分为高原、山地、丘陵、平原、盆地。这种分类是基于土地存在的自然形态。人类根据土地存在的具体形态，决定土地利用的方式，如高原、山地、丘陵发展林业、畜牧业，平原、盆地、草场发展种植业和放牧业等。

（2）根据土地利用类型分类，2017年国土资源部组织修订了国家标准《土地利用现状分类》（GB/T 21010—2017），11月1日经国家质量监督检验检疫总局、国家标准化管理委员会批准发布并实施。该国家标准将土地用途分为12个一级类和73个二级类，其中一级类分别是耕地、园地、林地、草地、商服用地、工矿仓储用地、住宅用地、公共管理与公共服务用地、特殊用地、交通运输用地、水域及水利设施用地和其他土地。每一个一级类中又细分为若干二级类，如耕地分为水田、水浇地和旱地3个二级类，园地分为果园、茶园、橡胶园和其他果园4个二级类，第12类"其他土地"细分为空闲地、设施农用地、田坎、盐碱地、沙地、裸土地、裸岩石砾地7个二级类。

（3）根据土地的管理对象分类。自2020年1月1日起施行的《土地管理法》将土地分为三大类，分别是农用地、建设用地和未利用地，并对三大类土地用途进行了界定。"农用地是指直接用于农业生产的土地，包括耕地、林地、草地、农田水利用地、养殖水面等；建设用地是指建造建筑物、构筑物的土地，包括城乡住宅和公共设施用地、工矿用地、交通水利设施用地、旅游用地、军事设施用地等；未利用地是指农用地和建设用地以外的土地"。

3. 土地经济学和土地资源经济学

《中国资源科学百科全书》定义土地经济学（land economics）是"研究人类在土地开发利用过程中所应遵循的基本经济原理和规律的学科"。土地经济学属于经济学的一个分支，其研究对象是人们在利用土地的过程中所发生的一切社会经济关系，核心内容是社会经济各主体在利用土地过程中应遵循的经济规律和经济原理。土地经济学的研究内容是调控和协调各土地所有者、使用经营者之间经济关系的交易原则、政策、制度和法律法规。具体来说，主要包括以下三方面内容：一是土地利用的经济学原理，如土地报酬递减规律、土地供求平衡原理、限制因素最高报酬原理（也即生产资源配合优化原理）、土地稀缺原理、资源替代原理等。二是土地制度问题，如土地所有制、使用权与经营权相关的权力束问题。三是土地评价与土地价格问题，如地租、地价、地税、土地信用和土地金融等。

土地资源经济学是关注土地资源开发利用模式及演化规律的应用经济学科。作为经济学的一个分支学科，土地资源经济学是研究人类社会可持续开发利用、治理、保护和管理土地资源的一门学科；重点研究土地资源开发利用过程中如何达到土地资源最优配置、缓解土地资源有限性约束的经济机制问题，以及土地资源及其利用的经济评价和宏观管理方法等问题，从而实现土地资源的可持续利用与社会经济的协调发展。

从基本内涵来看，土地经济学和土地资源经济学并没有明确的区别，二者都是研究土地资源利用过程中的经济学原理，以及相关的政策、制度、法规问题。土地资源经济学较多关注土地资源开发、利用过程中的可持续性，实现土地资源的永续利用和最优配置。

7.1.2　土地资源的基本属性

土地资源作为自然的产物与人类的基本生产资料和生活资料,具有一系列与其他物体相区别的特性。一般认为,土地资源的基本特性包括自然属性和经济属性。

1. 土地资源的自然属性

不同类型土地资源反映了土地资源的自然属性,这种自然属性并非人类利用土地资源所赋予的特征。

(1) 土地资源是自然的产物。土地资源具有原始性,早在人类诞生前就已存在,而不像其他生产资料那样是劳动的产物。土地资源是大自然的产物,是万物生存的基地,自身就具有自然生产能力。如果投入人类生产技术,能更为有效地加以利用,提高其生产潜力。通过土地生产潜力表达的承受能力,也是土地资源自然属性的重要表现。

(2) 土地资源位置的固定性与面积(总量)的有限性。土地资源的空间位置是固定不动的,具有明显的地域性特征,这赋予了土地资源作为不动产的自然基础。一定地域内的土地资源数量是相对固定的,这不仅表现在特定区域面积的有限性上,还表现在土地面积的自然增减和人工增减都是有限的,可利用的地上与地下空间是有限的,可利用的数量也是有限的。

(3) 土地资源的区位差异性。土地资源自身的条件及相应的气候条件存在差异,各区域的土地资源质量、生产力和经济价值也存在差异,造成土地资源区位差异性,这是确定土地利用方向和各类土地等级及其价值的客观依据。随着土地开发能力的提高和人类开发利用土地空间的扩展,这种区位差异性更加明显。

(4) 土地资源利用的可持续性。土地资源作为一种生产要素,只要按照自然规律,科学合理地利用、改良,就可以持续利用并不断提高产出率。

2. 土地资源的经济属性

土地资源的经济属性,是基于土地资源的自然属性,人类在长期利用土地的过程中产生的某些经济属性。

(1) 供给的稀缺性。土地资源供给可分为无弹性的自然供给和有弹性的经济供给。土地资源供给的稀缺性不仅表现在土地资源供给量难以满足土地资源需求量,还表现在土地资源位置的固定性和质量的差异性所导致的在某一特定区域和某些特定用途上的土地资源供给的不足,也就是数量的稀缺和结构性稀缺。

(2) 土地资源利用方式的相对分散性及利用方向变更的困难性。土地资源位置的固定性和质量的差异性,使土地资源只能因地制宜地加以利用。

(3) 土地资源报酬递减的可能性。"土地报酬递减规律"决定了一定时期内土地资源开发利用技术水平相对稳定的条件下,单位面积土地上的物资、技术和劳动力投入持续增加到一定水平时,出现新增收益少于新增投入的现象。

(4) 土地资源利用的外部性。土地资源是自然环境系统的一个基础因子,在土地资源利用过程中,不仅会对本区域的资源环境和经济活动产生影响,还会对邻近地区甚至整个国家的生态环境和社会经济效益产生影响,从而产生土地利用的正向外部性或负向外部性。

7.1.3 土地资源的功能与供求规律

1. 土地资源的基本功能

对于人类社会而言，土地资源具有多功能属性特征，它是提供生态系统承载功能、生产功能和资源保有功能的最基础自然资源。

（1）承载功能。土地是一切自然物和人类社会活动的场地，具有承载万物的功能。土地的承载功能受物理及地质特征、生态阈值、环境容量及其他资源承载能力的影响。

（2）生产功能。土地资源具有自然生产能力，在一定深度和高度范围内，土壤中含有营养物质、水分、空气，可以接受太阳光照，可以滋生万物。人类在开发利用土地资源时，应该遵循可持续性原则，确定合理的土地利用方式、采用先进的技术手段，最大限度地优化配置土壤、水分、光照、生物、空气、地貌等各种自然要素。

（3）资源保有功能。土地的资源保有功能为人类发展提供了重要物质支撑。人类进行物质资料生产所需要的建筑材料、矿产资源和动力资源等非生物资源蕴藏于土地之中。

2. 土地资源的衍生属性

土地资源与生态系统和社会经济系统存在最紧密的关系，衍生出一些生态功能及财产和资产功能。

（1）生态功能。土地生态系统是地球生态系统的基本子系统。土地的生态功能有多种状态和用途，林地生长着茂密的森林，草地被一望无际的牧草覆盖，耕地种植着品种繁多的农作物。在人类正确活动的干预下，建立合理的土地利用结构，并以科学的方式利用各类土地，就会形成良性的循环系统，从而为人类的生产和生活创造良好的生态环境。

（2）财产和资产功能。随着土地私有制的出现，土地具备了财产功能，形成以土地私有制为核心的土地财产制度体系。土地产权进入市场流转，赋予了土地资源的资产功能，土地成为不动产投资对象。

3. 土地资源的供求规律

（1）土地资源的供给。是指一定区域范围内能够有偿提供给社会经济主体利用的各种生产和生活用地数量，包括已经利用的土地资源和未来可作为某种用途的土地资源数量。它包含土地的自然供给和经济供给两层含义，自然供给是指一定地域范围内大自然存在的可供人类利用的土地资源总量（物理供给），包括已利用的和后备的土地资源。一般是固定不变、无弹性的供给，受气候、交通、土壤质地、淡水等制约。经济供给是自然供给中在现有条件下可供人类实际投入利用的各种土地资源量，受自然供给、价格水平、经济发展、技术因素、制度因素等制约。

（2）土地资源的需求。包含农用地需求和非农用地需求，农用地需求主要是人类对用于生产各种农产品以满足衣食需要，以及其他生产原料的各种农用土地的需求，包括耕地、园地、林地、草地、水库、塘坝等。非农用地需求主要是人类对于提供居住、交通、工作、科学、技术、文化娱乐等功能的各类土地的需求。影响土地资源需求的因素有人口增长、经济发展、产业结构、生产力水平等。

（3）土地资源的供需平衡。土地资源作为一种人类赖以生存的特殊商品，既有一般商品供求规律的特征，又有基于土地资源自然和社会属性所决定的特殊的供求平衡关系。

一般状态下，土地资源供求基本规律是：地价上升，供给量增加，而需求量减少；地价下降，供给量减少，而需求量增加（图 7.1）。在 E 点，土地资源供给曲线与需求曲线相交，市场达到均衡。在 F 点，当土地资源供给量不变（S_1），政府采取刺激土地资源需求政策（如放宽土地投资的贷款限制），则土地资源需求量增大，需求曲线由 D_1 右移到 D_2，地价由 P_1 上升到 P_2。在 G 点，当土地需求量不变（D_1），政府增加土地供给政策（如取消农用地保护制度），则土地资源供给量增大，供给曲线由 S_1 右移到 S_2，地价由 P_1 下降到 P_3。

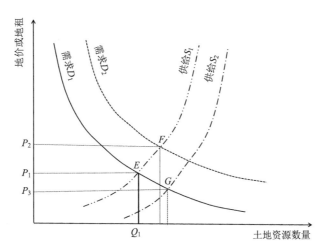

图 7.1　一般状态下的土地资源供求平衡

当土地资源供给量固定时，在特定范围内可利用的土地资源有一定的限度（图 7.2）。土地供给曲线（S）与需求曲线（D_1）相交于 E 点，决定了土地资源的均衡价格 P_1。随着人口增加和经济发展，人们对土地的需求不断增加（需求曲线由 D_1 向右移动到 D_2），而土地的供给无法增加，导致土地价格不断上涨（由 P_1 上升到 P_2）。

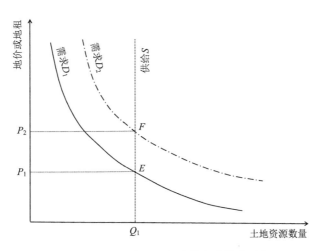

图 7.2　土地供给量固定时的土地供求平衡

现实中，土地资源的供需还有三种特例，即特殊的土地供给曲线、特殊的土地需求曲线和土地资源有价无市。

在供给曲线出现特殊情况时（图 7.3），因土地资源的自然供给总量有限，超过这个限度（Q^*），不管价格如何上涨，也不能增加土地资源的供给。

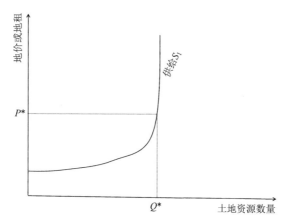

图 7.3　特殊的土地供给曲线

在需求曲线出现特殊情况时（图 7.4），此时的土地资源需求曲线与供给曲线方向一致，土地购买者把土地资源作为投资对象，他们期待购买的土地资源涨价后抛售土地而获利；当土地资源价格较低时，投资者囤积土地资源，购买者少；当土地资源价格较高时，投资者可以抛售土地资源，购买者增多。

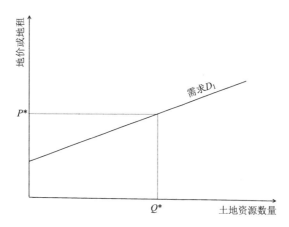

图 7.4　特殊的土地需求曲线

第三种特例是土地资源有价无市。此时，市场上只有土地资源供给及其价格预期，没有需求；或者，只有对土地资源的需求及其价格预期，却没有供给。这两种情况分别常见于经济高速发展时期和经济萧条时期，都无法实现土地资源的市场交易。

7.1.4　土地资源经济学的主要研究内容

土地资源经济学是以人地关系为研究对象。在一定的经济发展阶段、土地利用技术水平和人口数量下，人地配比关系等因素处于相对稳定状态，资源观对土地经济问题起着决定性的作用。从土地利用决策的角度来看，土地利用决策包含三个部分，即利用与否、利用什么和如何利用，不同的决策方式，可能导致对土地持续利用及其收益分配产生不同的影响，这与资源观有直接关系。

表 7.1 展示了土地资源经济问题关系演变。在原始社会，人们依赖天然条件存活，资源可控问题成为主要土地资源经济问题；在农业社会，人们认识和利用动植物资源的生长规律解决了资源可控问题，但经济来源很大程度上依赖于土地资源的数量，土地利用不当导致的土壤退化成为主要的资源问题；在工业社会，耗竭资源的大量使用导致资源短缺、土地退化、耕地减少和土地污染等一系列问题。

表 7.1　土地资源经济问题关系演变（黄贤金和张安录，2016）

主题	历史阶段			
	原始社会	农业社会	工业社会	后工业时代
主导的资源观	听命自然观	顺应和效法自然观	征服自然观	人与自然和谐观
利用的主要资源	土地及自然动植物资源	农业土地资源和驯养的动物资源	农地非农化；可耗竭资源	土地、非耗竭资源
利用的主要能源	植物能源	植物能源、风能和水力	化石能源、水力	清洁能源、非耗竭能源
资源主要利用模式	采集、渔猎	农业模式	工业模式	先进制造业、现代服务业模式
主要土地资源经济问题	土地资源的可控问题；土地承载能力低，食物短缺	土地权益分配问题，土壤退化问题	土地权益分配问题；耕地减少，粮食安全；土地污染、生态破坏、全球变暖以及耗竭型资源短缺	土地公共权益保障问题；土地收益分配不公；土地资源破坏及生态环境修复；新能源开发等

自 18 世纪进入工业社会起，以人文主义思想为背景的现代人本位资源无限史观的实践奠定了现代文明的基石，也不可避免地带来了今天一系列尖锐的人地矛盾，人口、资源、环境与发展不协调关系成为全球性关注的问题。随着工业化进程的加速，对资源的大规模开发利用及一系列生态问题的产生，迫使人类的资源观由人本位资源无限史观向认识到自然资源的有限性和保护资源环境转变。人们认识到，无限制利用自然资源会导致自然资源的枯竭，出现危害人类生存质量的资源环境危机。为避免这种危机，人类必须把资源开发利用和资源环境保护有机结合起来，实现可持续利用。

7.2　土地资源利用与最优配置

土地资源能否被合理利用，关系着人类现在和未来的发展。土地资源开发利用是资金、技术、劳动与土地资源相结合，生产出物质产品和各种服务功能的复杂经济活动过程，这一过程体现了人类与土地资源之间进行的物质、能量及价值、信息的交流和转换的动态过程。

7.2.1　地租、土地资产和土地质量

1. 地租

地租（land rent）是土地所有者凭借土地所有权将土地转给他人使用而获得的收入。美国著名经济学家保罗·萨缪尔森认为，地租是为使用土地所付出的代价。由于土地供给量在一定时期是有限的或者是固定的，而对土地的需求不断增加，土地市场长期以来处于需求大于供给的稀缺状态，地租的高低取决于土地需求者之间的竞争出价的结果。美国土地经济学家雷利·巴洛维的《土地资源经济学——不动产经济学》中认为"地租指土地资源的理论收益，或者可以直接地定义为土地在生产利用中自然产生的或应该产生的经济报酬"。

图 7.5 揭示了土地主（土地资源所有者）的收益如何随着不同质量土地变化的规律，其中：MC–MC'为某一区域的边际总成本或供给曲线；横轴为农产品数量，纵轴为单位农产品的成本或价格。图 7.5 中假设：土地主首先开发最好的土地，然后开发较次的土地；所有的农产品按相同价格出售。

如果粮食产量为 OQ，那么在较次土地上生产的单位成本为 MC，而价格为 OP，则 $O\text{-}P\text{-}R\text{-}Q$（产量与价格之乘积）代表土地主的总收入，$O\text{-}MC\text{-}R\text{-}Q$（曲线下方区域）代表生产上述农产品产量的总成本。显然，总收入扣除总成本就是地租，即图 7.5 中的 MC-P-R 三角形阴影区面积。

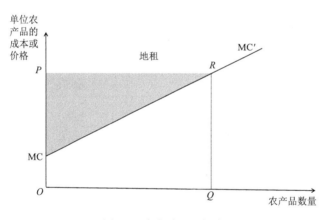

图 7.5　古典地租的概念

土地经济学阐释了地租理论，同时还区分了级差地租与绝对地租。

土地的级差地租，是指耕种较优土地的生产者向土地所有者交纳的超额利润，数量上表现为优质土地产出产品的个别生产成本与社会平均生产价格的差额。级差地租产生的原因是：优质土地的土壤肥沃，单位面积生产量高，农产品的个别生产成本低于社会平均生产价格；反之，劣等土地土壤贫瘠，单位面积生产量低，要生产同样的产品其各种投入要大大增加，农产品的个别生产成本高于社会平均生产价格。优质土地相对更为稀缺的特征造成了垄断，也是产生级差地租的原因。

级差地租有两种类型，分别称为级差地租Ⅰ和级差地租Ⅱ。

级差地租Ⅰ又称为级差地租第Ⅰ形态，它由土地所有者占有，其形成前提是拥有优质的

土地肥力和较佳的区位条件。一方面，在土地经营中，将等量资本投入土壤肥力不同的土地时，优等土地的产出自然比劣等土地相对更高，而由于优等土地资源往往相对不足，必须要劣等地投入生产才能满足市场对农产品的需求，故农产品价格由劣等土地的生产成本所决定。优等土地和中等土地的农产品出售时就会获得高于劣等土地的平均利润的收入，这种高于平均利润的收入就是超额利润，且被土地所有者所占有，形成级差地租Ⅰ。另一方面，由于土地位置与市场距离的远近不同，运输距离较近的土地比相同地力但较远的土地更加节省运输成本。由于市场价格是由距离较远土地的农产品价格决定的，距离较近土地就可以获得高于平均利润的超额利润，这部分利润也被土地所有者所占有，也是级差地租Ⅰ。

级差地租Ⅱ又称级差地租第Ⅱ形态。它是指在同一块土地上连续追加投资，如改土施肥、改善灌溉条件和精耕细作等，每次投资都旨在提高原有土地的产出、提高劳动生产率，实现高于劣等土地的劳动生产率，由此产生级差地租Ⅱ。无论是优等地、中等地还是劣等地，只要在经营过程中连续投资获得高于劣等地的超额利润，就是级差地租Ⅱ。

表 7.2 为土地肥力的差异产生的级差地租Ⅰ举例。假设有优、中、劣三块等面积的土地，每块土地的所有资本投入均为 120 元，但由于存在土地肥力差异，各块土地产量分别为 300kg、250kg 和 200kg。那么各块土地单位产量的个别生产价格分别为 0.4 元、0.48 元和 0.6 元。假设农产品市场处于供求平衡状态，所有农产品都正好可以销售完毕，那么此时市场上农产品价格是由最劣等土地的个别生产成本所决定的，所以社会生产成本即为劣等土地的个别生产成本 0.6 元，那么优等地、中等地和劣等地所生产出产品的社会生产总成本就分别为 180 元、150 元和 120 元。显然，优等地和中等地可以分别多获得 60 元和 30 元的收入，这部分超额利润，就是级差地租Ⅰ。

表 7.2　土地肥力的差异产生的级差地租Ⅰ举例

土地等级	所耗资本 CV/元	平均利润 /元	产量 /kg	个别生产成本/元		社会生产成本/元		级差地租 /元
				全部产品	每公斤产品	每公斤产品	全部产品	
劣等	100	20	200	120	0.6	0.6	120	0
中等	100	20	250	120	0.48	0.6	150	30
优等	100	20	300	120	0.4	0.6	180	60

由表 7.2 可见，级差地租Ⅰ与级差地租Ⅱ都是不同肥力和位置的土地所产生的个别生产成本与社会生产成本的差异所产生的超额利润。级差地租Ⅱ以级差地租Ⅰ为基础，也即级差地租Ⅰ的产生早于级差地租Ⅱ。此外，即使劣等土地资源在未来也可能产生级差地租。例如，由于市场对农产品的需求增加，原有土地不足以保障供给，农产品价格上涨，那么就会刺激土地所有者开发比原有劣等地更差的土地投入生产，或者刺激土地经营者在较优的土地上连续追加投资，又或者在原来的劣等地上追加投资，这三种投入情况都可能产生级差地租。

2. 土地资产：作为生产性和可交易资产的资本价值简单模型

土地资源既可以作为生产要素进入社会经济系统，又可以作为可交易的资产进入市场。土地资产指能够被人类使用、占有并且作为人类生产资料预期可以带来收益的土地资源。此概念体现土地的经济属性、社会属性和法律属性。土地资产具有明确的权属关系和排他性，是土地的经济形态,是土地成为资本的物的表现。

市场在配置土地资源时追求土地资产的最大使用价值,以使用者的支付意愿或接受意愿来表示。图 7.6 显示了三种假设的土地利用方式,即居住用地、农业用地和荒野用地(指保持自然状态的未开垦土地)。横坐标表示农产品至市场中心距离,越向右代表到市场(中心地区)的距离越远,纵轴表示每亩土地的净效益。在图 7.6 中,依据最高使用价值配置土地的市场过程是将距离 A(距离中心地区最近)的土地用于居住用地开发,从 A 到 B(次优价值)的土地用于农业开发,从 B 到 C(距离市场最远)的土地应该保持荒野状态。这种配置方式使社会从土地中得到的净效益最大,刻画了跨期土地利用变化的过程,也说明了市场配置过程的有效程度。

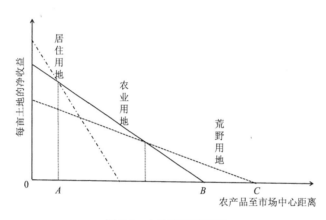

图 7.6 土地资源的配置

3. 李嘉图模型与土地质量

大卫·李嘉图试图解释,地租和土地使用模式是土地肥沃度差异造成的结果,即与土地质量紧密相关。假设可以有效地获得无限量的土地,但由于土地质量存在差异,最优质的土地都是稀缺的资源。以 F 表示土地质量,$0 \leqslant F \leqslant \infty$,$F$ 值越大表示土壤肥力越高。忽视非土地资本投入,并假设距离和位置不重要。问题是 F 如何影响作物生长、劳动力利用强度和土地的租金。假设作物 Z_i 的生产函数为

$$Z_i = a_i f(L, h, F) \tag{7.1}$$

式中,L 为劳动力;h 为土地;a_i 为作物 Z_i 的比例系数。

以英亩(1 英亩 $\approx 4046.86 \text{m}^2$)为单位表达土地的齐次生产函数,记每英亩产量 $Z_i = \dfrac{Z_i}{h}$ 和 $\varphi = \dfrac{L}{h}$,因此,有

$$Z_i = a_i f(\varphi, F) \tag{7.2}$$

每英亩利润 π 可以表示为

$$\pi = P_{z_i} a_i f(L, F) - \omega L - P^h(F) \tag{7.3}$$

式中,L 和 F 的边际生产率为正,且递减;P_{z_i} 为产品的单位价格;ω 为劳动力价格;$P^h(F)$ 为每英亩土地租金。

从高度简化的李嘉图古典模型中可以得出如下结论。

（1）在均衡状态，利润 π 减至零，但每英亩土地租金 $P^h(F)$ 为正。给定任意 P_{z_i}、ω 和生产技术水平，存在肥沃度的某个最低水平 $F_{\min}$。这时，$P_{z_i}a_if(L,F_{\min})=\omega L$，$P^h(F)=0$。肥沃度为 $F_{\min}$ 的土地不能获得租金，低于该肥沃度的所有土地被舍弃。$F>F_{\min}$ 的土地获得的租金为正，并随 F 增长。

（2）在一般分析中，质量较高的土地，每英亩的劳动力利用是强还是弱，尚不明确。

（3）在几种作物中进行选择时，土地质量（由一维梯度定义）不决定土地利用。

（4）如果 P_{z_i} 增长，其他条件不变，将会出现新的 $F'_{\min}<F_{\min}$。产品价格上涨，会允许耕种一些先前的次边际土地，以及满足条件 $F>F'_{\min}$、$P^{h'}(F)>P^h(F)$ 的土地，即租金将上涨。由此，李嘉图提出了土地租金理论，但是并不完备。

4. 杜能模型与区位

在理性决策的假设下，杜能根据到某些关键位置的距离的组织原则，对城市的距离如何影响农产品和土地利用强度的选择做了很好的解释。

无论距离（D）还是土壤肥沃度（假设为同质）都不影响产量。对于单一作物 Z_i，有

$$Z_i=a_if(L) \tag{7.4}$$

然而，距离直接影响利润，有

$$\pi_i=(P_{z_i}-s_{z_i}D)a_if(L)-\omega L-P^h(D) \tag{7.5}$$

式中，s 为运输成本，单位为 t/km。

在零利润均衡状态，土地租金等于收入扣除运输成本减去劳动力成本，有

$$P^h(D)=(P_{z_i}-s_{z_i}D)a_if(L)-\omega L \tag{7.6}$$

最优化每亩劳动力使用时，发现劳动力使用随着距离递减，在以下情形时为零：

$$D_{\max}=\frac{P_{z_i}}{s_{z_i}} \tag{7.7}$$

距离在 $D_{\max}$ 及更远的土地被舍弃。每英亩产出也随距离下降，在 $D_{\max}$ 处到达零。当距离为 $D_{\max}$，$L=z_i=0$ 时，土地租金为零。土地租金为正，且对于 $D<D_{\max}$，土地租金随着 D 的增加而递减。如果产品价格上涨，其他条件不变，会确定一个新的 $D'_{\max}>D_{\max}$；一些先前的次边际土地会被投入生产。在离城市比 $D'_{\max}$ 更近的位置，产出、劳动力强度和土地租金会增加。

引入替代作物，考虑两种作物 z_1 和 z_2，使每英亩劳动力最优化，得到

$$\left(P_{z_1}-s_{z_1}D\right)a_1\frac{\partial f(L_1)}{\partial L}=\omega=\left(P_{z_2}-s_{z_2}D\right)a_2\frac{\partial f(L_2)}{\partial L} \tag{7.8}$$

式中，$\partial f(L_i)/\partial L$ 为投入到 z_i 中劳动的边际实物产品。假设孤立的区域是一个封闭的经济体，产品价格会进行调整，以保证两种作物都能生产。

替代企业根据距离来选址，以距离 D_1 为界，则有

$$\left(P_{z_1}-s_{z_1}D_1\right)a_1=\left(P_{z_2}-s_{z_2}D_2\right)a_2 \tag{7.9}$$

在距离为 $0 < D \le D_1$ 的区域，单一种植每英亩运输成本更高的商品，在 $D_1 \le D \le D_{max}$ 的区域，单一种植重量更小的商品，超过 D_{max} 的区域，土地被放弃。该结果在图 7.7 中得到说明。

对于两种以上的作物，分析逻辑依然成立。地带边界明显，作物带从市场中心以产品重量下降的顺序排列，且每种作物只有一个生产带。

总之，劳动力利用随距离增大而连续平滑下降；土地租金连续下降但在地带边界有节点；每英亩的产量在地带内平滑下降但在地带边界不连续。

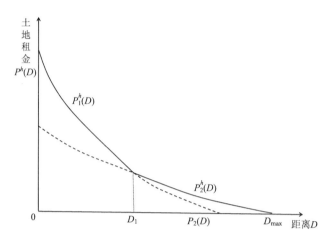

图 7.7　土地租金曲线与两种作物的最优位置选择

李嘉图和杜能的土地利用理论都把土地作为生产要素，创立了级差地租理论，并假设只关注可交易物品。其共同的结论是：边缘以外的土地（即李嘉图理论中的太贫瘠土地和杜能理论中的太远土地）将会被放弃为荒地。与李嘉图模型相比，杜能模型的分析结果更加确定，提出了劳动强度与替代生产企业的位置理论。

7.2.2　土地资源利用的经济问题

土地资源利用问题涉及土地集约利用、区位利用、规模利用和可持续利用等问题。

1. 土地报酬递减规律与土地集约利用

集约利用土地是土地利用的基本原则，是协调耕地保护与城乡建设用地冲突的重要路径，而土地报酬递减规律是科学开展土地集约利用的理论基础。

英国经济学家威斯特（West）于 1815 年出版的《论资本用于土地》一书中提出了"土地报酬递减规律"理论，即："劣等土地之所以必须日渐耕垦，就在于'土地报酬递减律'之故。"他认为，农业中投入土地的每一份资本增量所带来的收益增量与投入资本之比，是越来越少的。布莱克（Black）在《生产经济学导论》中，突出了可变要素生产率曲线，从而将报酬作为不变生产要素的生产率转换成可变生产要素的生产率，使报酬运动曲线趋于完整，为合理配置资源提供了理论依据。当代人们论述的"土地报酬递减规律"，是指在既定的生产技术条件下，在固定面积的土地上连续追加投入某种生产要素，同时其他的生产要素投入量不变，那么这种可变要素单位投入量的报酬增量最终是递减的。

土地的生产报酬（效益）可区分为总报酬（效益）、平均报酬（效益）和边际报酬（效益）三种形式。

土地生产总报酬（total production pay, TPP）是指一定数量的各种生产要素投入土地后，最终所获得的农产品总产品量或总效益。这是指没有扣除各种生产投入成本的土地产出总收入，也称为毛收入。

土地生产平均报酬（average production pay, APP）是指土地生产所获得最终产品产量（Y）与生产资料投入总量（X）之比，所获得的平均值表示每单位生产要素投入所生产出来的产品数量，公式为

$$平均报酬(APP) = Y/X \tag{7.10}$$

土地生产边际报酬（marginal production pay, MPP）指每增加一单位可变生产要素投入量所对应的产品总量的变化数量，也就是每增加一单位生产要素投入相应能获得的产品增量，用公式表示为

$$边际报酬(MPP) = \Delta Y/\Delta X \tag{7.11}$$

式中，ΔY 为总产品量的增量；ΔX 为变动资源投入量的增量。

生产弹性 $EPP = \dfrac{MPP}{APP} = \dfrac{\Delta Y}{\Delta X} \cdot \dfrac{X}{Y}$　或 $EPP = \dfrac{dY}{dX} \cdot \dfrac{X}{Y}$ 表示报酬的变化强弱及变化方向。

根据"土地报酬递减规律"，图 7.8 表示的土地资源投入-产出阶段分析如下。

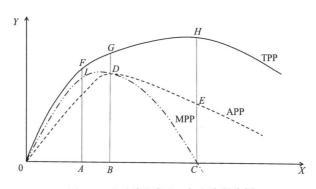

图 7.8　土地资源投入-产出阶段分析

（1）在要素投入的第一阶段，即生产要素 X 在从零增加至 A 点这段区域，边际报酬递增，且增加的速度越来越快，此阶段的特点是，可变生产要素投入不足，而其他不变要素的增产潜力没有得到充分释放，APP 没有达到最高点，土地资源依然有较大的生产潜力。土地生产经营处于粗放阶段。

（2）在可变要素投入的第二阶段，可变要素的投入持续增加，即可变生产要素从 A 点继续增加、经过 B 点直至 C 点这一段区域。MPP 和 APP 在可变投入 B 点达到一个最佳比例（两线相交于 D 点），此时 APP 达到最高，如果继续投入可变生产要素，则 APP 开始下降。此时是土地资源集约利用阶段，土地集约利用最佳点就在 B 点到 C 点这一阶段的某一点上。

（3）在第三阶段，即可变投入超过 C 点以后，增加的要素投入不仅会引起 APP 持续下降，还由于过量的可变要素投入，MPP 为零甚至为负值，总报酬不再增加甚至下降。因此，无论是从追求产量还是追求经济效益的角度，可变投入量都不应该超过 C 点。C 点就是土地

利用理论上的集约边界，超过这一点就是土地资源的过度利用

综上所述，土地集约利用是基于土地利用报酬递减规律的作用，在一定数量和一定质量的土地上，连续追加生产资料、生产技术和人工活动等生产要素。当对土地的连续投入达到土地利用的集约边界之前，经营者将会停止追加投入，接近达到集约边界的土地利用称为理论上的集约利用。在此之前土地边际报酬和总报酬都在增加的过程为理论上的粗放利用阶段，超过集约边界的土地利用称为土地资源的过度利用。

土地资源集约利用是土地资源自然生态利用与经济社会利用的有机耦合。人们利用土地资源的目标应该是追求综合效益最大化。土地资源利用隶属于生产领域的"集约经营"，其出发点和立足点在于对既往一味依赖增加土地数量投入的外延扩张型发展模式的积极变通，即依据产出与投入数量及其组合间存在特定关系，在一定程度上可以通过改变其他要素投入数量或组合结构以弥补土地要素数量的不足。由于主要生产要素的相互变化，土地资源利用存在着从粗放向集约转变的一般过程，这也是必然趋势。

根据投入生产要素属性和形态的不同，土地集约利用有三种存在形态，即劳动集约利用、资金集约利用和技术集约利用。从土地利用的空间形态和类型来看，土地集约利用又可分为农用土地的集约利用和城市建设用地的集约利用。

决定土地集约利用的因素归纳起来主要有三个方面：①取决于一定时期土地资源的稀缺程度，完全市场经济条件下，土地资源需求越多，则越会促进土地资源的集约利用；②取决于和土地利用相关的土地利用技术水平和资金投入的能力；③取决于土地自身的质量、区位条件及与市场联系的交通状况。

2. 区位理论与土地资源的区位利用

土地资源的区域性决定了土地资源分区利用的重要性。区位不同于自然状态下的位置，是一个综合概念，指自然界各种地理要素和人类社会经济活动之间的相互联系和相互作用在空间位置上的反映，是各影响因素的不同组合在空间位置上的体现。土地资源分区利用就是利用土地的区位特点，在空间上对土地进行科学布局并合理利用的过程。区位理论是指导土地利用的基本理论。

3. 土地规模报酬（或经济）与土地资源的规模利用

土地利用规模是指在以土地利用为核心的经济活动中，相对独立的经济实体占用、租用土地并以某种经营方式开发利用土地面积的数量，它是反映土地作为生产要素投入的集中程度指标。农业土地利用规模在很大程度上决定着农业经营规模的大小。

经济学中，当所有的生产要素以相同的比例同时增加或减少时，称为"纯粹规模"的变动，这种由严格意义上的规模变化而引起的企业经济效益的变化，称为规模报酬。同理，以某种相当的规模经营土地，通常称为土地的"规模经营"，由土地规模经营而获得的报酬称为土地规模经营报酬。一般而言，土地规模的扩大与规模报酬之间存在三种相互变化关系：①随着土地规模增加，土地规模报酬的增长幅度大于土地规模的扩大幅度，也就是土地边际规模报酬递增；②随着土地规模增加，土地规模报酬的增长幅度等于土地规模的扩大幅度，也就是土地边际规模报酬不变；③随着土地规模增加，土地规模报酬的增长幅度小于土地规模的扩大幅度，也就是土地边际规模报酬递减。

土地规模经营的目的是通过扩大土地利用规模使土地利用效益获得递增。从成本角度看，就是单位产品的平均成本随着土地经营规模的扩大而不断降低，从而净利润相应增加。与土地规模经济相反的情况就是土地规模不经济。

图 7.9 显示出一条随着土地经营规模增加而变动的土地长期平均成本曲线（LAC 曲线）。在 AM 阶段，该曲线由高向低变动，曲线斜率为负值，表示长期平均成本随着土地经营规模的扩大而降低，此阶段属于土地规模经济阶段；在 MB 阶段，该曲线由低向高变动，曲线斜率为正值，表示长期平均成本由于土地经营规模的扩大而上升，属于规模不经济阶段。所以，当土地经营规模小于 OM′时应扩大规模，提高土地收益水平；当土地经营规模大于 OM′时，应当停止扩大规模并将其缩小至 OM′附近，提高净收益水平。因此，通常将与土地生产成本最低点 M 相对应的经营规模 OM′称为最佳土地经营规模。

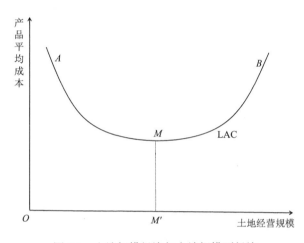

图 7.9　土地规模经济与土地规模不经济

不同于理想化"纯粹规模"报酬理论，现实土地利用经营中会涉及更为复杂的规模经济问题，主要有三种状况：第一，不同规模、不同经营模式与不同经营内容的微观企业实体存在其特定的土地利用规模经济问题，每一个城市的用地政策和区域特征也对土地利用规模有密切影响；第二，影响土地经营利润的因素不仅来自土地规模扩大，还可能来自企业劳动技术生产率提高，或可能与宏观经济效益和社会效益提高相关；第三，土地经营规模扩大所带来的经济利益，可能不仅仅归因于某个特定的企业规模增长，也可能由于整个产业链或整个地区的企业经营规模扩大。

4. 可持续发展理论与土地资源可持续利用

世界环境与发展委员会在 1987 年《我们共同的未来》报告中，定义"可持续发展"为："既满足当代人的需求，又不对后代人满足其自身需求的能力构成损害的发展"。西方自然保护学说的早期代表人物乔治·马什（George Marsh）所倡导的则是自然保护和人类与自然的和谐。各种有关可持续发展的学术观点，如资源稀缺论、效率利用论、极限增长论、能力建设论和绿色发展论等，形成了不同的理论学派，为可持续发展问题的研究奠定了理论基础。

土地资源的可持续利用或永续利用是 20 世纪 90 年代可持续发展理念渗透于土地科学研究中产生的新概念，是用以指导土地利用的一种新思想和新理念。概括地说，土地资源可持续利用基本理论包括：①土地资源数量的配置受到土地资源总量稀缺性的高度制约；②土地资源质量的组合与土地资源的自然禀赋相匹配；③土地资源开发利用的先后顺序应符合土地资源自然特性演化的时序性规律；④土地资源各要素配置的区域性差异要有助于构造有序的土地资源区域配置机制。

7.2.3　土地利用优化配置

土地资源利用的优化配置，首先要求在宏观尺度上实现资源利用数量与资源利用空间格局的优化，同时要求在微观尺度上实现生产要素的合理匹配，因此土地资源利用的优化配置的持续拟合与决策过程具有多目标、多层次特征。土地资源优化配置研究的主要内容是以实现最大经济效益为基本目标，研究土地资源利用结构及动态演化过程、评价土地资源配置潜力、构建土地资源优化模型、对土地资源配置和演替进行动态模拟等方面。

1. 土地利用结构优化配置

土地利用结构优化配置是土地利用配置的核心。常用的土地利用结构的优化建模方法包括系统动力学模型、线性规划、多目标优化模型、神经网络方法等。其中多目标优化模型因为更具有科学性而得到了广泛应用。

多目标优化模型是在一系列客观或主观约束条件下，基于客观规律和数据，为了使关注的某个或多个指标达到最大值（或最小值），进行土地利用优化配置和预测的一种方法。多目标优化模型主要包含三个要素：①决策变量（decision variable），指最优化问题中所涉及的与约束条件和目标函数有关的待确定量；②目标函数（objective function），是最优化问题要优化目标的数学表达式，是决策变量的函数；③约束条件（constraints），即决策变量允许取值的范围，通常由最优化问题对决策变量的限制条件给出，称为可行域（feasible region），常用一组关于决策变量的等式或不等式界定：

$$目标函数\ f_1^x = \max \sum_{j=1}^{n} c_j x_j$$

$$f_2^x = \max \sum_{j=1}^{n} d_j x_j \tag{7.12}$$

$$约束条件\quad \text{s.t.} = \begin{cases} \sum_{j=1}^{n} a_{ij} x_j = (或\geqslant,\ 或\leqslant) b_j, (i=1,2,\cdots,m) \\ x_j \geqslant 0, (j=1,2,\cdots,n) \end{cases}$$

式中，f_1^x、f_2^x 分别为经济效益和生态效益；x_j 为决策变量；c_j 和 d_j 分别为各类用地单位面积的经济效益系数和生态效益系数；约束条件 s.t. 中，a_{ij} 为第 i 个约束条件中第 j 个变量对应的系数；b_j 为约束值。

多目标优化模型中，约束条件多为经验值约束、相关标准约束、规划标准约束和现状约束，这些约束条件的设置对模型模拟结果具有显著影响。土地利用结构优化配置主要以实现多目标及整体效益最优为最终目的，同时考虑土地制度和区域发展阶段性特征，对不同情境进行多种优化配置。

2. 土地利用的空间优化配置

土地利用的空间优化配置（spatial optimization allocation of land-use）是指依靠一定的技术手段，根据特定的规划目标，在时空尺度上对有限范围内土地资源的开发利用方向、结构与格局，进行系统的规划、匹配和布置，形成点、线、面、网立体组合，形成多目标、多层次、多类别的土地资源利用空间优化配置方案的过程，主要包括以下内容：①研究区域土地利用历史演替与现状分析；②研究区域土地利用需求状况预测；③研究区域土地适宜性评价；④研究区域土地优化配置方案决策。

7.3　粮食安全与土地资源政策

7.3.1　粮食安全与粮食资源的分配

1. 粮食安全的概念

粮食安全是关系国民经济发展、社会稳定和国家自立的重大战略问题。20 世纪 70 年代，FAO 首次提出"粮食安全"的概念，1996 年世界粮食首脑会议将粮食安全定义为"所有人在任何时间都能买得到和买得起足够、安全和营养的食物，以满足健康生活所需的饮食需求和消费偏好"。它着重强调三方面的内容：①保障粮食供给的数量与质量；②保障粮食供应的稳定性与长期性；③强调人们的购买力，以实现人口与经济的可持续发展。

2. 粮食资源的分配

许多人认为营养不良问题更多的是来源于粮食分配而不是全球范围内的可获得性。Tietenberg（2000）认为如果全球粮食问题来源于分配不均而不是短缺，那么解决营养不良问题就变成如何把食物分配给穷人。减缓贫困、增加食物购买能力是减缓这一问题的一种措施。

1）粮食分配不均问题

粮食在发达国家和发展中国家分配不均匀。发展程度最低的国家平均饮食卡路里含量要低于避免营养不良的需求。尽管这些国家的人均粮食产量逐渐增加，但还是跟不上人口增长的速度，对粮食进口的依赖度也逐渐增加。人口增长、贫穷和粮食安全存在显著关联。高贫困率水平导致高人口增长率，高人口增长率又可能增加收入不公平程度，而过多的人口和贫困增加了实现粮食安全的难度。

2）欠发达国家的国内生产和进口的关系

提高国内生产的粮食消费比例可使一些发展中国家受益。因为粮食进口会消耗国家外汇，减少购买其他商品的外汇，损害本地劳动力提高生产力和收入的权利。然而，并非所有国家都总能保证粮食自给自足。多数发展中国家由于市场机制不完善，农业部门往往存在价格扭曲和外部性，产生严重的粮食缺口，也使其过度依赖进口，且依赖度一直在上升。

3）低估的偏见

低收入国家农业投资的资本回报率远低于农业产出实现全部社会价值应得的比率，导致农业领域的投资低于应有水平，农业生产力遭到破坏。农业价值被低估主要受到国家市场协会和出口税的影响：①国家市场协会能够稳定农产品价格，降低粮食价格，以避免穷人营养不良。市场协会通常采用从美国进口廉价粮食和向本国农民压低价格两种策略。二者长期都会对本国的农业生产产生负面影响。②出口税主要是指对所有销往国外的产品征收出口关税，降低了产品的价格、农民收入和粮食生产的积极性。

4）为穷人提供粮食的有效方法

控制价格的目的是让贫穷人口获得粮食，但可能减少粮食可得性，导致粮食需求量被低估。为穷人提供粮食的有效方法是：①发放食品券/食品优惠券，提高最需要食物人口的购买能力，保护农民生产的积极性，同时帮助贫困人口得到食物。但长期来看，这种策略不可持续。②使农业政策的收入分配效应惠及农民，如绿色革命扩大粮食供给、降低粮食价格，使贫穷人群得到更多的粮食，并扩大其就业机会。③发达国家经常开展国际粮食援助，在传统来源的粮食不能完全满足需求时，短期粮食援助有益，长期可以提供适当的技术和资金。

7.3.2　农业生产的影响因素

（1）技术进步。技术进步是农业生产持续增长的主要源泉，主要工程技术包括：①增强农作物的抗病性和抗虫性；②培育出能在贫瘠土壤中存活的农作物新品种；③使玉米、小麦和水稻等主要粮食作物能够利用太阳能将空气中的氮转化为氨，最终合成富含氮的氮肥；④改进植物利用太阳能进行光合作用的方式，增加作物产量。

（2）农地配置。发达国家在发展过程中将农地转为非农用地的现象比较明显。美国2002年农业普查结果显示，美国农地面积从1997年的9.55亿英亩下降到9.38亿英亩。

农地减少的主要原因有：①城市化和工业化的发展迅速提高了非农用地的价值；②农业用地不断提高的生产力使单位土地面积的粮食产出增长。随着粮食需求和粮食价格的提高，农地价值会增加，从而减少农地向非农用地的转变，甚至出现逆转趋势。

（3）能源成本。工业化国家的农业生产是高度能源密集型的，主要的产量来自于农业机械和以能源为原料的杀虫剂与肥料。

（4）环境成本。过去农业生产力的提高部分是以环境污染问题为代价的，涉及的环境问题有：土地集约化利用导致草地和森林转换为农场，以及过频过量施用化肥、农药等农业行为导致土壤退化（表7.3）。

表 7.3　农地上农药的使用量　　　　　　　　　（单位：kg/hm²）

分类	1989~1991 年	1994~1996 年	1998~2000 年
发达国家	0.64	0.54	0.52
发展中国家	0.18	0.25	0.28
世界	0.40	0.38	0.39

政府政策也刺激了农业生产对环境的破坏，主要有三类措施：①对农业机械、化肥和杀虫剂进行补贴；②保证农产品的价格；③设置贸易壁垒来保护本国农业免受外部竞争影响。

7.4 农业土地资源利用与管理

7.4.1 农业土地资源利用及可持续性

农业土地资源是指在一定生产技术条件下，通过劳动，能从这种农业土地上获得一定农业经济效益，能为农业生产利用的土地。其包含自然属性和社会属性，是一个综合性的自然-经济地理概念。就自然属性而言，农业土地是指陆地表面上下一定范围内，由地质、地貌、水文、土壤和植被等自然成分所组成并相互作用、相互影响所形成的自然综合体。就社会属性而言，农业土地属于一定的社会财富，具有可供人类发展农业生产且可再生产的经济特性，并随着社会经济条件的差异而具有不同特征。

农业土地资源研究主要包含五个方面内容：①农业土地资源潜力区识别，从系统论中区域划分的角度，刻画农业土地资源类型组合，区分不同的农业土地资源潜力区。②农业土地资源分类，从系统论中类型划分的角度对农业土地资源进行群类归并的研究。③农业土地资源评价，也称为农业土地资源分等。评价目的是为合理利用土地和规划服务，评价的对象是土地质量。④农业土地资源图的编制，包含农业土地资源类型图和农业土地资源评价图两种。⑤农业土地资源合理利用与开发效果的研究。

7.4.2 农业土地资源集约利用与分区利用

1. 农业土地资源集约利用

农业土地资源集约利用是指在一定面积的土地上，集中投入较多的农业生产资料和劳动，使用先进的农业技术和管理方法，以期在较小的农业用地面积上获得高额产量的农产品和收入的一种土地经营方式。依据生产要素投入的构成不同，农业土地资源集约利用可以分为劳动密集型土地集约利用、资金密集型土地集约利用和技术密集型土地集约利用。

怎样确定合理的农业土地集约度呢？一方面取决于社会对农产品的需求程度、农业技术发展水平和投入的能力；另一方面考虑土地本身的肥力。西方经济学家把集约度的最高限度称为利用的集约边际，是指在同一单位土地上不断增加可变资源投入量而提高土地集约度的界限，实际上是指某块土地在利用中所达到的临界点，在该点所用的资本和劳动的投入成本与其收益相等。

2. 农业土地资源分区利用

农业布局理论的核心是以区位地租作为分析手段，研究农业生产合理布局的问题。从土地收益角度分析，农业土地布局的合理与否，取决于能否把每一块土地都用于发展提供最大区位地租的作物。

区位地租是指经营不同区位的土地所获得的收益差额。图 7.10 表述城郊不同农作物的区位地租曲线，据此可分别计算出它们各自的合理分布范围。图中 O 点表示市场所在地的位置，横轴表示农作物生产地与市场的距离，纵轴表示区位地租，每一条区位地租曲线表示一种农作物分布距中心市场的距离与它可能提供的区位地租间的函数关系。相邻两条区位地租曲线交叉点的横坐标，则是两种农作物的合理分布范围的分界线。

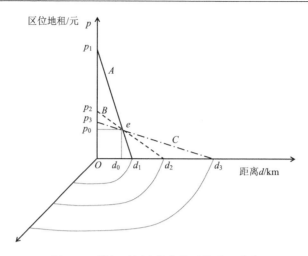

图 7.10　城郊不同农作物的区位地租曲线

如图 7.10 所示，A、B、C 三条线分别表示 A、B、C 三种农作物的区位地租曲线。A 种农作物最好配置在城市近邻，位于城市近邻地区的 A 种农作物的农场可以从单位面积上获得 p_1 元的区位地租，d_1 处即为 A 种农作物的种植区间的极限。同样地，B 和 C 两种农作物的区位地租和种植区间极限分别是 p_2 元和 p_3 元、d_2 处和 d_3 处。其中，A 线、B 线、C 线相交点的横坐标是 d_0，说明在距中心市场 d_0 处以内，是 A 种农作物的最佳种植区间，超出这个范围至 d_1，种植 A 种农作物虽仍可获取区位地租，但已不如种植 B 种农作物有利；再超出 d_1 至 d_2，种植 B 种农作物虽仍可获取区位地租，但已不如种植 C 种农作物有利。因此，区位地租线交叉点的横坐标就是农作物种植圈带的合理分布范围的分界线。

7.4.3　农业土地用途转换的经济学分析

土地用途转换是市场条件下的土地资源合理配置问题。土地用途转换是从一种用途改变为另一种用途，一般从低效益用途向高效益用途转换，由较不稀缺的用途向极为稀缺的用途转换。一般规律是由粗放型利用向集约型利用转变，由低密度利用向高密度利用转变。

对于农地流转的动因，学者们归结为五个方面：一是提高土地资源配置效率；二是非农就业机会增加，这是农地流转的主要驱动力；三是利益驱动；四是农户家庭状况差异；五是相关法律法规的出台。《中华人民共和国农村土地承包法》稳定了农村土地承包关系，为农地流转提供了法律依据。

农村集体建设用地的流转具有多种经济功能：一是缓解城市建设用地供求矛盾；二是提高土地资源配置效率与土地集约化水平；三是便于农民分享土地增值收益；四是有利于形成统一的城乡建设用地市场。

土地用途转换的形式主要包括农用地内部土地利用结构的调整、农用地转化为城市建设用地和建设用地内部的用地结构调整。

1. 农地内部流转的经济分析

农地内部流转是指农民集体所有土地内部的土地权属和土地利用方式的转移。其土地所有权不发生转移，只是土地利用方式从一种农业用途转换为另一种农业用途。土地流转是土地资本商品化经营的选择，土地在不断流转中增值，实现高效化和利用关系协调化。

农地流转源于农地所有者或使用者对于用地类型之间边际效用的比较。农地收益效用函数可表示为

$$U' = u'(b_i) > 0 \quad U'' = u''(b_i) < 0 \tag{7.13}$$

式中，b 为土地收益；U 为农地收益与效用；b_i 为第 i 类农地收益。

随着农地收益的增加，其总效用也增加，但是效用的增加速度趋于减缓，即边际效用递减。农地收益包括经济收益、社会收益和生态收益等。对于具有多种适宜性的地块来说，用地类型的改变取决于对几种可能的农地利用类型边际收益的比较。

图 7.11 表示了边际收益驱动下的农地内部流转。假设两种农地利用类型 1 和类型 2，最初 O_1x_1 农地用于类型 1，O_2x_1 的农地用于类型 2。随着时间推移、经济发展或其他因素变化，农地利用类型 1 的边际收益超过农地利用类型 2 时，出于追求收益最大化的动机，人们调整农地利用结构，增加类型 1 的面积，而减少类型 2 的面积，即 x_1x_2 的农地转化类型 1。

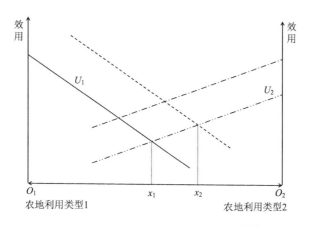

图 7.11 边际收益驱动下的农地内部流转

2. 农地城市流转

农地城市流转是指农业用地向城市建设用地转化的过程，是以人为演替为主的一种土地利用变化过程。其通常被定义为在城市化进程中，为满足城市建设对土地的需求，通过政府土地管理部门及其相关机构，依据一定的政策和法律规定，将农村集体所有制土地（耕地、林地、园地、宅基地等）通过经济手段和行政手段，有偿转变为城市建设用地的过程。

目前，我国农村土地流转为城市建设用地是一种不完全的市场性行为，政府行为征收农地的价格比土地的市场价格低，当政府机构完成农地征收后，其向市场供应土地的方式从原来的不完全市场化运作转变为主要依靠"招拍挂"手段的市场法则来进行，整个过程是向农村"低价征用"土地，向城市市场"高价出让"土地。

假设城市土地市场中的土地总供应量由两部分组成：现有的城镇国有土地（存量土地 S_u）和农地城市流转量（S_c），它构成增量土地 S_f。其中，存量土地 S_u 的供给无弹性，而增量土地 S_f 具有弹性。增量土地 S_f 的供给曲线为以纵轴上一点 P_u^* 为顶点，向右上方倾斜的曲线

$[Q_c(P)]$，$Q_c(P)$ 的斜率的倒数是农地城市流转的年递增率，即政府每年征收农地的增长率。土地一级市场的供给函数为

$$S = S_u \qquad 当 P \leqslant P_u$$
$$S = Q_c(P) + S_u \qquad 当 P > P_u \tag{7.14}$$

供给函数显示，土地一级市场的供给曲线由两部分组成，而且具有一个转折点，如图 7.12（c）所示。

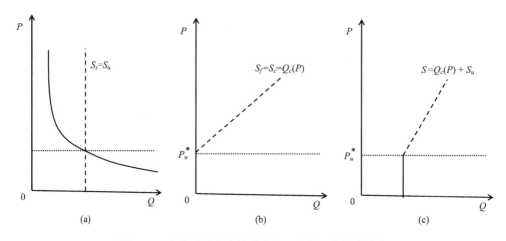

图 7.12　含农地城市流转的土地一级市场的供给曲线

目前，增加城市土地的唯一途径是通过农地城市流转，农地征收仍然是集体土地流转为城镇国有土地的主要途径。如图 7.13 所示，政府推动的经济发展和城市化等政策能引起市场上土地需求的扩张，需求曲线从原来经济紧缩时的需求曲线 D 变为需求曲线 D'。

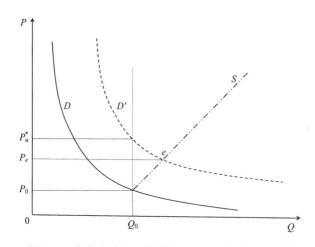

图 7.13　含有农地城市流转的一级土地市场供求平衡

7.5　我国土地资源的主要经济问题

7.5.1　土地资源概况

我国土地资源具有以下特点。

（1）国土面积辽阔、土地类型多样。在我国土地资源面积中，耕地、园地、林地、牧草地面积之和占 66.6%，居主导地位；农业用地中牧草地、林地比重大，耕地次之，园地最少。

（2）山地多，平地少。我国地形错综复杂，地貌类型多样，其中，山地占 33%，高原占 26%，盆地占 19%，丘陵占 10%，平原占 12%。

（3）农业用地占比大，人均占有量少。我国人口众多，人均土地面积仅为 0.784 hm²，只有世界人均土地面积 2.32 hm² 的 33.8%。

（4）宜林地较多，宜农地较少，后备的土地资源不足。我国尚有较大面积的土地未被利用，主要分布在西北干旱地和西南高原、山地的新疆、西藏、青海 3 个省区，这些未利用土地大部分为难开发利用的沙漠、荒漠、裸岩及石砾地、重盐碱地等。这些后备土地资源多处于干旱少雨或水土流失严重的生态脆弱地区，土地贫瘠，可开垦比例小。

（5）土地资源分布不平衡。我国东、中、西部三个地带土地资源状况存在较大差异。东部 12 个省份，占全国面积的 13.9%，人口占全国的 41.2%，耕地、园地、林地、居民点、交通、水域的比重高于中、西部地区。西部地区气候干旱，水资源缺乏，生态脆弱，面积相对较大。

综合来看，面对日益增长的人口资源环境压力和快速城市化进程，土地资源短缺与社会经济快速发展之间的矛盾日益突出。

7.5.2　土地资源定价

1. 土地资源估价方法

（1）基本估价方法。主要包括市场比较法、收益还原法、剩余法、成本逼近法等。特别是市场比较法或收益还原法，较适合一定时点的城市宗地价格评估。

（2）应用估价法。又称为大量估价法，是以上述几种基本估价方法为基础进行大范围分析评估的手段。该类方法的关键在于建立统一评估标准体系，服务于政府有关房地产管理部门的需要而进行的政策性大量估价。它是政府地产市场和土地价格管理部门根据实际需要采用的快速、经济的区域估价方法，即以基本估价方法为基础，系统梳理整个城市或某一区域的历史和现状时点地价水平、地价影响因素、地价变化的历史趋势，建立起一套完整的地块价格评估标准体系，可以快速、经济地评估出城市或区域内的地块价格，具体包括路线估价法、标准宗地估价法、基准地价系数修正法等。

2. 土地估价的主要影响因素

（1）一般因素。指影响地价总体水平的自然、社会、经济和行政因素等，主要包括地理位置、自然条件、人口、行政区划、社会经济发展状况、土地制度、土地利用计划与规划、社会及国民经济发展规划等。

（2）区域因素。指影响城镇区域之间地价水平的商服繁华程度及区域在城镇中的位置、交通条件、公用设施及基础设施水平、区域环境条件、土地使用限制和自然条件等。

（3）特定因素。指影响宗地自身的地价水平的因素，主要包括其自身的自然条件、开发程度、形状、长度、宽度、面积、土地使用限制和宗地临街条件等。

7.5.3　土地资源承载力

1. 土地资源承载力的含义

土地资源承载力是指在一定时期内，在维持相对稳定的前提下，土地资源所能容纳的人口规模和经济规模的大小。在土地资源日趋紧张的情况下，土地承载力的概念能够反映出在某一时期，某种环境状态下，某一区域的土地资源对人类社会、经济活动的支持能力的限度。地球的土地面积和空间是有限的，土地资源也是有限的，因此土地资源的承载力也是有限的。人类的活动必须保持在地球承载力的极限之内。

2. 土地资源承载力评价方法

党的十八届三中全会通过的《中共中央关于全面深化改革若干重大问题的决定》提出："建立资源环境承载能力监测预警机制，对水土资源、环境容量和海洋资源超载区域实行限制性措施"。有关土地资源承载力的评价由原来侧重土地生产潜力、土地资源对于人口发展、经济增长的承载程度等视角，逐步转为对资源与环境要素统筹考虑，进行综合评价。2016年，国土资源部下发了《国土资源环境承载力评价技术要求（试行）》，国家发展和改革委员会等12个部委下发了《资源环境承载能力监测预警技术方法（试行）》，明确界定资源环境承载能力是指在自然生态环境不受危害并维系良好生态系统的前提下，一定地域空间可以承载的最大资源开发强度与环境污染物排放量及可以提供的生态系统服务能力。资源环境承载能力评估的基础是资源最大可开发阈值、自然环境的环境容量和生态系统的生态服务功能量的确定，要求对陆域所有县级行政单元内的土地资源、水资源、环境和生态四项基础要素进行全覆盖评价，分别用土地资源压力指数、水资源开发利用量、污染物浓度超标指数和生态系统健康度来测定。

土地资源评价主要表征区域土地资源条件对人口集聚、工业化和城镇化发展等方面的支撑能力。采用土地资源压力指数作为评价指标，由现状建设开发程度与适宜建设开发程度反映。其计算过程如下。

（1）要素筛选与分级。筛选永久基本农田、采空塌陷区、生态保护红线、行洪通道、地形坡度、地壳稳定性、突发性地质灾害、地面沉降、蓄滞洪区等影响土地建设开发的构成要素，并根据影响程度对要素分级评价。

（2）建设开发限制性评价。根据构成要素对土地建设开发的限制程度，确定强限制因子与较强限制因子。一般而言，强限制因子包括生态保护红线、永久基本农田、行洪通道、采空塌陷区等要素，以及永久冰川、戈壁荒漠等难以利用区域。较强限制因子包括优质耕地、园地、林地、草地、地裂缝、地震活动及地震断裂带、地形坡度、地质灾害、蓄滞洪区等要素。

（3）建设开发适宜性评价。运用专家打分等方法，对区域建设开发适宜性的构成要素进行赋值。其中，对属于强限制因子的要素，采用 0 和 1 赋值；对属于较强限制因子的要素，按限制等级分类进行 0~100 赋值（表 7.4）。

表 7.4　建设开发适宜性评价的要素构成与分类赋值表

因子类型	要素	分类	适宜性赋值	因子类型	要素	分类	适宜性赋值
强限制因子	永久基本农田	永久基本农田	0	较强限制因子	一般农用地	园地、林地	80
		其他	1			其他	100
	采空塌陷区	严重区	0		地形坡度	15°以上	40
		非严重区	1			8°~15°	60
	生态保护红线	生态保护红线	0			2°~8°	80
		其他	1			0°~2°	100
	行洪通道	行洪通道	0		地质灾害	高易发区	40
		其他	1			中易发区	60
	难以利用土地	永久冰川、戈壁荒漠等	0			低易发区	80
		其他	1			无地质灾害风险	100
较强限制因子	地震活动及地震断裂	地震设防区	40		蓄滞洪区	重要蓄滞洪区	40
		其他	100			一般蓄滞洪区	60
	一般农用地	高于平均等耕地、人工草地	40			蓄滞洪保留区	80
		低于平均等耕地、天然草地	60			其他	100

采用限制系数法计算土地建设开发适宜性。计算公式为

$$E = \prod_{j=1}^{m} F_j \sum_{k=1}^{n} w_k F_k \qquad (7.15)$$

式中，E 为土地建设开发适宜性得分；j 为强限制因子的构成要素编号；k 为较强限制因子的构成要素编号；m 为强限制因子的构成要素个数；n 为较强限制因子的构成要素个数；F_j 为第 j 个要素的适宜性赋值；F_k 为第 k 个要素的适宜性赋值；w_k 为第 k 个要素的权重。

根据土地建设开发适宜性得分，将区域建设开发适宜性划分为最适宜、基本适宜、不适宜和特别不适宜四种类型。通常，得分越高的区域越适宜开发建设。

（4）现状建设开发程度评价。分析现状建设用地与最适宜、基本适宜建设开发土地之间的空间关系，并计算区域现状建设开发程度，计算公式为

$$P = S / (S \cup E) \qquad (7.16)$$

式中，P 为区域现状建设开发程度；S 为区域现状建设用地面积；E 为土地建设开发适宜性评价中的最适宜、基本适宜区域；$S \cup E$ 为二者空间的并集。

（5）适宜建设开发程度阈值测算。依据建设开发适宜性评价结果，综合考虑主体功能定位、适宜建设开发空间集中连片情况等，进行适宜建设开发空间的聚集度分析，通过适宜建设开发空间聚集度指数确定离散型、一般聚集型和高度聚集型，并结合各区域主体功能定位，

采用专家打分等方法确定各评价单元的适宜建设开发程度阈值。

（6）土地资源压力指数评价。对比分析现状建设开发程度与适宜建设开发程度阈值，通过二者的偏离度计算确定土地资源压力指数。其计算公式为

$$D = (P - T)/T \tag{7.17}$$

式中，D 为土地资源压力指数；P 为现状建设开发程度；T 为适宜建设开发程度阈值。

（7）一些关键阈值和重要参数的界定。根据土地资源压力指数，将评价结果划分为土地资源压力大、压力中等和压力小三种类型。土地资源压力指数越小，即现状建设开发程度与适宜建设开发程度的偏离度越低，表明目前建设开发格局与土地资源条件趋于协调。通常，当 $D>0$ 时，土地资源压力大；当 D 为 $-0.3\sim0$ 时，土地资源压力中等；当 $D<-0.3$ 时，土地资源压力小。土地资源压力指数的划分标准可结合各类主体功能区对国土开发强度的管控要求进行差异化设置。

练 习 题

1. 土地资源有哪些功能？应怎样充分发挥土地资源的这些功能？

2. 简述土地资源供给与需求的一般规律和特殊性。

3. 简述杜能的农业区位理论及其含义。

4. 什么是级差地租？

5. 土地资源的开发利用应注意一些什么问题？

6. 如何开展土地资源承载力评价？

7. 简述全球粮食短缺的原因。说明农业政策对缓解粮食短缺的作用。

8. 简述土地估价方法及其影响因素。

9. 不断发展的通信技术使越来越多的人可以在家中工作，你认为这可能对土地利用格局，特别是住宅开发的密度产生何种影响？

10. 假设一个城市发现其入城高速公路拥堵，考虑两种措施：①对高峰期所有高速公路的使用者征收拥堵费；②对现有高速公路增加两条道路。这两种措施对住宅用地会产生同样的影响吗？为什么？

11. 李嘉图对土地的分析是马尔萨斯悲观人口理论的重要组成部分。请解释一下它们之间的联系。

12. 发达国家向发展中国家转移农业技术对解决世界粮食问题有何帮助？为什么？

13. 偏好改变能影响土地利用方式的转变。在中国，65 岁及以上的人口所占比例正在增加，这种情况对住宅用地库存及其位置将可能产生哪些影响？

14. 有人认为："发放粮食券只会推动粮食价格上涨，而不是增加对穷人的食物供给量"。请利用粮食供应的弹性系数来解释这个结论是否正确。

15. 在经济活动位置的发展理论中，为什么市场距离理论的结果比土地肥沃度理论更有用？

16. 中国土地资源利用中存在哪些问题？

主要参考文献

毕宝德. 2016. 土地经济学. 7 版. 北京: 中国人民大学出版社

蔡运龙, 李军. 2003. 土地利用可持续性的度量——一种显示过程的综合方法. 地理学报, (2): 305-313

陈百明, 张凤荣. 2001. 中国土地可持续利用指标体系的理论与方法. 自然资源学报, (3): 197-203

龚建周, 刘彦随, 张灵. 2010. 广州市土地利用结构优化配置及其潜力. 地理学报, 65(11): 1391-1400

黄贤金, 张安录. 2016. 土地经济学. 2 版. 北京: 中国农业大学出版社

贾克敬, 张辉, 徐小黎, 等. 2017. 面向空间开发利用的土地资源承载力评价技术. 地理科学进展, 36(3): 335-341

李德胜, 王占岐. 2015. 基于生态安全的鄂西北山地丘陵区土地资源优化配置. 国土资源科技管理, 32(4): 23-29

李鑫, 欧名豪, 刘建生, 等. 2014. 基于不确定性理论的区域土地利用结构优化. 农业工程学报, 30(4): 176-184

李鑫, 严思齐, 肖长江. 2016. 不确定条件下土地资源空间优化的弹性空间划定. 农业工程学报, 32(16): 241-247

利奥波德. 2016. 沙乡年鉴. 侯文蕙译. 北京: 商务印书馆

刘书楷, 张月蓉. 1988. 土地经济学原理. 南京: 江苏科学技术出版社

刘学敏, 金建君, 李咏涛. 2008. 资源经济学. 北京: 高等教育出版社

刘彦随, 杨子生. 2008. 我国土地资源学研究新进展及其展望. 自然资源学报, 23(2): 353-360

刘彦随, 郑伟元. 2008. 中国土地可持续利用论. 北京: 科学出版社

楼惠新. 1994. 我国土地资源经济学科体系的建设及其展望. 生态农业研究, (3): 36-41

罗鼎, 月卿, 邵晓梅, 等. 2009. 土地利用空间优化配置研究进展与展望. 地理科学进展, 28(5): 791-797

王克强, 王洪卫, 刘红梅. 2005. 土地经济学. 上海: 上海财经大学出版社

王万茂. 2008. 土地利用规划学. 7 版. 北京: 中国大地出版社

温熙胜, 丁德蓉. 2003. RS 和 GIS 支持的城市土地资源优化配置模型. 水土保持科技情报, (3): 29-30

吴次芳, 吴丽. 2013. 土地社会学. 杭州: 浙江人民出版社

吴桂平, 曾永年, 邹滨, 等. 2008. AutoLogistic 方法在土地利用格局模拟中的应用: 以张家界市永定区为例. 地理学报, 63(2): 156-164

伊利, 莫尔豪斯. 1982. 土地经济学原理. 滕维藻译. 北京: 商务印书馆

张楠, 邓开艳, 蒋子龙. 2017. 基于地理国情普查成果的资源环境承载能力评价试验研究. 测绘与空间地理信息, 40(12): 13-16

郑新奇, 孙元军, 付梅臣, 等. 2008. 中国城镇建设用地结构合理性分析方法研究. 中国土地科学, 22(5): 4-10

周诚. 2003. 土地经济学原理. 北京: 商务印书馆

Benabdallah S, Wright J R. 1992. Multiple subregion allocation models. Journal of Urban Planning and Development, 118(1): 24-40

Tietenberg T. 2000. Environment and Natural Resource Economics. London: Taylor & Francis

Xiao N C, Bennett D A, Armstrong M P. 2007. Interactive evolutionary approaches to multiobjective spatial decision making: A synthetic review. Computers, Environment and Urban Systems, 31(3): 232-252

第8章 森林和渔业资源经济学

森林资源和渔业资源都是重要的可更新资源，它们通过自然力能够按照某种增长速度繁殖，以保持或增加蕴藏量。这类资源在其消耗速率低于更新速率的条件下，具有自我循环、更新、补充并可持续利用的特殊属性。本章在介绍可更新资源的概念和共同属性的基础上，分别讨论森林资源和渔业资源的基本属性和各自的特殊性，简要介绍森林资源经济学和渔业资源经济学的主要研究内容，论述两者的需求与供给规律及其影响因素、优化配置和利用政策，最后归纳了我国森林和渔业资源的相关经济问题。

8.1 森林和渔业资源概述

8.1.1 可更新资源

可更新资源（renewable resources）是指通过大自然的天然作用能够实现再生更新的、可为人类反复利用的自然资源，又称为可再生资源。从生物学角度看，作为生物系统的重要组成部分，可再生资源具有生物学的特性，在时间尺度上呈明显的生物增长率，其增长过程符合逻辑斯谛规律。在一定的约束条件下，当生物增长率与其利用率相当或更快时，可更新资源如果达到一定的总量规模就可持续地利用。

按照产权是否明确，可更新资源可分为可更新商品性资源和可更新公共物品资源。前者是指财产权可明确界定、能够被私人所有和享用并能在市场上进行交易的可更新资源，如私人土地上的农作物、森林等。后者则是不为任何特定的个人所拥有但任何人都能享用的可更新资源，属于共享资源的一种，如公海鱼类资源等。不同类型的资源决定着不同的资源配置、利用和管理方式。

区位因素是影响可更新资源利用率的重要因素。可更新资源的地域性包含两层含义：一是在一定时期内可更新资源以一定数量生长在一定的地域；二是受其自身生长规律的影响可更新资源存在于特定的区域，且具有不可位移性。

作为重要的自然资源，可更新资源的经济特性表现为有用性，即具有使用价值，能为人类的生存与发展提供一定的物质或精神基础。可更新资源有些用途是非专有的，具有很强的外部性。可更新资源的自身生长及其在人类的生产和消费过程中对社会及他人的影响，存在正外部性，即生产和消费所获得的私人收益小于社会收益。例如，森林生长带来环境改善、树木利用等使用价值，同时可保持水土、调节空气等。此外，可更新资源开发也有负外部性，如果无限制地生产和消费可更新资源，将会造成水土流失、环境恶化。

8.1.2　森林资源概述

森林是地球生物圈中最大的生物群落和生态系统，也是最大的陆地生态系统。1903 年，俄国林学家莫罗佐夫提出，森林是林木、伴生植物、动物及其与环境的综合体。2009 年，谢高地将森林资源定义为林地及其所生长的森林有机体的总称，包括林地、林木资源以及林下植物、野生动物、土壤微生物等资源。

森林是人类生存不可缺少的物质基础，为人类社会提供了多种资源和多项效益。森林资源主要具有以下几项功能：①初级产品生产；②形成清洁水源；③大气调节；④水文调节；⑤环境净化；⑥土壤保育；⑦防护功能；⑧休闲旅游；⑨维持生物多样性。

森林资源产业的特点有：①经营的永续性；②更新的长期性；③分布的辽阔性；④功能的多样性，森林资源的某些成分，除了具有交换价值的商品属性外，还具有难以用货币度量的生态价值；⑤管理成本较大。

森林资源的经济特点有：①森林资源既可以作为产品，也可被视作资产。②财产权明确。对森林资源的所有者的各项权利、权利的限制及破坏这些权利的处罚等都有明确的规定。③可转让性。在双方自愿的条件下，森林资源产权可从一个所有者转移到另一个所有者，从而实现有效配置。④相比于其他农作物，森林资源的生产周期较长，采伐期一般为 25 年甚至更长。⑤森林资源开发利用过程中存在难以评估的外部性，导致无效率或不可持续的开发。

林木资源是森林资源的主要组成部分，林木资源具有特性：林木的生长状况一般用立木蓄积量（tree volume）来表示，而且通常只计算树干部分的材积，树干部分仅包括从树桩至直径为 4 英寸（1 英寸=2.54cm）的树顶。

树木的生长周期分为以下三个阶段：①幼树期。尽管高度显著增长，但从立木蓄积量上来看，生长较缓慢。②青年期。树木快速成长，立木蓄积量迅速增加。③成熟期。树木进入缓慢生长期，立木蓄积量增加缓慢，甚至停止。林木的实际生长情况与天气、土壤肥力、病害、树种、管理水平、火灾的发生和空气污染程度等多种因素相关。

8.1.3　渔业资源概述

渔业资源是天然水域中具有开发利用价值的经济动植物的总称，主要包括鱼类、甲壳动物类、软体动物类、海兽类和藻类等。鱼类作为一种重要的可更新资源，在水域生态系统中发挥着重要的作用，也是发展水产业的物质基础，成为人类食物的重要来源之一。渔业资源属于可更新公有生物资源，除了自然资源所具有的有限性和稀缺性以外，还具有如下特性。

（1）跨区域和大范围的流动性。这是渔业资源不同于其他可更新生物资源的最显著特征。大多数鱼类和海洋哺乳动物都具有一定规律的洄游性，即定时、定向、在固定区域里进行周期性的运动。其中，有不少种群在整个生命周期中，会在多个国家或地区管辖的水域内栖息。

（2）可更新性。渔业资源是一种可更新资源，具有自行繁殖的能力。通过种群的繁殖、发育和生长，数量不断得到补充，具有一定的自我调节能力以保持种群数量平衡。

（3）共享性。共享性渔业资源在《联合国海洋法公约》中的定义为："几个种群同时出现在两个或两个以上沿海国专属经济区，或出现在专属经济区内与专属经济区外的邻近区域内"的渔业资源。

（4）渔获物的易腐性。

（5）产权不确定性。渔业资源具有典型的非专有性。非专有性是财产权的一种减弱，将导致资源配置的低效率。在该情况下，价格既不能协调渔民之间对渔业资源的分配和利用，也不能刺激渔业资源开发或保护，最终配置结果是渔业资源过度开发。

由于渔业资源无主、公开入渔、流动性、可更新，其具有以下特点。

（1）不具备经济性的渔业资源种类不予利用，而对经济效益高的资源种类容易出现过度捕捞利用。据 FAO 统计，全球每年海洋捕捞的兼捕物达到 2700 万 t，约占总捕捞渔获量的1/3，这些兼捕物全部被抛弃，尽管它们经济价值不高，但是在海洋生态系统中起着重要作用。

（2）渔业资源的公共产权问题。渔业资源不具有排他性，从业者只会简单地追求利润，并不会遵循可持续捕捞原则。同时，捕鱼行业的部分劳动力在物质和市场技术方面与其他部分隔离，导致渔业资源利用的不可持续性。

（3）"公用地悲剧"。由于渔业资源大多为公共产权，渔民为了比竞争者更快更多地捕捞渔获物，渔船倾向大型化，使围绕渔获物的竞争激烈，不但给渔业资源保护带来不利影响，还会使单位渔获量下降，导致生产要素的浪费和整个社会效率的下降。

8.1.4　森林和渔业资源经济学的主要研究内容

1. 森林资源经济学的主要研究内容

森林资源经济学是林业经济学的一个分支学科，也是林业经济的应用基础。

森林资源经济学的主要内容包括以下几个方面。

（1）森林资源价值理论研究。森林资源有无价值及其价值构成因素是长期以来人们普遍关注和研究的热点问题。20 世纪 80 年代末，国内学者出版了"森林资源价值与价格理论"研究报告。1991 年，国务院批准在东北三省和内蒙古林区试行林价制度。有的学者认为森林资源价值由三部分组成，一是森林资源培育过程中的劳动消耗，既包括活劳动消耗，也包括物化劳动消耗；二是森林资源本身的有用性，它不仅可以向社会提供物质产品，而且可以提供多种多样的生态环境产品；三是社会供求关系，当然也包括垄断等其他因素。当时提出的开展环境资源核算的重要性和紧迫性，设计的具体核算方法，特别是把经济学和市场经济的有关理论联系起来，建立自然资源价值理论和定价方法，现在看仍有一定的参考价值。

（2）营林生产的商品理论研究。营林生产是商品生产，它所提供的物质或环境服务是否为产品或商品及如何实现其价值，是林业生产的关键理论问题和应用课题，也是林业经济改革的重大突破口。当时许多学者提出了不同的见解，如"营林生产不具备商品属性""培育森林的立木不是产品，更不是商品""立木资源不能交换"等。随着改革开放的发展，人们才开展了一些相关理论研究，特别是研究与探讨营林生产商品理论与改革、林业股份制、森林保险、林业产业等。1993 年，林业部和财政部共同推出了我国森林资源有偿采伐制度，确保国有森林资源资产的保值与增值。1994 年，林业部与财政部决定在东北三省和内蒙古国有林区森工企业全部实行林木商品化管理，实现了林业生产从计划到市场的迈进。

（3）森林资源产业理论研究。实现森林资源产业化才能实现森林资源的商品化、市场化与产业化，使林业走上良性循环的轨道，改变长期以来林业发展的困境。在这方面，主要开展了林价问题的研究，有的学者认为在培育森林资源过程中应划为三个生产过程、三类产品和三个价格体系：①生物更新生产过程，它的产品为活立木，形成了一个原材价格体系；

②木材采运过程，它的产品为原条及原木，形成了一个原木价格体系；③包含林产品加工过程，它的产品为木制品，形成了一个木制品价格体系。林业生产的阶段理论为森林资源产业理论提出了重要的研究思路，即把森林资源的生产过程、产品体系与价格体系独立出来。

（4）森林资源核算理论研究。1989 年，国内首次完成了中国森林资源核算及纳入国民经济核算体系研究报告。之后完成了中国森林资源核算实施方案、中国森林环境资源核算与补偿政策研究报告等，在全国范围内率先启动了自然资源核算研究的具体实践。

2. 渔业资源经济学的主要研究内容

渔业资源经济学研究的根本任务是在正确认识人类和渔业资源与环境、经济发展三者之间相互关系的基础上，阐明渔业资源最优利用与配置问题及其变化的客观经济规律，揭示渔业资源合理利用、优化配置、保护及更新的一般经济原理和实现途径，协调人类社会与渔业资源利用、渔业环境保护及经济发展的关系，实现渔业资源与环境的永续利用及渔业经济的可持续发展。渔业资源经济学的主要研究内容应该包括以下方面。

（1）渔业资源开发利用与社会经济发展的关系。包括渔业资源经济学科本身的发展问题，如渔业资源经济学科基本假设、基本原理、基本方法、研究对象、研究任务、学科演化等；渔业资源及其利用在经济发展中的地位与作用；稀缺的渔业资源开发利用中出现的问题及其经济原因等。

（2）渔业资源的合理开发利用、优化配置及保护。包括渔业资源合理利用、优化配置以及保护的基本经济学原理与方法；不同资源与环境条件下渔业资源开发利用、优化配置与保护的经济理论与方法，如单一鱼种的优化配置及其模型、多鱼种的优化配置及其模型等；渔业资源开发利用、配置及保护的外部性等。

（3）渔业资源核算及其可持续利用评价。随着人类对渔业资源的需求不断增加，要求相应地扩大渔业资源开发利用研究的深度与广度，然而在过去的实践中，渔业资源价值往往被低估，渔业资源过度开发的案例比比皆是。

（4）制度设计及其绩效评价。国内外渔业资源开发利用的历史表明，不同的制度有不同的绩效。渔业资源经济学的研究必须结合不同渔业资源的特点以及不同地区社会、经济和文化特点，因地制宜地设计相关制度，并且依据经济学的原理和方法对这些制度的绩效进行评估。

8.2　森林和渔业资源的需求与供给

8.2.1　森林资源的需求

森林资源不仅具有一般物质商品的物质效用需求，还具有公共效益的社会需求。

由于森林资源具有多种功能，人们对森林的需求也具有多样性，既有对森林资源物质产品的需要和购买，还有对森林资源公共效益的非物质追求，如防风固沙、涵养水源、净化空气、美化环境、维持生态平衡等功能效益的追求。随着科学技术水平的发展和人类认识水平的日益提高。森林资源需求的多样性决定了森林资源经营决策受到多重因素制约。

影响森林资源需求的因素有：①社会生产力发展水平，影响森林资源商品购买力的形成，决定森林资源市场商品需求量的大小。经济加速建设和社会消费水平不断提高促进着对森林资源更高的需求。②森林资源的价格，影响森林资源需求最直接与最主要的因素。森林资源的需求量与森林资源价格成反比。③相关产品的价格及其供给量，直接对森林资源的商品需求产生影响。④森林资源消费者收入的变动情况。如果消费者的收入较高，其购买力较强，对森林资源的需求也会增加。

森林资源的个别需求量是指在一定的森林资源销售价格下，某一消费团体或家庭在一定时间内愿意且能购买的商品性森林资源的数量，用 Q 表示，如图 8.1 所示。森林资源个别需求量的主要决定因素包括：森林资源的产品价格、相关产品价格、预期森林资源的价格、团体或家庭收入和消费团体或家庭的个别偏好。

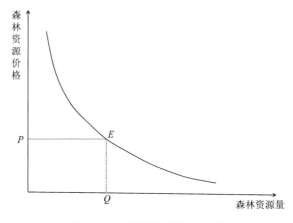

图 8.1　森林资源个别需求曲线

森林资源的市场需求量是所有森林资源产品的总需求。假定森林资源商品市场上只有三个需求者，其需求曲线分别为 D_1、D_2、D_3，总和市场需求曲线为 D（图 8.2）。任一价格水平下的个别需求曲线上切线的斜率均大于森林市场需求曲线上同一价格水平下切线的斜率。

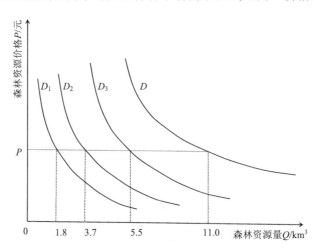

图 8.2　森林资源市场需求曲线

8.2.2　森林资源的供给

森林资源具有供给多样性以满足人们的多种需求。森林资源生产周期长，决定了森林资源的供给能力对价格变动的延迟反应。森林资源的自然生产过程使得难以在较短的时间内大幅提高森林资源的生产量，也难以通过减产快速适应价格的变化。

影响森林资源供给的主要因素有：①社会生产力发展水平，可以促进森林资源生产经营的商品化、集约化和科学化；②森林资源的价格，是影响森林资源供给量的最直接、最主要的因素，森林资源价格与森林资源的供给量呈正相关；③森林资源生产者（企业）的生产能力及其效率；④国家的政治经济形势和资源政策。

森林资源的市场供给是指森林资源商品市场上所有生产者（企业）愿意且能够提供的森林资源总量（图 8.3）。任一价格水平上的个别供给曲线上切线的斜率均大于森林资源市场供给曲线上同一价格水平上的切线斜率。

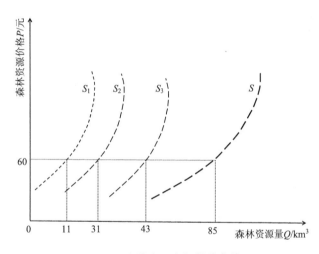

图 8.3　森林资源市场供给曲线

8.2.3　森林资源供需的变动及均衡分析

当影响森林资源供给（或需求）的一个或几个因素发生变动时，仅由森林资源市场价格决定的供给量（或需求量）也会相应地发生变动，导致供给（或需求）曲线移动。图 8.4（a）表示社会生产力水平的提高增强了森林资源的供给能力，原来的供给曲线 S 向右移动到 S'。图 8.4（b）表示消费者收入的提高导致了森林资源需求的上升，原来的需求曲线由 D 向右移动到 D'。

森林资源商品的供需关系同其他一切商品供需之间的共性表现为：森林资源供给决定森林资源需求的物质对象，森林资源需求决定森林资源供给的目的和发展方向。森林资源商品供需矛盾及其运动规律不同于其他商品的主要表现如下。

（1）森林资源商品需求大多是由对森林资源产品的派生需求间接推算出来的，即当前的供给能力是在过去一定时期内生产投入而形成的，而当前的生产投入只能形成未来某一时期的生产和供给能力。

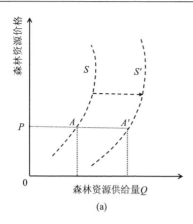

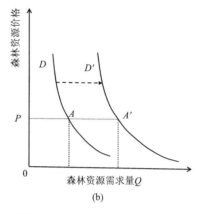

图 8.4　森林资源供求变动

（2）森林资源过去在生长过程中的损失会造成当前森林资源商品供给能力的不足。

（3）能用于森林资源生产扩大更新的林业用地有限，可能造成未来某一时期的最大生产能力与未来需求量之间的差距，从而导致未来森林资源供给不足。

森林资源的供需平衡是森林资源市场供给量等于需求量。供需平衡时，森林资源市场供需量通过市场价格关系反映。森林资源的市场价格不仅可调节森林资源的供给量，也可对需求产生影响，使供需同时变动，实现森林资源的供需平衡。

8.2.4　渔业资源的需求

渔业资源需求是渔业经济的出发点和归宿。市场经济条件下，影响渔业资源需求的因素包括以下几项。

（1）渔业产品的价格。在消费者收入、替代品价格及消费偏好等因素保持不变的前提下，渔业产品价格变化与其需求量变化存在反方向变动的关系，当渔业产品价格降低时，人们将购买更多的渔业产品，即消费需求量增加；反之，价格上升则消费需求减少。

（2）替代品的价格。渔业产品还与替代品的价格相关。例如，肉、蛋、奶、鱼是人类所需动物蛋白的主要来源，它们在满足消费者摄取动物蛋白的需要和食欲享受上具有相似性，在效用上可以与渔业产品形成一定的替代关系。当替代品的价格发生变化时，在一定程度上将影响人们对渔业产品的需求量。替代品价格上升，人们对渔业产品的需求量增加，替代品价格下降，人们对渔业产品的需求量减少。

（3）消费者的收入水平。当收入增加时，消费者就具有更强的支付能力，愿意花更多的钱来购买渔业产品以增加消费，尤其是高级渔业产品的需求量也随之增加，消费档次升高。

（4）消费者偏好。是指消费者对产品的喜好程度和喜好结构，是社会信仰、风俗习惯、地域差异或者生理原因所引起的偏爱性需求选择，它使人们对渔业产品的种类、规格、新鲜程度等形成不同的消费要求。例如，中国的春节是渔业产品的旺销期，老百姓的餐桌上渔业产品是必不可少的佳肴。春节吃鱼已成为一种民俗，寓意"年年有余"。由于人们对鲍、参等产品的偏好，只要收入水平高，这类高档渔业产品的需求量就会大增。

8.2.5　渔业资源的供给

渔业产品供给是在特定时期内和一定价格水平上，企业（或行业）愿意并能够向顾客提供商品的数量。影响渔业资源供给的因素包括以下几项。

（1）渔业产品的价格。在其他因素不变的情况下，渔业产品市场价格越高，生产者增加产量的积极性就越高，渔业产品供给量就增加；反之，市场价格越低，渔业产品供给量就越少。

（2）渔业产品生产成本。在其他因素不变的情况下，生产成本上升，渔业产品供给量减少；反之，生产成本下降，渔业产品供给量增加。

（3）渔业生产条件。生产条件包括渔船、渔具等生产资料，生产能力，渔业基础设施建设，鱼池状况和规模，运输条件等。显然，生产条件越优越，渔业产品供给量越高。

8.2.6　渔业资源供需的变动及均衡分析

1. 渔业资源的可持续性供给

渔业资源的供给与鱼类的生命相关，取决于其群体总数的规模。

（1）当群体低于某一临界点时，该生物将会灭绝。

（2）如果群体总数超出自然均衡水平或自然承载力，死亡率也会上升，该物种的数量又回到承载力的范围内。

（3）上述可更新资源的生物学特性，在经济学上表现为"向后弓"的供给曲线（图 8.5）。这个特殊供给曲线的特点是：随着价格上升，供给量增加，但供给量超过一个种群生物学上的临界点之后（Q^*），供给将随着价格升高而减少；最后供给被迫中断，形成向后弓的特殊供给曲线；过度捕获在短期内可以增加市场供给，但不可持续；若种群过小，物种就会灭绝，市场供给会彻底中断。

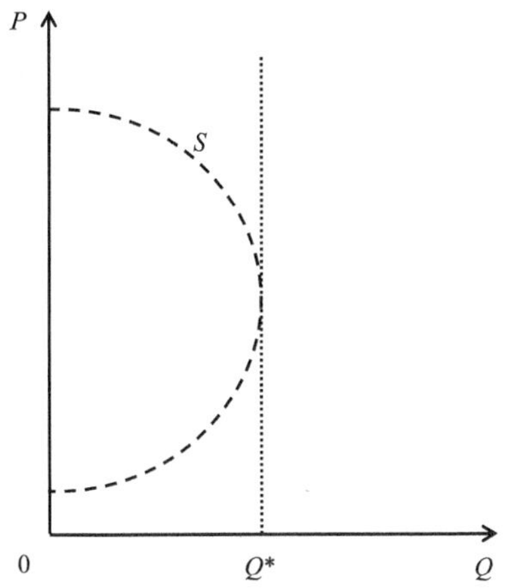

图 8.5　渔业资源的供给曲线

2. 渔业资源的生物学模型

渔业资源数量或存量随着资源自然增长率和捕捞量的变化而变化，是渔业资源的一个重要特征（图 8.6）。存量的增长可用"$G(x) = \mathrm{d}x / \mathrm{d}t$"公式表示。可持续捕捞量是使存量保持不变的捕捞量，即等于存量的增量。

3. 谢弗生物学模型

渔业资源存量与其增长率相关。如图 8.7 所示，X_m 到 X_n 之间皆为可持续捕捞量；X_n 为自然均衡点，是稳定的。在自然均衡点上，出生、迁入等引起的群体数量增加被死亡、迁出等引起的群体数量减少所抵消。X_m 为实现最低增长的存量，X_m 不稳定，存量低于 X_m，增长就为负；存量为任意一点 X_0 时，存量的增量为 $G(X_0)$，该点的可持续捕捞量为 $G(X_0)$。

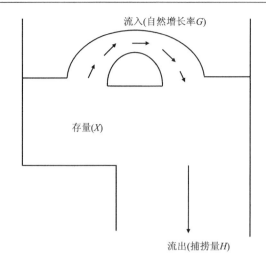

图 8.6　渔业资源的生物学模型

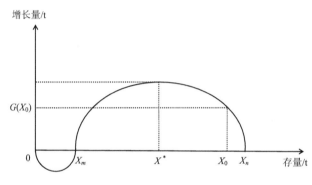

图 8.7　渔业存量与增长率的关系

要维持鱼群存量稳定，捕捞量不能超过增长量。一旦存量降至最低可生存存量左侧，死亡和向外迁徙率就会超过出生和向内迁徙率，增长率就变为负，鱼群将面临灭绝。

X^* 点达到了最大增长率，该点处的可持续捕捞量最大，为 $G(X^*)$。从生物学上看，X^* 是最优捕捞量，但此处是否是经济学上的最优捕捞量，需进一步讨论。

4. 影响渔业资源种群增长的因子

影响渔业资源种群增长的因子包括内部因子和外部因子。内部因子主要指死亡和繁殖。内在的遗传特性和外部环境的改变都会导致种群死亡率的改变，而种群死亡率的变化又引起生长和繁殖的变化，推动整个种群的变化。死亡率包括自然死亡率和捕捞死亡率，种群的总死亡率等于自然死亡率和捕捞死亡率之和。鱼类的繁殖包括亲鱼性腺发育、成熟并产卵受精再到孵出稚鱼的一系列过程，繁殖在鱼类生长史中起着关键作用，与鱼类的年龄、生长、食性等其他过程密切关联，是种群的繁衍和发展的重要保证。繁殖力体现了物种长期的环境适应性，其高低决定了种群数量的发展潜力。外部因子包括生物因子和非生物因子。生物因子主要指生物之间的各种相互关系，如捕食、寄生、竞争和互惠共生等；非生物因子包括光照、温度、水分、空气、无机盐类等非生物要素。

5. 种群生态增长模型

渔业资源的种群增长符合生态增长规律，用公式表示为

$$N_{t+1} - N_t = (b-d)N_t \qquad (8.1)$$

式中，第 N_{t+1} 为 $t+1$ 时期的种群数量；b 为繁殖率；d 为死亡率；N_t 为 t 时期种群的数量。

如果 $b > d$，即繁殖率大于死亡率，则种群数量增加；如果 $b < d$，即繁殖率小于死亡率，则种群数量减少。

渔业资源种群数量与增长率之间也具有一定的关系。图 8.8 横轴代表种群数量，N_0 是最小可变种群数量，N^* 是最大可持续捕获种群数量，N_2 是种群稳定数量。纵轴是增长率，从 N_0 到 N^* 表现为种群数量增加引起增长率的增加；从 N^* 到 N_2 表现为种群数量增加引起增长率的减少。

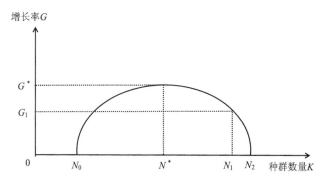

图 8.8　渔业资源种群数量和增长率的关系

6. 渔业资源捕获量和存量的关系

渔业资源捕获量大小受存量的影响。如图 8.9 所示，K 表示某个天然种群的规模（通常称为存量）。该种群在一定时间、一定规模内会自然繁殖，其繁殖量减去自然消耗量通常称为流量，由存量决定。假定对渔业资源的需求不旺盛，其需求量始终小于流量，则渔业资源的可再生资源的存量会在安全区域的最小阈值与最大可承载能力之间波动，并最终达到均衡。均衡点由人类的需求量决定，达到均衡时，渔业资源的流量等于使用量。该情况下，在数量上对可再生资源的利用是可持续的，可以满足后代的需求。

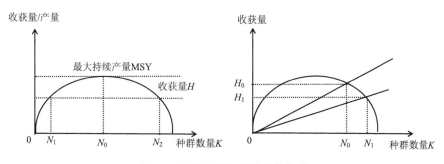

图 8.9　渔业存量与增长率的关系

7. 其他生物学模型

生物学中还有一些模型用来描绘可更新资源种群增长的状态。

（1）几何增长模型。

$$R_0 = N_{t+1} / N_t \tag{8.2}$$

该模型用于计算第 t 代的种群数量。N_{t+1} 和 N_t 分别为第 $t+1$ 代和第 t 代的种群数量。假设种群规模的变化率为常数，与分布密度无关。在种群中，每代繁殖一次，母体繁殖后便死亡，如大多数一年生植物或单世代昆虫。R_0 为每一代的净增长率，若大于 1，则表示种群数量会随时间增加而增加；小于 1，则随时间增加而减少。

（2）指数增长模型和逻辑斯谛增长模型。在某些种群中，有机个体没有特殊的繁殖期而是连续生长的，其种群大小的变化呈现指数型增长和逻辑斯谛型增长（图 8.10）。

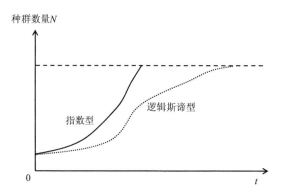

图 8.10   指数型增长和逻辑斯谛型增长曲线

指数型增长模型的数学表达式为

$$\mathrm{d}N/\mathrm{d}t = (b-d) \times N = r \times N \tag{8.3}$$

$$N_t = N_0 \times \mathrm{e}^{rt} \tag{8.4}$$

式中，r 为禀赋增长率。如果大于 0，则种群数量将增加，反之则减少。

逻辑斯谛增长模型的表达式为

$$N_t = K / [1 + (K/N_0 - 1) \times \mathrm{e}^{-rt}] \tag{8.5}$$

受食物和空间等资源环境条件的制约，种群数量将趋于某一有限值。该有限值由特定环境条件下的资源条件决定，称为载容量，用 K 表示。式（8.5）中，当 $r > 0$ 时：种群数量将随时间呈指数增长，直到达到载容量 K 为止。在没有资源限制的情况下，种群将无限制地增长；当 $r = 0$ 时：种群数量不会随时间变化，即种群数量将保持恒定；当 $r < 0$ 时：种群数量将逐渐减少，直到达到零为止，这表示种群正在经历衰退或者消失。种群增长模型可以转化为式（8.6）：

$$\mathrm{d}N/\mathrm{d}t = r \times N(1 - N/K) = F(N) \tag{8.6}$$

（3）随机增长模型。由于种群个体之间的差异，加之环境因素的作用，某些种群的数量呈随机动态变化，相应地呈现各种不同的随机增长模型。

8. 渔业资源供需的影响因素

以鱼类为代表的可更新资源,其供需要考虑动物种群的生存、发展和衰亡,主要取决于其种群的总数规模或尺寸、大小。种群总数又取决于生物学因素和人类行为因素。人类行为是影响物种生存、发展和灭绝的重要因素。

8.3　森林和渔业资源的优化配置

有别于传统经济发展模式,将自然资源系统纳入经济发展模型,目标并非是将自然资源最大限度地转化为人造资本,而是为了在保持自然生态经济系统正常运转的前提下探索可持续的开发利用模式。

8.3.1　可更新资源配置模型

可更新资源配置与不可更新资源配置的区别在于:①通常由社会占有可更新资源,因此可更新资源配置模型以社会效益最大化为优化目标,社会需求曲线由社会效用函数导出,社会效益由社会需求曲线与供给曲线围成的面积表示;②贴现率为社会贴现率;③可更新资源开采没有中止时间限制;④加上了可更新资源自然增长率变量 g。该模型可表示为

$$目标:\quad \max_{y(t)} \int_0^\infty \left[\int_0^{y(t)} p(q)\mathrm{d}q - c(x(t))y(t) \right] \mathrm{e}^{-rt}\mathrm{d}t \qquad (8.7)$$

$$约束条件:\qquad x(0) = x_0$$
$$\mathrm{d}c(x)/\mathrm{d}x \leqslant 0 \qquad (8.8)$$
$$p(y(t)) \leqslant \bar{p}$$

式中, $x(t), y(t)$ 为 t 时刻资源存量和开采量; r 为社会贴现率; $p(q)$ 为社会需求曲线;无穷大为积分上限,减去了控制变量 T; $\int_0^{y(t)} p(q)\mathrm{d}q$ 为需求曲线从 0 到 $y(t)$ 的积分(即与 x 轴所谓面积),其与总成本 $c(y)y$ 之差为 t 时间点的消费者剩余和生产者剩余; g 也可以表示为 $g(x)$,为资源存量的净增长速度, $g(x)$ 表达资源存量的增长速度取决于存量 x,一般是线性的正相关关系,某些情况下也可以设为常数。对于可更新资源,有

$$g + k = r \qquad (8.9)$$

式中, g 为资源的生物学或地质学的增长率; k 为资本价值的增长率; r 为贴现率。可更新资源的生物学增长率加资本价值的增长率等于贴现率。

其中,生物资源的独特之处在于生物资源可不断生长繁殖。生物资源的生长和新增率取决于复杂的生物生态关系,包括灭绝阈值、"S"形增长曲线、环境承载能力等。生物资源的存量核算公式可表示为

$$\widehat{S}_t = \widehat{S}_0 - \sum_{\tau=1}^t (H_\tau - R_\tau) \qquad (8.10)$$

式中, H 为收获量或消耗量; R 为经过生长或净补充产生的更新量或替代量。

8.3.2　森林资源配置

森林资源配置的主要类型有：①森林资源的部门配置，即森林资源在不同林业相关部门之间的分配，有利于形成合理的林业部门结构；②森林资源的区域配置，有利于各个区域发挥优势；③森林资源的企业配置，使效率最高的林业企业得到最充分的森林资源供应。

森林资源配置按照决策过程的特点可以将资源配置的方法划分为几类：①分散决策，依靠市场机制分配森林资源和产品；②集中决策，由中央计划部门决定森林资源的配置，只能间接地对资源配置和产品分配问题起调节作用；③分散决策与集中决策相结合。

林业生产函数刻画林业生产要素投入与林产品产出之间的数量关系，用公式可表示为

$$Q = f(x_1, x_2, \cdots, x_n) \tag{8.11}$$

式中，Q 为产出林产品的数量；$x_1, x_2, \cdots, x_n$ 为投入的各种生产要素。

特定条件下，林业更新中林产品的产出量与某种可变林业生产要素的投入量之间可能成正比关系，即表现为直线关系。每增加一个单位变动的林业生产要素投入量，相应成比例地增加一定数量的林产品产出量。一般情况下，林业生产要素增多，引起林产品产量变化呈递增或递减趋势，即林业生产要素投入和林产品产出呈曲线变化关系。

1. 森林资源的生物增长量

从生物学角度分析，需要做出的决策是：砍伐应当在何时进行？一般生物学家采用平均年增长量（mean annual increment, MAI）来衡量林木的生物增长情况。MAI 等于树木生长累积体积除以树木累积生长年数，一般遵循"S"形曲线（图 8.11）。

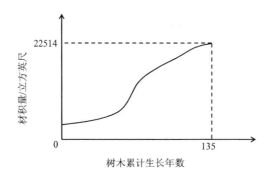

图 8.11　典型道格拉斯冷杉树生长模型
（1 立方英尺=0.0283168m³）

基于生物学的决策规则是，最优砍伐年份为 MAI 最大的年份，木材体积=$105e^{(1-70/a)}$，MAI=木材体积/a，a 为树木年龄。表 8.1 表示的是一个假想的树木生长模型。在这个模型中，由 MAI 的值可以看出，树木的生长先加速，再减速，在第 70 年，MAI 和树木生长速度达到最高点，按生物学规则，应当在这一点砍伐。

表 8.1　假想的树木生长模型

树木年龄/年	木材体积/（m³/hm²）	MAI/[m³/（hm²·a）]	树木年龄/年	木材体积/（m³/hm²）	MAI/[m³/（hm²·a）]
5	0	0	55	79.9	1.453
10	0.3	0.026	60	88.9	1.481
15	2.7	0.175	65	97.2	1.96
20	8.6	0.431	70	105.0	1.500
25	17.4	0.694	75	112.2	1.497
30	27.7	0.923	80	119	1.487
35	38.6	1.104	85	125.3	1.474
40	49.6	1.240	90	131.1	1.457
45	60.2	1.339	95	136.6	1.438
50	70.4	1.408	100	141.7	1.417

2. 森林资源利用的经济模型

经济学家认为，生物学决策准则没有考虑如树木的种植和砍伐成本、价值及贴现等经济因素；森林采伐的经济效率最优原则为木材总净效益的现值达到最大时，即为木材的最佳采伐时间。净效益的现值为砍伐收益的现值减去成本的现值。例如，单纯从生物学准则看，70年树龄砍伐最佳。经济学准则要考虑贴现、砍伐成本等，最优砍伐时间是净效益的现值最大。图 8.12 中 NPV 在第 40 年最大，即经济学准则认为，更早砍伐更好。现实中，一般树木砍伐后需要再种植，如此循环往复。延长砍伐期意味着生长-砍伐周期的机会成本增加了。当边际机会成本增加时，最优砍伐时间将提前，如图 8.12 中的 35 年。

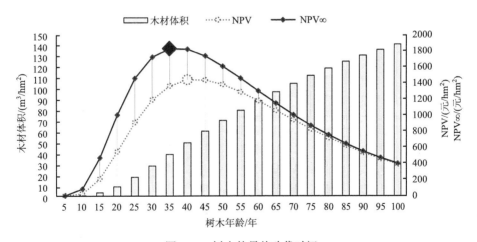

图 8.12　树木的最佳砍伐时间

根据这一准则和前面提到的树木生长周期函数，建立森林采伐经济的基本决策模型。在此为简化模型，首先设定以下假设条件。

（1）立木采伐后，空置土地，不进行复种；

（2）单位木材价格和采伐成本不随时间变化，每立方英尺分别为 1 美元和 0.3 美元；

（3）在整个采伐期内，森林的种植成本固定不变，为 1000 美元。

木材总价值、成本和净效益的计算公式为

$$木材总价值=价格×木材量/(1+r)^t$$

$$成本=1000\ 美元+(0.3\ 美元×木材量)/(1+r)^t \tag{8.12}$$

$$净效益=木材总价值-成本$$

结果如表 8.2 和表 8.3 所示。

表 8.2　采伐成本不随时间变化的森林经济模型

项目	10 年	20 年	30 年	40 年	50 年	60 年	68 年	70 年	80 年	90 年	100 年	110 年	120 年	130 年	135 年
立木蓄积量/立方英尺	694	1912	3558	5536	7750	10104	12023	12502	14848	17046	19000	20614	21792	22438	22514
未贴现（r=0）	—	—	—	—	—	—	—	—	—	—	—	—	—	—	—
木材价值/美元	694	1912	3558	5536	7750	10104	12023	12502	14848	17046	19000	20614	21792	22438	22514
成本/美元	1208	1574	2067	2661	3325	4031	4607	4751	5454	6114	6700	7184	7538	7731	7754
净效益/美元	−514	338	1491	2875	4425	6073	7416	7751	9394	10932	12300	13430	14254	14707	14760
贴现（r=0.01）	—	—	—	—	—	—	—	—	—	—	—	—	—	—	—
木材价值/美元	628	1567	2640	3718	4712	5562	6112	6230	6698	6961	7025	6899	6603	6155	5876
成本/美元	1188	1470	1792	2115	2414	2669	2833	2869	3009	3088	3107	3070	2981	2846	2763
净效益/美元	−560	97	848	1603	2299	2893	3278	3361	3689	3873	3917	3830	3622	3308	3113
贴现（r=0.02）	—	—	—	—	—	—	—	—	—	—	—	—	—	—	—
木材价值/美元	569	1287	1964	2507	2879	3080	3128	3126	3045	2868	2623	2334	2024	1710	1554
成本/美元	1171	1386	1589	1752	1864	1924	1938	1938	1914	1860	1787	1700	1607	1513	1466
净效益/美元	−601	−99	375	755	1016	1156	1189	1188	1132	1008	836	634	417	197	88
贴现（r=0.04）	—	—	—	—	—	—	—	—	—	—	—	—	—	—	—
木材价值/美元	469	873	1097	1153	1091	960	835	803	644	500	376	276	197	137	113
成本/美元	1141	1262	1329	1346	1327	1288	1251	1241	1193	1150	1113	1083	1059	1041	1034
净效益/美元	−672	−389	−232	−193	−237	−328	−415	−438	−549	−650	−737	−807	−862	−904	−921

表 8.3　采伐成本变化的森林经济模型

项目	10 年	20 年	30 年	40 年	50 年	60 年	68 年	70 年	80 年	90 年	100 年	110 年	120 年	130 年	135 年
立木蓄积量/立方英尺	694	1912	3558	5536	7750	10104	12023	12502	14848	17046	19000	20614	21792	22438	22514
未贴现 (r=0)	—	—	—	—	—	—	—	—	—	—	—	—	—	—	—
木材价值/美元	694	1912	3558	5536	7750	10104	12023	12502	14848	17046	19000	20614	21792	22438	22514
成本/美元	1278	1765	2423	3214	4100	5042	5809	6001	6939	7818	8600	9246	9717	9975	10006
净效益/美元	−584	147	1135	2322	3650	5062	6214	6501	7909	9228	10400	11368	12075	12463	12508
贴现 (r=0.01)	—	—	—	—	—	—	—	—	—	—	—	—	—	—	—
木材价值/美元	628	1567	2640	3718	4712	5562	6112	6230	6698	6961	7025	6899	6603	6155	5876
成本/美元	1251	1627	2056	2487	2885	3225	3445	3492	3679	3785	3810	3760	3641	3462	3350
净效益/美元	−623	−60	584	1231	1827	2337	2667	2738	3019	3177	3215	3140	2962	2693	2525
贴现 (r=0.02)	—	—	—	—	—	—	—	—	—	—	—	—	—	—	—
木材价值/美元	569	1287	1964	2507	2879	3080	3128	3126	3045	2868	2623	2334	2024	1710	1554
成本/美元	1228	1515	1786	2003	2152	2232	2251	2250	2218	2147	2049	1934	1810	1684	1622
净效益/美元	−658	−228	179	504	728	848	877	876	827	721	574	401	215	26	−68
贴现 (r=0.04)	—	—	—	—	—	—	—	—	—	—	—	—	—	—	—
木材价值/美元	469	873	1097	1153	1091	960	835	803	644	500	376	276	197	137	113
成本/美元	1188	1349	1439	1461	1436	1384	1334	1321	1258	1200	1150	1110	1079	1055	1045
净效益/美元	−719	−476	−342	−308	−346	−424	−499	−518	−613	−700	−774	−835	−882	−918	−932

需要注意以下两点。

（1）模型中采用了三种贴现率表达了不同贴现率对最佳采伐时间的影响，即当贴现率为 0 时，表示的是木材的实际价值；当贴现率为正时，考虑了货币的时间价值。

（2）采用不同采伐成本表达了成本对最优采伐时间的影响。

得出以下结论。

（1）贴现法缩短了采伐的最优周期，在不贴现的情况下，资产的机会成本为 0，树木将会获得更长的生长周期。

（2）当贴现率足够高时，成本将会一直高于总价值，种植树木的净效益为负，在经济上是无效率的。

（3）种植成本的变动和采伐成本的变动并不会影响采伐的最优周期。

3. 模型的扩展

以上基本模型在某些时候并不符合现实情况，原因是它将采伐看作一个孤立的事件，而不是不断重复的"采伐—再造林—采伐"的循环过程。在无限规划模型中，采伐后的土地被更新造林，以至不断循环。基础模型的局限性表现在以下方面。

（1）现实中，采伐后的土地并不会空置，而是在同一片土地上进行复种。

（2）不同时期木材的价格并不是一个不变的常数。

（3）基础模型中将木材视作产品，未考虑森林资源开发过程中的社会外部成本，当开发成本没有反映外部成本时，就会过多开发木材，使个人采伐的产量（Q_1）超过全社会最优的产出水平（Q_2），如图 8.13 所示。

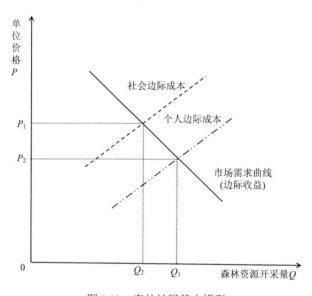

图 8.13　森林扩展基本模型

如果要考虑轮伐的有效性，需要将轮伐期效益纳入模型之中。假设一片森林提供的生态效益与森林的年龄成正比，在无限规划模型中，最佳轮伐期应该发生在延迟采伐的边际效益等于边际成本时。因此，计入生态效益将会延长最佳轮伐期。

4. 森林无效率砍伐的原因

无效率的决策使人们偏离追求利润最大化的目标，过度采伐森林。无效率决策的原因主要有以下三种情况。

（1）跨国界的外部性成本。发展中国家的毁林行为对生物多样性和气候变化的影响是全球性的，而发展中国家不愿意减少森林砍伐数量，因为这意味着工作岗位和经济收益的减少。由于存在全球性的外部性，市场出现失灵。

（2）贫穷和债务问题。落后国家往往面临短期生存和债务问题，不得已牺牲长期目标，陷入贫穷和毁林的恶性循环。

（3）政府失灵。政府在制定森林开发利用政策时，未能考虑环境和社会外部成本，或是受到利益集团的影响产生政策偏差，都会造成森林资源的不合理开发。

8.3.3 非排他性的海洋渔业资源配置

海洋渔业是具有非排他性的资源。在海洋渔场中，很难确定每条鱼的专属产权。人类对渔业资源开发利用的发展过程一般可分为开发不足、加速增长、过度开发和资源可持续管理四个阶段。在过去的实践中，只有少数渔业能达到科学的资源可持续管理阶段，多数都处于过度开发阶段。世界上多数地区和国家将渔业资源被列为"社会共享资源"，即在不受任何条件控制的情况下，渔业生产者或投资者可自由开展渔业生产，对渔业资源具有共享的权利。因此，从经济学角度来看，渔业的发展必然在经济因素的作用下趋于总渔获量达到最大持续产量，直至渔业资源出现衰退甚至资源枯竭。

1. 渔业资源的动态均衡

（1）影响短期与长期决策的因素：贴现率水平。提高贴现率以至无穷大时，最优决策是寻求当前的收益最大化，相当于开放式渔业资源开发；降低贴现率以至为零时，最优决策为减少当前的开采，渔业有趋向生物经济平衡的特性；当贴现率水平在零至无穷大之间时，贴现率越高，保存资源的成本就越高。

（2）资源开发与种群平衡。对于生物等可更新资源来说，经济意义上的资源开发就是指收获，但是存量的变化不等于收获率，它受生物生长或更新能力的调节；生物学上的最大持续产量并不是经济学上的最优产量。

2. 静态的有效可持续捕捞模型

经济学上的效率最大化一般是指净效益最大。

净效益=总收益-总成本

为简化分析，假定：①鱼价固定不变，不随销售量变化而变化；②单位捕鱼活动的成本固定不变；③单位捕鱼活动的捕鱼量与鱼群存量的大小有关，存量越多，单位捕鱼活动的捕鱼量就越多。

TR=$P \cdot H$　　　（8.13）

式中，TR 为总收益；P 为每单位渔获物的价格；H 为捕捞量，是捕捞活动量的函数。

TC=$W \cdot E$　　　（8.14）

式中，TC 为总成本；W 为单位捕捞活动的成本；E 为捕捞活动量。

可持续捕捞量等于鱼群存量的增量，总收益曲线（TR）的形状与鱼群存量增长曲线类似（图8.14）。

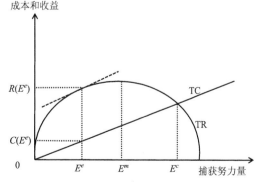

图 8.14　静态有效可持续捕捞量

E^m 处为最大可持续捕捞量，但净收益并不是最大。E^e 处为最优可持续捕捞量。净收益等于总收益曲线与总成本曲线的垂直距离，当边际收益等于边际成本，也就是 TR 曲线上某点的斜率等于 TC 的斜率时，垂直距离最大，净收益也就最大。

在 E^e 处总收益等于总成本，净收益为零。若超过 E^e，则产生亏损。

3. 动态的有效可持续捕捞量

静态的有效可持续捕捞量只是假设贴现率为零的情况下的特例，若引入正的贴现率，保存资源的成本将上升，经济上最优可持续捕捞量将会减少。

如表 8.4 所示，随着贴现率的增加，鱼群的经济最优可持续捕捞量呈减少趋势。

表 8.4　南极长须鲸的最优可持续捕捞量和最优鱼群存量（内禀增长率为 0.08）

贴现率/%	最优可持续捕捞量/尾	最优鱼群存量/尾
0	7920	222000
1	8000	200000
3	7726	163000
5	7094	133000
10	5406	86000
15	4485	67000
20	4042	59000
无穷大	2880	40000

内禀增长率影响最优可持续捕捞量，内禀增长率越大（表 8.5 与表 8.4 相比较），对贴现率越不敏感；内禀增长率越小，对贴现率越敏感。

表 8.5　太平洋鳙鲽的最优可持续捕捞量和最优鱼群存量（内禀增长率为 0.71）

贴现率/%	最优可持续捕捞量/1000t	最优鱼群存量/1000t
0	13.6	49.0
5	13.9	47.2
10	14.1	45.5
15	14.2	43.9
20	14.25	42.3
25	14.3	40.9
30	14.3	39.6
40	14.2	37.0
50	14.0	34.9
100	12.9	27.9
无穷大	9.7	17.5

4. 渔业资源优化配置的发展趋势

本节的经济模型是建立在单一所有者的前提条件下，该所有者对资源有明确所有权。然而，对于公共资源，单一所有者的假设不现实。无人对公共资源拥有完全的所有权，任何人都可以自由进入市场。因此，公共资源的开发利用存在两种外部效应：当前外部效应和代际外部效应。在不受限制开放进入的情况下，利润吸引更多的人进入市场，过多的人开发资源，使成本大大提高；当前过度开发，会减少资源存量，降低未来利润。

国内外渔业资源优化配置研究已从简单的生物学模型转变为复杂的"生物-经济-社会"动态模型，将环境因子及社会、市场等因素都考虑到优化配置模型之中。因此，一个完善的渔业资源优化配置模型不仅应包括渔业资源变量本身，还应包括渔业资源使用者和渔业资源管理者等变量。渔业资源变量包括：①涉及鱼类全生命周期的各方面，如繁殖力、补充力、生长和死亡；②种类之间的生态关系，如竞争和捕食；③影响资源量和种类时空分布的生物及非生物的环境因素。渔业资源使用者包括捕捞努力量、船队类型及渔民数量、渔获物的加工利用等。渔业管理者包括各种管理措施和方法，如禁渔期、禁渔区和最小可捕捞规格等。

8.4　森林和渔业资源利用政策

8.4.1　可更新资源开发利用决策体系

1. 可更新资源开发利用潜力评价

可更新资源开发利用决策必须掌握资源存量和增量潜力，在满足社会经济发展对资源需求的同时，不破坏可更新资源持续供给的能力。

2. 可更新资源节约潜力评价

可更新资源存量的可耗竭性和增量的有限性决定可更新资源开发利用决策必须以节约利用为宗旨，如节能潜力、节地潜力、节水潜力、节材潜力等。

3. 可更新资源需求预测

这是可更新资源开发利用决策的核心内容。可更新资源开发利用决策必须在需求预测的基础上，通过供给引导和制约需求，实现资源的持续开发利用。

4. 可更新资源开发利用目标确定

根据可更新资源的开发利用潜力、节约潜力及需求量预测情况，以及资源持续供给和社会经济持续发展约束，确定合理的可更新资源开发利用量。

8.4.2　森林资源的开发利用政策

1. 可持续的开发政策

对森林资源的开发利用，既不是一味消极地保护，也不是过度采伐使用，而是需要实行可持续的开发政策。林地所有者面临两种类型的决策，即采伐决策和林业用地转为非林业用地的决策，影响了毁林率。第一类决策涉及木材的采伐量、采伐周期及采伐之后是否再造林。第二类决策考虑了是否以及何时将林业用地转化为其他不同形式的土地利用。在采伐决策情况下，只有将采伐量限制在森林生长量之下，让木材的蓄积量在规定的时段内不受影响，可持续林业才有可能实现。在用地决策情况下，土地空间规划和土地利用的经济性、土地利用的生态性需要综合考虑。

森林资源生产的长周期性和森林产品需求的连续性，要求人们对一定面积上的森林资源实行计划采伐和复种，以保证在原有森林资源采伐完以后，原采伐基地更新恢复的森林资源及时进入成熟利用期，实现森林资源的接续及生产和需求的平衡。

森林资源更为重要的作用是维护人类和动植物生存所必需的自然生态环境的平衡。对森林资源进行开发利用的前提必须是不破坏其原有的生态条件。

2. 公共政策

森林资源具有公共产品属性，其存在生态效益。因此，林权私有化将不能保证森林资源的综合效益最大化。通过公有化，以其综合效益为目标，实现森林资源的有效管理。

（1）改变激励机制。在保持一个可持续采伐量的要求下，一种办法是恢复有效激励机制。特许权所有者应该为采伐公有土地森林的权利支付全部费用，包括对森林损坏提供赔偿。另一种办法是获得消费者对可持续林业的支持，使消费者能够充分关心森林的可持续发展。

（2）债务自然互换（debt-for-nature swaps）。这种政策可以解决跨国界的外部性问题，是国际协议中在公共领域最有创意的政策之一。其创新之处体现在两个方面，政策工具的独特性和非政府组织直接参与完善政策。

（3）开发利用型保护区（extractive reserves）。这种政策常用于保护原住民的传统狩猎和采集活动，并阻止毁林。例如，巴西的阿克里地区建立了可采伐的保留区。

（4）保护地役权（conservation easements）。这一形式正在逐渐被世界各地采用。它是土地所有者和土地信托组织或者政府部门的合法协议，该协议永久性地限制土地利用以保护土地的使用价值。保护地役权限定土地的利用形式（如只允许进行森林经营活动），给予其他（如财产税）的优惠政策，防止土地转向更高附加值的利用形式（如开发），维持土地上的森林资源和生物多样性。从经济学的视角来看，保护地役权允许与土地所有制相关的权利束被分割成许多可转让的单元，使土地在得到保护的同时还会增值。

8.4.3 渔业资源开发利用政策

1. 渔业资源私有化

通过近海渔业资源私有化，鼓励私人占有并进行渔业养殖。如果将渔业资源视为开放获取资源，由于"公用地悲剧"，渔业管理将缺乏效率。一个可行的解决方案是允许某些渔业归私人所有。该方法适用于近海渔业资源，以及一些流动性不大或有固定洄游路线的鱼类，包括：①在隔离水域中人工养殖；②对于一些洄游鱼类，可以在其幼年期人工饲养，然后放入大海,待其成年后洄游到出生地再进行捕捞。从公有转变为私有的效益远大于管制人们过度捕捞的成本。然而,水产养殖仅对于一些鱼类品种有效,而其他一些品种可能永远无法人工饲养。

2. 通过管制提高捕鱼的真实成本

一般而言,管制手段将会导致捕捞活动的成本发生变化。由于渔业资源较多以公共资源形式存在,而公共资源总是倾向于被过度使用。图 8.15 中,E_1 为实施管制前的捕捞量,实施管制后,提高了捕鱼的成本,捕捞量将会降到 E_2。

3. 税收

政府可以通过税收管理渔业,并将税收用于社会福利,社会总成本并没有增加,只是从渔民手中转移到全体社会成员手中。如图 8.15 所示,税收造成总成本曲线的旋转,征税后渔民的成本曲线是 TC_2,税收使渔民的利益受到了损失。有没有既不增加社会成本,又减少捕捞量,而且受渔民欢迎的办法呢?

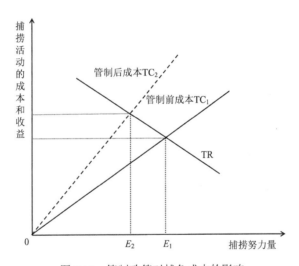

图 8.15 管制政策对捕鱼成本的影响

4. 捕捞分享计划

捕捞分享计划是针对渔业整体或一个特殊的地理区域创造一种捕捞权利,是向个人、社区或协会分配总允许捕捞量的一部分,包括个体捕捞配额、个体可转让配额和领地使用权。其中,个体可转让配额是特殊的个体捕捞配额计划,即可以在初始分配后交易捕捞权。

个体可转让配额对保证有效配置发挥了重要的作用,有助于提高效率,特点表现在:一是针对某种鱼类的全部授权渔获量,配额规定了配额持有者可捕捞的数量;二是所有渔民得到的配额渔获量之和应该等于渔业的有效渔获量;三是配额可在渔民间自由转让,建立起的配额转让市场应该能够基于渔业价值释放出恰当的价格信号。

领地使用权是基于地理区域的权利体系,是安排某种鱼类或渔业活动的区域使用权,不是允许捕捞的总量。渔业活动可以针对某一区域水体的某一层,也可以针对某个特定的鱼类活动区域。与个人可转让配额类似，领地使用权将进入许可权而非所有权授予捕捞者。通过创建产权形式，人们能够更经济效率地利用渔业资源，改善小型捕鱼社区的福利。另外，由于海岸线较长，难以对渔民进行监督。在实施政策过程中，也需要考虑到政策的执行成本。

8.5 我国森林和渔业资源发展概况和相关经济问题

8.5.1 森林资源的主要经济问题

（1）森林资源总量大，分布极不均匀，人均占有量仍然与发达国家存在一定差距。从森林资源应当发挥的生态效益功能来看，当前现有的森林资源很难发挥森林的多种效益，并且当前可以开采的林木数量十分有限，对外依赖程度较高。

（2）森林资源质量相对比较低。以黑龙江省为例，由于天然林长期的采伐，很多林区的森林质量下降非常明显，由于人工林树种单一、栽植时间集中等问题，很多地区的林木抵抗病虫害的能力较差。

（3）森林资源的利用方式已经开始发生较大转变。在经济发展的初步阶段，人们以消耗森林资源的粗放式经济发展方式为主，而经济发展到一定水平后，创新型经济发展理念要求寻找更加环保的替代性资源，这也使森林资源的消耗量显著降低。同时，由于经济发展促进了人们生活水平的提高，人们对居住环境提出了更高的要求，对森林资源的利用方式也开始发生变化，典型例子是森林生态旅游的发展、森林绿色食品的生产、生物多样性保护等，其产生的经济效益远远超过直接利用木材的经济效益。

8.5.2 渔业资源发展概况和相关经济问题

（1）渔业资源产权不明晰容易产生负外部性。由于海洋具有水体的流动性和空间立体性，许多渔业资源的划分难以明确某一部分归属某人。要建立与市场经济相适应的渔业资源管理体制，必须建立与市场经济和资源可持续利用的渔业资源产权制度。

（2）渔业资源供需的不确定性研究。随着渔业资源过度利用，渔业产品会逐渐变得稀缺，在市场机制的作用下，其价格将不断提高，需求量下降，要求人们将原来的粗放过度利用转变为严格保护和合理利用。

练 习 题

1. 以森林为基础的生物质燃料受益于能源结构向可更新方向的转变。能源结构变化会对消费者、生产者和资源拥有者产生哪些可能的影响？

2. 假设有两块相同的林地，唯一的区别是第一块林地在林木采伐后复种，而第二块林地在采伐后被用作住宅开发。从效率而言，哪一块林地的采伐期更长？为什么？

3. 谈谈你对可更新资源的生态增长模型的理解。

4. 在正常情况下，人们会期待森林的私人所有者实现森林的休憩用途和木材采伐之间的有效平衡吗？

5. 木材价格的上涨将增加或减少可持续林业实践的可能性吗？为什么？

6. 假设当地渔业委员会对一个捕鱼区域规定的捕鱼配额是 150t，继而假设每年 150t 是有效可持续产量。当达到150t的渔获量时，当年的捕鱼结束。

（1）这对于公共产权问题是一个有效的解决方案吗？

（2）如果150t的配额被分为100个可转让配额，每份可转让配额允许持有者捕捞1.5t，根据渔民的历史渔获量水平进行配额分配，你认为这两种方式有何不同？为什么？

7. 当人们试图减少开放获取渔业的无效率程度时，通过禁止一些发动机类型渔船或对捕捞努力量征税增加捕捞努力量的边际成本的管制同样有效吗？为什么？

主要参考文献

安方雁. 2016. 浅谈新时期林业发展的建议. 甘肃农业, (21): 41-42

白洋. 2011. 渔业配额法律制度研究. 青岛: 中国海洋大学博士学位论文

陈海明. 2009. 基于可持续发展的渔业资源管理研究. 广州: 华南理工大学硕士学位论文

陈新军, 周应祺. 2001. 论渔业资源的可持续利用. 资源科学, (2): 70-74

陈新军. 2001. 海洋渔业资源可持续利用评价. 南京: 南京农业大学博士学位论文

陈新军. 2004. 渔业资源经济学. 北京: 中国农业出版社

丁琪, 陈新军, 李纲, 等. 2014. 自然资源可持续利用评价研究进展. 广东海洋大学学报, 34(6): 88-97

董江爱, 霍小霞. 2012. 矿权与乡村治理. 社会主义研究, (4): 83-88

何微. 2002. 我国林业建设理念的变迁. 林业资源管理, (1): 19-21, 34

洪顺华. 2018. 浅析我国森林资源的发展历程, 存在的问题及发展对策. 农家参谋, (15): 92

黄余. 2011. 可持续性视角下的可再生资源定价方法研究. 广州: 广东商学院硕士学位论文

久玉林. 2003. 中美林业发展比较研究. 西北林学院学报, (4): 156-159

克拉克. 1984. 数学生物经济学: 更新资源的最优管理. 周勤, 译. 北京: 农业出版社

孔繁文. 1996. 森林资源经济学的理论研究与社会实践. 林业资源管理, (5): 23-27

孔繁文. 1997. 林业改革的理论突破与实践——论森林资源与环境经济学的若干问题. 林业资源管理, (4): 58-61

李良波. 2011. 消费方式对渔业资源环境的影响及对策. 北方经济, (S1): 85-87

厉以宁, 章铮. 1995. 环境经济学. 北京: 中国计划出版社

刘俊昌. 2011. 林业经济学. 北京: 中国农业出版社

刘玮, 狄志玲. 2010. 我国营林工作可持续发展对策的几点探讨. 民营科技, (12): 185

卢秀容. 2002. 公共渔业资源的最优利用和非公共渔业资源利用的一般原则. 河北渔业, (1): 42-44, 49

卢秀容. 2005. 中国海洋渔业资源可持续利用和有效管理研究. 武汉: 华中农业大学硕士学位论文

罗兴云. 1998. 试论盘活森林资源资产的途径. 林业资源管理, (2): 27-30

曲福田. 2001. 资源经济学. 北京: 中国农业出版社

舒先德. 1999. 林业经济学. 海口: 海南出版社

宋蔚. 2009. 中国现阶段海洋渔业转型问题研究. 青岛: 中国海洋大学博士学位论文

孙吉亭, 潘克厚. 2002. 我国渔业资源开发问题的经济学分析. 中国渔业经济, (6): 17-18

孙吉亭. 2003. 论我国海洋资源的特性与价值. 海洋开发与管理, (3): 15-19

田明华, 陈建成. 2003. 中国森林资源管理变革趋向: 市场化研究. 北京: 中国林业出版社

汪安佑, 雷涯邻, 沙景华. 2005. 资源环境经济学. 北京: 地质出版社

王淼, 权锡鉴. 2002. 我国海洋渔业产业化的发展模式研究. 工业技术经济, (6): 12-13

王雅丽. 2012. 渔业资源租金的核算及应用. 上海: 上海海洋大学硕士学位论文

王雅丽, 陈新军, 李纲. 2012. 资源价值核算理论在渔业资源中的应用. 上海海洋大学学报, 21(2): 272-279

肖忠优, 宋墩福. 2009. 现代林业概论. 北京: 科学出版社

谢高地. 2009. 自然资源总论. 北京: 高等教育出版社

徐连章. 2010. 新制度经济学视角下的我国海洋渔业资源可持续利用研究. 青岛: 中国海洋大学博士学位论文

薛丽云. 2008. 浅谈我国森林资源发展与保护. 内蒙古林业调查设计, (2): 117-118

杨得前. 2003. 我国海洋渔业资源捕捞过度的经济学分析. 北京水产, (3): 22-24

杨正勇. 2011. 论渔业资源与环境经济学的研究体系. 高等农业教育, (9): 63-65

张广文, 陈新军, 李纲. 2010. 渔业资源生物经济模型研究现状. 海洋湖沼通报, (3): 10-16

张建国. 2015. 谈我国森林资源存在的问题及发展对策. 山西建筑, 41(23): 179-180

张於倩, 2015. 新编林业概论. 北京: 中国林业出版社

张玉龙. 2008. 我国渔业发展供求分析及趋势研究. 青岛: 中国海洋大学硕士学位论文

张展华. 2007. 多功能造林的思考与探讨. 亚热带农业研究, (2): 129-132

章培军, 杨颖慧. 2011. 具有密度制约和阶段结构的单种群模型. 兰州大学学报(自然科学版), 47(3): 86-89

赵丽丽. 2009. 绿色 GDP 与我国海洋资源可持续开发. 中国渔业经济, 27(1): 21-24

赵岩峰. 2011. 浅析林业可持续发展建设中的营林工作. 民营科技, (8): 108

郑德生, 孙曙光, 吕涛. 2013. 对森林资产的诠释. 中外企业家, (21): 45-46

Acheson J M. 2003. Capturing the Commons: Devising Institutions to Manage the Maine Lobster Industry. Hanover: University Press of New England

Anderson L G. 1977. The Economics of Fisheries Management. Baltimore: Johns Hopkins University Press

Bell F W. 1978. Food from the Sea: The Economics and Politics of Ocean Fisheries. Boulder: Westview Press

Berck P. 1981. Optimal management of renewable resources with growing demand and stock externalities. Journal of Environmental Economics and Management, 8: 105-117

Berkes F, Feeny D, McCay B J, et al. 1989. The benefits of the commons. Nature, 340: 91-93

Bowes M D, Krutilla J V. 1985. 'Multiple Use Management of Public Forestlands'// Kneese A V, Sweeney J L. Handbook of Natural Resource and Energy Economics. Amsterdam: North-Holland

Boyce J R. 1992. Individual transferable quotas and production externalities in a fishery. Natural Resource Modeling, 8: 385-408

Cheng J, Lin C J, Wang A Y. 1981. Analysis of modified model for commercial fishing with possible extinctive fishery resources. Journal of Environmental Economics and Management, 8: 151-155

Crutchfield J A, Pontecovo G. 1969. The Pacific Salmon Fisheries: A Study of Irrational Conservation. Baltimore: Johns Hopkins University Press

Deacon R T. 1985. The Simple Analytics of Forest Economics, in Forestlands: Public and Private,. San Francisco: Pacific Institute for Public Policy Research

Field B C. 2001. Natural Resources Economics-An Introduction. New York: McGraw-Hill Higher Companies, Inc

Goodman J, Walsh V. 2001. The Story of Taxol: Nature and Politics in the Pursuit of an Anti-Cancer Drug. New York: Cambridge University Press

Gregory G R. 1987. Resource Economics for Foresters. New York: Wiley

Gutiérrez N L, Hilborn R, Defeo O. 2011. Leadership, social capital and incentives promote successful fisheries. Nature, 470: 386-389

Mahar D E. 1989. Government Policies and Deforestation on Brazil's Amazon Region. Washington: World Bank

Price C. 1989. The Theory and Application of Forest Economics. Oxford: Basil Blackwell

Repetto R, Gillis M. 1988. Public Policies and the Misuse of Forest Resources. Cambridge: Cambridge University Press

Repetto R. 2001. A natural experiment in fisheries management. Marine Policy, 25(4): 251-264

Schlager E, Ostrom E. 1992. Property-right regimes and natural resources: A conceptual analysis. Land Economics, 68: 249

Swanson T M, Edward B. 1992. Economics for the Wilds. Washington: Island Press

Tietenberg T. 2000. Environmental and Natural Resource Economics. London: Addison-Wesley Longman

Townsend R E. 1990. Entry restrictions in the fishery: A survey of the evidence. Land Economics, 66: 359-378

Wibe S T J. 1992. Forests: Market and Intervention Failures. London: Earth-Scan Publications Ltd

World Resources Institute. 1992. World Resources 1992-3. New York: Oxford University Press

第9章 自然资源核算

> 传统的国民经济核算体系没有涉及资源、环境、生态、社会进步等内容，高估了 GDP 实际水平。为了客观实际反映经济增长与资源环境的耗损，国内外纷纷采用自然资源核算体系和绿色 GDP 核算体系。自然资源核算是编制自然资源资产负债表的基础，自然资源资产负债表可以明晰经济发展的资源环境代价，具有重大的历史和现实意义。本章主要介绍自然资源核算、绿色 GDP 核算和自然资源资产负债表三个方面内容。

9.1　自然资源核算概述

9.1.1　自然资源核算背景

自然资源核算的出现主要为弥补传统国民经济核算体系存在的缺陷，即资源耗竭和环境损害在 GDP 中没有得到真实的体现。不仅如此，由于将资源耗减收入和环境治理费用作为一般经济产出计入 GDP，造成了 GDP 虚假增长，一方面夸大了 GDP 的真实水平，另一方面诱导决策者不顾自然资源的过度消耗、环境污染和生态破坏来获得虚假的经济繁荣，加剧经济发展与资源环境保护间的冲突。

传统的国民经济核算体系主要存在以下三个方面的缺陷：①只核算了人造资本和设备的消耗和折旧，没有考虑自然资源的消耗；②没有将自然资源作为国民财富纳入国民经济核算体系加以核算；③将环境治理费用计入 GDP，而未从 GDP 中扣减环境破坏带来的损失。这些缺点突出了 GDP 作为国民经济核算体系的核心总量指标不能真实反映自然资源对经济的全面作用。由于传统国民经济核算体系暴露出来的缺陷，为了适应可持续发展的要求，需要将环境、资源等包括进核算体系，这就要求引进自然资源与环境的核算，并将它们纳入国民经济核算体系。

现行国际通用的国民核算体系（SNA）是 20 世纪中期发展起来的，是一个分析经济增长趋势的系统方法，目的是提供经济性能指标和政策分析的相关数据。在资源环境问题尚未影响人的生活质量和威胁社会经济可持续发展的年代，传统的国民经济核算体系无疑发挥了巨大作用。但是，随着经济的发展和人口的增加，资源短缺、环境污染和生态系统的破坏，能源危机、水资源危机和食物短缺等问题日益突出，不仅影响到经济社会的可持续发展，甚至威胁到人类自身的生存。

如何更好地修正和完善 GDP？从 20 世纪 70 年代开始就有机构提出对其进行修正的方法。例如，1972 年，托宾（Tobin）和诺德豪斯（Nordhaus）就提出了用净经济福利（net economic welfare）指标来修正 GDP；1989 年，卢佩托（Repetto）等提出用净国内生产总值（net domestic product）指标来反映经济发展中对自然资源的耗损。

　　1992 年的联合国环境与发展大会对推动资源环境核算发挥了至关重要的作用。会议通过的主体文件《21 世纪议程》明确提出，为了经济社会的可持续发展，将资源环境和社会因素纳入国民经济核算体系。1993 年，联合国、世界银行和国际货币基金组织在总结各国实践的基础上，提出了核算环境资源存量和资本流量的卫星账户体系：环境经济核算体系（system of environment and economic accounting，SEEA），并推动在墨西哥、博茨瓦纳、巴布亚新几内亚、泰国、菲律宾等发展中国家进行试点。美国、日本等发达国家也按照 SEEA 的思路，对本国资源进行了核算。国内外有关自然资源核算的历史演变对比如图 9.1 所示。

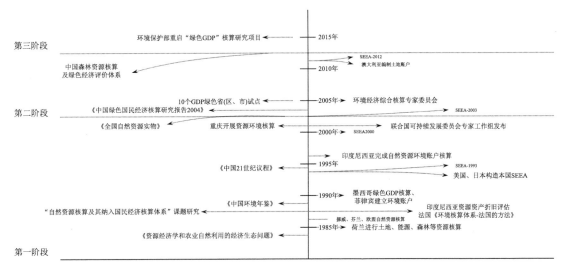

图 9.1　国内外有关自然资源核算的历史演变对比

　　与国外相比，中国自然资源核算具有起步晚、发展快的特点。从 20 世纪 80 年代末开始，中国在借鉴国际经验的基础上，探索资源环境经济综合核算的方法，并具体应用于水、森林、能源等领域。1988 年，国务院发展研究中心同世界资源研究所合作，开展了"自然资源核算及其纳入国民经济核算体系"课题研究。1992 年，中国的国民经济核算体系由物质产品平衡表体系（system of material product balance，MPS）转型为国民核算体系（SNA）。2003 年，国家统计局开始试编"全国自然资源实物量表"，将土地、矿产、森林和水资源纳入其中，据此开展了上述四种自然资源的价值量核算。2005 年，国家环境保护总局和国家统计局共同启动了 10 省（区、市）绿色 GDP 核算试点，并于 2006 年 7 月首次联合发布了《中国绿色国民经济核算研究报告 2004》，这是迄今为止唯一以政府名义公开发布的绿色 GDP 核算研究报告，当时在社会上引起了很大反响。但此后的绿色 GDP 核算一直处于相对低潮期，直到 2013 年 11 月，为加强生态文明建设，十八届三中全会首次提出了编制自然资源资产负债表的构想，要求"探索编制自然资源资产负债表，对领导干部实行自然资源资产离任审计。建立生态环境损害责任终身追究制"。在此背景下，2015 年 3 月，环境保护部宣布重新启动绿色 GDP 核算，将自然资源耗减成本、环境污染与环境治理成本从传统 GDP 中扣减，将资源环境改善收益增加到 GDP 中，即绿色 GDP2.0，在内容与技术上都更具实效。

9.1.2 自然资源核算的概念与意义

1. 自然资源核算的概念

自然资源核算是指对一定时空范围内的自然资源，从实物、价值和质量等方面进行统计、核实、测算，以反映其数量、质量、价值和结构变化状况，并表达其平衡状况的工作。

自然资源核算的主要内容包括实物量核算（physical accounting）、价值量核算（value accounting），以及质量指数核算（quality index accounting）。三种核算互为补充，缺一不可。

通过自然资源核算将其纳入国民经济核算体系，为国家宏观经济运行和资源合理调控提供依据，同时为自然资源的利用、交易与产权管理提供基础数据支撑。

2. 核算的目的意义

（1）为合理开发、利用、保护自然资源提供基础信息。自然资源的核算，不仅能反映出自然资源数量的增减，而且能反映出经济社会发展对自然资源的耗减状况，有利于对下一周期自然资源的供需态势进行分析和预测。自然资源价值量核算不仅可以用货币指标反映自然资源存量和流量的变化，而且可以与国民经济核算指标联系起来，反映出自然资源对经济社会发展的保障程度。自然资源的质量（指数）核算可以直接反映出自然资源质量的变化状况。

（2）有助于全面、客观评价经济社会发展状况及未来潜力。全面、客观地分析一国经济社会的真实发展状况和未来发展潜力，不仅要求对经济发展情况进行评估，而且要求对资源环境价值进行测算，消除这种消耗资源、环境而带来的国民经济的虚假增长。这就需要在一个通用结构中分析资源环境与经济问题，把经济信息与资源环境信息融合起来。

（3）实现可持续发展的必然要求。可持续发展战略提出发展是多重目标的发展，是包括经济、社会、环境和制度等方面的全面协调发展。通过对自然资源的核算，把资源环境信息导入国民经济核算体系，有利于经济社会发展与资源环境的协调统一，可以更好地度量国家经济社会发展的可持续性。

9.1.3 自然资源核算的内容与程序

1. 核算内容

（1）实物量核算、价值量核算和质量指数核算：实物量核算，主要是对自然资源的数量进行统计和核算，用物理单位来表示；价值量核算，是在数量核算的基础上，通过合理估价，对自然资源价值量进行核算，用货币单位衡量，并以不变价或基准价为基础，而以现价计算，可以反映当时资源供需状况及其变化；质量指数核算，是为全面反映自然资源的变动态势。

（2）分类核算（category accounting）和总量核算（overall accounting）：前者可以进行实物量或数量核算，也可以进行价值量核算和质量指数核算；但由于不同类资源之间只有价值量才能加总，因此综合核算一般只作价值量核算。

（3）存量核算（stock accounting）和流量核算（flow accounting）：存量核算评估的是某一时刻的资源总量，以及资源总量与经济总量的关系，可用于不同区域间资源存量的比较；而流量核算分析的是资源流与经济流之间的动态关系，可进行国别或区域比较。

（4）纳入国民经济核算。自然资源核算的最终目的是将其纳入国民经济统一核算体系之中，刻画经济发展对自然资源的消耗，以及资源与经济之间的相互依赖、相互制约的关系。

2. 自然资源核算的基本程序

自然资源核算一般来说有三个过程：一是获得自然资源期初、期末及增减变动量的实物数据，并进行实物量核算；二是按照价值评估原则及方法确定相应的价值量指标，进行价值量核算；三是将核算结果纳入国民经济核算体系中。具体有以下几个步骤。

（1）界定核算对象。划定某一地区需要核算的全部自然资源类型，一般包括水、土地、森林能源和矿产等各类自然资源，也可以根据评估任务的需要，只评估某一类自然资源。

（2）实物量统计。实物量统计是核算的基础工作，关系到核算能否顺利进行和核算结果的准确度，主要统计自然资源的数量、质量、结构、开发利用状况等。一般情况下，政府统计部门都有较为系统的自然资源统计数据，其数据资料可以直接引用。

（3）对自然资源估价。这是自然资源核算的难点和关键，关系到核算的准确性和成败。自然资源估价的关键是如何选择合适的评估方法和定价技术。

（4）分类核算。分类核算是综合核算的基础，包括实物增减量的计算和流向分析，以及价值增减量的计算和流向分析。

（5）综合核算。在分类核算的基础上，对资源价值总量进行综合核算，以反映资源总量的整体变化状况和资源利用的综合效率。

（6）质量指数核算。质量核算主要是对自然资源的质量变化状况进行核算，以反映自然资源质量等级上升和下降情况，并以质量指数校正数量核算和价值量核算的结果。

（7）纳入国民经济核算体系。建立包含资源环境账户在内的综合核算体系，真实反映经济发展的资源环境成本。

9.1.4 自然资源核算存在的问题

1. 自然资源核算的主要争议

自然资源核算研究无论是理论方法还是实践应用，都存在一定的争议。

（1）在核算类别上存在争议。具体需要统计、核算哪些资源，尚未达成一致意见，即是对所有的资源环境因素，还是重点对水资源、土地资源、能矿资源、森林资源等进行核算。另外，是仅核算资源消耗和环境破坏，还是要涵盖资源自然增加和生态环境改善带来的收益。

（2）自然资源核算理论尚未统一，估价方法众多，缺乏统一的范式。从理论基础来看，国际上两个主要统计体系 SNA 和 SEEA 各有侧重，SNA 主要是以经济学作为其理论基础，根据效用价值论构建的核算体系；SEEA 作为国民经济账户的卫星账户，把资源环境看作生产的基本要素投入，其理论基础还不完善。在估算方法上，实物量核算相对容易，评估方法众多，统计数据也较易获取；价值量的核算要考虑资源消耗和环境退化等诸多因素，在估价方法的选取上还没有达成一致，仍是自然资源核算的难点。

（3）不同国家或区域的自然环境、资源丰度、经济发展水平不同，其研究进展程度不一。尽管世界各国都认识到有必要把自然资源核算纳入国民经济核算体系，但是如何构建和完善核算体系，通过何种途径与现有国民经济系统对接还没有达成共识。

（4）自然资源核算的执行标准存在分歧。联合国推荐使用的 SEEA 的核算体系，缺乏标准的核算方法，对各国自然资源核算研究的理论和实践指导不足。急需构建出一套综合的、标准的自然资源核算体系，为各国提供理论和方法指导，加快自然资源核算研究的步伐。

2. 解决问题的思路与方案

（1）尽可能做到与现有统计和核算体系相衔接。我国现行的 GDP 统计指标历史已久，其理论基础、统计指标、核算方法、逻辑性、可行性较强，是一套比较成熟的国民经济核算体系。资源核算体系的设计，要充分利用已有 GDP 核算的现实基础，适应新的统计要求。

（2）资源核算方法的选择，应当充分考虑资源要素的经济价值、生态价值和社会价值，并根据我国的资源利用状况，为不同种类的自然资源选择不同的价格类型和经济模型估计。

（3）采取"自下而上"和"自上而下"相结合的方式建立覆盖全部资源类型和全部国土面积的资源核算体系。"自下而上"就是各地区根据区域特点和资源、环境、经济发展水平，设计不同侧重点的指标，先分区域建立单项资源的区域自然资源核算体系，形成面向实践的高可用性价值计量方法；"自上而下"就是国家统计局和资源环境主管部门基于宏观目标与导向设计一套自然资源核算体系指南和标准，保证资源核算的科学性。

3. 需要实现以下几个方面的关键条件

为完善核算体系，需要重点解决以下几个方面的问题。

（1）核算科目的确定。根据数据可获得性来确定自然资源的核算科目。目前，国家层面的自然资源普查需要间隔一定的周期，一般需要几年或更长时间开展一次；地方政府很难完整地普查当地的资源环境等数据，且不同区域数据之间在可比性和操作性方面也存在问题。

（2）自然资源的定价方法与标准赋值。应该选取哪种估价方法及如何对不同的指标进行赋值还是个难题。由于部分资源环境要素不参与市场交易，无法通过市场交易来确定其价格。

（3）分类、分级构建不同类型区域的自然资源核算体系。我国国土辽阔，区域差异大，资源类型复杂，制定涵盖全国各个区域、统一的自然资源核算标准，是一项艰巨的任务。

（4）与自然资源资产负债表的有机衔接。自然资源核算体系与自然资源资产负债表的编制既存在关联又有很大的差别，两者需要很好地衔接起来，为我国政府的政策制定和领导干部的业绩考核与离任审计提供可靠依据。

9.2　绿色 GDP 核算

9.2.1　国民经济核算

国民经济核算是以社会再生产全过程为对象，对国家经济活动进行的系统核算，主要包括国民经济运行的总量、结构及内部相互关系的核算。它能全面反映国民经济运行状况，即社会再生产过程中生产、分配、交换、消费各个环节之间，以及国民经济各部门之间的内在联系，为国家宏观经济管理提供依据。国民经济核算体系是一个国家或地区社会经济发展的综合测算系统，既包括人力、物力、财力，又有生产、分配、交换和消费，以及经济运行的总量、速度、比例和效益。

从整体来看，国民经济核算由两个主要的平衡核算关系组成：一是经济流量的平衡核算，其内容直接以国民经济运行过程的生产、分配、消费和积累等环节为依据设置，具体包括生产核算、收入核算、消费核算、积累核算和对外核算；二是经济存量及其变动的平衡核算，既包括特定时点上所拥有资产负债总量的核算，也包括经济存量从期初到期末的核算。

国民经济核算的核心内容包括国民经济总量核算、社会资金核算、国际收支（外汇收支）核算、资产负债核算等；还包括人口和劳动力核算、物质产品核算（产品平衡表，如能源平衡表、粮食平衡表）、资源核算、环境核算及生态系统服务等其他核算。

1. 两大国民经济核算体系

国民经济核算体系有两层含义：一是指国家或国际组织为统一国民经济核算而制定的核算标准和规范。它以一定的经济理论为基础，明确规定一系列核算概念、定义和核算原则，制定一套反映国民经济运行的指标体系、分类标准和核算方法及相应的表现形式（平衡表、账户、矩阵等），形成一套逻辑一致、结构完整的核算标准和规范。二是指全面、系统反映国民经济运行的数据体系。它是遵循一定的国民经济核算标准和规范对国民经济进行核算的结果，就是一整套国民经济核算资料。国际上主要有两种国民经济核算体系，一种是物质产品平衡表体系（MPS），是在苏联发展形成的；另一种是国民核算体系（SNA），是在西方国家收入统计的基础上发展形成的（表 9.1）。

表 9.1　MPS 与 SNA 差异比较

比较项	MPS	SNA
核算范围	农业、工业、建筑业、商业和货物运输	全面生产
核算内容	主要反映物质产品的生产、交换和使用	除实物流量外，还注重核算收入分配和金融交易等资金流量及资产负债存量
核算方法	平衡法，30 张平衡表	复式记账法，运用账户、矩阵等形式
主要指标	社会总产值、物质消耗、国民收入、净产值、消费、积累	总产出、中间投入、国内生产总值、增加值、最终消费、资本形成总额、净出口
理论基础	马克思再生产理论	凯恩斯理论

1）MPS

MPS 最早产生并发展于苏联，是苏联和东欧等计划经济国家采用的核算体系，指标主要有社会总产值、国民收入、净产值、积累和消费等。中国在增长期使用该体系。MPS 是为了适应有计划按比例发展国民经济的思路和需要，逐步建立起来的一套国民经济平衡表系统，主要核算内容包括物质产品平衡表、综合财政平衡表、投入产出表、劳动力平衡表、国民财富和固定资产平衡表、非物质服务平衡表等。根据 MPS 核算体系的规定，只有创造物质产品和增加产品价值的劳动才是生产劳动，从事生产劳动的部门属于生产部门，如工业、农业、建筑业、商业部门等，否则属于非生产劳动和非物质生产部门，如教育、科研、文化、金融、物流、卫生、机关等部门。

2）SNA

SNA 主要是市场经济国家采用的核算体系，指标主要有国民总收入（GNI）、国内生产总值（GDP）、增加值、最终消费（也称为总消费）、资本形成总额（也称为总投资）和净出口等。SNA 是在西方国家长期开发的收入统计基础上发展起来的，由联合国 1953 年制定推出。SNA 最初只限于核算生产、消费、积累、国外（进出口）这四个阶段上产品和劳务的流动情况。1968 年，联合国统计委员会发表了新的 SNA，主要包括国内生产、收入与支出、资本交易、国际收支四个综合账户，以及投入产出表、资金流量表、资产负债表等，该统计系统被许多国家采用。

无论是 1953 年提出的 SNA 还是 1973 年提出的 MPS，都只是对宏观经济进行统计，并未将经济活动过程中的资源与生态环境投入纳入统计中。

3）中国国民经济核算体系演变和特点

中国在不同时期，采用了不同的核算体系。早期主要采用苏联模式，使用 MPS，改革开放后，实行有中国特色的社会主义市场经济体系，逐步引入 SNA 进行核算。

1952～1984 年：采用 MPS 体系。新中国成立后实行的是社会主义计划经济体系，经济模式是苏联的模式，核算体系自然就是苏联、东欧计划经济体制下的 MPS。这一核算体系一直沿用到 20 世纪 80 年代中期。

1985～1992 年：是 MPS 与 SNA 两种核算体系并存阶段。随着中国的对外开放和经济体制改革，经济体制从计划经济向市场经济转换，原有的核算体系难以适应新的体制要求，国民经济核算体系逐步向 SNA 转换。考虑到要有一个适应期，1985～1992 年实行两种核算体系并行。1992 年，由计划经济下的国民经济核算体系转型为世界通行的 SNA 体系。1995 年，又从 SNA 体系逐步转向 SEEA-1993 的国民经济核算体系。

1993 年至今：苏联解体和东欧剧变之后，俄罗斯和东欧国家纷纷抛弃 MPS 转向 SNA。1993 年，联合国统计委员会决定取消 MPS，在全球范围内采用 SNA，MPS 失去了国际可比性和通用性。中国的经济总量从 MPS 体系的国民收入核算转入 SNA 体系的 GDP 核算，并逐步开展了投入产出核算、资金流量核算、资产负债核算和循环账户核算。

2. 传统 GDP 核算体系存在的缺陷

国民经济核算体系及其主要核算指标对经济社会发展具有重要的导向作用。科学、合理的国民经济核算体系及其主要指标可以引导经济社会向着健康、可持续的方向发展；而片面、不合理的核算体系和主要指标则有可能将国民经济和社会发展带入歧途。传统 GDP 核算体系，只计算经济产值及其增长速度，忽视资源消耗和环境损害，这是造成人们片面追求产值和速度，不顾资源耗竭和环境恶化的主要原因之一。其存在的主要问题表现在以下两个方面。

（1）未考虑自然资源消耗成本。GDP 只核算了经济活动对自然资源的开发成本，却没有计算自然资源本身的价值，即忽视了自然资源耗减成本，其结果是资源消耗越多，经济产出越多，高估了当期经济生产活动新创造的价值。

（2）未考虑环境损害成本。GDP 核算一方面没有扣减环境质量降低的成本，另一方面将清除环境污染和生态恢复的支出作为生产活动计入 GDP 中，从正反两个方面提高 GDP。结果是污染物排放越多、生态破坏越严重，环境保护和生态恢复支出越多，GDP 越高。

9.2.2　绿色 GDP 的基本概念与核算步骤

1. 概念与含义

目前学术界对绿色 GDP 没有公认一致的定义，但各种定义均认为绿色 GDP 是在考虑了人类经济活动对环境恶化和自然资源损耗的基础上，对传统 GDP 进行修正。

（1）联合国的定义。联合国经济和社会事务部统计处对绿色 GDP 的定义是：以可持续发展理论为基础，以自然资源存量的变化和环境的价值变化对 GDP 进行调整，在原有 GDP 中扣除环境污染和资源价值耗竭后的 GDP。

（2）欧洲统计局的定义。绿色 GDP 是用自然资源的耗减价值、生态环境的降级成本，以及自然资源和生态环境的恢复费用等，对现行 GDP 调整后的结果。

（3）狭义绿色 GDP 与广义绿色 GDP。狭义绿色 GDP 是对传统 GDP 进行资源环境成本调整，在传统 GDP 中扣除自然资源耗减价值与环境污染造成的损失价值后的国内生产总值（绿色 GDP）。广义的绿色 GDP 是将传统 GDP 与经济福利结合起来进行修正。

2. 绿色 GDP 核算的步骤

建立以绿色 GDP 为核心指标的综合经济与环境核算体系主要有以下四个步骤。
（1）核算为保护资源环境而付出的实际成本；
（2）编制自然资源流量与存量的实物量核算表，对自然资源估价并编制货币型账户；
（3）编制残余物或污染物排放量的实物量账户，对所造成的环境损失估价；
（4）以前三项核算内容为基础，对传统的经济总量 GDP 进行调整，测算绿色 GDP。

9.2.3　绿色 GDP 核算方法

绿色 GDP（GGDP）的计算方法有多种，基本原理都是在传统 GDP 的基础上，扣减自然资源耗损和环境污染治理成本。

1. 基于"投入"角度的核算方法

从"投入"角度来看，传统 GDP 等于传统各产业部门新创造价值（增加值）之和，各部门新创造价值等于生产总投入减去中间投入。由生产活动引起的资源耗竭和环境污染，应该看作除传统中间投入之外，在原来的 GDP 核算中被忽略掉，但又确实存在的资源环境方面的隐形投入。同时，由环保部门（资源恢复部门和污染治理部门）所创造的增加值（新创造价值），显然应被视为 GDP 的新增部分。环保部门进行环保活动（资源恢复和污染治理）而必需的资源环境投入，包括产生的资源耗竭和环境污染等隐形投入，同样应从传统 GDP 中扣除。

2. 基于"产出"角度的核算方法

从"产出"角度来看，各部门在其生产过程中不仅生产出满足其自身需要的产品，包括货物和服务（正产出），也产生了由生产活动外部不经济性所带来的生存环境损害（资源耗竭和环境污染，也即负产出）。为进行环保活动（资源恢复和污染治理）必须有相应的资源环境消耗，包括新产生的资源耗竭和环境污染等"自然品"消耗。由环保部门（资源恢复部门和污染治理部门）所创造的增加值（新创造价值），则应被视为产出新增部分。

3. 综合绿色 GDP 的核算体系

综合绿色 GDP 核算体系遵守资源、环境和生态服务核算并重的原则，增加生态环境改善和生态服务对经济发展的贡献，是绿色 GDP 核算出现的新变化，也就是绿色 GDP2.0。

综合绿色 GDP 核算体系框架既要体现资源消耗，又要包含经济发展对环境生态的损害，还要包含自然生态系统产生的服务对经济发展的贡献。综合绿色 GDP 核算体系涵盖了三个主要领域的统计：①经济生产过程中资源量的变化量；②与经济活动有关的环境质量变化量；③生态系统服务价值。以绿色 GDP2.0 为基础的综合绿色 GDP 核算体系框架图如图 9.2 所示。

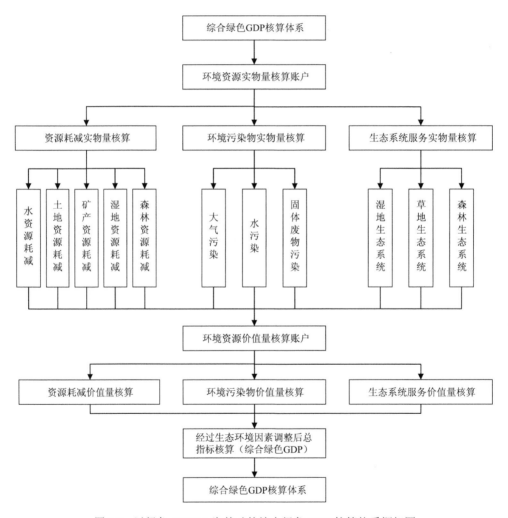

图 9.2 以绿色 GDP2.0 为基础的综合绿色 GDP 核算体系框架图

绿色 GDP2.0 不仅扣除了自然资源和环境消耗部分，而且把自然生态系统也纳入经济核算体系，不但反映了社会经济活动对环境与资源的利用动态，而且反映了自然生态系统直接对人类提供的福祉和为经济活动提供的服务价值。绿色 GDP2.0 核算公式表述为绿色 GDP2.0 ＝传统 GDP-自然资源的耗减成本-环境损失成本＋生态服务效益。

9.2.4　绿色 GDP 核算中的难点

1. 自然资源资产产权界定和定价困难

自然资源资产依据各自特性可分为生产性资产与非生产性资产，且许多自然资源资产在实际经济活动中，兼具生产性和非生产性特性，增加了自然资源资产定价的难度。

开展绿色 GDP 核算技术上另一个难点是环境与自然资源的定价方法选择。目前，GDP 核算在自然资源消耗定价上基本上采用使用成本法、净价值法和净租法三种方法。对环境降低成本的定价大多采用维护成本法和损害法；净租法一般用于不可再生资源。

2. 数据统计基础薄弱，限制资源环境、经济活动及其对应关系的系统描述

我国资源、环境、生态及其与经济活动的关系等相关统计仍然不完善。与一般经济活动有直接的对应的因果关系不同，资源损耗、环境污染与生态破坏等后果的显露是各种化学与物理原因、人为与自然因素长期耦合累积的结果。当前统计资料难以追溯各种污染后果出现的原因及其时空分布特征。

3. 资源耗减成本和环境损失成本难以核算

测算资源环境成本和环境降级成本是测算绿色 GDP 的关键所在，也是难点所在。由于资源环境问题是非市场化的，缺乏明确的市场价格极大地影响了估算资源环境成本的可操作性。目前，国内外都还没有能够较好解决资源环境成本估计问题的技术方法。

一方面原因在于资源与环境的负外部性难以内化为经济活动成本的组成部分，资源耗减成本和环境损失成本没有明确的市场价值，必须依赖于各种虚拟计算方法，降低了计算结果的科学性与准确性，如空气污染、环境质量降级、健康损害、野生动物和鸟类栖息地的丧失、气候变化的负面影响等对数据要求较高，评估方法众多，评估参数不易确定，难以准确估算，评估结果具有不确定性；另一方面原因是导致资源耗减与环境损失成本的因素的多样性及损失后果的广泛性，很难把所有的损失都计算清楚，也尚无公认的核算边界及标准。

鉴于绿色 GDP 核算中包含很多不确定因素，如果把它作为考核指标，无法满足基础数据可获可靠、核算方法可行可信、核算结果可比可用等基本要求。由此可见，绿色 GDP 不是一个界定清楚、易测度的指标。绿色 GDP 核算既不是自然资源核算，也不是生态系统核算。从国际权威机构对绿色 GDP 的认识历程和国内外专家对绿色 GDP 核算的观点看，绿色 GDP 的理念是颇有意义的，但理论上分歧很大，实践中应用难度也很大，目前还不具备核算条件。这也是目前统计基础领先的发达国家，没有一个全面开展绿色 GDP 核算的原因之一。

9.3　自然资源资产负债表

9.3.1　自然资源资产负债表编制概述

1. 自然资源资产负债表编制的背景和意义

为了遏制地方不顾资源环境承载力发展经济的冲动，尤其是主要领导干部的唯 GDP 的

发展理念，2013 年 11 月通过的《中共中央关于全面深化改革若干重大问题的决定》提出了要探索编制自然资源资产负债表，对领导干部实行自然资源资产离任审计，并建立生态环境损害责任终身追究制。

为了落实《中共中央关于全面深化改革若干重大问题的决定》，2015 年 4 月发布了《中共中央　国务院关于加快推进生态文明建设的意见》，提出以自然资源资产产权和用途管制、自然资源资产负债表、自然资源资产离任审计、生态补偿等重大制度为突破口，把生态文明建设纳入法治化、制度化轨道。

2015 年底，国务院办公厅正式印发《编制自然资源资产负债表试点方案》，明确提出通过编制自然资源资产负债表，推动建立科学规范的自然资源统计制度，为自然资源可持续利用、推进生态文明建设提供基础信息、监测预警和决策支持。

2. 编制自然资源资产负债表的作用

（1）明晰经济发展的资源环境代价。编制自然资源资产负债表，可以健全自然资源资产产权制度和用途管制制度，加快自然资源及其产品价格改革，让价格全面反映市场供求、资源稀缺程度、生态环境损害成本和修复效益。坚持"使用资源付费""谁污染环境、谁破坏生态谁付费"原则，用经济杠杆强化各级政府保护生态环境的责任。坚持"谁受益、谁补偿"原则，完善对重点生态功能区的生态补偿机制，推动地区间建立横向生态补偿制度。

（2）为划定生态保护红线提供依据。编制自然资源资产负债表，为自然资源开发划定生态保护红线。"红线"体现了底线思维，在资源利用和生态环境保护问题上，就是不能越雷池一步，从根本上预防和控制各种不合理的开发建设活动，避免对自然资源的耗竭和生态功能的破坏，给子孙后代留下可持续发展空间。

（3）为干部离任审计提供依据。编制自然资源资产负债表，对领导干部实行自然资源资产离任审计，用制度约束检验各级领导干部的发展绩效。将领导干部的政绩与生态环境保护挂钩，让生态建设成为各级党政领导的共同责任。

（4）完善领导干部绩效考评体系。自然资源资产负债表反映的是经济增长的资源消耗、环境损害、生态效益等指标，改变了单纯以经济增长速度作为评定政绩指标的偏向，使领导干部牢固树立正确政绩观。

（5）强化地方政府的主体责任。自然资源是政府必须提供的公共产品和服务。政府作为提供者，保持自然资源的可持续利用、生态环境的良好责无旁贷。

3. 自然资源负债与自然资源资产负债表

1）自然资源负债

自然资源负债的概念目前还没有公认和统一的定义。有学者将其定义为：自然资源权益主体过去的不当行为造成、预期会导致自然资源再开发利用造成的损失，以及为弥补损失付出代价的现时义务。

从经济本质上看，自然资源负债是生态责任主体在某一时点上应该承担的自然资源"现时义务"，该"现时义务"是人类在利用自然资源过程中所承担的能以货币计量、需以资产或劳务偿付的环境责任，是现在已经承担、必须履行的义务。

2）自然资源资产负债表

自然资源资产负债表是以资产负债表为基础进行编制的，是将一个国家或一个地区内可量化的自然资源资产分类、加总，最后形成的综合报表。自然资源资产负债表是汇总了一个国家或地区的全部自然资源资产的报表，体现了该地区在一定时期内的"家底"，反映了一定时期内自然资源的利用情况，以及对生态环境带来的影响。资产与负债是自然资源资产负债表的两个重要方面。

4. 自然资源资产负债表的编制原则

（1）先实物、再价值。优先开展土地资源、水资源、矿产资源和森林资源等自然资源资产与负债的实物量核算，建立各类自然资源资产和负债的实物量表；在此基础上，选取适宜的估价方法与参数，核算计算各类自然资源负债的价值量。

（2）先存量、再流量。优先开展各类自然资源资产与负债的期初、期末存量核算；依据历年资源变更调查、监测数据与耗用等资料，进行流量核算。

（3）先分类、再综合。优先开展单项资源的评估，如先开展水资源、土地资源、森林资源和矿产资源等主要类别的自然资源资产负债表编制。在分类研究的基础上，综合集成后，再编制综合的自然资源资产负债表。

9.3.2 自然资源资产负债表的基本构成与编制程序

1. 自然资源资产负债表的基本框架

自然资源资产负债表主要包括自然资源资产分类实物量表与综合价值量表。应系统核算自然资源资产的存量及其变动情况，以全面记录当期（期末–期初）自然和各经济主体对自然资源资产的占有、使用、消耗、恢复和增殖活动，评估当期自然资源资产实物量和价值量的变化。自然资源负债表基本框架如图 9.3 所示。

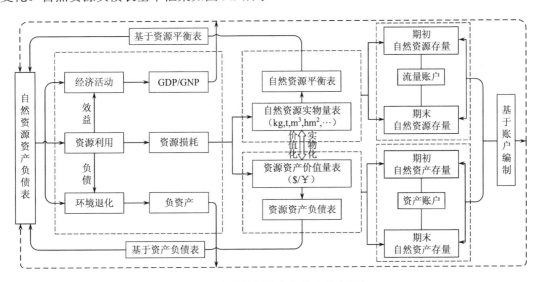

图 9.3 自然资源资产负债表基本框架

2. 自然资源资产负债表报表框架体系构建

自然资源资产负债表编制应反映自然资源资产实物与价值存量和变动情况，包括自然资源资产的实物量表、质量表、价值量表；反映自然资源过度耗减和环境治理需要付出的成本代价，即自然资源负债核算表；再通过"净资产=资产–负债"等式，构建自然资源资产负债总核算表，自然资源资产负债表表系构成如图 9.4 所示。

自然资源资产负债表的类型主要包括自然资源实物核算表、自然资源资产质量表、自然资源价值核算表、自然资源资产汇总核算表、自然资源负债表和自然资源资产负债表简表六大核心报表。内容包括土地资源、水资源、矿产资源等六类自然资源资产实物核算表。针对每一类自然资源，围绕其增减变化，按其生命周期反映出某类资源的实物流动过程，建立如表 9.2 所示的自然资源实物核算表。

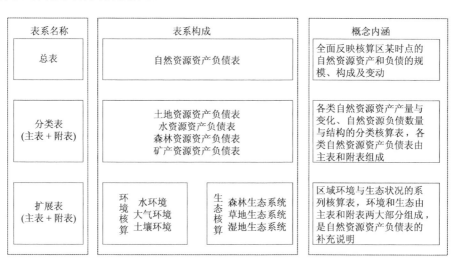

图 9.4 自然资源资产负债表表系构成

表 9.2 某地区自然资源实物核算表（样表）

项目	土地资源	矿产资源	森林资源	能源资源	水资源	海洋资源
期初存量						
本期增加量：						
自然生长量						
新发现量						
经济因素引起增加量						
重估增加量						
本期减少量：						
自然消亡量						
经济因素引起消耗量						
重估减少量						
期末存量						

表 9.2 中，纵列按自然资源分类来计算其在不同状态下的实物量；横行列示每类自然资源的期初、期末存量及流量变化情况。其中流量变化情况按引起自然资源增加、减少的原因分类。自然资源增加量包括自然生长量（如树木的自然生长）、新发现量（如矿产资源的勘探发现）、经济因素引起增加量（如耕地面积由于农业的发展而扩大）、重估增加量。自然资源减少量包括自然消亡量（如动物的自然死亡）、经济因素引起消耗量（如矿产资源因经济开采而减少等）、重估减少量。其中重估调整主要是外界条件改变而对自然资源统计造成的影响，如技术、价格变化及评估方法的改进。

自然资源资产质量表，具体分为水资源质量表、土地资源质量表、森林资源质量表等，其中水资源质量表和土地资源质量表为水资源实物核算和土地资源物理量核算提供基础。在不同质量等级下，运用适当的估算方法，核算因质量下降而造成的自然资源修复成本。

3. 自然资源负债核算

在自然资源实物统计的基础上，采用适宜的价值评估方法，建立某地区自然资源实物核算表和价值核算表，加总后得到存量及其流量变化的自然资源资产汇总核算表（表 9.3）。

表 9.3　自然资源资产汇总核算表（样表）

项目	土地资源		森林资源		矿产资源		.....
	实物量	价值量	实物量	价值量	实物量	价值量	
期初存量							
本期增加量：							
自然增长量							
新发现量							
经济因素引起增加量							
重估增加量							
其他							
本期减少量：							
自然消亡量							
经济因素引起消耗量							
重估减少量							
其他							
期内净变动量							
期末存量							

自然资源实物和价值核算表为自然资源资产核算提供必要前提。自然资源的本期增加量属于本期新增的自然资源资产，自然资源的本期减少量当作自然资源资产减值来处理。

本期自然资源净资产变动量=新增自然资源资产-自然资源资产减值。

本期自然资源资产期末数=自然资源资产期初数+本期自然资源资产变动量。

按照"资产=负债+权益"的会计平衡等式原理，采用账户式格式编制自然资源资产负债表。左边为资产账户，表示自然资源资产项和自然资源资产带来的资金收入项；右边为负债和权益账户，反映自然资源资本的来源。虽然自然资源资产负债表不追求严格的平衡关系，但账户式样表既能表现自然资源资产表现形式和存量状态，也反映自然资源负债给自然资源资产带来的负担和压力，更能体现自然资源资产负债表在生态文明背景下的生态绩效考核。自然资源资产负债表如表 9.4 所示。

表 9.4　自然资源资产负债表（样表）

资产类型	期初值	期末值	负债类型	期末值
土地资源			资源过耗	
水资源			环境损害	
森林资源			生态破坏	
矿产资源			资产负债差额	
合计			合计	

9.3.3　负债的核算方法

根据自然资源负债的内涵，负债核算一般包括资源过耗、环境损害和生态破坏三个部分。

1. 资源过耗

资源过耗是指在社会和经济活动过程中，资源的不合理利用造成的各种自然资源的过度消耗，包括过度开发利用超出其自身恢复能力的自然过耗和超过各项政策红线的政策过耗。资源过耗核算的核心在于如何理解"过耗"。显然，不同自然资源在不同区域或不同阶段，其"过耗"标准都有所差异。总体而言，资源过耗一般表现在数量过耗和质量过耗两个方面，将资源过耗进行价值化可以便于不同时空尺度的比较。

对于土地资源，土地不合理利用超出经济社会发展必须消耗的过度减少，以及土地自身更新能力所引起的资产减值损失，就是"过耗"。土地资源"过耗"可以通过基准地价系数修正法进行核算，即采用当地土地交易实例中的土地基准地价和基准地价修正系数表对土地价值进行评价。

对于水资源，水资源开发利用总量和水资源利用效率是衡量是否"过耗"的重要标准。鉴于国家在水资源管理上有明确的水资源开发利用控制红线、用水效率控制红线，可以通过核算期内区域水资源的开发利用的水资源实际使用量与效率超过"红线"的程度，评价水资源"过耗"，其价值一般通过区域水资源费收取标准进行核算。

对于森林资源，其过度耗减主要通过核算人类经济活动对森林资源开发利用超出国家（地区）规定红线阈值，以及林木开发利用超出其再生能力带来的资产减值损失进行评价。

对于矿产资源，其具有较强的特殊性。自然资源部发布了关于矿产资源节约与综合利用评价指标体系，选取开采回采率、选矿回收率、矿产资源综合利用率（简称"三率"）作为评价矿产资源开发利用效率的重要技术经济指标，可据此将矿产资源开发中低于"三率"要求而导致的矿产资源损失量计为矿产资源负债。

2. 环境损害

环境损害，是指人类的资源开发利用活动导致自然环境质量下降的现象。环境损害核算是要核算一段时期内人类活动对环境质量有负面影响的实物量和价值量，体现区域环境质量变化和环境污染带来的经济损失，反映核算期内资源权益主体为环境治理而支付的污染治理与恢复费用。

环境负债是指资源开发利用过程中造成的生态破坏和环境污染破坏并超出生态系统的阈值和环境容量。由于某类资源开发利用可能对多种资源造成负面影响，如矿产开发会造成水污染、土地污染和大气污染等，一般将环境负债作为整体进行核算。

水环境实物量核算按照行业部门反映区域水环境的整体状况，重点核算主要水污染物的产生量、去除量和排放量，以及废水排放量。每种污染物核算符合"产生量–去除量＝排放量"的核算关系。

大气环境实物量核算按部门反映该区大气环境质量状况。根据该区主要大气污染物排放状况与数据可得性，大气污染实物量核算表主要包括二氧化硫、烟粉尘和氮氧化物等三种污染物的产生量、去除量和排放量。核算结果满足"产生量–去除量＝排放量"的核算等式。由于现行统计方法的限制，仅核算第二产业（工业）和城市生活第三产业（含第三产业城市居民生活排放）的大气污染物。

土壤环境实物量核算，基于现行统计数据，主要核算研究区工业固体废弃物和生活垃圾两个部分。其中，主要按工业固体废弃物污染实物量核算工业固体废弃物的产生量，以及综合利用、处置、储存和排放量。表格符合"产生量＝综合利用量＋处置量＋储存量＋排放量"的核算公式，可以清晰地显示固体废弃物的生成和去向。

环境损害价值量核算方法根据环境污染阶段的不同而有所差异。环境污染阶段一般分为污染排放–环境质量下降–环境损害发生三个阶段。在污染排放阶段一般用污染治理成本法核算，是根据目前的治理技术和水平充分处理污染物所需要的支出，计算时一般选用的指标为虚拟治理成本。前提假设是所有污染物都得到治理，则环境退化不会发生。报告采用污染物虚拟治理成本法，并选用不同的环境污染损失指标，构建环境损害负债表。

3. 生态破坏

生态破坏，是指人类不合理的开发利用导致森林、草原、湿地等自然生态系统服务功能的减弱甚至丧失。生态核算的目标是要全面理解和量化自然资源数量变化和质量变化的生态效应，完整认识自然资源的资源属性、环境属性和生态属性，科学评价不同类型、不同结构生态系统的多重服务功能。

生态破坏核算是计量核算期内人类的资源利用活动对生态系统服务功能产生的影响，以揭示在人类活动（开发、利用以及保护、修复）影响下，自然资源生态效应发生的变化。从功能来看，生态系统功能可以分为供给功能、调节功能与文化功能等，考虑到自然资源资产负债表编制的目标，负债核算侧重于生态系统调节功能；从类型来看，重点核算生态系统在一定时间内提供的各类服务功能量及其变化量。

9.3.4　自然资源负债表编制中的几个关键问题

1. 列报期间问题

不同学者编制的自然资源资产负债表的列报期间不同，有的是按年度编制，有的则按照某个时间段来编制。自然资源资产负债表的列报期间貌似是一个简单的问题，但是背后体现了不同的编制理念。如果强调自然资源资产负债表编制是作为领导干部经济责任审计的一个辅助功能，那么该表只是衡量在任期内自然资源管理业绩的体现，其列报期间应与领导任期一致。如果强调自然资源资产负债表是国家资产负债表的组成部分，用以反映国家治理成果，则应按年度列报。

从自然资源资产负债表编制的初衷来看，主要用于领导干部离任审计，故应至少按照领导干部任职期间列报，反映任期内自然资源资产的存量和流量，以及任期内自然资源负债的变动情况，反映自然资源管理业绩。但从长期来看，信息提供应该更加及时，自然资源资产负债表应该以年度作为列报期间，更好地服务于国家治理和生态文明建设的要求。

2. 对自然资源资产负债的理解

目前对于自然资源资产负债，当前学者的研究尚存在较大争议，其争议主要有以下两个方面。

1）是否要列报负债项

目前自然资源资产负债表的相关研究中，对自然资源负债的界定主要有以下三类观点。

（1）资源环境经济学和统计学的学者遵循了 SEEA 技术路径构建的核算框架，由于 SEEA 及国外开展的自然资源核算都没有涉及自然资源负债这个概念，国内学者将经济运行过程中对自然资源的耗损价值、引起环境的退化价值，以及发生的自然资源管理和环境保护支出，界定为自然资源资产负债表中的负债，这类观点目前无论在学术研究还是在编制实务中都具有较大的影响力。

（2）会计学领域的学者按照宏观环境会计的思路构建的核算框架，将环境负债的概念用于界定自然资源资产负债表中的负债，提出自然资源负债是自然资源权益主体的不当行为带来的预期损失，为弥补该损失，自然资源权益主体需承担相应的现时义务。

（3）现阶段编制自然资源资产负债表可暂不确认负债；自然资源负债必须符合一般负债定义的要求，要有明确的债权人、债务人、偿债标的物和偿债期限，可用货币来表达和计量。无论在理论上还是实务中，现阶段自然资源负债作为核算要素都不具备确认条件，国外自然资源核算标准体系和核算实践也没有自然资源负债这个核算要素。遵循自然资源核算的国际惯例，目前尚不能确认自然资源负债，自然资源资产负债表应当改名为自然资源资产平衡表。

现阶段自然资源资产负债表编制与研究工作多参照 SNA 和 SEEA 进行，前者认为只存在金融负债，不存在非金融资产负债；后者虽然提到了资源消耗、污染物排放、环境保护支出等内容，但未对自然资源负债做出明确的界定。因此，部分学者认为应以 SNA、SEEA 为参照，不主张设置自然资源负债。

但多数学者认为无论从概念创新还是负债表功能角度来看，自然资源资产负债表的重点肯定是"负债"；要通过负债揭示出特定区域对自然资源使用的应尽但未尽的义务。因此，设置自然资源资产负债是维护代际公平、实现可持续发展的必然要求。

综上，只核算其资产状态而忽略负债状态也即忽视了其所有者或使用者应承担的义务，这将导致重要信息的流失，不能实现加强资源管理、对领导干部实行自然资源损害责任追究的最终目的，因此应对自然资源负债项目的核算统计是应有之义。

2）在负债的计量方面，要不要有门槛，即"过度"消耗

自然资源资产负债是对自然资源消耗还是"过度"消耗？合理使用导致的自然资源减少，尤其是未超过自然资源承载力时的资源量减少是否应计入负债项目？为此，有学者主张首先界定一个合理使用的"门槛值"，超过门槛值的资源耗减才导致"负债"产生。

其他学者认为"过度"消耗很难界定，只能是一种理论上的设想，而自然资源的耗减，不管是合理使用还是非合理使用，只要导致了自然资源数量、质量、价值量的净损失，均会产生负债，根据权责发生制原则，相关主体就应当承担相应责任，这样才能更加真实客观地反映核算期内社会经济活动与自然资源的关系，也符合自然资源资产负债表试编初期应遵循的可测度、可推广、简便易行的原则，同时避免了"门槛值"确定时较大的主观性。也有学者质疑直接以资源消耗作为核算资源负债的基础，会混淆资源可持续利用与过度利用之间的界限，使得资源丧失了支撑经济发展的基本功能，也违背了自然资源资产负债表编制的初衷。

目前，大多数学者将自然资源资产负债定义为自然资源核算主体以往的经营活动、意外事故或预期可能发生的事项导致自然资源的净损失及其对环境、生态造成的负面影响，是核算主体未来将要发生的支出，可以分为资源过耗、环境损害与生态破坏三个方面。

3. 数据的采集、表格的归并等技术问题

自然资源资产种类繁多，情况复杂，数据和资料采集困难，这给自然资源资产负债表的编制增加了很大的难度。因此，有必要建立国家自然资源资产数据库，设置自然资源资产的统计台账，收集、积累自然资源资产的时间序列数据和截面数据，这是一个持续的系统工程。

关于数据采集和处理，一方面，要准确真实，注重质量；另一方面，要突出重点，详简有别。对经济发展、社会秩序影响大的自然资源数据要做精准详尽的采集，并进行核算；而其他类数据则可以适度简略。既要采集总量指标，又要计算平均指标、相对指标，通过数量指标和质量指标的结合，全面系统地反映自然资源资产的变化及其对生态环境的影响；不断研究数据的采集方法，完善和更新数据处理技术，并注重借鉴国际经验，立足中国自然资源禀赋、地理环境的国情，参照联合国 SEEA 等国际标准，探索建立中国自然资源资产负债表编制的方法论体系。

在自然资源资产负债表的编制实践中，遵循"先重点，后一般；先微观、中观，后宏观；先单项资产，后所有资产"的原则。优先编制土地、森林、水等重要自然资源的资产负债表，而后扩展至矿产、海洋等全部自然资源资产负债表；先编制县域、市域、省域的自然资源资产负债表，而后通过归并编制出全国的自然资源资产负债表。

练 习 题

1. 简述自然资源价值构成及其基本核算方法。
2. 简述自然资源核算中存在的主要问题。
3. 什么是绿色 GDP 核算？简述绿色 GDP 核算的难点与解决途径。
4. 简述试点开展自然资源负债表编制的目的和意义。
5. 如何理解资源资产负债？负债的计量方法有哪些？
6. 自然资源核算、绿色 GDP 与自然资源资产负债表之间有何联系和区别？

主要参考文献

陈艳利, 弓锐, 赵红云. 2015. 自然资源资产负债表编制: 理论基础、关键概念、框架设计. 会计研究, (9): 18-26, 96

陈颖. 2011. 刍议绿色 GDP 统计指标体系的核算及其应用. 现代商业, (15): 137

丁玲丽. 2005. 自然资源核算浅析. 统计与决策, (14): 11-13

杜文鹏, 闫慧敏, 杨艳昭. 2018. 自然资源资产负债表研究进展综述. 资源科学, 40(5): 875-887

封志明, 杨艳昭, 李鹏. 2014. 从自然资源核算到自然资源资产负债表编制. 中国科学院院刊, 29(4): 449-456

封志明, 杨艳昭, 陈玥. 2015. 国家资产负债研究进展及其对自然资源资产负债表编制的启示. 资源科学, 37(9): 1685-1691

高敏雪. 2016. 扩展的自然资源核算——以自然资源资产负债表为重点. 统计研究, (1): 4-12

耿建新, 吕晓敏, 石吉金, 等. 2019. 能源和矿产资源资产负债表编制及应用探讨. 中国国土资源经济, (2): 4-14

耿建新, 唐洁珑. 2016. 负债、环境负债与自然资源资产负债. 审计研究, (6): 3-12

谷树忠. 1998. 关于我国农业自然资源核算制度的初步设想. 中国农村经济, (7): 10-14

谷树忠. 2016. 自然资源资产及其负债表编制与审计. 中国环境管理, 8(1): 30-33

何玉梅, 吴莎莎. 2017. 基于资源价值损失法的绿色 GDP 核算体系构建. 统计与决策, (17): 5-10

洪宇. 2018. 基于自然资源资产负债表的领导干部资源资产离任审计评价指标构建. 齐鲁珠坛, (4): 50-54

胡文龙, 史丹. 2015. 中国自然资源资产负债表框架体系研究——以 SEEA2012、SNA2008 和国家资产负债表为基础的一种思路. 中国人口·资源与环境, (8): 1-9

黄溶冰, 赵谦. 2015a. 自然资源核算——从账户到资产负债表: 演进与启示. 财经理论与实践, 36(1): 74-77

黄溶冰, 赵谦. 2015b. 自然资源资产负债表编制与审计的探讨. 审计研究, (1): 37-43, 83

黄贤金. 2010. 资源经济学. 2 版. 南京: 南京大学出版社

孔含笑, 沈镭, 钟帅, 等. 2016. 关于自然资源核算的研究进展与争议问题. 自然资源学报, 31(3): 363-376

雷明. 1999. 中国环境经济综合核算. 中国软科学, (11): 95-101

雷明. 2001. 可持续发展评价——绿色国内生产总值(GGDP)核算. 经济研究参考, (29): 14-24

李金昌, 等. 1995. 资源经济新论. 重庆: 重庆大学出版社

李金华. 2016. 论中国自然资源资产负债表编制的方法. 财经问题研究, (7): 3-11

李楠. 2015. 建立绿色 GDP2.0 核算体系的现实困境及其路径选择. 求索, (10): 29-33

林向阳, 周冏. 2007. 自然资源核算账户研究综述. 经济研究参考, (50): 14-24

潘韬, 封志明, 刘玉洁, 等. 2019. 自然资源资产负债编制中的负债核算方法与案例. 国土资源科技管理, 36(2): 74-84

邱琼, 施涵. 2018. 关于自然资源与生态系统核算若干概念的讨论. 资源科学, 40(10): 1901-1914

曲福田. 2011. 资源与环境经济学. 2 版. 北京: 中国农业出版社

孙付华. 2018. 绿色 GDP 核算跨部门协同机制: 理论框架与推进路径. 河南大学学报(社会科学版), 58(5): 67-75

孙志梅, 高强, 张旭丽. 2018. 自然资源资产负债表要素界定与列报. 商业会计, (2): 8-10

王金南, 蒋洪强, 曹东, 等. 2005. 中国绿色国民经济核算体系的构建研究. 世界科技研究与发展, (2): 83-88

王雅丽, 陈新军, 李纲. 2012. 资源价值核算理论在渔业资源中的应用. 上海海洋大学学报, 21(2): 272-279

王湛, 刘英, 殷林森, 等. 2021. 从自然资源资产负债表编制逻辑到平行报告体系—基于会计学视角的思考.

　会计研究, (2): 30-46

吴优. 2004. 国民经济核算的新领域——绿色 GDP. 中国统计, (6): 5-6

肖序, 王玉, 周志方. 2015. 自然资源资产负债表编制框架研究. 会计之友, (19): 21-29

徐自华, 陈秋波. 2006. 绿色 GDP 核算研究与应用进展. 华南热带农业大学学报, (1): 49-54

闫慧敏, 杜文鹏, 封志明, 等. 2018. 自然资源资产负债的界定及其核算思路. 资源科学, 40(5): 888-898

杨艳昭, 封志明, 闫慧敏, 等. 2017. 自然资源资产负债表编制的"承德模式". 资源科学, 39(9): 1646-1657

姚利辉. 2017. 基于 SEEA-2012 的综合绿色 GDP 核算体系构建研究. 长沙: 中南林业科技大学博士学位论文

姚霖, 黎禹. 2016. 资源环境核算: 从国际经验到国内实践. 国土资源情报, (10): 9-15

殷丽娟, 许罕多. 2021. 海洋捕捞渔业资源资产负债表编制研究. 海洋经济, 11(2): 8-19

张卫民. 2018. 自然资源负债的界定和确认——兼论自然资源核算的国际惯例与中国需求. 南京林业大学学
　报(人文社会科学版), (3): 51-57, 66

郑重, 刘有成, 王柱强. 2006. 资源核算及其应用问题研究. 资源·产业, (1): 70-72

第10章　资源产业和资源型城市

资源产业和资源型城市是两个密切相关的资源经济问题。资源产业反映了资源开发利用在纵向上形成的产业链组合，而资源型城市是资源产业在特殊地域的横向聚合，两者因自然资源的勘查或保育、开发、利用、加工等产业链联系而发生关联。本章重点厘清资源产业和资源型城市的基本内涵、分类和特点，简要介绍我国资源产业和资源型城市特征，对比分析了国内外资源型城市的转型模式和经验，介绍了资源诅咒及其在资源型城市中的应用检验。

10.1　基 本 概 念

10.1.1　资源产业的内涵与分类

1. 资源产业的界定

《辞海》对"产业"的定义是"各种生产、经营事业"。《不列颠百科全书》对"产业"的定义是"制造或提供货物、劳务或收入来源的各种生产性企业或组织的群体"。一般认为，产业是指国民经济社会发展中专业化生产和制造某种特殊产品的物质生产部门或行业集合。

产业的定义至少具有四种内涵：一是认为产业是介于微观经济细胞（企业和家庭）与宏观经济单元（国民经济）之间的一种"集合概念"；二是认为产业是在国民经济中按照一定社会分工原则，为满足社会某类需要而划分的从事同类产品生产和作业的各个部门；三是认为产业是具有某类共同特性的企业集合；四是认为产业是国民经济社会中生产性质相同的生产群落及与其相关的企业、事业单位和机关团体的组合，是社会化劳动分工的产物。

本书界定的资源产业是指以自然资源勘查或保育、开发利用、初级加工及再生利用的行业集合。资源产业又可以划分为资源保护业、资源勘查业、资源采掘业、资源再生业。资源保护业主要是增加资源可利用储量、规范资源开发利用行为、维持生态系统健康、防治资源利用次生灾害、促进资源持续利用的行业，如森林资源保护业；资源勘查业主要是对未被人类社会认识和利用的各种自然资源进行调查、勘查或勘探的行业，如地质勘查业；资源采掘业主要是为加工制造部门提供原料及燃料的行业，如油气开采业、采矿业、采盐业、木材及动植物资源开采业；资源再生业是指原生自然资源经过一次或多次利用且可回收和再利用的行业，如城市矿产业。

2. 资源产业的功能

从功能上看，资源产业涵盖水利、土地开发、营林育草及竹木采伐、地质勘查、煤炭及油气等能源开发、矿产品初加工和海洋开发等。因此，资源产业也可相应划分为水资源产业、土地资源产业、森林资源产业和草资源产业、能源资源产业、矿产资源产业、海洋资源产业等。我国一直没有真正意义上的独立资源产业。改革开放以前，我国的资源生产加工是计划经济体制，自然资源由国家统一调配、无偿占用，资源产业也未纳入国民经济核算体系之内。随着国家对自然资源管理体制的改革逐步深入发展，相关体制已经发生了较大的变化，资源产业的功能和地位也将会产生变革。

3. 资源循环利用与资源产品链

资源循环利用是指根据资源的组分和特征或赋存形式，能够反复地通过各产业环节加以回收利用。这是资源具有的多功能性所决定的，它要求社会生产的各种经营行为必须对自然资源进行综合开发、充分加工利用甚至对废弃物进行回收与再生利用。

资源能否循环利用及在多大程度上可以循环利用，是由资源产品链（chain of resources products）所决定的。资源产品链是指从初级资源产品向中间产品直到最终产品转化过程中各个产业环节相互构成的产品关联，又称"资源产品树"。资源与产品之间的循环转化过程遵循物质循环和能量转化规律，是具有一定的内在关联的转化链（图 10.1）或循环链。

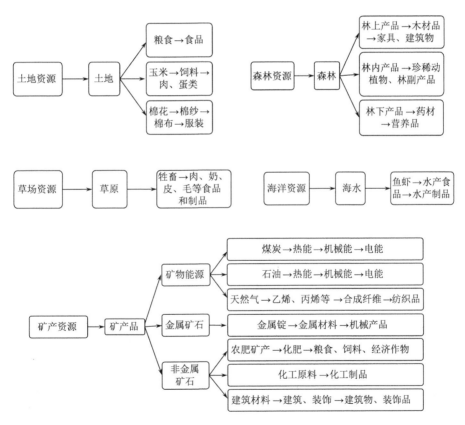

图 10.1　主要自然资源产品链及其转化方式

4. 资源产业循环

资源产业循环是苏联科洛索夫斯基（Kolosovskiy）于 1947 年首先提出的概念。他认为，所有的生产循环都建立在某种原料或燃料动力能源相互结合的基础之上。每个生产循环都包括从资源的采选和加工直到某种制成品为止的全过程体系，它们按照生产工艺的"链"组成稳定的、反复运行的生产体系，其中自然资源与劳动手段和其他要素是合理地组合在一起的。他概括地把这些组合称为"动力生产循环体系"，并划分为 8 个大类，之后经过不断补充和扩展形成了 17 个或 19 个类型。与矿产资源相关的生产循环包括以下4 大类。

（1）黑色金属冶炼循环。主要在黑色金属矿石、炼焦煤资源富集的区域，可以发展燃料及原料的采选与金属冶炼加工业，生产苯及其他的重有机合成化工半成品；利用焦炉煤气为原料可以生产氨和乙炔，生产氮肥（硫酸铵和尿素）及其他化工产品；还可以利用炉渣生产水泥和利用金属半成品生产其他冶金及矿山机械产品。

（2）有色金属冶炼循环。主要在有色金属矿产资源丰富的区域，一般开展原料矿产的采选冶及其综合回收利用，配套布局采掘、冶炼、合金、制酸工业和有色金属耗量大的机器制造业等，形成水电与有色金属或者火电与有色金属相配套的空间循环组合。

（3）煤炭动能化学循环。主要在煤炭资源富集的区域，同时开展煤炭采洗选、焦化及半焦化、煤炭氢化、氨及氮肥的生产，以及苯或者萘及其他有机合成半产品或产品的生产。通过产业前向关联或后向关联，可以形成煤与电、钢铁、有色金属、机械等之间的产业循环。

（4）石油动能化学循环。主要在石油资源富集区或者油气资源进口消费区。一般可以形成两大分支路线，一是石油炼制路线，通过蒸馏分解、热裂化、重整等提炼生产出各种燃料油、润滑油和重油等产品；二是石油化工路线，专门生产提炼碳氢化合物或者利用油气资源生产各种有机合成半成品、合成产品及其他最终化工产品。

5. 我国资源产业的主要问题

我国资源产业受计划经济体制的影响比较明显，导致过去很长时间内出现"资源无价、原材料低价、制成品高价"的价格倒挂现象，在实际发展过程中表现出以下五大问题。

（1）主体资源接续能力不强。资源产业是依托资源基础发展的"投入高、消耗大"且"排放大、效率低"的行业。因资源回收率和综合利用水平低，许多可以再利用的资源却变成了废弃垃圾，全国每年约有几百万吨废钢铁，几十万吨废弃有色金属，上千万吨废纸、废塑料及废玻璃等无法回收利用。

（2）单一资源产业结构引起的资源型地区或城市转型难。资源富集地区或城市往往高度依赖某一种主体资源，其主导产业以该资源产业为主，第二产业占比过大、其他产业弱小。这种畸形的产业结构使得资源型城市或地区难以实现可持续发展，转型难度巨大。

（3）资源产业与其他产业缺乏关联配套。任何资源产业的发展都需要其他相关产业的支持和配套。过去因我国资源管理体制的约束，一些大型国有资源性企业是国家工业体系的主力军，与地方中小资源性企业几乎没有联系，形成了中央与地方在产业关联方面的突出矛盾，一些资源产业链短，先进的资源开采及初级加工工业与落后的服务业并存。

（4）自我积累能力弱而引起的社会矛盾特殊。过去长期以来，资源型城市或地区因为主要为国家提供原材料或初加工产品，其自身的发展不足。一旦出现资源储量衰减或枯竭，资源性企业的改制或城市的转型发展就会出现困难，从而引起大量的结构性失业，职工安置和再就业压力陡增，可能迫使企业倒闭或改制转型甚至城市衰亡。

（5）生态环境欠债大。资源产业一般对当地的地貌景观、大气、水体、土地及其他自然环境条件等造成显著的扰动，生态环境压力大。一些资源性企业甚至非法地向自然环境排放大量的"三废"，形成严重的环境污染，威胁居民生活健康与安全。

6. 我国应对资源产业发展困境的策略

我国主要采取以下多种应对策略。一是坚持资源产业与环境产业相互协同发展。二是坚持资源产业"走出去"战略。随着我国的资源对外依存度增加和对外开放程度加大，充分利用国际和国内两个市场和两种资源。三是推动资源结构多样化与高级化发展。我国人均资源少但个别资源又有突出优势，有的资源产业规模效益不佳，实现资源结构的多样化和高级化是必然选择。四是实施资源产业化联动。五是加强资源产业集团化和多角化发展。通过若干个资源性企业的整合重组，实行兼并联合、一业为主和多业并举，有效解决资源性企业的人员过剩、发展不力、规模小等难题，促使资源产业做大做强和做优。

7. 我国资源产业面临的新时代挑战

资源产业，特别是矿业，因矿产资源开采前后经历地质勘探、矿山建设、采矿、选矿、冶炼等一系列流程，各环节都会对生态环境造成不同程度的破坏影响，由此引发的负面社会问题，是新时代下影响中国社会稳定和经济转型的难题。为此，2013 年 11 月，国务院发布《全国资源型城市可持续发展规划（2013-2020 年）》，明确指出资源型城市可持续发展急需解决人口、资源、社会经济与生态环境之间的矛盾问题。我国资源产业内部结构不平衡问题也日益突出。从区域分布看，东部地区资源性产业集群发展较为成熟，中西部地区产业发展较为粗放，资源依赖性强。同时，资源型城市既是城市又是能源和资源产业基地，它们既要承担一般城市应该具备的经济社会综合服务功能，又要服务于保障国家能源及原材料的供应产业。对于资源性企业来说，它们既要生产经营又要管理社会，行使资源产业和城市服务的双重职责。然而，政企不分和条块分割，是资源产业可持续发展的重大挑战。

10.1.2　资源型城市的界定与分类

1. 资源型城市的界定

资源型城市的界定曾经引起了广泛讨论。国家计委宏观经济研究院课题组（2002）对资源型城市的界定是因自然资源（主要包括矿产资源和森林资源）开采而兴起或发展壮大，且资源产业在城市工业构成中占有较大份额。余建辉等（2018）也认为资源型城市是以本地区矿产或森林等自然资源开采加工为主导产业的城市。显然，绝大数观点认为资源型城市是指矿业城市和森工城市。

尽管上述资源型城市的界定被大家使用，但目前尚未形成统一的判断标准。沈镭（1995）、和张以诚（1998）率先开展了矿业城市的定量划分研究，之后相关学者和研究机构提出了不同的资源型城市识别指标和指标阈值（表 10.1）。

表 10.1 相关学者和研究机构所采用的资源型城市识别标准（余建辉等，2018）

学者或研究机构	识别指标和指标阈值
Harris（1943）、小笠原義勝（1954）、马清欲（1986）、沈镭和程静（1999）	以采掘业产值占工业增加或职工占全部从业人员的比重为矿业城市识别指标，指标阈值分别为 10% 或 15%
李文彦（1978）	以煤矿职工占全市工业职工的比重、全市工业总值构成中煤工业比重、煤矿生产规模为煤矿城市的定量识别指标，煤炭开发应是该业兴起的主要原因为定性指标，定量指标阈值分别为 25%、15% 和 20%
樊杰（1993）、周长庆（1994）、赵宇空（1995）、张以诚（1999）	以行业产值占经济生产总值或工业总产值的比重为识别指标，指标阈值为 10% 或 20%
武春友和叶瑛（2000）	考虑产业关联性，以资源开发、初加工劳动力就业人口占比为识别指标，指标阈值为 40%
胡魁（2001）、国家计委宏观经济研究院课题组（2002）、王青云（2004）、余际从和刘粤湘（2009）	采用定量与定性相结合（以定量为主）的识别方法，以矿业或采掘业产值及其在国内生产总值或工业总产值中的占比、矿业或采掘业从业人员及其在全部从业人员中的占比为矿业城市的识别指标
张建华和王高尚（2003）	提出"矿业依存度"，即矿业人口占比和矿业产值占比的加权值为矿业城市的识别指标
余建辉等（2018）	提出以基于纳尔逊法的采掘职能强度和产出规模系数为资源型城市定量识别指标，指标阈值分别为超平均值 0.3 个标准差和 1，资源贡献为定性识别指标

2. 资源型城市的分类

表 10.2 列出了不同的资源型城市分类。其中比较有代表性的分类方法有两类，即按照主导资源和城市发展周期的划分。例如，张以诚（1999）较早地提出"无依托"和"有依托"有两种类型资源型城市。前者是指先矿后城式资源型城市，即城市因开发资源而兴起，原来没有城市，如大庆、克拉玛依、攀枝花和金昌等；后者为先城后矿式资源型城市，在资源开发之前就有城市，只不过是因为资源开发依托原有城市且促进了城市的发展，如大同和邯郸等。张文忠和余建辉等（2014）从政策导向提出了资源型城市的类型划分，分为成长型、成熟型、衰退型、再生型资源城市四大类。

表 10.2 不同的资源型城市分类（余建辉等，2018）

分类依据	资源城市类型	相关研究
影响城市经济社会发展的主导资源类型	综合型、煤炭型、石油型、金属型、非金属型、森林型资源城市	刘云刚（2006）
资源城市发展的"S"形曲线	幼年期、中年期和老年期资源城市	刘云刚（2009）
资源型城市的生命周期规律（储采比、采掘业或资源相关产业规模变化、就业水平变化）对资源采掘活动的依赖程度	初期、成熟型和枯竭型资源城市	韩凤芹和万寿琼（2014）
	轻度、中度和重度依赖型资源城市	赵康杰和赵玉娟（2011）
资源开采与城市形成的先后顺序	"无依托"（先矿后城式）和"有依托"（先城后矿式）资源城市	张以诚（1999）
资源保障程度和城市发展问题的积累程度组合关系	成长型、成熟型、衰退型和再生型资源城市	张文忠等（2014）

3. 我国资源型城市的数量及其变化趋势

1）不同的时间、不同的学者统计结果不一

沈镭（1995，2005a）最早统计认为，全国矿业城市 1999 年有 95 个，2000 年 178 个。沈明（2016）基于 2014 年国家统计数据，以产值和储量为主要指标筛选出 212 个资源型城市。胡魁（2001）统计发现，2001 年，全国有矿业城镇有 426 个。王青云（2004）统计认为，2004 年，全国资源型城市有 118 个。2013 年，国务院印发了《全国资源型城市可持续发展规划（2013—2020 年）》，认定的全国资源型城市有 248 个，分别为：成长型资源城市 31 个；成熟型资源城市 141 个；衰退型资源城市 53 个；再生型资源城市 23 个。全国分布来看，云南省最多，共 17 个（图 10.2）。

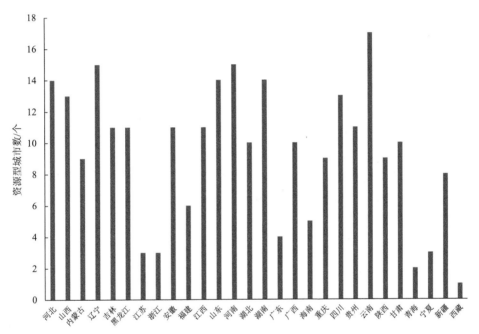

图 10.2　全国资源型城市分省（区、市）分布情况（2013 年）

数据来源：国务院，2013 年 11 月 12 日

2）资源型城市的动态变化规律

中国的资源型城市数量在不同发展时期具有明显差异，大致有如下变化趋势。

（1）史前矿城，在中国有历史记载以前就有矿城存在，如湖南的城头山、四川的三星堆等。

（2）古代矿城，商以后至鸦片战争以前的矿城，如湖北大冶、山东临淄、四川自贡、江西景德镇、河北邯郸等，此类矿城有 10 多个。

（3）近代矿城，鸦片战争以后至新中国成立以前的矿城，如河北唐山、江西萍乡、云南个旧、山西大同等，此类矿城约有 20 个。

（4）现代矿城，新中国成立以后新兴的或在原有城市基础上发展的矿城，2000 年统计大约有 178 个。

（5）未来矿城，据沈镭（2005a）的预测估计，2030 年约有 250 个；2040 年约有 279 个；2050 年约有 308 个。

4. 资源型城市的主要特征与问题

资源型城市为国家经济建设与发展提供了大量的能源及原材料保障和社会就业机会，推动了城镇化建设和区域经济发展，为经济社会发展做出了重大历史贡献。同时，由于缺乏统筹规划和资源衰竭等，我国资源型城市发展不断出现了诸多问题，突出的是经济结构失衡、接续替代产业缺少、贫困和失业人口较多、生态环境遭受破坏、维护社会稳定压力较大。经过几十年的转型试点发展，我国资源型城市的一些共性瓶颈仍然存在，未来可持续发展仍面临较大的挑战，主要表现为以下四个方面。

（1）经济结构不合理、重型化突出。所有制结构中，国有企业"尤其是大型国有企业"占有举足轻重的地位，其他经济成分发展迟缓，制约因素较多；产业结构以第二产业为主，第三产业相对较为落后；产品结构单一，矿石及初级矿产品占较高比重。

（2）环境问题特殊。采矿诱发崩塌、滑坡、泥石流、地面塌陷等地质灾害严重；城市工业结构多为超重型、高耗能、高耗水、高排污的重工业，资源型城市污染难以治理。

（3）社会矛盾突出。男女性别比例不均衡，女职工就业岗位少，男职工择偶难。矿业职工文化水平偏低。企业职工技能单一、年龄偏大，职工再就业难；地理位置偏僻，社会治安条件差。

（4）资源储量枯竭加快，转型压力大。很多城市可供开发利用的后备资源不足或者面临衰竭，存在"矿竭城衰"的威胁。一旦矿山关闭，将直接影响到城市大量的矿业职工及其家属的工作与生活，影响社会稳定。

5. 资源型城市转型试点政策的实施情况

21 世纪初以来，我国高度重视资源型城市转型问题，国家相继出台了多项重要政策文件，各级地方政府也提供政策支持，资源型城市转型与可持续发展取得了一些成效。

从 2000 年开始，国家已关注到一些资源型城市的接续资源储量不足问题严重。为此，选择一些资源枯竭城市进行转型试点。2001 年，阜新市被列为首个试点城市。2002 年，党的十六大报告决定"支持以资源开采为主的城市和地区发展接续产业"。2003 年，中共中央和国务院颁发了《关于实施东北地区等老工业基地振兴战略的若干意见》，明确提出推动支持东北地区资源型城市转型。2007 年，《东北地区振兴规划》又把加快推进资源枯竭型城市转型作为东北振兴的重大举措，明确了资源型城市可持续发展的目标方向和具体措施。2008 年，国务院提出了第一批 12 个资源枯竭城市名单。2009 年，国务院确定了第二批 32 个资源枯竭城市名单。2011 年，国务院确定了第三批 25 个资源枯竭型城市转型试点名单。《国务院关于促进资源型城市可持续发展的若干意见》文件中，强调建立资源开发补偿和衰退产业援助两大机制，提供财政一般性及专项转移支付力度等优惠政策。2013 年，国务院印发了《全国资源型城市可持续发展规划（2013-2020 年）》，系统地针对不同类型资源型城市明确不同的发展方向与重点任务，出台分类引导培育政策及落实资源税改革。

从总体上看，我国采取了一些有效政策措施促进资源型城市的转型与发展，一是同时发挥市场与政府的作用，建立了资源开发补偿机制和衰退产业援助机制。二是极力拓宽资金投入，重点帮助解决关闭企业的职工安置与社会保障问题，利用各种土地、金融和财税优惠政策拓宽资金来源。三是优化调整产业结构，逐步缩小资源性产业的比重，限制成本高、污染重又没有区域比较优势的产业发展，升级改造一些具有相对比较优势的资源产业，延长资源产业链条，发展多元产业，扶持新兴产业。四是优化投资环境，突出生态环境整治和城市基础设施功能优化与完善。五是重视人才培养优化，吸引高水平的科研团队及高层次专业人才，加强技术创新创业，强化转岗及下岗职工的技能培训，提升劳动力素质和水平。

10.2　资源产业和资源型城市的发展规律

10.2.1　资源产业的相关理论

资源产业发展之所以出现诸多矛盾与问题，是因为资源产业发展存在自身的特殊规律，核心矛盾是如何协调和处理好人与城市、资源与环境两对关系（图 10.3）。有关资源产业的相关理论主要来自资源依赖理论、比较优势理论、综合模式论。

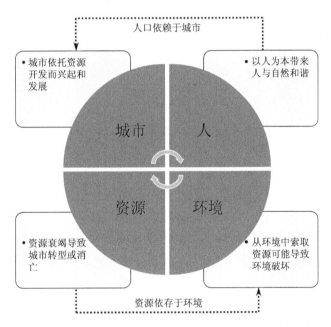

图 10.3　资源型城市和资源产业的矛盾运动与转化关系示意图

1. 资源依赖理论

资源依赖理论认为资源产业是资金密集型产业，固定资产成本高。因此，只有依靠大型的外来企业来开发本地资源，但这些外来企业往往不考虑把其他关联企业布局在资源开发地区内，也就是说，资源型城市或地区的经济体系一般不太完整，缺少关联的加工产业，本地的低价原材料加工与外部的高价制成品输出或消费品输入形成巨大的"价格剪刀差"和利益损失。资源开发利用的外部资金少，资源型城市或企业难以发展壮大。资源型城市或地区无法有效控制和管理好其资源开发利用，也无法进行基础设施建设投入，企业采完资源之后，城市或地区经济发展无人问津。很多资源型城市的产业发展曾经出现了开发、建设、繁荣、衰退、消亡的传统模式，资源产业和资源型城市都难以持续发展。

我国矿产资源型城市分布与地壳发育的构造运动和成矿特征高度一致。中国从北向南发育有三条明显的纬向构造带，蕴藏了不同的能源及矿产资源组合：一是阴山－天山构造成矿带，盛产铁、镍、铬等；二是秦岭－昆仑构造成矿带，主要有钼、铁、镍、铬、铜、钨、铅锌等矿产；三是南岭构造成矿带，主要有钨、锡、铜、锑等有色金属及稀有稀土矿产。此外，我国自东向西还有三个隆起带和三个沉降带：第一隆起带的主要矿产有铜、金、铅、锌、硫等；第一沉降带包括黄海、东海、南海及广大陆棚区，主要矿产有石油、天然气；第二隆起带的矿产资源丰富，主要有钨、锡、铁、金刚石、菱镁矿、稀有金属矿等；第二沉降带包括松辽平原、华北平原及江汉平原，蕴藏有丰富的油气和盐类资源；第三隆起带的主要矿产有铁、铜、钨、多金属矿等；第三沉降带覆盖鄂尔多斯盆地和四川盆地，蕴藏有丰富的油气、盐类等资源；在甘肃、青海两省西部地区，还蕴藏有铜、镍、铁、钾盐等。

资源型城市的产业发展大致遵循钱纳里和波拉特的产业发展理论，但有其特殊性。一般说来，城市主导产业依次从第一产业转到第二产业，再到第三产业，即产业结构形态从"一二三"，到"二一三"，再到"三二一"。资源型城市产业发展与其明显不同的是，城市发展之初，以资源产业为主的第二产业往往占有很高的比重，产业结构直接从"二一三"的结构格局不断发生演变与发展。

2. 比较优势理论

资源型城市的快速发展一般依托于勘查开发利用其价格低廉的能源及矿产资源，并为区外市场提供各种资源性产品。尽管外部资金投入、外来企业及市场在开发利用本地资源过程中将发挥重要的作用，但本地丰富的自然资源比较优势是一个城市经济快速发展的重要因素。资源产业的发展也是遵循比较优势规律。在资源产业形成之初，需要资金密集型的大量投入；一旦资源产业逐步成熟或者稳定，自然资源的相对优势就会下降并对可持续发展产生影响。

区位也是影响资源型城市的形成、发展或转型的重要条件。在矿产资源开发利用的全部过程中，采矿、选矿、冶炼直到加工的各个阶段都需要考虑不同的区位布局指向，这是决定资源产业和资源型城市发展的重要因素。

交通条件是影响资源型城市形成的重要因子。它通过运输费用、通达度等影响资源产业和资源型城市的空间布局；在交通网密集或枢纽的地方更容易吸引产业布局。这是因为开采出来的大量矿石及原材料，如铁矿石、煤炭等，需通过一定的运输通道，才能向外运出产品，同时从外部输入一些其他原材料，从而实现矿业生产的全过程。一个地区或城市如果开通了铁路干线，对沿线矿产资源的开发和区域社会经济发展必将发挥巨大的带动作用。我国的京广铁路、新亚欧大陆桥沿线矿产资源开发历史最早，开发程度较大。一些后来建设的铁路干线如京九铁路、南昆铁路，也极大地促进了沿线矿产资源开发，形成了很多资源型城市。

沿海和河岸地区也容易形成资源产业和资源型城市。因为沿河海地区拥有良好的港湾或口岸区位条件，与丰富的水资源匹配，可以形成水-陆结合的便捷运输以及陆上腹地与港口城市群市场，有利于矿产资源的开发、加工、利用和运输。因此，沿海及河岸地区具有"大通道、大水量、高能量"的资源开发条件，容易形成沿海、河岸密集型产业带和城市群。

资源型城市的区位优势各不相同。有的区位条件比较优越，例如，大同市地处山西、河北、内蒙古接壤处，历来就是古代的"茶马互市"和兵家必争之地，近代又有全部复线电气化的京包线、同蒲线及国际线与二连浩特相通，还是全国第一条重载单元铁路大（同）秦（皇岛）线的起点，是华北地区的重要交通枢纽。再如，大庆市内有（哈尔）滨（满）洲（里）铁路，南北方向是通往俄罗斯的咽喉，东西方向可以接入大连－哈尔滨－满洲里－西伯利亚的亚欧大陆桥。拥有广阔的东北中部腹地，与以沈阳、大连为轴线的辽南城市群经济区南北呼应。攀枝花市地处四川省西南部，是成昆线经过之地，又紧靠大渡河，水陆交通便利，因此近代有"渡口"之称。南昆铁路的开通，打开了攀枝花市的南向出海口。金昌市处于亚欧大陆桥兰新铁路段。格尔木市是进藏的咽喉，具有独特的地理区位。

3. 综合模式论

综合模式论是把上述资源依赖理论和比较优势理论结合在一起的发展模式。无论是资源产业还是资源型城市，都是依靠其比较丰富的自然资源，逐渐发展成为具有相对比较优势的主导产业，并在城市发展阶段形成多元化产业和综合经济部门。单纯依靠某种资源开发利用，可能导致资源型城市陷入"资源诅咒"困境。因此，综合模式是寻求资源产业结构转换、升级或实现资源型城市转型及可持续发展的最根本途径。

资源型城市一般依托矿产资源或者森林资源，通过不断开发利用形成主导的资源产业，带动与之配套的上游和下游产业发展，形成资源产业综合型经济。资源产业发展可以促进其他相关的第一产业、第二产业或者第三产业发展。围绕主体资源的开发利用，相关资源产业和资源性企业逐渐增多。因为考虑降低生产成本、增强与市场之间的联系，与资源产业配套的其他产业一般集聚分布在资源型城市的周围，与其共享交通基础设施、生产及生活服务设施等便利条件。随着产业集聚发展及城市基础设施不断完善，资源型城市的综合经济特征就会不断显现。相反，如果一个资源型城市或地区作为主导的资源产业过于繁荣而对其他配套的产业形成抑制，就会出现"荷兰病"现象。

4. 资源产业发展模式与路径

基于资源产业发展规律，一些资源型城市在发展资源产业或接续产业时，通常采取以下的不同发展模式。

（1）资源扩展接替。在原有主力矿山深部找矿、边缘找矿、区外找矿；从开发利用不可再生资源向可再生资源领域进行扩展。

（2）产业链延伸。从资源开发利用层次低、产业链短、技术含量低和附加值低的产业向层次高、产业链长、技术含量高和附加值高的产业转型，例如，发展煤-电、煤化、煤-建材联合，大力发展高技术产业、研发基地和中试中心。

（3）多元化发展。改变单一的公有制经济，发展外资、民营经济。

（4）集约化发展。通过提高资源开发利用和深加工，发展资源节约、环境友好型产业，系统提升整体综合效益。

（5）产业优化调整。通过技术创新改造和提升传统的资源产业，加快培植并发展接续产业，发展现代化农业和现代服务业，开展物流、旅游、健身、房地产、物业管理、家政服务等第三产业，实现产业结构多元化和资源型城市复合型经济。

10.2.2　资源型城市转型发展的生命周期理论

1. 资源产业和资源型城市的生命周期

资源产业和资源型城市的发展都具有生命周期（life-cycle）规律，是指一个产业或城市发展从萌芽期、发展期、转型期到衰退期，具有阶段性和规律性的进入和退出行为变化过程。产业经济学认为很多产业发展都有一个完整生命周期，先后经过萌芽期、发展期、转型期、衰退期，类似于生物的生命延续，如图 10.4 和表 10.3 所示。

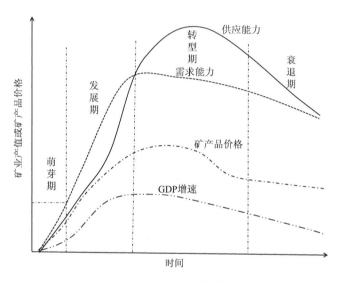

图 10.4　典型矿业生命周期演进路径

表 10.3　不同生命周期资源型城市的特征及其转型思路

城市类型	资源	保证年限	资源产业地位	基本特征	转型思路
新建城市（幼年期）	资源为基础形成城镇	很高	资源产业逐步形成	资源产地与中心地未完全分离	高起点深加工、延伸资源产业链
新兴城市（青年期）	资源开发活动已形成	较高	支柱产业	城市中心与资源产地紧密相连；产业结构单一、序次低	开源节流并重走区域性城市道路
中期城市（壮年期）	资源开发活动处于鼎盛期	趋于下降	逐步降低	市中心地与资源产地已经或正在分离；多个支柱产业多元化发展	产业结构调整，加强城市建设，完善城市功能
后期城市（老年期）	逐渐消耗	低	支柱不明显	产业结构多样化；两个发展方向：综合性或其他职能城市；或者彻底衰落	挖掘、再造优势
新生综合城市（转型期）	替代资源或非矿资源	高	明显或不明显	新兴产业替代传统；城市功能完善	

注：据刘随臣等（1996）修改。

矿区生命周期的研究始于 1929 年赫瓦特（Howatt）提出的五阶段周期理论。他根据区域资源加工利用的不同程度把矿区发展分为五个阶段。基于此，卢卡斯（Lucas）于 1971 年提出了单一工业城镇或社区发展的四阶段模式，即第一阶段为建设期，第二阶段为人员雇佣期。这两个阶段的人员变动大，以年轻人口为主，性别比大，人口出生率高。第三阶段为过渡期，居民从依附企业转变为生活在独立社区，企业管理居民的责任转移到社区，社区稳定感和参与意识增强。第四阶段为成熟期，此阶段成年劳动力出现流动性下降，退休职工增多，年轻人向外流动。布莱德伯里（Bradbury）在研究了加拿大魁北克－拉布拉多铁矿区的矿业城镇谢弗维尔（Schefferville）后，补充修改了卢卡斯（Lucas）的生命周期理论，增加了衰退期和消亡期。第五阶段为衰退期，此时期社区外迁增多，社区出现不稳定特征，矿山或企业可能被关闭，城镇最终衰退或者消亡；第六阶段为消亡期，此时城市可能彻底废弃或者消亡。

资源型城市也有类似明显的生命周期发展规律，这是由城市的经济结构演进、城市功能发展与完善，以及城市空间扩张所决定的。资源型城市自身的发展遵循诺瑟姆（Northam）的 S 形曲线（图 10.5）：城镇化水平较低、发展较慢的初期阶段，人口向城镇迅速集聚并进入中期加速阶段，进入高度城镇化以后城镇人口比重的增长又趋缓慢甚至停滞的后期阶段。该 S 形曲线表明：城镇化过程的阶段性与社会经济结构变化及人口转换的阶段性密切相关。资源型城市是以专门化职能为主的城市，其形成和发展依赖于矿产和森林等自然资源，城市职能较单一。资源型城市在驱动力与阻力的共同作用下不断向前发展，当资源开发并推动快速城市化，达到最佳城市规模后，城市经济必须转型；与此同时，因资源开发引致环境质量下降，在资源储量出现枯竭后，城市综合发展程度可能较低。

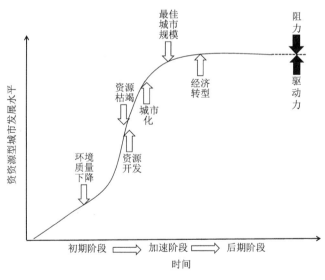

图 10.5　资源型城市的发展轨迹及其动力学机制

2. 资源型城市转型与发展的生命周期规律

资源型城市的转型与发展也遵循生命周期规律，如以矿业为支柱的城市经济会出现矿竭城衰（图 10.6 中的衰退期）。值得注意的是，当城市处在繁荣期或者资源在高产稳产的鼎盛期时，如果较早地利用资源开发利用积累下来的资金、技术、人才等，加快发展替代产业或其他资源产业，减少城市发展对原来主体资源的依赖，在较高的起点上，对城市自然资源、经济资源、社会资源、人力资源进行优化与重组，可以实现另一种意义的城市新生，从而实现资源型城市的新生转型与可持续发展（图10.6中A模式）。反之，如果城市没有及时发展接续产业，那么城市必然因资源产业衰退而走向衰亡（图10.6中B模式）。

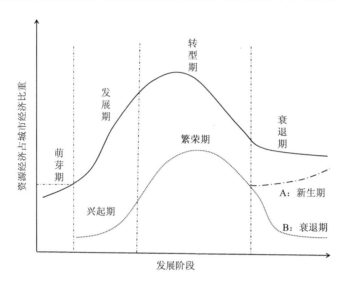

图 10.6　资源型城市生命周期发展规律

10.3　国内外资源型城市转型经验比较

10.3.1　国外资源型城市转型

世界上所有的资源型城市的转型与可持续发展都是难题。20世纪20～30年代，国外开始了资源型城市问题的研究，但直到20世纪60年代一些煤炭城市出现衰退时，国外学者才开始关注资源型城市的转型发展问题。很多文献系统梳理了国外资源型城市转型发展的成功范例，例如，德国的鲁尔区、美国的匹兹堡、法国的洛林地区、日本的北九州、澳大利亚的珀斯，等等。在中国，自20世纪90年代后期以来，由于严重困扰中国资源型城市发展的突出问题在发达国家和地区也曾经出现过，国内学界和管理部门也开始总结国外资源型城市的转型经验，进一步厘清国外资源型城市转型发展问题，总结其转型发展模式和共性与差异政策，这对于加快我国资源型城市转型与发展具有一定的参考与指导意义。

1. 德国的鲁尔区

鲁尔区位于德国西北部，曾是以煤炭开采为主的工业基地，也是世界和欧洲最大的工业区之一。鲁尔区煤炭资源厚度大、开采条件好、煤种多，因此它在20世纪50～60年代一直是德国经济迅速恢复与高速增长的"发电机"，生产出德国70%的钢铁、80%以上的煤炭，创造了德国1/3的国内生产总值。但是，到了20世纪50年代后期，因其经济结构和传统产业受到严重挑战，加上过度开采导致资源枯竭、生产成本上升及产品市场萎缩，鲁尔区出现大量工人失业。之后，联邦政府采取一系列措施对鲁尔区进行转型改造，主要做法如下。

（1）政府主导。协调联邦、州和市三级政府，共同参与对老工业基地的更新改造。联邦政府层面设立发展规划委员会和执行委员会，州政府也设立相应机构，实行地区会议制度，成立市级劳动局和经济促进会等，负责老工业基地振兴的综合协调，克服行政管理效率低的弊端。同时，分期制定振兴规划，通过广泛认同的规划协调保障一致行动。发挥政府投资的引导作用，提供资金扶持，创办技术园区。在环境治理方面，优先开展煤炭废弃井填充和环境整治，实行煤炭资源补贴税政策。

（2）完善基础设施。由北莱茵-威斯特法伦州政府制定了《鲁尔发展纲要》，这是全世界第一个产业结构调整方案，重点对矿区进行清理整顿，建设机械化程度高的大矿井，类似于中国的"关井压产"政策，采取价格、投资和矿工等补贴、税收优惠、政府收购、研究与发展补助、环保资助等优惠政策扶持和改造传统的煤炭和钢铁企业。各级政府还积极改善当地的交通基础设施、兴扩建部分高校及科研院所、开展土地集中整治等。

（3）扶持新兴产业。联邦政府联合各级地方政府及工业协会、工会等共同制定了《鲁尔行动计划》，逐步发展新兴产业和促进产业结构调整。通过一些优惠政策，大力扶持信息及电子技术等新兴产业发展，特别是数据处理、软件及信息服务等高新技术，同时确立了生物及医疗技术、计算机、软件和通信技术等 12 个优先发展领域。

（4）创造就业。北莱茵-威斯特法伦州政府着手制定了《矿冶地区未来动议》和实施《欧盟与北威州联合计划》，发挥鲁尔区内各地的区位优势，打造各具特色的优势行业，实现产业结构多元化，从而提高就业水平。例如，多特蒙德依托众多的科研院校发展软件产业；杜伊斯堡利用其港口优势建设贸易中心和船运博物馆；埃森则利用其丰富的森林及湖泊等资源发展休闲及旅游服务业中心。

（5）完善社会保障体系。通过完善保险制度，构建包括养老、医疗、失业（补贴）等保险及公职人员退休金和职工病假工资等在内的多种基本保险体系。

总体看，鲁尔区经过几十年持续不断的努力，比较成功地实现了城市转型。所有矿山和钢铁企业关闭后，在废弃土地上建设了高科技产业园、商贸中心及文化体育设施，形成了农田、绿地、商业区、住宅区及展览馆等综合发展的绿色园区。

2. 美国的匹兹堡

匹兹堡地区拥有储量丰富的烟煤和熔剂石灰岩，与周边的铁矿石形成了良好组合，为发展钢铁工业提供了有利条件，这里曾是美国重要的钢铁生产基地。但是，20 世纪 70 年代，该地区也因资源枯竭而出现了严重的衰退，企业倒闭和工人失业导致社会问题丛生和城市人口大量减少，使之成为美国经济最严重衰退的大城市之一。

匹兹堡在 20 世纪 80 年代以后逐步开始复兴。当地市政当局与工商界实施了第二次复兴运动和重大建筑改造计划，新建地铁和城市住宅建筑，打造后现代主义风格的优质厚板玻璃建筑群，恢复有历史价值和艺术价值的古建筑。同时，创办各类小型企业，鼓励民营企业成立"地方发展议会"机构，减少煤炭资源开发、修复城市中心区等市政设施，解决贫民窟住房条件，建设清新漂亮的住宅群、高速公路和防洪水坝，显著改善了城市面貌和环境条件。

3. 法国的洛林地区

洛林地区是法国历史上以铁、煤等矿产资源丰富著称的重化工基地，位于法国东北部，类似于中国的辽宁省。20 世纪 60 年代末到 70 年代初，洛林因资源、环境和技术条件的变化及外部竞争压力开始实施工业转型战略，主要做法如下。

（1）彻底关闭煤矿、铁矿、炼钢厂和纺织厂等成本高、消耗大、污染重的企业；逐步放弃煤炭开采，因为煤炭资源虽然丰富但成本远高于世界市场平均价格。钢铁工业也因成本高而关闭全部采矿、炼铁、炼钢企业；重点发展核电、计算机、激光、电子、生物制药、环保机械和汽车制造等高新技术产业；利用高新技术改造传统产业，提高钢铁、机械、化工等产业的技术含量及附加值；同时，通过一些优惠政策吸引外资，将其工业转型与国际接轨。

（2）把煤炭产业转型与国土整治结合起来纳入整个地区发展规划。专门成立国土整治部门负责处理和解决衰老矿区遗留下来的土地污染、闲置场地的修复利用等问题。创立受影响工业专项基金，帮助关闭企业修复老矿区和绿化园区，重新改造为居民住宅、娱乐中心、新厂址，等等。

（3）通过兴建企业创业园扶持下岗职工创办大量的小型企业。国家提供非营利的"孵化器"资助，为新创办的小企业无偿制订起步规划，提供厂房、车间、机器、办公室等条件和配备专家、顾问指导各项服务。

（4）加强职工技能培训。培训后可供选择的职业岗位多达 100 种以上，90% 的人员能重新就业；对再就业职工采用计算机管理，与各地招工单位实行联网，提供求职热线等，尽快转移失业的劳动力人员。

总体看，洛林转型经历了三十多年时间，尽管其转型成本巨大，但成效显著。转型使得原来大片的工业污染场地变成了环境优美的工业新区，整个地区由衰退走向了新生，成为法国吸引外资最重要的地区之一。

4. 日本的北九州

日本的工业主要集中在沿太平洋海岸地区，北九州与京滨、阪神、中京都是日本四大传统工业区。九州北部工业区原来是依托本地煤炭资源、进口铁矿石和废钢而发展起来的，是日本最早的钢铁工业基地和现在最大的钢铁产地。北九州地区是九州北部重要的工业区和交通中心，其中八幡是全国最大钢铁工业中心。北九州地区是以钢铁、化学、窑业为主的工业集中区，是日本经济高度发展的重要支柱。

北九州地区经济转型的成功经验是彻底关闭煤炭开采，经历了 10 年左右建设成为高新技术产业区。20 世纪 60 年代初，日本决定放弃对煤炭行业的保护政策，在该地区兴办一批现代工业开发区，吸引大批区外企业迁入，按照新的产业政策兴办一批新企业。对开发区内企业安置煤矿工人及其子女就业给予补助，并按照用人比例给予一定的差别优惠政策，制定了《煤炭产业合理化临时措施法》《煤炭离职人员临时措施法》《产煤地区振兴临时措施法》《煤炭对策大纲》等。此外，政府还为失业煤炭工人提供培训费用，帮助他们推荐再就业机会。所有这些有效政策极大地促进了北九州地区经济转型和高新技术产业区的健康发展。

5. 澳大利亚大的珀斯

珀斯是西澳大利亚州的首府和全国第四大城市。西澳大利亚州位置偏远，面向亚洲和印度洋，海岸线长，地广人稀，是澳大利亚最大的州，73%的人口居住在首府珀斯。该州矿产资源丰富，有铁矿砂、铝矾土、黄金、镍、铀、铜等。铁矿石产量占世界产量的15%，出口量占世界贸易量的36%；铁矿储量丰富且品位高，每年向中国出口铁矿石近4000万 t。该州黄金产量占世界产量的11%；氧化铝产量占世界产量的20%，出口量世界第一；镍产量占世界产量的12%；石油（含凝析油）和天然气储量丰富，年产石油和天然气主要供应日本、中国、韩国、印度。钻石产量占世界产量的三分之一，主要销往英国伦敦和比利时。

珀斯经济转型的主要做法是创建了著名的"通勤模式"（fly-in/fly-out，FIFO）。该模式下矿山与城市分离、独立发展，采用公共交通解决职工往返工作和生活问题。同时，因周围矿山的开发带动珀斯市的大发展，城市为矿山提供第三产业服务，缓解了劳动力的就业压力，还避免了"矿竭城衰"的问题。

西澳大利亚州经济在过去主要依赖传统的采矿业和农业，产业结构较为单一，尽管其人口仅占全国人口的10%，但该州的出口占全国出口总额的25%，吸收了大量的私人资本。由于澳大利亚政府鼓励西部大开发，为珀斯和西澳大利亚州的发展带来了契机。政府采取的措施如下：一是调整结构。创造工商业的就业机会，解决了传统产业之外的就业难题。二是引进技术。通过现代技术改造传统产业，发展新兴高新产业，保护环境，改善交通、运输、通信等基础设施条件。三是扩大开放。特别是加强与亚太地区的经济合作。

值得指出的是，澳大利亚联邦政府并不直接参与珀斯经济转型，也不对其提供财政支持和具体帮助，只是在工业政策（如关税和税收等）方面对企业进行扶持和政策协调，通过加强科研和培训来增强其竞争力。地方政府还提供一些鼓励政策和开发计划，包括：设立"资本建设基金"，提供无息贷款、基础设施建设的税收减免。开发计划也无强制性的法律约束，由相关各方自愿合作和协调。

10.3.2　国内资源型城市转型

我国资源型城市是伴随国家工业化和经济社会发展而出现的特殊类型城市，是国家能源资源战略保障基地和区域经济发展的中心，为国家经济社会发展做出了巨大的贡献。但是由于资源储量不断枯竭或资源量下降，资源型城市也出现经济持续衰退、城市可持续发展能力不足等难题。为此，这些资源型城市纷纷开始寻求转型之路，他们所采取的各种策略与国外资源型城市大致相似，关键是尽早培育和发展替代产业，使单纯依赖资源产业的城市经济向综合型经济转变。以下简要介绍我国的一些典型资源型城市转型特点。

1. 枣庄市

枣庄市是全国著名的因煤而兴的煤炭型矿业城市，地处山东省南部，与江苏省徐州市接壤。枣庄因煤炭储量大、煤质好而闻名全国，其煤炭产量历史最高年份曾达到1800多万 t。

枣庄市自20世纪90年代以来不断探索城市经济转型。当时该市明确提出要多元化发展、改变单一的煤炭产业结构和发展加工业及新兴产业。通过三十多年的不懈努力，现已形成以煤化工为主导，煤炭、建材、纺织、机械电子等为四大支柱产业，还包括冶金、卷烟、造纸、橡胶、食品、医药等门类齐全的多元化工业体系。枣庄市的经济转型是立足其煤炭资源优势，突出发展主导产业煤化工，并尽量延长"煤-焦-化、煤-电-化、煤-气-化"的产业链条。同时，该市通过优化升级原有的工业结构，调整培植新的产业，特别是利用高新技术提升改造传统的煤炭支柱产业，淘汰落后产能，关闭小型煤矿和水泥生产，压减其生产能力，建成了水煤浆气化和煤化工国家工程研究中心及一批依附于煤化工产业链的化工企业，提高煤炭深加工能力，显著增强其市场竞争力。通过以上的高新技术和适用技术改造，提升传统产业的科技含量，实现传统产业高级化和多元化的转型。

枣庄市因煤而兴并依赖于资源而发展，长期形成的以煤炭、水泥、电力等为主的重型产业结构，在资源濒临枯竭之际，也使城市的生态环境日益恶化。为此，枣庄市努力寻求经济转型与可持续发展之路，采取的主要措施如下。

第一，通过煤炭加工集群化高效利用煤炭资源。枣庄市在列入衰退型城市转型试点后，首要任务是培育接续替代产业和调整产业结构，重点打造煤化工作为接续替代产业，发展煤化工及精细化工，实现煤炭深加工向新型化、精细化和集群化方向发展，实现了由原来的煤炭开采粗加工模式向煤化工深加工产品的有效转变。

第二，依托高新技术培育壮大接续产业。枣庄市利用历史的优势基础，扶持一批重大工程项目建设。选择新材料、生物技术与制药、机电一体化、电子信息等高新技术重点培植新产业，发展了造纸、机械制造、啤酒酿造等替代产业。

第三，着力发展文化旅游产业。枣庄市加大交通基础设施的投入，建设了多条通往景区的旅游道路，高标准实施了冠世榴园景区道路拓宽及停车场改造工程，建设了滕州至龙山风景区、滕国故城、莲青山景区、红荷湿地风景区等旅游道路，大力改善了文化旅游环境条件。

第四，培育农业特色产业。枣庄市通过以点带面、以园带区、以园区带基地、以基地带产业、以产业带发展的多种模式，发展特色农业，已率先认定了两批国家现代农业示范区精品特色园区，以及一大批产业园、生态园和标准园。

第五，发展民营经济。枣庄市制定了促进非国有经济发展的优惠政策，改善投资创业环境，推动工业园区引进各类项目，鼓励民营资本的投入和高科技产业技术的研发。

2. 平顶山市

平顶山市是新中国成立后自行勘测设计、开发建设的第一座大型煤炭工业基地，位于河南省中南部。平顶山过去的原煤年产量超过 3000 万 t，在为城市经济发展带来巨大效益的同时，其人口与资源、环境、经济之间的矛盾也日益显现。为此，平顶山市加快了城市经济转型，主要做法如下。

第一，培育优势产业。平顶山市围绕上下游产业延伸，建设了 20 万 t 尼龙 66 盐成套、100 万 t 联碱、10 万 t 帘子布、100 万 t 宽厚板等重大项目，出台了《平顶山市创新驱动提速增效工程实施方案》《平顶山市人民政府关于深化科技体制改革的意见》《平顶山市工业发展腾飞工程行动计划》等政策措施，实施了一大批国家、省、市重大科技攻关和产业化项目。

第二，实行产业"退城进园"。为优化产业结构和布局，构建和谐人居环境，平顶山市提出工业企业"退城进园"指导意见，该意见为工业企业通过搬迁实现规模扩张、装备更新、产品换代、产业升级，加快工业转型发展攻坚步伐提供有力保障。

第三，全面推进高质量综合发展。平顶山市重点围绕产业、城市、生态、文化、社会等五大方面实施全面转型，明确了平顶山市实现高质量发展的具体转型路径。

第四，实现农业高质量转型。平顶山市通过加大农业产业帮扶力度，提升农业发展质量，实施全域循环农业发展行动、质量兴农和品牌强农行动、农业创新驱动行动、增绿鹰城富民行动、全域农业净土行动、农业融合发展行动、"双安双创"行动、人居环境改善行动、深化农村改革行动、农业绿色发展全民行动，实现稳定粮食生产、保障重要农业产品供给和农民持续增收的综合目标。

3. 大庆市

大庆市是以石油及石油化工业为绝对优势兴起的资源型城市，其产业结构过去长期比较单一，工业结构中重工业占比曾达到97%以上，而且重工业中又以采掘工业为主，其产值占工业总产值的2/3，原材料工业占比不到1/3，其他加工业很少。为此，早在20世纪80年代末，大庆市率先提出了城市可持续发展问题。直到21世纪前10年，大庆市依托油气资源禀赋和老工业基础，抓住我国新一轮老工业基地振兴战略的机遇，不断加大产业结构的调整，发展了一系列以石油资源为主的替代产业，成为全国资源型城市转型发展的排头兵，特别是在经济转型和产业升级过程中突出高新技术产业特色，成效显著，主要做法如下。

第一，延长油气产业链。市政府制定了《大庆"油头化尾"产业实施方案》，研究出台了《关于争当全国资源型城市转型发展排头兵的意见》，实现上游的石油开采和炼制与下游石化加工产业一体化发展，同时推进城市、经济、生态、社会治理、体制改革等五大方面转型，明确了一批重点任务，实现综合转型。

第二，加快产业结构调整。重点抓好产业重构、要素重组、动能重聚、环境重塑，巩固城市可持续发展的坚实基础。城市的国民经济三次产业结构比由原来的"二三一"调整到"二一三"，特别是将石油经济与非石油经济的占比由3:7调整到2:8，提高地方经济的比重，大幅提高非石油经济和地方经济对城市经济增长的贡献率水平。

第三，改善城市投资环境。大庆市着重从深化改革、优化环境、产业项目、创新驱动、人才兴区、构建开放型经济、产城融合等七个方面促进经济转型。

4. 白银市

白银市是一个由有色金属开发而兴起的资源型城市。从20世纪60年代初开始，白银市有色金属产量连续几十年位居全国第一，因而被誉为"铜城"。20世纪80年代后，由于铜矿资源储量逐步出现枯竭，白银市的有色金属主导产业日趋衰退，城市陷入了经济衰退和主导产业萎缩的困境。21世纪初白银市政府提出构建"兰（州）白（银）都市经济圈"，城市发展开始出现了转机，也为白银市资源型城市经济转型提供了机遇和动力。为此，白银市率先建设循环经济示范市和资源枯竭转型示范市，围绕城市转型与可持续发展，实施了主导产业多元化和重大项目建设，效果较为明显，主要做法如下。

第一，主导产业从单一向多元转换。白银市多种资源共存，初步形成"煤-电-冶-化"为一体的区域综合生产体系，并且由最初单一的重有色金属生产转向轻有色金属、贵金属、稀土金属等多门类产业。

第二，发展高新技术产业及原材料深加工工业。白银市率先与中国科学院合作建立了高新技术产业园，围绕延伸有色金属产品加工链，开发附加值高的有色金属新材料、新产品，探索以科技产业带动经济发展的新模式。

第三，坚持发展集约型经济。改变以往传统的高投入、高耗能、高物耗的粗放型发展方式，转向依靠科技进步的经济增长模式。通过引进技术和人才，培育深加工产业，大力发展加工制造业。

第四，坚持创新促进转型发展。着力发展新兴优势产业，利用丰富的水和煤炭资源，发展绿色能源。

5. 攀枝花市

攀枝花市是四川省典型的资源型城市和中国西部的工业重镇。经过 50 余年的建设，形成了以钢铁和采矿业为主的产业结构，是中国西部最大的钢铁基地。攀枝花地处攀西大裂谷构造带中南段，自然资源极其丰富，该市完全依赖其资源形成了超重型、单一化、低效益的经济结构。进入 21 世纪后，攀枝花市强力推进城市转型与产业升级，逐步由钢铁型经济转向钒钛、钢铁并进的经济模式。与此同时，通过建设攀西国家战略资源创新开发试验区，规划康养产业的空间格局、发展方向和重点工程，积极打造阳光康养旅游城市，加快老工业基地调整改造和资源型城市转型发展，具体做法如下。

第一，从钢铁之城转变为钒钛之都。在巩固钢铁、能源、化工产业的基础上，突出抓好钒钛产业的发展，壮大钛矿资源产业集群，延伸钒矿资源产业链。

第二，从服务配套城市转变为区域中心城市。攀枝花是川西南、滇西北区域的中心城市和四川南向开放的门户，在发展产业的同时为交通、教育、医疗、文化等多种功能提供保障。

第三，从工矿基地转变为康养胜地。攀枝花市充分利用其得天独厚的温度、湿度、海拔、优产度、洁净度、和谐度等优势，积极探索，先行先试，把大力发展康养产业作为调整经济结构和实现城市转型升级与持续改善民生的主要抓手。同时，以智慧城市理念和大数据及互联网手段提升康养产业，加快推进康养产业与金融的联动。

第四，以打造创新高地为目标建设数字之城。攀枝花市以大数据产业为主培育新兴产业，充分发挥其在促进产业转型升级方面的重要作用，利用大数据提升钒钛产业生产、服务康养产业发展，培育新的数据产业，促进城市从钢铁之城向钒钛之都、数据之城、智慧之城综合转变，整体提升城市综合发展质量。

6. 格尔木市

格尔木市位于青海省西部的柴达木盆地，其矿产和能源资源极其丰富，又是青海省城镇体系和地区经济的中心。该市依靠青藏公路和柴达木资源开发而兴，但也曾因粗放式的发展引起了空气污染及重金属污染、工业垃圾难处理等问题。为此，格尔木市依托柴达木盆地资源开发、西部大开发战略、青藏铁路通车、"一带一路"倡议机遇，紧扣全省副中心城市定位，深入推进区域协调发展，全力补齐基础设施短板，不断提高城镇化质量。目前，格尔木市已从资源型工业经济向新能源、交通物流、特色农业、旅游文化转型，走出了一条产业布局合理的多元化发展之路，具体做法如下。

第一，积极培育新能源产业。从 2009 年开始，格尔木市利用可再生的太阳能资源及广袤的荒漠化土地，突破旧的能源利用体系，发展光伏、光电、风电等新能源，把新能源产业作为新一轮经济增长的战略性主导产业来培育，推进新能源重大项目建设。

第二，大力发展特色农业。格尔木市通过扶持农牧民种植业，有效提高了土地的利用率，加快了荒漠化土地治理，提高区域生态环境综合承载力。

第三，利用交通优势促进旅游业发展。格尔木市是我国西部的重要交通枢纽，拥有原生态险峰峻岭、湖泊湿地、雅丹地貌、大漠戈壁、盐湖奇观、万年冰川等独特旅游资源。旅游业是格尔木市发展工业及特色农业之后的新亮点。

10.3.3　国内外资源型城市转型比较

1. 转型路径相似

（1）转型原因。国内外的资源型城市之所以要转型，是因为其赖以生存的资源趋于衰竭或其主导产业逐渐丧失竞争力被迫要转变。美国的休斯敦转型是因油价暴跌和石化行业大萧条，日本的北九州转型则因煤矿开采条件恶化和煤炭竞争力下降。在我国，枣庄和阜新等城市也因其依托的煤炭资源趋于枯竭而被迫转型。一些经济发展条件较好的资源型城市，如果在转型发展过程中及早培养替代的新型产业群，可为转型打下较好的基础，也可以缩短转型时间，较为容易转型。

（2）产业、金融及就业等政策相似。各国政府的政策性援助是资源型城市转型的主要措施，可以缓解其转型过程中的各种社会矛盾与风险。法国通过设立地区开发奖金、工业自应性特别基金和工业现代化基金，以及对行业税、劳工税、公司税、所得税等减免的政策，吸引外资企业，扶持城市转型。日本政府为煤炭企业提供流动资金、设备、购置土地等专项贷款，要求在关闭煤矿或毗邻地区创办企业、安排30%的下岗职工就业，在矿区创办的企业可享受“特别低利”贷款。我国明确设立资源开发补偿机制和衰退产业援助机制，以促进全国资源型城市的转型与发展，要求各级政府对资源型城市在重大产业项目布局时实行政策倾斜，加大一般性及专项转移支付力度等。

（3）优先改善投资环境。各国都强调改善投资环境，加强道路、通信、环境、科教文卫等基础设施和公用事业的建设。例如，日本制定的“特定事业促进调整”方案，专项支持农业生产和农村整治、卫生保健基础设施、城市规划、社会教育等公共设施建设。美国休斯敦通过兴建高速公路干线与机场、建设国际会议中心促进城市转型。我国的焦作市出台了鼓励市外投资者投资优惠办法、外商投资优惠办法等优惠政策，设立外来投资服务中心，为投资者提供专业环境政策咨询、项目审批和注册登记等全方位的“保姆式”服务。

（4）重视吸引外来投资。各国都制定了用地、融资和税制等优惠政策吸引投资。在法国洛林地区，在土地价格、厂房建设、安置就业等方面一定投资额以上的企业可以享受非常优惠的资助政策，导致法国一半以上的外商投资曾经汇集于此。日本为培育煤炭替代产业，制定了融资和税制方面的优惠政策，对进入产煤地域的企业通过地域振兴、整顿公团、提供长期低息的设备资金和运转资金的融资，以及工业区建设和长期低利转让等政策，由国家补贴减免地方税。我国的焦作和阜新等城市也通过多种方式吸引外资。

（5）重视科技产业的发展。大力发展科技产业或利用高新技术改造传统产业都是各国资源型城市转型的重要措施。例如，美国休斯敦利用国家航空及宇航局航天中心建设，推动发展电子信息、精密机械、仪器仪表、医药、军事工业及航空业等科技产业。日本北九州地区也创建面向世界的科技产业区。我国的焦作和阜新等城市也将科技产业作为城市产业转型的主攻方向，利用高新技术改造和提升传统产业。

（6）重视解决人员安置困难。各国都重视利用其已有的社会保障制度和针对措施解决资源型城市转型的失业难题。洛林和鲁尔等地区采取提前退休和补偿等，重视职业技术培训，鼓励创办新企业提供就业岗位。日本政府政策规定年满 55 岁的煤矿工人享有养老保险，煤炭企业或接收单位负责人员再就业培训，政府通过部分工资补贴承担职工的部分培训费用和生活补贴，帮助印制求职手册和享受优惠待遇。我国许多资源型城市则通过建立农业产业园区及社区街道、龙头企业、民营企业、劳务输出等多种渠道来解决困难职工的再就业。

2. 政策差异

（1）政策法规不同。国外在资源型城市转型实践中多重视通过立法来规范政府的行为。日本政府建立《产煤地域临时措施法》《煤炭地域振兴基本计划》《煤炭离职者临时措施法》等，形成完整的衰退产业调整法律体系，依靠法律措施进行援助，为资源型城市的企业及其下岗职工提供法律保障。美国政府采用《通商改革法》和《贸易扩大法》等制定了衰退产业调整援助的专门法律，为资源型城市管理出台了《矿物租借法》《联邦煤矿租赁修正案》等法规。在我国，国家发展和改革委员会、科技部、工业和信息化部、自然资源部、国家开发银行曾联合颁发了《关于支持老工业城市和资源型城市产业转型升级的实施意见》《老工业城市和资源型城市产业转型升级示范区设立管理办法》等政策性文件和规划，但目前缺乏针对资源型城市产业转型的专门法律法规，导致资源型城市转型效率和规范管理等尚有一些差距。

（2）转型基础不同。国外资源型城市转型发生在工业化完成之后，因此，它们具备相对完整的工业体系及资本市场，其城市转型的难度比我国低。美国休斯敦和法国洛林从高起点、高新技术及复合技术产业着手转型是因为它们基本完成了工业化，所以比较可行，这样使得一些传统的劳动密集型产业被逐步淘汰，实现产业向技术密集型过渡。在我国，因资源型城市尚未完成工业化，产业转型建立在薄弱的工业基础和较低的技术水平上，只能采取通过高新技术改造传统产业的策略。

（3）政府作用不同。美国等发达市场经济国家政府在资源型城市转型中只提供指导性的意见和发挥导向作用，引导各种资金流向资源型城市。法国洛林等地方政府成立专门委员会或其他机构，通过制定各种规划和政策，推动各个部门与社会各界之间合作，发挥政府的主导作用。日本也通过政府的行政措施推动城市产业转型，政府根据国内外市场及资源型城市的特点，制定和修改其产业政策、发展规划及具体的目标与措施，形成一套完整有效的产业政策体系。我国很多资源型城市在发挥政府的引导作用方面尚有差距。

（4）资金支持方式不同。国外资源型城市转型很少有来自政府的直接补贴，它们主要靠财政及金融政策措施，也有地方财政或建立各项基金及保险机制，对资源型城市的衰退产业进行援助，对产业结构调整和新兴产业发展采取先补贴后扶持的办法。而我国资源型城市转型多数依赖于国家的直接补贴，政府对资金投向干预过多。

（5）对中小企业重视程度不同。美、法、日等国家非常重视中小企业在资源型城市转型中的作用，特别是法国洛林地区设立企业孵化园区、制定各种规划，为中小企业提供各种服务。而我国资源型城市转型则不同，各地普遍重视大开发、大建设，忽视对中小型企业特别是民营企业的扶持。大型项目或少数企业很难形成竞争优势，相反，中小企业可以形成若干有竞争优势的企业聚群和替代产业，其优势更为明显。

（6）人员安置方式不同。美、法、日等国家采用完善的社会保障体系解决资源型城市的失业问题，加强下岗职工的再培训和安排在其他的服务业岗位就业。例如，日本在煤矿下岗职工再就业之前先对其进行职业培训，由企业或用工单位负责培训，政府提供相应的补贴。而我国多数资源型城市则主要采取移交社会职能、提前办理退休、领取一次性安置费等方式安置下岗职工，也有采取矿工搬迁或者发展现代农业方式缓解城市的就业压力。长远看，农村本身的剩余劳动力就很多，"退二进一"的产业政策不可能从根本上解决资源型城市转型的失业难题。

（7）重视创新程度不同。国外发达国家的资源型城市转型都比较重视技术创新、制度创新和组织创新。美国休斯敦市政府每年投入大量的研究费用，长期稳定支持创新研究和适用成果转化。相反，我国的资源型城市多数不够重视创新，产学研脱节，也没有长期创新机制和发展战略，各种创新成果转化少，产业转型难。

10.4　资源产业或资源型城市发展的资源诅咒假设检验

10.4.1　资源诅咒效应及其检验

1. 什么是资源诅咒和荷兰病？

资源诅咒（resource curse）源自经济学概念及其相关理论，一般是与矿产资源开发相关的社会经济现象。其直接含义是：丰富的自然资源可能是国家、城市或地区经济发展的诅咒而不是福音，资源越丰富反而经济增长更缓慢。许多经济学者对是否存在资源诅咒论的假设进行了各种验证。一些学者选用人均自然资本和人均矿产资源储量衡量资源丰裕度，认为资源丰裕度、贸易开放度和制度质量共同决定资源依赖度，得出资源依赖度与经济增长之间不存在显著相关关系；也有学者利用初级产品出口总额占 GDP 比重、自然资源租金占 GDP 比重、矿产品出口额占总出口额比重等作为衡量一国或地区经济对于自然资源依赖程度的指标，得出存在"资源诅咒"的结论；还有学者提出了逻辑更为严密的条件存在论，认为相较于土地，矿产资源的丰裕更容易引起"资源诅咒"效应，因为政府从其资源开发利用中贪污、腐败和寻租的可能性更大，并认为"资源诅咒"只存在于制度不合理的国家，如果国家资源丰裕且拥有高效率的政府和高质量的制度安排，就不会落入"资源诅咒"的陷阱，这种解释得到了很多实例的支持。

"荷兰病"常与资源诅咒同时提及，它是指一国（特别是中小国家）经济的某种初级产品部门异常繁荣导致其他部门衰落的现象，即对某种相对丰富资源的过分依赖导致经济结构的恶化。20 世纪 60 年代，荷兰政府大力发展油气产业，因出口剧增带来经济繁荣，但荷兰的农业及其他产业部门却受到严重打击。造成这种现象的原因，一方面是资源部门繁荣使资源产业的收益增加和资源部门工资上涨，生产要素从制造业和服务业向资源部门转移，使其生产成本上升，发展受阻。另一方面是资源部门收入增加，对制造品及非贸易品的消费需求也随之增加，造成国内制造业成本及资源部门吸引外资流入造成的本币汇率上升，进口商品价格出现下降，从而抑制了本国制造业产品的竞争力。

2. 资源诅咒的提出及其实证检验

20 世纪 80 年代中期后，经济学提出了新的内生增长理论，对各国经济增长速度的差异展开了大量的实证比较研究，质疑索洛增长理论的"趋同过程"和"赶超假说"。一些经济学家认为自然资源丰裕国家的经济增长速度反而缓慢并寻求其中原因。1993 年，奥蒂（Auty）在研究世界各国矿业与经济增长关系时首次提出了"资源诅咒"，他认为资源丰裕对一些国家的经济增长并不是充分的有利条件，反而可能是一种制约。

之后，Sachs 和 Warner（1995，1997，2001）连续发表了三篇学术论文，开创了对"资源诅咒"假说的实证检验。他们重新测算了 95 个发展中国家 1970～1989 年的 GDP 年增长率，发现只有两个资源丰裕国家的年增长率大于 2%。通过回归检验证明，自然资源禀赋与经济增长之间存在显著的负相关关系，燃料、矿产品及农产品等资源性产品出口占其 GNI 比重每提高 16 个百分点，经济增长速度将下降 1%。即使在回归模型中考虑更多的解释变量（如制度安排、价格波动性等），上述负相关关系仍然存在。

对是否存在资源诅咒现象，各家观点不一。这往往需要大量的实证检验，特别是对资源丰裕度的测度是实证研究中的一个重要难题，为此，学者们寻找各种替代变量，例如，初级产品的出口占 GDP 比重（Sachs and Warner，1995）、初级产品部门就业比例（Glyfason，2001）、人均耕地（Wood and Berger，1997）、能源储量（Stijns，2000）、资源租占 GDP 比值（Hamilton，2003），等等。各种测度方法尽管差异较大但都能得出资源丰裕度与经济增长之间存在负相关关系的普遍结论。

也有学者从区分自然资源类型的角度研究了不同资源类型国家遭受不同资源诅咒的程度。他们根据自然资源的地理空间分布划分出集中性资源（point resource）和分散性资源（diffuse resource），认为像矿产这种集中性资源型经济更容易出现资源诅咒，因为政府可以直接通过开采集中性资源获取大量收入并掠夺性开采和滋生腐败，而像农业耕地这种分散性资源，因为其财政收入只依靠少数企业或个人税收，政府腐败少，这些农业国家的"资源诅咒"现象少见。此外，也有学者对资源诅咒的作用机理进行了研究，认为：如果自然资源对其他要素产生挤出效应，可能间接地对经济增长造成负面影响，Gylfason 将其称为"资源诅咒"的传导机制（transmission mechanisms）。其他常见的传导机制还有荷兰病、资源寻租和腐败、人力资本投资不足、可持续发展能力弱。

10.4.2 资源型城市的资源诅咒

1. 资源型城市多数存在资源诅咒现象

无论过去的荷兰和德国鲁尔区还是现在的委内瑞拉及中东等国家与地区，都在不同发展阶段出现过不同程度的资源诅咒的现象。中国的一些资源型城市因资源开采萎缩、历史欠账多，也曾经或者现在仍有资源诅咒之困。特别是很多资源枯竭型城市，它们在经历大规模资源开发利用后，城市发展存在基础设施条件差、生态环境破坏严重、接续产业难以形成等困难。例如，过去在中国一些煤炭型和石油型城市采取"先生产后生活"模式，城市基础设施建设滞后，矿工在矿区或油田周围的棚户区生活，一旦资源开采殆尽，这些工人必然大量失业，留下大片沉陷区，居民生活质量得不到保障，经济增长、生态环境及民生都出现问题。

2. 资源诅咒的传导机制

纵观国内外资源诅咒的形成机理都是多种综合影响因素相互作用的结果。但总体上看，大致有产业传导、人力传导、制度传导和环境传导等四种模式（图 10.7）。

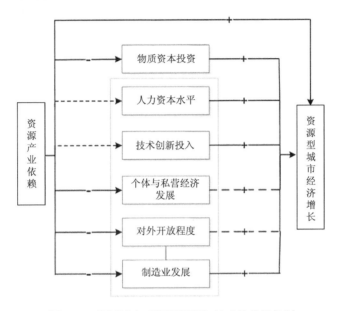

图 10.7　资源城市"资源诅咒"效应的传导机制

（1）产业传导。资源产业依赖程度高可能直接促进资源型城市经济增长。受其他因素的综合影响，这种直接的促进作用可能逐渐减弱甚至成为间接的抑制作用。"荷兰病"就是例证，因为单一的资源产业结构容易造成资源丰裕城市或地区资源部门的扩张和制造业的萎缩，进而降低资源配置效率。我国能源及资源富集省份或城市的产业结构一般以采掘及原料初加工工业为主，各类产品深加工链条短，缺少中间产品，最终消费品又少，必然挤占其他制造业的发展。

（2）人力传导。资源型城市的资源产业扩张容易出现人力资本积累不足，难以持续支撑城市经济高速增长的弊端。人力资本积累严重缺乏是因为城市经济结构单一，与加工制造业相比，这类资源产业人力资本的需求少，投资回报率低，人力资本的教育投入少，高知识水平和技能型人才流出普遍。资源产业扩张对人力资源的积累产生了负面影响。

（3）制度传导。资源寻租、粗放和掠夺性开采甚至腐败都是产权不清、法律制度不全、市场体系落后造成的。资源开发管理的制度安排不当可能造成资源产权虚置或弱化而缺乏约束力，造成资源无序开发、过度利用，影响资源产业和城市经济的健康可持续发展。

（4）环境传导。不合理开发利用资源造成生态环境压力，影响城市环境。脆弱的自然环境和城市环境又阻碍了城市的经济增长，也引发失业及其他社会问题。

10.4.3　资源诅咒效应的模型检验

资源型城市或地区是否存在资源诅咒效应现象可以通过经验观察和实证模型两种方法

进行检验。经验观察法相对简单，易于操作，实证模型方法相对较为复杂。两者可以结合具体情况进行分析研究。

1. 经验观察法

该方法是 Auty（2007）提出的，可以简单地把资源丰富程度指标与经济增长指标做成散点图，然后观察两者之间的相关关系。例如，这里采用中国 10 个油气资源型城市进行观察检验，选取 1997～2012 年的数据作为样本观察值，利用采掘业的从业人员占比（RD）与人均 GDP 年均增长率（G），分别代表资源型城市的资源依赖度和经济增长的指标。如图 10.8 所示，横坐标轴为 RD，纵坐标轴为 G。

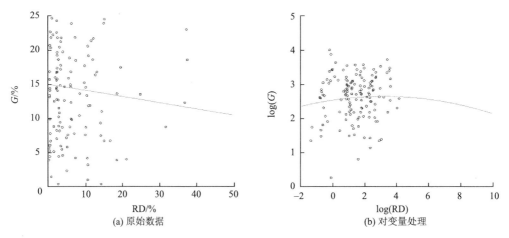

图 10.8 中国 10 个典型油气资源城市的采矿业从业人员与人均 GDP 年均增长率拟合图

观察这个散点图可以发现：①采掘业从业人员比重可能与人均 GDP 年均增长率之间呈现某种反向关系，这可能说明我国油气资源型城市的经济增长与油气开采业就业人员占比存在负相关，即经济增长越快、油气开采业从业人员越少；②如果把采掘业从业人员比重和人均 GDP 年均增长率两个指标进行对数化处理，发现两者之间可能存在非线性的倒 U 形关系，这可能说明我国油气资源型城市的经济增长与油气开采业就业人员比重可能出现波动相关关系，即有时高度正相关但有时又负相关。实际情况需要进一步采用模型进行检验。

2. 实证模型的构建

很多学者采用计量经济学模型进行实证分析和验证。一般采用面板数据（panel data）基本模型，该模型可以简化为 $y_i = \alpha_i + x_i\beta_i + u_i$，式中，$y_i$ 为多维被解释变量向量；x_i 为多维解释变量矩阵；u_i 为多维扰动项向量，满足均值为零、方差为 σ_u^2 的假设。

在实际验证过程中，一般通过 Hausman 检验方法，选取具体形式的模型。例如，考虑各种因素，逐步把各种因素引入模型之中，分析判断不同城市人均 GDP 增长率的差异，可以构建式（10.1）所示模型：

$$G_t = \gamma_0 + \gamma_1 \ln G_{t-1} + \gamma_2 \text{RD} + \gamma_3 \text{RD}^2 + \gamma_4 Z_t + \varepsilon_t \tag{10.1}$$

式中，t 为时间变量；G_t 为人均 GDP 增长率（%），由于具有内部关联性，将滞后一期的人均 GDP 作自然对数（$\ln G_{t-1}$）处理并加入模型之中；RD 为资源产业的依赖度（%）；RD^2 为资源产业依赖度的二次方项；Z_t 为其他控制变量；$\gamma_0 \sim \gamma_4$ 为需要估计的参数；ε_t 为随机扰动项。在验证时可以考虑不同的影响因素，作为控制变量（Z_t）引入。例如，物质资本投资（FI）、人力资本水平（HC）、技术创新投入（TI）、个体与私营经济发展（PE）、对外开放程度（OP）、制造业发展（MD），等等。

综合考虑以上情况后，可以逐步开展计算。

首先，从整体上对包含所有变量的模型进行计量估计。采用 Hausman 检验方法，确定具体的计量模型，包括固定效应回归模型（fixed effects regression model）和随机效应回归模型（random effects regression model），然后确定静态的面板回归模型。

其次，为了解决动态面板数据的个体异质性及内生性问题，需要采用高斯混合模型（Gaussian mixture model, GMM）方法研究动态的面板数据各项系数变化趋势，对初步假设的模型进行多重验证，确保各变量具有稳定性和可靠性，以及是否存在内生性问题。

最后，在确定了模型之后，利用 GMM 方法在模型中逐步增加其他控制变量（Z_t），分别研究这些控制变量是否对模型具有冲击影响，从而判断资源产业依赖度与资源型城市经济增长之间是否存在一定的关联关系。

练　习　题

1. 什么是资源产业和再生资源产业？
2. 什么是资源产品链？
3. 资源产业循环有哪些类型？
4. 资源型城市是如何界定的？有哪些分类？
5. 什么是资源型城市转型发展的生命周期规律？
6. 国内外的资源型城市有何相似性和差异性？
7. 什么是"资源诅咒"和"荷兰病"？两者有何区别和联系？
8. 资源型城市是否有资源诅咒现象？为什么？

主要参考文献

鲍寿柏. 1999. 工矿专业性城市的变革及其出路——我国跨世纪发展战略中应予重视的一个特殊问题. 经济科学, (4): 12-14

成金华, 肖庆柱, 王树帆. 1999. 我国资源产业发展的战略决策. 中国地质矿产经济, (1): 21-24

成金华, 朱冬元. 1996. 市场经济与我国资源产业的发展. 中南财经大学学报, (6): 32-35

程静. 2000. 中国矿业城市可持续发展的动力学机制及其优化研究. 北京: 中国科学院地理科学与资源研究所硕士学位论文

段利民, 马鸣萧. 2009. "资源诅咒"问题研究理论综述. 未来与发展, (5): 15-18

樊杰. 1993. 我国煤矿城市产业结构转换问题研究. 地理学报, 48(3): 218-225

国家计委宏观经济研究院课题组. 2002. 我国资源型城市的界定与分类. 宏观经济研究, (11): 37-39,59

国务院. 2013. 国务院关于印发全国资源型城市可持续发展规划(2013-2020 年)的通知. http: //www. gov. cn/zfwj/2013-12/03/content_2540070. Htm[2013-11-12]

韩凤芹, 万寿琼. 2014. 分类促进我国资源型城市可持续发展. 经济研究参考, (54): 5-11

胡魁. 2001. 中国矿业城市基本问题. 资源·产业, 3(5): 1-7

李文彦. 1978. 煤矿城市的工业发展与城市规划问题. 地理学报, 33(1): 63-79

刘随臣, 袁国华, 胡小平. 1996. 矿业城市发展问题研究. 中国地质矿产经济, (5): 16-20, 50

刘云刚. 2006. 中国资源型城市界定方法的再考察. 经济地理, 26(6): 940-944

刘云刚. 2009. 中国资源型城市的职能分类与演化特征. 地理研究, 28(1): 153-160

龙朝双, 成金华, 邵赤平. 1998. 发展我国资源产业的战略和措施. 软科学, (2): 24-26

马清裕. 1986. 论工矿城市的发展与布局. 城市与工业布局的区域研究. 北京: 科学出版社

明庆忠. 2007. 资源产业发展观及发展战略新探讨. 云南师范大学学报(哲学社会科学版), (6): 72-77

沈镭. 1995. 河西走廊矿业城市资源多元化开发战略初探. 中国地质矿产经济, (6): 16-22

沈镭, 1996. 特大型矿产资源开发与区域经济发展. 中国人口·资源与环境, (3): 57-61

沈镭. 1998a. 川滇藏接壤区矿产资源开发与可持续发展. 中国地质矿产经济, (2): 6-10

沈镭. 1998b. 大庆市可持续发展的问题与对策. 中国人口·资源与环境, (2): 37-41

沈镭. 1999a. 欧洲产煤地域的经济转型对平顶山市可持续发展的启示. 平顶山: 实施结构调整与可持续发展战略研讨会

沈镭. 1999b. 新亚欧大陆桥沿线矿业城市发展与矿业扶贫初探. 宁夏大学学报(自然科学版), 20(2): 5-8, 19

沈镭. 2005a. 我国资源型城市转型的理论与案例研究. 北京: 中国科学院地理科学与资源研究所博士学位论文

沈镭. 2005b. 资源的循环特征与循环经济政策. 资源科学, (27): 32-38

沈镭, 程静. 1998a. 大同市煤炭型矿业城市可持续发展优化研究. 自然资源学报, (1): 52-57

沈镭, 程静. 1998b. 论矿业城市经济发展中的优势转换战略. 经济地理, (2): 41-45

沈镭, 程静. 1999. 矿业城市可持续发展的机理初探. 资源科学, 21(1): 44-50

沈镭, 万会. 2003. 试论资源型城市的再城市化与转型. 资源·产业, (6): 122-125

沈镭, 魏秀鸿. 1998. 区域矿产资源开发概论. 北京: 气象出版社

沈明, 沈镭, 钟帅, 等. 2016. 基于生态敏感条件的中国资源型城市去产能空间格局优化. 资源科学, 38(10): 1962-1974

石秀华. 2006. 国外资源型城市成功转型的案例分析与比较. 科技创业月刊, (12): 105-106

王健. 2010. 我国资源产业的发展及对策研究. 资源与产业, 12(S1): 21-29

王敏正. 2008. 传统资源观的反思与新资源观的构建. 云南师范大学学报(哲学社会科学版), (1): 31-35

王青云. 2004. 资源型城市经济结构转型的问题和对策. 今日国土, (Z3): 21-24

王中亚. 2011. 资源型城市"资源诅咒"传导机制实证研究. 城市发展研究, (11): 85-89

武春友, 叶瑛. 2000. 资源型城市产业转型问题初探. 大连理工大学学报(社会科学版), 21(3): 6-9

徐康宁, 韩剑. 2005. 中国区域经济的"资源诅咒"效应: 地区差距的另一种解释. 经济学家, (6): 97-103

余际从, 刘粤湘. 2009. 矿业城市界定及可持续发展能力研究. 北京: 地质出版社

余建辉, 李佳洺, 张文忠. 2018. 中国资源型城市识别与综合类型划分. 地理学报, 73(4): 677-687

张传波, 于喜展, 隋映辉. 2019. 资源型城市产业转型: 发展模式与政策. 科技中国, (5): 67-77

张建华, 王高尚. 2003. 矿业依存度与中国矿业城市定量分类. 资源·产业, 5(6): 85-89

张文忠, 余建辉, 王岱, 等. 2014. 中国资源型城市可持续发展研究. 北京: 科学出版社

张秀生, 陈先勇. 2002. 中国资源型城市可持续发展现状及对策分析. 华中师范大学学报(人文社会科学版), (2): 117-120

张以诚. 1998. 矿业城市与可持续发展. 北京: 石油工业出版社

张以诚. 1999. 我国矿业城市现状和可持续发展对策. 中国矿业大学学报(社会科学版), (1): 75-78

张在旭, 薛雅伟, 郝增亮, 等. 2015. 中国油气资源城市"资源诅咒"效应实证. 中国人口·资源与环境, 25(10): 79-86

赵康杰, 赵玉娟. 2011. 资源型城市的界定与分类: 以山西为例. 中国城市经济, (12): 40-43

赵宇空. 1995. 中国矿业城市: 结构调整与持续发展. 长春: 吉林科学技术出版社

周长庆. 1994. 浅论资源型城市属性、结构及成长中的协调发展. 经济体制改革, (5): 23-30

周起业, 等. 1993. 区域经济学. 北京: 中国人民大学出版社

周一星. 1999. 城市地理学. 北京: 商务印书馆

周振华. 1995. 产业结构优化论. 上海: 上海人民出版社

Auty R M. 2007. Natural resources, capital accumulation and the resource curse. Ecological Economics, 61(4): 627-634

Bradbury J H. 1981. Towards an alternative theory of resource-based town development. Economic Geography, 55(2): 147-166

Gylfason T.2001.Natural resources, education, and economic development.European Economic Review, 45(4-6): 847-859

Hamilton J D. 2003. What is an oil shock?. Journal of Econometrics, 113(2): 363-398

Harris C D. 1943. A functional classification of cities in the United States. Geographical Review, 33(1): 86-99

Lucas R A. 1971. Minetown, Milltown, Railtown. Life in Canadian Communities of Single Industry. Toronto: University of Toronto Press

Sachs J D, Warner A. 1995. Natural resource abundance and economic growth. Working Paper 5398, National Bureau of Economic Research, doi: 10.3386/w5398

Sachs J D, Warner A. 1997. Natural resource abundance and economic growth. Working Paper, Center for International Development and Harvard Institute for International Development. Cambridge : Harvard University

Sachs J D, Warner A M. 2001.The curse of natural resources. European Economic Review, 45(4-6):827-838

Sachs J D, Warner A M, Aslund A, et al. 1995. Economic reform and the process of global integration. Brookings Papers on Economic Activity, (1): 1-118

Stijns J P C. 2000. Natural Resource Abundance and economic Growth revisited. Berkely: Berkely University of California

Wood A, Berge K.1997. Exporting manufactures: human resources, natural resources, and trade policy. The Journal of Development Studies, 34(1): 35-59

小笠原義勝. 1954. 日本の都市地域—文化地域の指標として. 駿台史学, (4): 20-25

第 11 章 资源流动与资源市场

资源流动是资源经济学的重要研究方向，已成为资源科学中的一个新视角，主要研究各种自然资源开发利用的动态与过程特征及其与社会经济系统和生态环境系统中相关要素的相互作用规律。资源流动是指在人类活动的作用下各种自然资源在产业链和消费方向上或者不同区域之间发生的运动、转移和转化。它既包括自然资源在"开采-加工-消费-废弃"这一产业链条中运动形态、功能、价值的转化过程，形成纵向流动；也包括自然资源在不同地理空间因资源位势的差异而产生的空间位移，产生横向流动。通过资源流动的研究可以揭示自然资源在不同技术层次的形态转换和价值变化机理，以及自然资源与社会经济和生态环境之间的关联关系。本章重点介绍资源流动类型与特点、关键性资源流动和主要资源市场与贸易规则。

11.1 资源流动类型与特点

21 世纪初，国内一些学者开始了资源流动研究，至今已成为当前资源科学研究中的一个新领域。资源流动研究可以揭示自然资源在不同层次的形态转换和价值变化机理，进而揭示自然资源与社会经济和生态环境之间的复杂关联关系。

资源流动是指在人类活动的作用下各种自然资源在产业链和消费方向上或者不同区域之间发生的运动、转移和转化。资源流动包括纵向流动和横向流动，分别是从产业纵向和区域横向来描述其流动状态。纵向流动包括资源在原态、加工、消费、废弃这一链环运动过程中形态、功能、价值的转化过程；横向流动包括资源在不同地理空间中发生的空间位移。

资源流动的概念源于物质投入-产出分析的思想。它反映了在社会经济系统内来自自然资源的各种物质从开采、运输、加工、利用到废弃物管理再利用的整个生命周期里的流动过程。基于该认识，发展较为成熟的物质流分析理论可以作为资源流动研究的重要工具。资源流动过程反映了自然资源的生命周期过程，这与"资源树"类似。

阐明资源流动过程及其规律是资源可持续利用领域的重大科学问题。从价值增值和能量转换角度来看，资源流动过程的不同链条及不同环节产生的生态环境效应和社会经济效应也各不相同。不同种类资源及不同开发利用技术条件下的资源流动过程轨迹也必然不同，相应地，所产生的生态环境效应与经济社会效应也存在差异。通过定量、系统地分析资源流动过程，可以科学地描述一定时空范围内自然资源与经济社会、生态环境之间的内在联系机制，提出相应的调控技术策略。

11.1.1　资源流动的类型

深入研究资源纵向流动和资源横向流动有助于揭示资源各要素在产业链和空间位移上的关联关系，进而评价自然资源系统的运转效率。

1. 资源纵向流动

资源纵向流动是指各种自然资源从原生状态经过人类加工、消费、废弃后发生物理化学形态、服务功能、使用价值等变化的转化过程。这些流动过程类似于生态学中的"食物链"、产业生态学中的"产品链"或"生产链"，也与土地经济学中的"耕地流转"和土地利用方式转变等有关。资源纵向流动关注资源形态的变化过程，反映了自然资源系统中的资源利用效率，如物质循环效率、能量转化效率和经济效率，刻画各种资源要素之间的关联关系，测算自然资源系统的整体效率，为制定资源产业发展规划和决策提供科学依据。

2. 资源横向流动

资源横向流动是指各种自然资源在不同空间区域尺度上发生的位移。无论是自然资源还是人力、资本、技术等社会资源都可以在国际上、地区间、国家内部发生流动。伴随着资源横向流动，不可避免地会产生各种环境问题和生态问题。我国的"北粮南运""西气东输""西电东送""南水北调"等都是典型的资源横向流动，无论对于资源"流入区"还是"流出区"都会产生一定的社会经济和生态环境效应。

资源横向流动研究还可以刻画出资源流动的空间格局。借鉴物质流场的空间分析，可以开展区际的资源流动分区，分析资源流动的通道网络、形态、拓扑关系，了解各类交通线对于资源横向流动的影响，以及区域交通条件对资源流动的承载能力、拉动作用及限制条件，优化区际资源流动的空间布局。例如，国际上的资源贸易和国内各地区之间的资源流动过程，不仅关系到资源产品的开发利用、物质商品的流动与储存，还涉及隐含环境负担，如虚拟水、虚拟土地、隐含碳排放等。因此，研究资源横向流动可为制定全球资源战略和促进区域可持续发展提供重要支撑。

11.1.2　资源流动的特点

（1）复杂性。无论在自然系统和生态环境系统还是社会经济系统，资源流动都表现出复杂的关联性特征。自然资源在开发利用的过程中将对自然环境和生态系统产生各种扰动；新的资源产品形成之后，将被计入社会系统的产出之中，不断地被消费或再利用，直至废弃掉。无论在自然系统和生态环境系统还是社会经济系统，资源流动都表现出复杂的关联性特征。

（2）动态性。表现在资源本身的动态性及其开发利用的流动过程动态性两个方面。因为资源是一个可变的、动态的范畴，资源的质和量与人类社会经济和文化、技术等紧密相关。同时，资源流动是一个伴随着生产、消费活动而持续的动态变化过程，在物质形态、功能、空间等方面都产生变动。

（3）时空性。任何物质运动都有时间和空间属性，资源流动也不例外。不同种类和不同形态的资源在发生流动的过程中表现出各自不同特点的规律性。即使同一种资源在不同地区，受外部条件的影响，其流动表征也各异。

（4）系统性。自然资源系统和社会经济系统同属于地球生态环境系统。社会经济系统与其周围的环境系统或生态系统由物质流与能量流相连接。自然资源进入社会经济系统之后，通过一定的加工循环、贸易流动，绝大部分保留在社会经济系统内，剩余的成为废物排入生态环境系统。通过资源流动的联结，形成一个资源-环境-社会/经济-生态复合系统（图 11.1）。

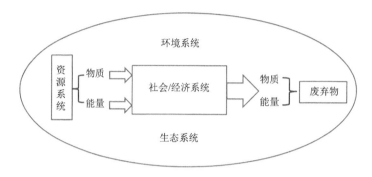

图 11.1　资源-环境-社会/经济-生态复合系统

11.1.3　资源流动的构成要素

资源流动包含的重要共性元素主要有物质、能量、价值、劳动力等，这些要素的流动可以反映资源流动的全貌。

（1）物质流动。任何资源流动过程都源于物质形态的变化，这个变化一般遵循质量守恒定律，满足恒等式：物质流入量（输入）=物质流出量（输出）+物质存量的净变化量（存储+废弃物）（图 11.2）。

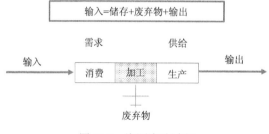

图 11.2　资源流动过程

（2）能量流动。能量流动伴随着各种物质的流动发生。能量流动遵循热力学第一定律和第二定律。能量流动是单向性的，在流动过程不断有损耗且不能循环。除了部分热损耗是由辐射传输外，大部分的能量都是由物质携带的。因此，能量流动的特点表现在物质流动之中，能量每流过一个能级都有一定的损耗。

（3）价值流动。价值是资源流动过程的一种具体计量形式。资源流动过程中潜在的使用价值与实际的使用价值之间可能实现转化而形成价值流动，通过流动实现价值增值。这是由人类劳动的投入、社会需求、供需区域差异等因素决定的。伴随着资源的价值增值，市场可以通过价值规律来调节，实现在不同空间、产业和消费链之间的资源流动。

（4）劳动力流动。资源流动过程需要劳动力作为生产者，具有主观能动性。劳动力变动与资源流动在时间和空间上的变化一致。资源产业链的流动可以由就业、退休等劳动力数量变化来体现，资源区域流动可以促使不同的地域和产业部门的资源供需变化。因此，劳动力的数量和质量可以影响资源流动的深度和广度。

11.1.4　资源流动的研究方法

资源流动的研究方法借鉴了传统的投入-产出分析和物质流分析，前者反映了资源流动的价值属性，后者反映其物理量特征。工业代谢分析和生命周期评价可以刻画资源流动在产业链上变化的基本情况。

1. 投入产出分析

投入产出分析（input-output analysis, IOA）是 1936 年美国经济学家列昂季耶夫（Leontief, 1906—1999）提出的数量分析方法，又称为部门联系平衡法。它从数量上反映经济系统各部分（如各部门、行业、产品）之间投入与产出的依存关系，用于经济分析、政策模拟、计划制定和经济控制等。IOA 的投入是指生产各种产品所需的原材料、燃料、动力、固定资产折旧、劳动力；产出是指产品生产出来后向哪里分配和流动。国内外学者借助 IOA 方法定量研究资源流动，开发出价值型-实物型资源投入-产出表，揭示资源利用与经济发展和人口之间的关系。

2. 物质流分析

物质流分析（material flow analysis, MFA）是对特定系统的物质流动和储存在一定时空范围内进行系统分析的评价方法。它以物质守恒为基本原理，研究追踪各种物质在特定系统中的流动源、流动路径和流动汇。MFA 来自于投入-产出分析。1997 年，世界资源研究所的学者利用这个方法，研究自然资源在采掘、加工、生产、使用、循环和处理过程的流动状况。其基本思路是将通过经济系统的物质分为输入、储存、输出三大部分，研究三者之间关系，揭示物质在特定区域内的流动特征和转化效率。目前，欧洲的德国、荷兰、意大利、丹麦、芬兰、瑞典、英国、奥地利，以及日本、美国等，都采用 MFA 方法从宏观上建立了国家物质流账户并对本国社会经济系统进行了分析。国家层面上一般采用整体物质流分析（bulk material flow analysis, Bulk-MFA）。近年来，很多研究逐步深入到更小级别的微观层面上的元素流分析（substance flow analysis, SFA）。两种方法的比较见表 11.1。

表 11.1　整体物质流分析和元素流分析的比较

比较项	整体物质流分析	元素流分析
应用目标	对经济发展和环境压力的"解耦"关系及可持续发展程度进行评价	对释放到环境中有害物质的来源进行识别，对特定物质的环境影响或利用率问题进行判别
研究对象	集中于经济系统中所有物质的流动情况，关注大宗物质	集中于与环境相关或有重要经济意义的元素（如金属铜、砷等）和化合物（如多氯联苯等）
研究重点	以经济系统为"黑箱"，不考虑经济系统内的物质流动，重点关注输入、输出物质流，关注物质的生态包袱	追踪物质在经济系统和自然环境各阶段的输入、输出，重点关注其在系统中迁移转化的途径及其所存在的形态，关注系统库存情况
框架模型	一般构建欧盟导则中物质流分析框架，横纵向比较对指标体系	一般通过构建元素流程图，将系统分解成各个环节、工序，构建静态或动态模型

宏观的 MFA 分析存在一定的缺陷，它的物质流指标以质量为基础，往往使得经济系统中一些大宗资源流动的比重较大，从而冲淡了其他资源流动的贡献，导致其指标值不能准确和清晰地描述宏观经济系统的资源流动状态。此外，MFA 只考虑资源数量，忽略了资源流动可能产生的环境影响。同时，MFA 采用质量加总的办法无法充分反映经济系统的价值流动。

3. 工业代谢分析

工业代谢（industrial metabolism, IM）分析是借鉴生物学中模拟生物与自然界新陈代谢功能的一种系统分析方法。根据物质守恒原理，IM 分析方法可以跟踪资源开发利用的全过程，包括从最初的资源开采、工业化利用、产品消费直到最终的废弃物。

与以往的系统分析方法不同，IM 方法通过追踪资源流动的全过程考察其对环境的影响，系统给出环境影响的总体评价，追溯环境影响在资源利用及流动环节的成因。然而，该方法只关注代谢过程而忽视其他影响，工作量大。

4. 生命周期评价

生命周期评价（life cycle assessment, LCA）是一种用于评估产品在其整个生命周期中对环境影响的技术方法，包括从原材料的采掘、产品的加工利用、再到产品的使用及其使用后处置的各个环节。一些学者根据 LCA 方法建立了大量的基础数据库和标准参数，开展了很多的资源产品生命周期评价，例如，对铝资源分析涵盖了原铝及铝土矿开采、粗加工、精炼、成型的流动过程。值得指出的是，现有的各种研究结果因人而异，难以验证。多数分析只考虑了生态环境、人体健康、资源消耗等方面的影响，不讨论技术经济或社会方面的影响。此外，很多原始数据和评价结果都有时间和地域的限制。

11.2 关键性资源流动

联合国亚洲及太平洋经济社会委员会（UnitedNations Economic and Social Commission for Asia and the Pacific，ESCAP）研究认为，21 世纪前 10 年中国是亚洲乃至世界上最大的资源消费国，中国的资源流动强度和规模出现爆炸式扩张。

资源高强度的流动导致了我国资源供给压力和环境负担。大量资源在被誉为"世界制造中心"的产业体系中大规模流动，形成房地产开发、道路建设扩张，对国家资源安全和国民福利构成了威胁。淡水和粮食安全、石油及其他战略性矿产资源安全等与其他安全因素（如金融危机、气候变化），相互叠加并以百年未有的变革加速汇聚，对资源流动的方向和强度造成了极大的影响。

11.2.1 能源资源流动

能源资源流动的研究重点刻画能源资源空间流动的流量和流向，划分能源资源流动的源地、汇地、中转地的空间格局和能源资源流场，识别能源资源流动的通道及其网络结构，探讨能源资源流动的影响因素与机制等。

能源资源的流动过程包括空间位移过程和物质利用过程，这反映了能源资源开发利用的主要模式。能源资源流动涉及一定地区内能源储藏、生产、加工、运输、贸易、消费等，需要研究其流动布局、区划、结构、转化及其对环境作用的规律等。通过能源资源流动的研究，可以揭示能源在产业和区域中流动过程中的流量、流向等规律，判别其源地、汇地、中转地分布、特征和网络结构。目前，已经开展了以石油和煤炭等一次能源为主的能源资源流动研究，这些研究具有代表性、典型性和重要的实践应用价值。

1. 石油资源流动

石油资源的流动是石油资源进入社会经济系统并实现资源时空配置和产业利用的过程，具有显著的空间取向和广泛的社会经济效应。石油是流动性强的战略性资源，在现代社会经济发展中起着难以替代的作用。石油资源流动既包括石油资源在不同区域之间所产生的横向流动，又包括石油加工过程中的纵向流动，后者是石油的产业链流动，又分为石油炼制和石油化工，产业链长。从区域角度看，石油资源流动涉及油田、中转站、企业和终端用户。

1）石油资源流动与地缘政治紧密关联

石油资源纵向流动与其产业特性有关，因为石油是现代经济社会发展的动力和经济运行的重要物质来源。在世界一次能源消费中，石油消费的比重最大，约为 1/3 以上，高于天然气（1/5）和煤炭（3/10）。石油既是重要的一次能源，又是现代工业发展的关键原料。石油及天然气化工产品有 5000 多种，被广泛地运用于工农业和日常生活的各个部门。

石油资源全球流动与国际地缘政治紧密相关。无论历史上的各个战争还是能源外交，石油都是重要的导火索。一方面，争夺石油资源流动的控制权是大国能源外交的核心。另一方面，世界金融和政治因素对石油资源流动产生强烈的影响。石油资源横向流动与世界金融市场直接挂钩，特别是石油在世界金融市场上能够发挥价格杠杆、风险规避、套期保值等作用。

2）中国石油资源的纵向流动特点

石油的加工一般分为石油炼制和石油化工（图 11.3）。石油炼制业是通过炼制原油生产加工成各种石油产品。石油化工是国民经济和社会发展的基础产业，为农业、能源、交通、机械、电子、纺织、轻工、建筑、建材等行业及人民日常生活提供产品和服务，见图 11.4。

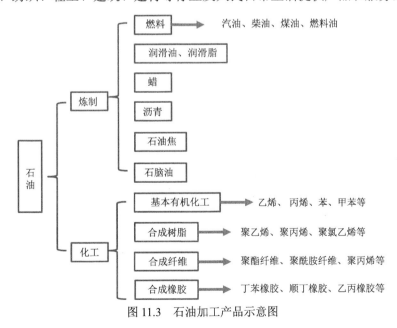

图 11.3　石油加工产品示意图

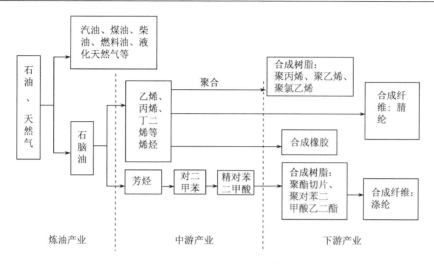

图 11.4 石化产品流动图

石油炼厂涉及原油蒸馏（常、减压蒸馏）、热裂化、催化裂化、加氢裂化、石油焦化、催化重整、炼厂气加工、石油产品精制等装置，生产各种石油化工原料，包括汽油、柴油、煤油、燃料油、喷气燃料、润滑油、蜡、沥青、石油焦等。石化产业链非常长，包括上游以炼油为主的产业、中游以烯烃和芳烃为主的加工产业，以及下游以三大合成材料（合成树脂、合成橡胶、合成纤维）为主的产业等环节。根据石油资源流动模拟分析，可以定量计算不同年份石油资源在不同环节的流动量以及进入环境的排放量等，绘制出石油资源流动全景图。以 2006 年为例，如图 11.5 所示，该图可以较为全面地反映中国石油资源在开采、炼制、消费和运输等不同环节中石油资源流动及其向环境中产生的排放。

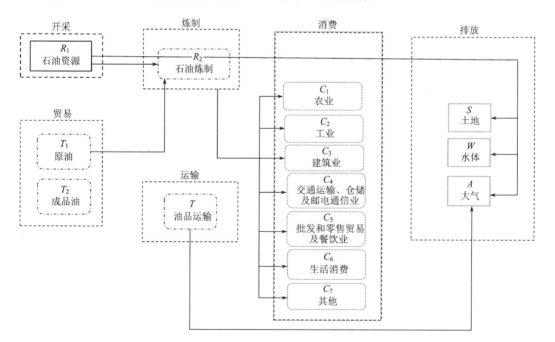

图 11.5 中国石油资源流动图（2006 年）

3）石油资源流动产生的不同环境影响

石油资源流动对环境的影响主要表现在纵向产业链上。石油资源纵向流动的主体是石油炼制和加工环节，一些大型炼化一体化的石化企业承载着较为完整的石油资源产业流动过程。图 11.5 也表明石油资源在开采、炼制、消费和运输等各个阶段，都会产生一定量的污染废弃物质，排入环境并造成严重的影响。

石油资源开采最容易造成水体污染、油污，其次是烟气排放，石油开采后还可能对土壤、水资源和植被产生影响。油品运输过程中还会产生蒸发损耗、装卸损耗、储存损耗及交接装置损耗，在公路及铁路运输过程中还会产生尾气排放，在船舶运输过程中也会造成海洋环境污染、石油泄漏等。在石油炼制和加工过程中，可能产生催化裂化再生烟气、硫回收尾气、氧化沥青尾气、油品挥发排放气等，产生 SO_2、NO_x、CO、烟尘等污染物排放（表 11.2）。

表 11.2　石油开采环节直接环境排放　（单位：kg/t）

排放污染物	CO_2	NO_x	CO	CH_4
排放量	146.71	0.31	0.04	3.44

以 CO_2 排放为例，石油从开采、炼制直到消费这个过程都要排放不等量的 CO_2，最主要的排放发生在消费阶段。石油勘探开发是一项包含地下、地上等多个环节的系统工程，有地质调查、勘探、钻井、测井、井下作业、采油（气）、油气集输、储运及辅助配套工艺（如供水、供电、通信、排水）等。在这些具体的开发生产活动中，不同工艺和不同开发阶段，排放的 CO_2 量各不相同。粗略估计，石油在生产阶段的 CO_2 排放分别是：开采阶段为 146.71 kg/t，炼制及加工阶段为 30.1kg/t，运输阶段为 35.95kg/t。石油在消费阶段的碳排放与各种油品有关，具体的排放见表 11.3。

表 11.3　主要油品燃烧污染物排放　（单位：kg/t）

污染物	CO_2	SO_2	NO_x	CO	CH_4	烟尘
柴油	3104.72	1.86	7.24	173.76	86.90	2.12
汽油	3201.92	1.86	16.70	179.20	89.60	2.12
煤油	3192.63	1.86	7.46	178.68	89.34	2.12

此外，碳排放还与原油的品质有关。以美国加利福尼亚 Midway Sunset 油田原油（23%API[①]）为例，按照 1t 原油相当于 7.35 桶粗略估算，每桶原油排放 CO_2 当量 725g，其中上游开采过程排放 180g，中游炼制过程排放 81g，下游消费环节各种石油制品总排放（包括运输分配过程）为 464g。加拿大油砂重油 33%API）每桶平均排放 CO_2 当量 736g。

4）中国石油资源流动的整体格局

从输入端看，资源输入有两大部分，即总物质输入和国内过程输入，前者反映开采和国内外资源交换，后者反映资源在社会经济系统中加工利用和消费等劳动。总物质需求（total matarial requirement, TMR）是反映资源进入区域社会经济系统中的消耗总量，包括直接物质

---

① API：美国石油协会（American Petroleum Institute, API）制订用以表示石油及石油产品密度的一种量度。

输入、国内及进口的隐流，主要描述石油资源消费对生态环境的扰动。直接物质输入（direct material input, DMI）是反映区域社会经济系统中石油资源流动规模的重要指标，包括国内原油开采、原油和成品油的进口。输出端主要是进入社会经济系统的隐流、进出口总额（total imports and exports，TIO）和国内总产量（total domestic output，TDO）。图 11.6 绘制了中国石油资源流动全景图。

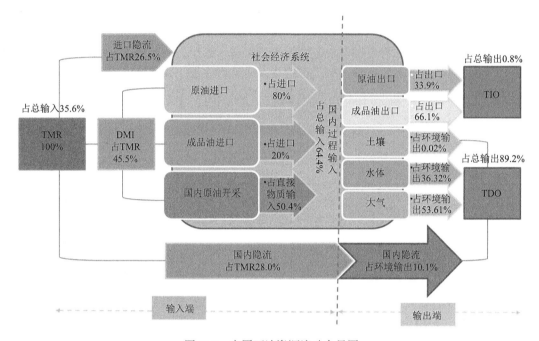

图 11.6   中国石油资源流动全景图

由图 11.6 可知，从输入端看，35.6%的石油流动为总物质输入，其他 64.4%的石油流动发生在其加工利用过程中。在总物质输入中，直接石油资源输入只占 45.5%（国内原油开采又占 50.4%），其他则为隐含石油流入，进口隐流和国内隐流各占约 1/4，合计 54.5%。过程输入包括工农业生产、交通运输和居民生活等部门消耗。

从输出端看，石油资源流出社会经济系统之外的部分有三大块，即排入环境的各种物质、国内隐流、原油及成品油的出口。国内环境输出占总输出的 89.1%，其次是国内隐流，占 10.1%，石油对外贸易输出只占总输出的 0.8%。

5）石油资源的横向流动

多年来，世界石油生产格局不断发生重大的变迁，生产重心分别从美洲到欧洲，再转向亚洲和非洲。石油资源的消费也从以发达国家为主转向世界各地。

从全球看，伴随着石油资源生产与消费格局的变化，世界石油资源的流动呈现多极化。亚太地区、北美洲和欧洲是世界上三个最大的石油消费区，是吸引石油资源流入的汇入区；中东-北非、俄罗斯及中亚、非洲和拉美地区是世界石油资源富集区、生产区和汇出区。

世界石油资源流入中国的规模不断扩大。大量原油进口推动了我国石油对外依存度不断攀升。世界石油资源流入中国的来源地也日益多元化，表现在中国的石油进口国从以前的少数几个变为现在的几十个之多。从世界流入中国的石油资源品质比较复杂，来自中东地区的含硫原油（硫质量分数在 0.5%～2.0%）和高硫原油（硫质量分数 2%以上）所占比重较大。世界石油资源主要通过油轮、管道及铁路等海路和陆路方式流入中国。

从国内看，我国石油资源的空间分布不均。北部和西部是石油资源富集区，南部和东部是石油集中消费区，由此造成大规模的石油资源横向流动。中国 92%以上的原油产自北方，很少量的原油产自南方。中国的成品油消费区遍布全国各地，全国大约 1/5 的省份消费了一半以上的石油，且主要在东部沿海地区，形成"北油南运"的流动格局。

从油品细分看，汽油主要来自东北和西北地区，流向华北地区、东部沿海、南部沿海、黄河中游、长江中游及西南地区。煤油和柴油与汽油类似，但也有部分来自东部沿海地区。

从区际流动看，中国石油资源流动形成了三大空间格局，即源地系统、汇地系统和源汇复合系统。以黑龙江、天津和新疆三大中心构成的三角形区是主要的源地系统，吉辽、京冀、甘肃、江浙沪、皖赣鄂湘沿江地区是主要的汇地系统，河南、山东和广东则是主要的源汇复合系统，构成我国北部、西北、华东和华南四个主要的石油资源流场，以及东北、华北、华东、西北和华南五大石油资源流动密集区（图 11.7）。

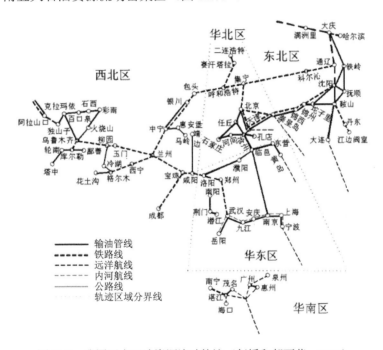

图 11.7　我国四大石油资源流动轨迹（赵媛和郝丽莎，2006）

2. 煤炭资源流动

类似于石油，煤炭资源流动的两大类型也是区域横向流动和产业纵向流动。

1）中国煤炭资源的区域横向流动

中国煤炭资源总量丰富，空间分布上呈现"北富南贫、西多东少"的特点。从南北方向看，昆仑山—秦岭—大别山以北地区蕴藏了全国 90.3%的煤炭资源，其中约 65%的资源富集在太行山—贺兰山之间的山西、陕西、宁夏、河南及内蒙古中南部，12.4%的煤炭在新疆。秦岭—大别山以南地区只有全国 9.6%的煤炭资源，绝大部分在黔西、川南和滇东的富煤区。

从东西方向看，大兴安岭—太行山—雪峰山以西地区集中了全国 89%的煤炭资源，而东部仅占全国的 11%。总体来看，全国大部分已探明煤炭资源储量在西部和北部，其中 90％以上的煤炭资源又分布在经济欠发达且生态环境脆弱地区。

中国煤炭资源的生产与消费也存在区域不平衡。中国煤炭资源的生产区在东北、西北和西南区，而消费区却主要在东南沿海，长期形成"北煤南运"和"西煤东运"的大规模空间流动和以晋陕蒙为输流中心、以华东和中南为汇流中心的煤炭横向流动基本格局。全国煤炭资源的区域间流动形成了以"三西"、南方和东北为主的煤炭资源流动通道格局。其中"三西"煤炭流动通道又有三条线路：北线路是晋北、蒙西、神府的煤炭资源经大秦、丰沙大、京原、神朔黄铁路，向秦皇岛、京唐、天津、黄骅等港口流动；中线路是晋中的煤炭经石太、石德、邯长和胶济铁路流向青岛港口；南线路是晋东南的煤炭经侯月、新菏兖日、陇海铁路流向日照、连云港等港口，再经海路流向江苏、上海、浙江、福建、广东等沿海地区直到终端用户。南方的西煤东运流动通道是从西南的黔、滇、川等煤炭资源富集区，经湘黔和浙赣等铁路流向东南沿海的两广和湖北等地。东北的北煤南运流动通道是从内蒙古东部和黑龙江向外输出，经滨洲、滨绥、哈大等主干铁路，流向长春、沈阳和大连等地。

2）煤炭资源的产业纵向流动

煤炭资源在产业方向的流动大致经过两条路线：一是原煤经开采、洗选和洗煤后进入社会经济系统消费，供农业、工业、发电、供热、生活、商业、交通等利用，主要以原煤、洗精煤和其他洗煤产品等作为燃料或原料进行中间加工使用；二是直接生产，制焦、制气后进入消费（图 11.8）。

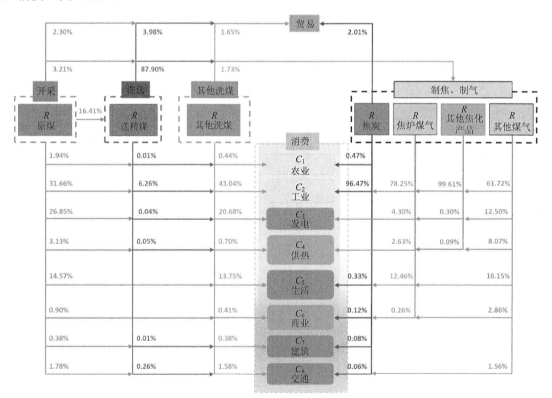

图 11.8　中国煤炭资源产业流动图

煤炭资源产业流动的主要特点有：①一半以上的煤炭资源供电力及供热消费，包括 30% 的原煤和 21% 以上的洗煤和洗精煤，这是提高能源效率的主力；②钢铁用煤量大但增幅逐步下降；③非金属及建材行业的煤炭消费不断下降；④新型煤化工的煤炭消费快速上升；⑤煤化工行业存在煤炭原料与水资源的双重制约；⑥原煤直接消费的比重小，经中间加工转化后才流入终端消费环节的煤炭比重大；⑦煤炭资源产业流动效率不断提高。

煤炭资源流动对生态环境的影响最为明显，在煤炭开采、加工利用、运输等不同阶段都有不同程度的影响。煤炭开采可能破坏地表植被、引起地面沉降，需要水资源来洗选，又可能污染水体和水环境。煤炭开采可能造成地表水干涸、地下水下降，煤炭洗选还产生大量的废水和煤矸石。煤矿中的瓦斯若不回收就可能排向大气。煤炭直接燃烧产生大量的 SO_2 和固体颗粒物。据统计，全国 70% 的煤矿区缺水，13 个大型煤炭基地中有 10 个地处干旱区。晋陕蒙宁新地区占有全国 64% 的煤炭资源但只有全国 1.6% 的水资源[①]。全国煤炭开采累计沉陷区达四五千平方千米，累计产生煤矸石几十亿吨，占地几万平方千米，每年因煤造成的各种损失高达几百亿元。在煤炭加工利用环节，煤炭的质量起关键作用。较高的煤灰分和硫分含量易产生 SO_2、烟尘和灰渣等排放，燃煤 SO_2 排放还容易造成酸雨。在煤炭运输环节的环境问题主要是储、装、运过程中的扬尘污染。一般来说，煤炭运输量的 5‰ 左右是扬尘，每吨煤造成的直接经济损失达 100 元。

值得指出的是，煤炭资源流动可能存在隐含的环境影响。这是因为尽管煤炭开采的环境问题不能随着资源流动转移到消费地，但对于煤炭消费地而言，他们在享受消费煤炭资源带来的经济正效应的同时，可能把煤炭开采环节的环境负外部性留在了开采地区。例如，在山西过去生产的煤炭资源中，本地消费大约 1/4，向省外输出的煤炭资源在 3/4 左右，其中一半以上输往河北省，其次流向山东、天津、江苏、北京、辽宁、湖北等地。如果把山西在本地开采煤炭资源可能引起的环境影响按照吨煤进行折算，那么山西向外净输出每万 t 煤相当于隐含在其他省市区少产生 $0.2hm^2$ 的地面沉降、1300t 的矸石及 1.69 万 tCO_2、195tSO_2 和 504t 总悬浮微粒（total suspended particulate, TSP）的排放。此外，中国大量的燃煤产生了约 90% 的 SO_2 排放，导致很多地方的酸雨腐蚀。南方地区的煤炭中硫分比北方高，全国煤炭总消费中尽管高硫煤炭只占 7%，但产生的 SO_2 排放却占总排放的 1/4。一些硫分含量高（大于 3%）的产煤省区主要是川、鄂、浙、桂、琼、藏，而晋、鲁、湘、黔、皖等省份的煤炭含硫也较高，这与全国的酸雨空间分布高度一致，说明酸雨与燃煤密切相关。

11.2.2　矿产资源流动

围绕矿产资源流动的研究侧重于矿物资源，主要集中在铁、铜、铝等大宗矿产资源，也有些学者对钴、铟、锂等量小的关键性矿产进行了流动分析。

1. 铁矿资源流动

从流动角度看，铁矿资源流动也有横向与纵向之分。

1）铁矿资源的区域横向流动

铁矿资源区域的横向流动主要是世界铁矿石从生产供应地至加工利用消费地进行空间

---

① 谢克昌：煤炭开发利用对生态环境影响及对策. https://news.sohu.com/20120311/n337347166.shtml

物理位移的过程。总体上看，世界铁矿资源流动格局不断发生变化，中国铁矿石对外依存度65%以上。巴西和澳大利亚是世界上铁矿资源最为丰富的国家，两国铁矿石储量合计占世界的41%。欧洲曾经是世界铁矿石生产的中心，后又被大洋洲和南美洲所取代，苏联1971～1991年的铁矿石产量居世界首位。苏联解体后，我国和巴西相继成为全球最大的铁矿石生产国，但澳大利亚于2008年起超过巴西跃居世界首位，巴西紧随其后，我国的铁矿石产量于2007年达到历史最高水平（约4亿t）后逐年下降。从铁矿资源消费的角度看，亚洲和欧洲是世界铁矿石的主要消费地。近年来，欧洲的消费量不断下降，亚洲的消费量快速上升，亚洲的中国、日本、韩国等日益成为世界铁矿石消费增长和资源流动的"引擎"，而中国最为突出。

从铁矿石的流动情况看，世界铁矿石的输出地主要是南美洲的巴西、秘鲁、智利和大洋洲的澳大利亚，少部分来自欧洲和非洲。法国、瑞典、南非、印度等国家也有一些铁矿石输出。从铁矿石输入看，亚洲和欧洲助推了世界铁矿石的流动，但两者的地位随着时间的推移出现了反转。1991年之前是以欧洲输入为主，之后则是亚洲占主导。输入到中国的铁矿石主要来自巴西和澳大利亚，也有的来自北美的加拿大、南美的秘鲁和智利、欧洲的乌克兰和非洲的毛里塔尼亚。

根据历年世界各国铁矿石资源的输出量和输入量可划分出铁矿资源不同的源与汇中心。在1991年之前，铁矿石资源的流出地基本上都是澳大利亚、巴西、加拿大、瑞典、印度、利比里亚和苏联等国；而汇入地主要是日本、联邦德国、英国、美国和意大利等国。1991年之后上述的流出与汇入格局发生了巨变，主要的流出地是澳大利亚和巴西，其次是印度、加拿大及苏联解体后的俄罗斯和乌克兰；主要的汇入地是中国、韩国和日本，其次是欧洲的德国、法国、英国和意大利。

从流场看，世界铁矿资源流场可分北美洲、南美洲、欧洲、非洲、亚洲、大洋洲等六大流场。北美流场以加拿大为源，流向中、日、韩等及西欧部分国家；南美流场，如巴西、委内瑞拉、智利和秘鲁等，是铁矿石的主要输出地；欧洲国家是汇入场，包括德国、英国、荷兰、法国、意大利等，其铁矿石主要来自巴西和加拿大；非洲国家是输出地，包括毛里塔尼亚、利比里亚和南非等。同样地，上述世界流场格局自1991年后发生了较大变化。例如，中国、韩国、西班牙、沙特阿拉伯和阿根廷等国成为铁矿石的汇入地，伊朗、俄罗斯、乌克兰和哈萨克斯坦成为新的流出地，利比里亚和安哥拉因铁矿石输出量大幅下降而逐渐退出。全球铁矿资源流动主要靠海上运输通道，较少运量依靠铁路运输。由此构成全球重要的铁矿石流动航线通道，如北美东海岸—远东、北美东海岸—西欧、南美—东亚、南美东—西欧、澳大利亚西岸—东亚、西非—东亚、南亚—东亚等。

2）铁矿资源的产业纵向流动

铁矿是钢铁产业的基本原料，在机械及车辆制造、建筑与桥梁、生产及生活用具等领域用量大且用途广泛。从产业层面看，铁矿资源流动研究主要集中在钢铁行业内部的物质流分析，也可能是其他某一行业中的铁物质流分析。

从产业分类看，与铁矿相关的产品有铁矿石、生铁、粗钢、钢材、钢铁产品和废料，不同产品的含铁量差异很大。大概估计，这些产品的含铁量分别为铁矿石62%，生铁95%，粗钢98%，钢材30%～99%不等。钢铁产品的含铁量因产品而异，如钢铁制品45%～90%，工具用品45%～50%，五金用品20%～60%，机械设备20%～65%，电气及电子设备30%～60%，交通工具40%～70%，仪器仪表20%，武器45%。废料一般含铁在15%～50%。

铁矿资源产业流动的研究可以揭示钢铁工业效率的演变规律。2004 年，中国每消耗 1 吨铁矿原矿生产 0.54t 粗钢，大约产生 828 元钢铁工业增加值。同时，铁矿资源产业流动与区域流动的比较研究可以揭示国内铁矿石开采量与进口资源量的相互关系，可为提高我国铁矿资源综合利用率和废钢资源回收利用等提供决策参考。

2. 铝矿资源流动

铝是人类所利用的矿产资源中仅次于钢材的第二大金属矿产。地壳中铝的分布广泛，平均含量为 8.8%，含铝矿物在 270 种以上，可供商业提取铝资源的主要原料是铝土矿，各种铝制品有 80 多万种。开展铝矿资源流动的分析研究可以有助于了解铝矿资源的生产、消费、进出口、循环和损耗的总体格局（图 11.9）。

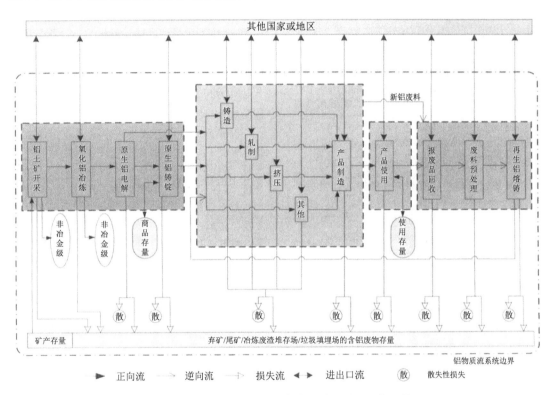

图 11.9 铝矿资源的全生命周期和社会流动过程图（陈伟强等，2008a）

1）铝矿资源的区域横向流动

全世界的原生铝产量大约为 2480 万 t，中国的产量占一半以上。除个别年份外，中国是铝矿资源净进口国且净进口量逐年增长，铝土矿与铝初级产品、铝废料与铝循环产品等进口增多，铝中间及终端产品出口增加。根据陈伟强等（2008a）的国家尺度铝矿资源流动研究，目前世界铝土矿的基础储量有 330 亿 t，储量约占 70%，20 多个国家开采铝土矿，年产量在 1.5 亿 t 左右，静态可供年限在 150 年以上。中国铝土矿储量仅占世界的 2% 左右，人均储量也只有世界平均水平的 1/10，静态可供年限仅有几年。我国的铝土矿具有高铝、高硅、低铝硅比特点，需要进口优质铝土矿通过拜耳法生产氧化铝，再通过电解法冶炼生产精铝（铝含量为 99.93%~99.996%）、高纯铝（>99.999%），甚至超高纯铝（>99.9999%）等产品。

2）铝矿资源的产业纵向流动

通过铝土矿开采、氧化铝生产、原生铝电解、铝合金加工制造等过程将铝元素转化为工业和人民生活需要的铝制品，以满足人类对铝的需求。

铝矿的全生命周期包括生产、加工与制造、使用、废物管理与循环等四个主要阶段。铝矿生产的产品主要是原生铝，包括电解铝或者矿产铝，是通过开采铝土矿，冶炼电解熔融生产的氧化铝，与经过废杂铝重新熔炼而得的再生铝有所区别。铝含量超过 99% 的纯铝还不能满足终端要求，需要添加各种元素，生产出具有其他性能与不同用途的铝合金，可再加工成板、带、排、箔、管、棒、型、线、自由锻件和模锻件等变形材及各种铸件，提供给建筑、交通工具、耐用消费品、机械设备、电力电子设备、包装等六大领域利用。

铝的循环过程是指从废杂铝到再生铝的技术过程，包括回收、处理和熔铸三个主要环节。铝在加工利用过程中及使用后还产生各种废杂铝，前者是新废铝（new scrap），后者是旧废铝（old scrap）。新废铝是铝铸件和铝加工材在加工制造过程中所产生的各种废弃物，包括工艺废料、因成分或性能而不合格的报废产品，这些可由企业自行回炉熔炼成原牌号合金或生产铸坯；一些铝门窗、深拉易拉罐、加工铸件与锻件等产生的废料或废品，可由专门机构或人员回收并重新熔炼。旧废铝是各种含铝产品在使用报废后的再生铝（陈伟强等，2008b）。

3. 铜矿资源流动

从与人类活动的密切相关程度来看，铜是仅次于铝的重要有色金属，广泛应用于电气、轻工业、机械制造、建筑工业、国防工业等行业。

铜资源流动也分为区域横向流动和产业纵向流动。

1）铜矿资源的区域横向流动

铜矿资源在全球层面流动广泛，表现在铜矿石贸易覆盖了世界 100 多个国家或地区，各国铜矿资源贸易关联强度高，区域性铜矿资源流动中心和分散型流动网络并存。中国发起"一带一路"倡议后，与铜矿密切相关的有色金属行业最为活跃，在一些国家出现了铜矿资源流动快速增长的趋势，首先是印度、保加利亚、马来西亚和泰国，其次是哈萨克斯坦、越南和新加坡，再次是蒙古国、阿曼、阿联酋和老挝，俄罗斯、阿曼、沙特阿拉伯、伊朗等国家的铜资源流动也日趋增多。

2）铜矿资源的产业纵向流动

产业流动包含铜矿开采、加工生产、制造、利用、报废、回收、进口、出口和废料处理等诸多环节，其研究旨在追踪铜资源在经济社会中的循环过程。

在国际贸易中，含铜的商品繁多，大致可分为铜矿砂及精矿、粗铜、精炼铜、铜材、废杂铜、铜制品 6 大类、29 小类，共 360 多种。研究显示，中国目前进口各类铜产品大约 1100 万 t，出口 250 万 t 以上，其中，进口铜产品中的 43% 是铜矿砂及精矿，33% 是精炼铜，11% 是废杂铜；而出口中铜制品、精炼铜和铜材分别占 68%、17% 和 15%。值得指出的是，中国的社会回收二次铜资源与国内生产铜资源占比在 1.8% 左右，铜资源在各类加工过程中的损失量占实际铜消费量的 2.4%，其中选矿损失高达 60%。根据王欢等（2018）分析，在中国所有的铜矿资源表观消费中，约有 94.4% 的铜来自国外进口输入，大约 96.8% 的铜进入社会经济系统中供进一步消费，还有 2.4% 的铜在采选及冶炼加工环节损失掉，排入生态环境系统之中。

此外，大约 9.4% 的铜矿来自国内开采，16.9% 的铜可以进一步回收利用（图 11.10）。

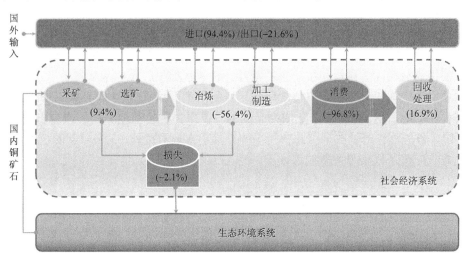

图 11.10　中国铜矿资源流动全景图

11.2.3　粮食资源流动

粮食资源流动是指在人类活动作用下主要粮食作物及其农产品发生的转移过程。粮食资源流动主要考察其区域横向流动。我国主要粮食作物及其农产品在区域之间调配是不断优化的过程，先后出现了"南粮北调""北粮南运""中粮西进"。

粮食资源流动的一般规律是：从粮食生产区到供销区、从余粮区到缺粮区、从低价粮食区到高价粮食区。影响粮食流动的主要因素有：①供需差异。粮食生产的局域性与消费的普遍性推动了区域粮食的流入与流出和供求往来，区域之间需要互通有无、互补长短、调剂余缺。②产量和结构。粮食产量在年际和区际上存在较大变化和波动，粮食供求总量和结构的矛盾要求粮食在区域之间流动。③社会分工。因劳动地域分工的不同和比较利益的差别，要求各区域和部门发挥优势和特色，需要不同粮食流通满足各种需求。④粮食贸易。日益开放的国内和国际粮食市场促使粮食资源大规模横向流动。

由于粮食资源品种多，这里仅仅对小麦和稻谷的资源流动作简单介绍。

（1）小麦流动。我国各省份的小麦生产条件差异较大，小麦及其产品的流动主要是从主要小麦种植地流向小麦加工生产和消费地。黄淮海地区是我国最大的小麦主产区和小麦产品的主要流动源，所产的小麦主要流向东北、华北、长江中下游和南方沿海等地。据统计，河南、山东和河北三省的小麦消费量占其产量的 64%，其余部分则流向其他地区作为库存。

小麦流动的主要动因是：①比较优势。黄淮海地区是小麦生产优势地区，近年该区优质专用小麦产量增长较快，可以满足人们对优质小麦的需求，因此该区小麦大量流向全国各地。②饮食结构。随着城镇化水平和人民生活水平的提高，细粮在主食中的消费不断增多，提升了小麦的消费，特别是以饼干、面包、蛋糕、方便面等为主的方便食品消费量大增。③小麦品质。我国长江以南地区冬小麦生长条件不佳，梅雨季节降水量多，对后期小麦品质和硬度造成较大的不利影响。小麦受渍害的影响后蛋白质含量低、品质也差；东北主产区的春小麦在生长后期和收获期也可能受到多雨的影响出现小麦穗发芽问题。

（2）稻谷流动。稻谷是我国的主要口粮之一，全国约 60%人口的主食是大米。东北平原（黑龙江和吉林）、长江流域（湖南、湖北、江西、江苏、安徽）和珠江流域（广东、广西）是我国传统的稻谷主产区。

我国稻谷流动的主要动因是：①人口和饮食差异。全国各地不同的人口密度和饮食习惯造成稻谷的供需流动。②自然和生产条件差异。我国水稻生产布局逐步发生了一些变化。区域性的水稻生产空间变化导致南方传统稻作区水稻播种面积减少，北方（特别是东北地区）的水稻播种面积有所增加，使得东北成为全国的重要水稻种植基地和稻谷净流出地。黑龙江、吉林、辽宁等省的稻谷产量占全国总产的 16%，除了本地消费外，60%以上的稻谷流向北京、天津、上海、广州、武汉等大型城市。

11.3　主要资源市场与贸易规则

11.3.1　资源市场的内涵与分类

1. 资源市场体系与资源市场

资源市场是一个复杂的大系统，类型丰富多样。资源市场是指买卖双方通过集会来确定某种特定资源或资源产品价格的抽象场所。它是生产资料市场，是生产资料交换的场所及其活动的总和。生产资料市场是市场结构中最重要的商品市场。国内外至今未见一个完整而系统的资源市场分类体系。现实中，资源市场表现为各种专门的或综合的商品交易市场，如钢材市场、煤炭市场、金属市场等。资源市场的常见类型分类见表 11.4。

表 11.4　资源市场的常见类型分类（沈镭和唐永虎，2003）

划分依据	类型	存在形式	实例
交易对象	资源物权市场	无形	所有市场（一级）、勘探权、开采权（二级）
	资源（原料）市场	有形或无形	土地市场、水资源市场、煤炭市场、铁矿石市场等
	资源制成品市场	有形或无形	粮油市场、畜产品市场、蔬菜及水果市场、钢铁市场、五金矿产市场、建材市场等
	资源品种市场	有形或无形	石油市场可分为轻油市场（34%～40% API）、低硫油市场和高硫油市场
市场要素	主题资源市场	有形或无形	土地市场、原煤市场、原油市场、铁矿石市场等
	配套服务市场	有形或无形	资源产业内部勘查、保育、开发及利用等
	雅俗条件市场	有形或无形	劳动力、资金、信息技术等市场
交易形式	现货市场	有形	粮食、钢铁、黄金等市场
	批发市场	有形	钢铁、有色金属等市场
	期货市场	有形	准期货、标准期货和期权交易等市场
	混合市场	有形	批发兼零售、官方市场、个体市场等
市场空间	完全竞争市场	无形	理论上假象的市场
	完全垄断市场	无形	公共资源品（如邮电、通信）市场等
	寡头垄断市场	无形	属共有、黄金及矿产品等市场
市场供需	卖方市场	无形	供不应求
	买方市场	无形	供大于求

划分依据	类型	存在形式	实例
	区域资源市场	有形或无形	区域粮食市场、区域木材市场、区域铜市场
市场空间	国内资源市场	有形或无形	全国性铜精矿市场
	国际资源市场	有形或无形	世界石油市场

2. 资源市场结构及其组织形式

国际上典型的市场经济模式有两种：一是盎格鲁-撒克逊模式。以英国、美国为代表，强调自由的企业制度、间接的国家干预和法治化的经济运行；二是政府主导新市场经济模式。以日本、德国为代表，侧重国家对企业的支持。资源市场也大致是这两种模式（图 11.11）。

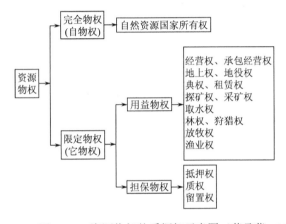

图 11.11　资源物权体系框架示意图（蒋承菘，2001）

资源市场结构按照资源竞争和垄断程度可分为三种：一是完全竞争型。这是理想化的市场，无任何干扰和阻碍，国家对资源产业经营也不干预或直接垄断，市场要素可以完全充分地流动。二是完全垄断型。在一定的市场空间范围内资源供应全部由单一供应者垄断，资源价格由垄断者来决定。三是垄断竞争型。处于上述两者之间，其中一种特例是寡头垄断市场。

资源市场组织形式因目标行为差异可分为生产型、研究型、协调型和交易型四种。①生产型资源市场组织包括资源卡特尔（Cartel）和一般生产者组织。前者典型的是石油输出国组织、铜出口国政府间委员会、国际铝士矿协会。它们的目的是控制资源价格，维护资源供应者利益；后者典型代表是铁矿输出国联盟。其主要目的是共享信息，保护成员国在资源贸易谈判中的利益。②研究型资源市场组织，有国际能源署、国际铀研究所和世界资源研究所。这类组织由资源生产者和资源消费者组成，目的是寻求各利益方之间的有效合作，指导制定资源价格但不控制价格。③协调型资源市场组织，如国际锡协定，它是由一系列资源型协定关联的机构，在资源市场上开展资源生产者与消费者之间调解，目的是协调资源供需平衡、稳定资源价格、促进各国发展。④交易型资源市场组织是典型市场实体，直接为资源生产者和消费者服务，建立标准合同，在交易所开展现货或期货交易。国际上有伦敦、纽约、吉隆坡、温尼伯、悉尼等著名金属交易所，国内有香港、深圳、上海等金属交易所，以及上海、秦皇岛两大煤炭交易所和大庆石油交易所、郑州粮食交易市场等。

11.3.2 主要资源市场和国际资源性组织

1. 全球原油市场

石油是最重要的战略资源之一和现代经济的命脉。近年来，美国的"能源独立"革命和石油地缘政治变化引起了世界石油市场的动荡。乌克兰危机背后的俄欧博弈、中东与美俄等石油价格博弈都深刻影响着国际原油市场。

全球原油市场供给变化较大。从供给看，2018 年全球原油日产量为 9472 万桶。2000 年起，除 2002 年、2007 年和 2009 年全球原油产量出现负增长外，其他年份均有增长。原油价格在 2014 年出现下跌，一度从每桶 110 美元跌到 2016 年的每桶 30 美元。北美和中东地区、独联体国家是主要的原油供给区，特别是美国、沙特阿拉伯和俄罗斯是重要的产油国。美国页岩油产量增长迅速，接近其国内原油产量的 60%。从需求看，亚太地区是最主要的需求市场。2018 年全球石油消费总量 45 亿多吨，其中 80%的消费在亚太地区、北美洲、欧洲地区，而且亚太地区消费量最高，占全球原油消费总量的 1/3。

2. 全球铁矿石市场

全球铁矿石市场对世界和各国经济社会发展的影响较大。总体看，全球铁矿石市场具有三大显著特点，即贸易高度集中、铁矿石供大于求、价格波动显著。

从供给看，全球铁矿石供应市场高度集中于两个国家和四大公司。澳大利亚和巴西的铁矿石出口量占全球出口量的 4/5，力拓、必和必拓、FMG、淡水河谷等四大公司的铁矿石产量占全球铁矿石贸易量的 2/3。从需求看，中国、日本和韩国是主要的铁矿石进口国，其中中国进口铁矿石 10 亿 t 以上，占全球总进口量的约 2/3；日本和韩国进口铁矿石占全球约 9%和 5%，三国进口量合计占全球总进口量的 4/5 以上。近年来，全球铁矿石市场经历了供需变化。例如，2021 年，新冠疫情背景下，全球铁矿石需求增加，价格达到历史高点，导致供应猛增。然而，由于中国能耗双控等政策的影响，下游需求减少，铁矿石价格又大幅下跌。2022年，俄乌冲突和欧美高通胀环境下持续加息，导致世界经济复苏受阻，全球铁矿石需求明显转弱，矿价下跌导致供应减少。到了 2023 年，全球矿业市场虽然艰难回升，但在美元高利率政策的持续影响下，全球铁矿石需求持续低迷。同时，中国经济在疫后修复期采取了积极的财政政策和稳健的货币政策，使得国内对铁矿石的需求增长强劲，也在全球市场低迷的背景下保持了矿价相对稳定。

中国铁矿石资源总量虽然丰富，但具有"贫、散、细、杂"的禀赋劣势，长期形成了铁矿石开采条件差和运营成本高的不利局面。据统计，中国铁矿石平均生产成本相当于国际铁矿巨头生产成本的 4 倍左右，导致中国的铁矿石市场竞争力较弱、无效低效产能严重过剩、优势优质产能严重不足。预计到 2030 年，我国铁矿石对外依存度仍将超过 85%，短期内很难打破高度依赖进口矿的困局。此外，中国在世界铁矿石定价权上影响力弱，除了中国钢铁产业集中度低、海外权益矿规模小和缺乏竞争力之外，主要还是因为全球四大公司长期主导了铁矿石的短期协议、定价指数、金融交易。全球铁矿石市场价格呈现剧烈波动必将严重影响我国钢铁产业稳定运营和铁矿资源安全。

11.3.3　国际资源性产品期货市场

期货市场起源于期货贸易。世界最早的期货贸易是 16 世纪日本大阪的米市贸易，被称为期货市场的雏形。1848 年，美国芝加哥的商人群体共同组建了芝加哥期货交易所（Chicago Board of Trade，CBOT）。芝加哥期货交易所的成立标志着期货交易进入正规化，诞生了早期的期货交易市场。现代期货交易出现于 1925 年，当时成立了芝加哥期货交易所结算公司，所有的期货交易都要纳入结算公司。目前，世界期货交易不断增多，交易风险明显降低，大量交易所蓬勃兴起。以芝加哥商品交易所（Chicago Mercantile Exchange，CME）、伦敦金属交易所（London Metal Exchange，LME）、洲际交易所（Inter Continental Exchange，ICE）为代表的和较为成熟的国际大宗商品交易市场，都实现了期货市场与现货市场、场内市场与场外市场、境内市场与境外市场的一体化。这些期货市场主要交易商品期货，包括铜、铝、锡、银等有色金属期货和原油、汽油、丙烷等能源期货，以及小麦、玉米、大豆等农产品期货。

1. 国际有色金属期货

有色金属是当今世界期货市场中比较成熟的一种期货品。目前，国际有色金属期货交易主要集中在伦敦金属交易所、纽约商业交易所和东京工业品交易所。有色金属期货一般简称为金属期货。有色金属是指除铁、铬、锰等黑色金属之外的所有金属，金、银、铂、钯因其价值高又被称为贵金属。有色金属因其质量、等级和规格易划分，交易量大，价格容易波动，耐储藏，非常适合作为期货交易品种，尤其是铜、铝、锌、锡、镍、铝合金等期货合约，其中铜产品是第一个设立的金属期货交易品种，距今已有100多年。有色金属期货市场分为两大类：①贵金属，包括黄金、白银、白金，主要交易场所在纽约商品和商业交易所；②一般金属，包括铜、铝、铅、锌、锡、镍等，主要交易场所在伦敦金属交易所。

2. 国际能源期货

能源期货包括原油及其附属产品，如燃油、汽油等，其他能源如丙烷、天然气等也可以作为期货交易。由于原油在世界能源消费中比重最大，短期内难以替代，主要供应源地集中于中东地区，世界原油价格波动最易受石油输出国组织（OPEC）对石油产量决议的影响。美国由于其原油消费量大和页岩气革命，对世界原油价格的影响较大。美国纽约商业交易所是目前世界最大的能源期货交易所。

3. 中国期货市场的发展

我国期货市场的发展始于 20 世纪 80 年代末，经历了以下五个发展阶段：①1988～1990年为方案研究和初步实施期。1990 年 10 月，国家批准了中国郑州粮食批发市场，以现货交易为基础引入期货交易，成为我国首个商品期货市场。②1990～1993 年为迅猛发展期。到 1993年底，全国成立了 50 多家期货交易所，近千家期货经纪机构，期货市场出现了盲目扩张。③1993～1998 年为治理整顿期。1993 年 11 月，国务院发布《国务院关于坚决制止期货市场盲目发展的通知》（国发〔1993〕77 号）；1994 年 5 月，《国务院办公厅批转国务院证券委关于坚决制止期货市场盲目发展若干意见请示的通知》（国办发〔1994〕69 号）发布，标志着期货交易所全面审核的开始。到 1998 年，14 家交易所重组调整为 3 家，即大连商品交易所、郑州商品交易所和上海期货交易所；期货交易品种由 35 个调减至 12 个；兼营机构退出了期货经纪代理业，期货经纪公司由原来的 294 家缩减为 180 家左右。④1999～2003 年为治理整顿时期。1999 年 9 月，1 个条例和 4 个管理办法正式实施，期货市场规范发展的监管框架构建完成。在此期间，全国期货市场交易量出现了大幅下降，但 2000 年起又逐步走出低谷。目前，上海期货交易所是亚洲最大、世界第二的铜期货交易中心。大连商品交易所已成为亚洲第一、世界第二的大豆期货交易中心，其大豆期货品种成交量仅次于美国的 CBOT。⑤2004 至今为健康发展期。2004 年 1 月 31 日，国务院发布了《国务院关于推进资本市场改革开放和稳定发展的若干意见》，明确提出"稳步发展期货市场"，相关的政策也由规范整顿向促进稳步发展转变。

11.3.4　资源贸易规则

无论是资源富集国（出口自然资源产品）还是资源消费国（进口自然资源产品），都需要合理利用和保护资源。资源富集国凭借其资源禀赋，一般掌握获取自然资源的优先权，他们也需要在开发资源与保护资源之间进行权衡，确保自然资源的可持续性供应，并在与他国的地缘政治经济竞争中保持长期的资源战略优势。资源消费国主要通过包括国际贸易在内的各种手段来满足本国自然资源的需求，并力争在与其他资源需求国的竞争中抢占先机。

保护自然资源的重中之重是监控国际市场对自然资源的需求。自然资源一旦被开发并进入国际市场后，需要对其国际贸易规模、进出口国利益权衡等实行政策调控，这是建立资源贸易规则的关键。

一般来讲，出口国在制定自然资源产品的国际贸易保护政策时，通常采取限制自然资源产品出口措施，实施出口税加征或减免和出口配额制度。出口限制措施一般会产生以邻为壑效应。现实中，出口国即使以保护自然资源为由限制出口，也会招致进口国的反对或反制，甚至引发贸易争端。例如，中国在 WTO 争端解决机制下被诉的原材料案和稀土案。这种现实障碍将对资源出口国的自然资源保护政策产生不利影响。从进口国的角度看，如果他们要通过进口限制措施来间接保护出口国的自然资源，出口国也很难认可，很可能遭到出口国的严重对抗。因此，无论出口国还是进口国要保护自然资源，在现实中都会遭受贸易对抗的连锁反应，这往往给国际自然资源产品贸易造成很大的困局。

解决上述困局需要建立相关的国际自然资源保护规则。WTO 规则虽然不能对其进行直接规制，但是为各个成员方提供了保护自然资源的政策工具。从长远看，国家采取出口限制措施也可能对自然资源的保护产生不利影响，如对本国下游资源加工业的支持容易遭到资源进口国的各种指控，滋生资源满足保护主义，增大推行出口限制措施的难度，也使国际自然资源产品贸易与自然资源保护的权衡出现复杂化特征。

练 习 题

1. 什么是资源流动？
2. 资源流动的特点及特点是什么？
3. 资源流动的构成要素由什么组成？
4. 什么是能源资源的流动？

5. 资源市场主要有哪些类型?

主要参考文献

陈伟强, 石磊, 钱易. 2008a. 国家尺度上铝的社会流动过程解析. 资源科学, 30(7): 1004-1012

陈伟强, 熊慧, 石磊. 2008b. 铝循环过程的物质流分析——框架、数据与待解的问题. 资源再生, (6): 50-53

陈昭叡. 2017. 基于特征的生命周期评价与计算机辅助设计集成方法研究. 上海: 上海交通大学硕士学位论文

成升魁, 闵庆文, 闫丽珍. 2005. 从静态的断面分析到动态的过程评价——兼论资源流动的研究内容与方法. 自然资源学报, (3): 407-414

成升魁, 沈镭, 闵庆文, 等. 2006. 资源科学研究的新视角——自然资源流动过程的研究. 资源科学, (2): 199-200

成升魁, 沈镭, 徐增让. 2011. 2010 中国资源报告——资源流动: 格局、效应与对策. 北京: 科学出版社

高天明, 代涛, 王高尚, 等. 2017. 铝物质流研究进展. 中国矿业, 26(12): 117-122

耿殿明, 刘佳翔. 2012. 基于物质流分析的区域循环经济发展动态研究——以山东省为例. 华东经济管理, 26(6): 51-54

郭金花, 刘晓洁, 吴良, 等. 2018. 我国稻谷供给与消费平衡的时空格局. 自然资源学报, 33(6): 954-964

蒋承菘. 2001. 矿产资源管理导论. 北京: 地质出版社

李肖龙, 燕凌羽. 2017. 中国铁物质流研究评述. 生态经济, 33(7): 71-74

刘凌飞, 安一凡. 2018. 石油资源流动空间结构的要素解析. 中国石油和化工标准与质量, 38(1): 157, 160

刘艳, 黄健柏, 谌金宇. 2017. 全球铜矿石资源流动的网络关联及影响因素分析. 统计与决策, 475(7): 146-149

聂莹, 钟维琼, 代涛, 等. 2017. 铁物质流研究综述. 中国矿业, 26(12): 123-127

钱翌, 杨立杰, 段克. 2009. 青岛市环境-经济系统的物质流分析. 青岛科技大学学报(社会科学版), 25(1): 70-74

沈镭, 刘晓洁. 2006. 资源流动研究的理论与方法探析. 资源科学, (3): 9-16

沈镭, 唐永虎. 2003. 论中国资源市场管理与对策. 资源科学, 25(5): 13-18

唐承财. 2017. 目的地旅游业能源消耗流动过程与测评体系. 世界地理研究, 26(1): 168-176

陶建格, 沈镭, 刘长虎, 等. 2018. 中国铁矿石进口供需形势与边际定价研究. 中原工学院学报, 29(2): 73-81

王大明, 赵尘, 李兆山. 2009. 人工林采伐作业物质流分析. 南京林业大学学报(自然科学版), 33(1): 139-142

王欢, 文博杰, 代涛, 等. 2018. 2011~2016 年中国铜实际消费量核算. 中国矿业, 27(9): 63-68, 81

王俊博, 范蕾, 李新, 等. 2016. 基于物质流方法的中国铜资源社会存量研究. 资源科学, 38(5): 939-947

王俊博. 2016. 循环经济视角下的中国铜资源可供性结构研究. 成都: 成都理工大学硕士学位论文

王诺, 张进, 卢毅可, 等. 2019. 1971~2015 年世界铁矿石资源供需与流动格局及其演变. 地理研究, 38(5): 1253-1264

王诺, 张进, 吴迪, 等. 2019. 世界煤炭资源流动的时空格局及成因分析. 自然资源学报, 34(3): 487-500

王宜强, 赵媛, 郝丽莎. 2014. 能源资源流动的研究视角、主要内容及其研究展望. 自然资源学报, 29(9): 1613-1625

王宜强, 赵媛. 2013. 资源流动研究现状及其研究领域. 资源科学, 35(9): 89-101

文博杰, 韩中奎. 2018. 2015 年中国钴物质流研究. 中国矿业, 27(1): 73-77

文博杰, 王欢, 代涛, 等. 2019. 2011~2016 年中国对外贸易铜物质流分析. 中国矿业, 28(9): 25-31

肖序, 周志方. 2009. 基于资源价值流转的电解铝企业循环经济综合评价与实证分析. 中国环境管理干部学院学报, 19(3): 83-89, 106

杨芬. 2018. 国际期货市场的发展历程及其对我国期货市场发展的启示. 中国金属通报, (1): 22-23

杨楠. 2013. WTO 对自然资源产品国际贸易的规制及中国立场. 长春: 吉林大学博士学位论文

杨足膺. 2013. 中国石油资源流动空间格局演化与形成机制. 南京: 南京师范大学博士学位论文

于格, 谢高地, 鲁春霞, 等. 2005. 我国农产品流动的生态空间跨区占用研究——以小麦为例. 中国生态农业学报, (3): 14-17

苑蓓, 赵媛, 郝丽莎. 2013. 石油资源纵向流动的环境效应分析——以某大型石油炼化企业为例. 南京师范大学学报(工程技术版), 13(1): 78-85

曾现来, 闫晓宇, 张宇平, 等. 2018. 中国资源的进出口与产出率: 演化、挑战及对策. 自然资源学报, 33(4): 552-562

张新林, 赵媛. 2016. 基于空间视角的资源流动内涵与构成要素的再思考. 自然资源学报, 31(10): 1611-1623

张新林. 2018. 中国煤炭资源流动及其效率的时空演化机理分析. 南京: 南京师范大学博士学位论文

赵河山, 蒋晓全. 2018. 我国大宗商品交易市场现状及发展建议. 中国证券期货, (6): 49-52

赵恒飞. 2012. 我国有色金属期货价格与同行业股票价格相关性研究. 成都: 西南财经大学硕士学位论文

赵媛, 郝丽莎. 2006. 20 世纪末期中国石油资源空间流动格局与流场特征. 地理研究, (5): 753-764

钟维琼, 李丹, 代涛. 2018. 对全球跨区域铁资源物质流动分析. 中国矿业, 27(1): 78-82, 118

周志方, 肖序, 李晓青. 2009. 基于 AHP&MLR 的流程制造企业循环经济综合评价与实证分析——一项铝加工企业的案例研究. 三峡环境与生态, 2(4): 46-52

卓家兴. 2020. 中外原油期货价格与我国原油现货价格关系研究. 天津: 天津财经大学硕士学位论文

Amneklev J, Augustsson A, Sörmes L, et al. 2017. Monitoring urban copper flows in Stockholm, Sweden: Implications of changes over time. Journal of Industrial Ecology, 21(4): 903-912

Bonnin M, Azzaro-Pantel C, Pibouleau L, et al. 2013. Development and validation of a dynamic material flow analysis model for French copper cycle. Chemical Engineering Research and Design, 91(8) : 1390-1402

Nakajima K, Daigo K, Nansai K, et al. 2018. Global distribution of material consumption: Nickel, copper, and iron. Resources, Conservation and Recycling, 133: 369-374

第12章 资源安全

资源安全关系到国家的繁荣发展、人民生活的改善、社会的长治久安,有时甚至关系到国家的生死存亡。历史上,对资源的争夺一直是引起国际冲突和战争的重要原因之一。面对全球资源供需矛盾越来越突出和我国对全球资源市场依赖程度越来越大的现实,中国资源安全日益凸显,必须审视全球地缘政治经济格局和全球资源态势,制定国家资源安全战略,为中国经济发展和社会稳定、为中华民族的伟大复兴提供充足的资源保障。本章重点分析了资源安全概念、评价与地缘政治的关系和保障资源安全的战略对策。

12.1 资源安全概述

12.1.1 资源安全问题的产生

随着人类社会经济的迅速发展和社会生产力的迅速提高,在人类历史上一度被认为是取之不尽用之不竭的各类自然资源,逐渐出现了紧张或短缺,20世纪70年代的两次石油危机,使国际社会认识到,资源危机与环境恶化已经成为限制人类社会可持续发展的主要制约因素。

中国对资源安全问题的重视,主要源于改革开放以后,经济高速发展对资源的巨大消耗所导致的国内资源供不应求。尤其是20世纪90年代中期后,中国大量进口国际市场石油,导致石油对外依存度不断上升。1993年中国成为石油净进口国,1996年又成为原油净进口国。随着进口量的不断增加,对资源安全的担忧也在不断增加,因为中国进口来源地主要是较为动荡的中东地区,且主要运输通道马六甲海峡可能遭到封锁,这使得资源安全问题成为20世纪90年代中后期至21世纪初社会各界关注的焦点。2000~2010年,中国资源对外依赖程度有增无减,2006年成为天然气净进口国,2009年更是首次成为煤炭进口国。随着中国经济发展,能源对外依存度不断攀升。2022年,中国原油对外依存度仍超过70%,天然气超过40%。

作为国家安全的重要内容,资源安全问题受到了人类社会的广泛关注。资源安全问题的出现主要有以下两个原因:一是资源对于人类生存与发展贡献的基础地位和不可替代性,它的供应安全与否,直接影响经济和社会的稳定;二是资源供给的有限性,它存在数量有限、价格波动、运输不畅等安全问题。

资源(能源)安全是非传统安全的重要领域,关系到一个国家或地区经济、社会稳定、政治和军事安全等许多方面。资源(能源)安全与粮食安全、金融安全、信息安全、公共卫生安全、全球变暖、恐怖主义、非法移民、跨界毒品问题等一起成为当今世界面临的主要非传统安全问题。

12.1.2　资源安全的概念与内涵

资源安全术语出现于 20 世纪 80 年代后期，但在此之前，能源安全、水资源安全、粮食安全、环境安全和生态安全等概念已广泛运用。虽然对资源安全的定义众说纷纭，但对其内涵的理解基本一致。对资源安全的定义，目前主要有以下几种观点：

第一种观点是从资源本身来定义资源安全，例如，有人认为，资源安全就是自然资源基础和生态环境处于良好的状态或不遭到难以恢复的破坏。这一界定主要考虑的是资源自身的安全状态和自然资源的基础——自然环境是否保持良好，所关注的焦点是如何使自然资源本身具有可持续性。

第二种观点是从自然资源对社会经济发展的保障程度来理解资源安全，将资源安全定义为：一个国家或地区可以持续、稳定、及时和足量地获取所需自然资源的状态。

第三种观点，也就是本书的观点，将资源安全定义为一个国家或地区持续、稳定和经济地获取自然资源，同时自然资源基础和生态环境处于良好或不遭受难以恢复的破坏的状态。

综上可以看出资源安全的界定有以下几个方面的含义：一是数量含义，即供应量要充裕、稳定，要能满足经济和社会发展的需求；二是质量含义，即质量要有保证，要能满足最低质量要求，例如，水资源安全中，水资源供应要满足最低生活用水质量；三是结构含义，即资源供给结构的多样性，供给渠道的多样性是供给稳定性的基础，而要保证资源供给渠道的稳定，就要发展良好的资源贸易伙伴关系，推进建立全球资源命运共同体；四是均衡含义，包括地区均衡与人群均衡两方面。资源分布区域不均衡，是导致资源安全问题的主要原因之一；而不同收入人群支付能力的差别，也是影响资源安全的重要因素之一，这在水资源和粮食安全方面最为明显；五是经济含义，是指从市场（特别是国际市场）上以较合理的经济代价（相对合理、稳定的价格）获取所需资源。

12.1.3　资源安全分类

（1）按传统、非传统划分。一般把现代安全划分为两大类，一类是传统安全，通常把国家政治、军事、意识形态、制度等领域的安全问题作为传统安全问题；另一类是非传统安全，通常把传统安全以外的经济安全、金融安全、信息安全、资源（能源）安全、全球环境安全、公共卫生安全、非法移民、恐怖主义、跨界毒品走私等作为非传统安全问题。很显然，资源（能源）安全在大类上属于非传统安全的范畴。

（2）按区域尺度划分。分为全球尺度、（跨国）区域尺度、国家尺度和国内区域尺度是安全问题。全球尺度资源安全问题，如全球能源安全、全球生物多样化安全问题、全球环境安全（全球变暖）；（跨国）区域尺度资源安全问题，如非洲大陆部分国家干旱和水资源短缺问题；国家尺度资源安全问题，如中国资源安全问题、美国资源安全问题等，这是资源安全问题关注与研究的重点；此外，还有国内区域尺度资源安全问题，如东北能源安全问题。

（3）按资源类别分类。按资源类别，可按照资源的重要程度，将资源安全区分为战略性资源安全和非战略性资源安全；可按照资源的种类进行划分，分为能源资源安全（特别是石油安全）、水资源安全、土地安全（特别是耕地安全）、矿产资源安全（特别是战略性矿产资源安全）、生物资源安全（特别是基因资源和生物多样性安全）、海洋资源安全等。

（4）按安全成因划分。按资源安全产生的原因来自内部或者外部来划分，分为内生型、外生型和综合型。1979 年伊朗伊斯兰革命造成的石油危机是内生型；伊拉克入侵科威特导致海湾战争所引起的石油危机是外生型。还有两者结合型的综合型，例如，美国对委内瑞拉制裁，同时支持反对派在国内制造内部骚乱，导致委内瑞拉的石油出口受到严重影响，引起石油市场波动，这是由内外因素共同导致的资源供应安全问题。

根据不同划分依据，资源安全的类型见表 12.1。

表 12.1　资源安全的类型

划分依据	安全类型	特征或说明
按照区域划分	全球资源安全	全球尺度或跨国界较大区域
	国家资源安全	国家尺度
	地方资源安全	国内区域尺度
按照资源类型来划分	能源安全	以石油为主的能源安全
	水资源安全	水资源短缺或污染
	矿产资源安全	战略性矿产资源安全
	土地和粮食安全	以耕地为基础的粮食安全
	生物资源安全	生态系统稳定和生物多样性
按照资源供应链（生产、运输、消费）来划分	资源供给安全	是否有足够的供应量
	资源运输安全	运输通道是否通畅
	资源消费安全	消费引起的环境问题（排放）
按照资源安全成因来划分	内生型	由国内因素导致
	外生型	国际因素导致
	综合型	国内外综合因素导致

12.1.4　资源安全基本特征

1. 主体性和目标导向性

资源安全与否是对主体而言的，对这个主体是安全的，对另一个主体则未必。保障资源安全的最终目的是满足国民经济发展对于资源的需求，同时提高国家政治、经济和外交的国际竞争力，因此资源安全具有明确的国家利益导向性。

2. 实现过程可调控性

保障国家资源安全是在国家总体战略下，利用各种手段调控自然资源供需平衡的过程。这一过程首先是要发现主要不安全因素和资源供应的主要风险点，再综合利用各种响应手段（政治、经济、外交、军事、运输等）进行调适和干预，以达到资源供应安全的目标。

3. 发展演化的长期性

资源安全问题与资源稀缺问题相伴相随，只要存在稀缺就会有资源安全问题，只不过是安全的程度不同而已。这就决定了资源安全是一个相对和动态的概念，不安全是常态，安全是暂时的。任何国家或地区在任何时间都具有资源供需不平衡的问题，因此资源安全是长期存在和动态变化的。资源安全的长期性和动态性要求人们不仅要关注短期资源安全问题，还要关注长期资源安全问题，树立可持续的资源观，不仅要关注当代人所面临的资源安全问题，还要关注资源开发和利用的代际公平问题。

4. 空间层次差异性

国家资源安全包括区域的资源安全，但又不是区域资源安全的简单叠加或合并。要达到国家资源安全目标，并不要求每个区域都实现资源的完全自给，而是可以利用资源比较优势原理，建立全国范围合理的资源流动，实现资源在整个国家层面的高效配置，最终在全国范围内形成合理的资源流通、优化配置和区域资源利益补偿机制，在实现地区经济效益和资源环境效益最优的基础上，保障国家的资源安全。

5. 系统内外互动性

国家资源安全是不同类型资源的安全状态的系统集合，系统各子集主要有：战略性矿产资源安全、能源安全、水资源安全、耕地资源安全、粮食安全、生物资源和生态系统安全等。这一复杂系统内各子集之间是相互联系和相互影响的，也就是说某一项资源的开发和利用会直接或间接影响到其他资源类型的存在状态，一项资源的安全状态也会影响到其他资源的安全问题。不仅资源之间、资源与环境之间存在很强的关联性，而且资源安全涉及政治、经济、外交、军事、社会文化等各个方面。全球化背景下的资源贸易，使得不同国家联结为一个相互统一的整体，相互联系、相互影响。所有这些都说明资源安全不是一个封闭的系统，而是一个内外交互反馈的复杂系统。

12.1.5 资源安全观

由于自然资源在人类社会发展中起到关键性、基础性的作用，资源安全问题在某种意义上也可以被视为人类社会的可持续发展问题。重视资源安全问题、开展资源安全研究有重要的现实意义，改变传统的安全观念，提高人们对于资源安全问题的认识，有利于人们在国民经济建设中有意识地调整和改进资源利用的方式，采取更加开放务实的态度，利用好国际国内两种资源、两个市场，提高中国抵御世界资源市场风险的能力，在保障资源安全的同时减少国内资源开发利用对生态环境可能带来的影响。

1. 资源安全观

（1）开放的安全观。按照生态系统的观点，开放的系统、组成复杂的系统更稳定。对资源安全来说，这个原理也同样适用。依赖进口资源会有一定的风险，但自给自足是有成本的。在一般情况下利用国外资源的风险低于自给自足所增加的成本。一方面，战争、禁运是小概率事件且不必然发生。从 20 世纪 70 年代的两次大的石油危机以后，石油的禁运或供应中断的次数明显减少，从频率上看明显呈下降的趋势，近年来更是鲜有发生。另一方面，第一次石油危机后，国际社会采取了应对石油危机的各种措施，其中建立战略石油储备就是最重要的应对手段，已经大大减少了能源危机发生的风险。在当今社会，贸易把供需双方紧密地联系在一起，形成共同的利益集体，双方都有维护资源供求稳定的愿望，从长远来看，资源供应不稳定，或价格剧烈波动对生产和消费双方都会产生负面影响。从石油和其他资源多年的实践看，生产和消费的对立，正在被相互合作和共同维护资源市场稳定的选择所代替。总体上看，实行开放的、多元的资源政策，更有利于资源安全。

（2）长期的安全观。在讨论资源安全时，许多人自觉或不自觉地把资源安全与利用国外资源的多少，或者是资源的对外依存度联系在一起，似乎资源对外依存度越高就越不安全。从理论上讲，如果不考虑其他因素，单就比较资源靠国内供给和靠国外供给这一点来看，无疑是国内资源供应的安全度较高，因为依靠国内资源供应受不安全因素影响少，而且主动权掌握在自己手中。在第一次石油危机中，中国与西方主要国家的不同遭遇就是这一结论很好的验证。当时中国完全处于对外封闭状态，能源完全靠国内供应，石油危机对中国几乎没有什么影响，而美国、日本、西欧国家经济受到严重冲击，引发了全球经济的大萧条。自给自足的资源政策，似乎是有利于资源安全，但自给自足在增加了短期资源安全程度的同时，削弱了资源供应的基础，尤其是非再生的能源和矿产资源，增加现阶段国内资源消耗，减少了可供未来使用者享用的资源储量，从而增加了使用者成本。完全的自给自足降低了短期风险，却影响了长远的资源安全。

（3）效益优先的安全观。许多人以影响国家经济安全、军事安全、资源安全为由，主张中国应以国内资源为主，进口资源为补充。本书认为，应以效益为主，安全作为补充。安全与效益要兼顾，不能为了效益不顾安全，更不能为了安全不要效益。安全问题可以防范，不能因为安全问题而拒绝使用国际上廉价的资源，而宁可投入巨资开发国内高成本的资源。担心安全问题，可以采取适当的措施加以防范，如建立储备等。即使是保障安全本身也要讲究效益，例如，资源储备规模的确定就要经济合理，不能认为储备越多越好。利用国外廉价资源发展经济，是发达国家的一个通用方法，也是西方发达国家早期经济"起飞"的重要因素之一。难道他们不担心资源安全问题吗？显然不是，与小概率的供应中断相比，丰富廉价的资源对经济发展的促进作用要比它带来的风险高出许多倍，特别是发达国家建立了资源储备体系和 IEA 这种集体风险防范机制后，这种担心逐步消失。

（4）相互关联的安全观。非传统安全与传统安全可以互相转化，在非传统安全中，资源安全与经济安全、政治安全甚至军事安全也可以互相转化。资源不安全主要表现为资源短缺和价格的剧烈波动，但是它的影响主要是通过经济、政治、军事和社会领域反映出来，资源不安全问题发展到一定程度，就会导致经济萧条，社会政治不稳定，甚至导致国家之间为争夺资源而发生战争。不仅资源短缺价格暴涨可能引起资源安全问题，资源供应过剩价格暴跌也能造成资源的不安全。当今世界石油价格的大起大落，既引起石油消费国的不安，也引起生产国的忧虑。资源安全、产业安全、金融安全、政治安全和军事安全等可能先后出现，相互交织、互相转化。

2. 新能源安全观

（1）将能源作为一般商品，不要夸大其政治属性。随着全球化的推进和全球经济的融合，20 世纪 90 年代之后的能源很少作为政治武器和地缘政治工具来使用，能源正回归其普通商品的本质。把能源和战略性资源作为政治商品的观点，需要加以修正。可以认为能源和战略性资源是具有某种政治属性的商品，而不是像耶金（Yergin）所认为的：石油 10% 是经济，90% 是政治。

（2）将能源安全作为非传统安全。不要考虑美国封锁马六甲海峡、南海航线、霍尔木兹海峡等极端情况,作为应对能源安全的情景。和平时期能源安全是非传统安全,主要问题是稳定能源价格、保障经济安全。其威胁主要是海盗、运输事故、恐怖主义。其应对手段是通过战略石油储备、能源生产和运输保障等。和平时期的能源安全保障措施不能满足战时需要,也没有必要。战时能源安全已经演变成军事安全(传统安全),这时的资源安全威胁来自军事入侵、局部战争冲突、封锁、禁运,应对手段主要取决于军事实力对油田、炼油厂和运输线的保障能力。用战时的能源安全保障措施应对和平时期,其代价过于高昂、得不偿失。

(3)更加关注能源使用安全和电力系统安全。随着时代的变化,能源安全观念关注的重点也随之改变。能源安全观念从传统的供应安全到现在强调供应安全和使用安全并重。未来随着新能源、能源互联网和智能电网的发展,应该更加关注基于智能网络的电力系统的安全问题。在美国洛杉矶、中国台湾等地发生的大规模电力供应中断事件,对经济社会发展的影响巨大,造成的损失也很严重。

12.2　资源安全评价

12.2.1　影响资源安全的主要因素

影响资源安全的因素很多,归纳起来主要有以下几个方面:资源因素、政治因素、运输因素、经济因素、军事因素等。

1. 资源因素

资源因素是影响资源安全最基本和最重要的因素之一。一般来说,一个国家自身的资源越丰富,对经济发展的保障程度越高,资源供应的安全性就越高。资源因素对资源安全的影响是最直接的,也是最重要的。如果不考虑其他因素,一国的资源越丰富,资源供应受外界影响就越小,相对就比较安全,例如,俄罗斯拥有种类齐全、数量充足的自然资源,它的资源供应安全问题就基本不存在。当然,资源因素对资源安全影响巨大,但并不是说资源贫乏国家的资源安全问题就一定最严重。事实上,资源安全是一个综合的系统,资源只是系统的一个方面,资源不足,可以从其他方面来弥补,例如,日本在经历了第一次石油危机的沉重打击后,通过建立庞大的资源和战略石油储备系统,以及其他一系列风险防范机制,其资源供应的风险得到了有效的控制。

2. 政治因素

地缘政治与资源政治的统一是当今国际关系的基本特征。近几十年的能源危机无不与地缘政治因素有关。重要资源产地及其运输通道,历来就是地缘政治争夺的焦点,如中东、中亚等区域,以及霍尔木兹海峡、马六甲海峡、苏伊士运河等。政治因素对资源安全的影响主要体现在以下几个方面:一是资源进口国与资源出口国之间政治关系恶化,或战争等因素造成的资源禁运或资源运输通道被封锁,从而对资源安全供应产生影响。第一次石油危机是阿拉伯石油输出国与西方国家政治关系紧张,对他们进行石油禁运和提高油价所导致的结果。二是资源生产国国内的政治因素对资源安全供应产生的影响,例如,第二次石油危机是伊朗国内政治和宗教因素导致的国内局势动荡,影响石油生产所致。三是政治因素对跨国油气管道走向的影响，影响特定国家的资源安全；同时地缘政治冲突还导致跨境油气运输通道供应受限，甚至供应中断。例如，俄罗斯与乌克兰的冲突，影响了俄罗斯过境乌克兰到欧洲的油气供应，导致欧洲能源安全受到严重威胁。

3. 运输因素

运输因素对资源安全的影响，主要与运输的距离、运输线的安全状况、运输方式及资源进口国对资源运输线的控制能力的强弱等因素有关。一般来说，资源的安全性与生产国和消费国之间的距离成反比。距离越远，影响资源运输安全的因素越多，资源的安全性越低；反之，距离越近，资源的安全性就越高。运输安全还与有没有海盗的侵扰，通过的关键海峡多少和海峡受控制、封锁的可能性大小，以及海峡运输事故的多少等诸多因素有关。美国十分注重对重要海上运输通道的控制。

4. 经济因素

经济因素对资源安全的影响是一种间接的影响。对资源进口国来讲，最主要的影响就是经济能否支持进口资源所需要的资金。如果没有出口的强有力支持，就很难保障有充足的资金用于资源产品的进口；同样对资源出口国来说，资源的勘探、开采和运输等基础设施的建设也同样需要大量的建设资金，否则也很难保障资源的稳定出口和收益的稳定获得。例如，伊朗因核问题、俄罗斯因克里米亚问题遭受美国等国家的经济制裁，对两国国内资源开发和资源出口产生了巨大的影响。经济因素还涉及另一个重要问题，就是资源价格的变动。对进口国来说，主要是价格上涨对进口能力和进出口平衡的影响。在和平时期，价格的剧烈波动是资源安全的最主要问题之一。价格因素不仅影响进口国的资源安全，也影响资源输出国的安全，但对出口国来说是主要资源产品价格的大幅度下跌所导致的对经济和财政收支的影响。如国际石油价格的连续走低，曾导致以石油出口为经济支柱的沙特阿拉伯、伊朗、俄罗斯和委内瑞拉等国经济遭受严重影响，有的国家因此陷入动荡之中。

5. 军事因素

军事因素对资源安全的作用是多方面的，拥有强大的军事实力，是对潜在对手的巨大威慑，使它们不敢轻易使用资源作为地缘政治工具。具体来说，军事实力可以保护运输通道的安全。拥有强大、反应快速的海上军事力量，资源海上运输线才会受到很好的保护，对重要海峡的控制能力也是资源运输安全的重要保障。军事因素对资源安全的影响还表现在对主要资源生产地的军事干预能力上，一国对资源产地的军事干预能力越强，资源就越有保障。海湾战争就是美国和西方国家以强大的军事干预能力，避免石油供应受制于伊拉克。美国经常派航母战斗群在印度洋、波斯湾航行，目的就是威慑伊朗，制造紧张局势，维护其在中东的利益和影响力。

12.2.2 资源安全评价方法

1. 评价指标体系构建思路

建立资源安全指标体系的目的是将复杂问题简单化，通过综合分析判断筛选出各个子系统内影响资源安全的主导因素，并且尽量将各种要素数量化，最终有助于形成资源安全态势的总体判断。目前，从宏观上看，建立国家资源安全指标体系的思路主要有两种。

第一种是建立在对影响资源安全主要影响因素分析的基础上，从资源因素、政治因素、经济因素、运输因素、军事因素等五个方面选择指标，建立评估资源安全指标体系。其评价体系构建以影响资源安全的五大类要素作为切入点，在各类影响要素下设立相应的基础性指标。资源安全评估指标体系见表12.2。

表 12.2 资源安全评估指标体系

类别	指标
资源方面	资源保障度
	资源储备度
	对外依存度
	进口集中度
	进口份额
政治方面	国际关系稳定度
	国内政治稳定度
经济方面	短期资源进口能力
	长期资源进口能力
	价格波动系数
运输方面	运输距离的远近
	运输线的安全度
军事方面	对资源供应地的军事控制
	对资源供应地的干预能力
	对重要资源运输要道的控制能力

第二种是将整个国家资源安全系统分为社会、经济、资源环境和政策制度四个子系统，对国家资源安全系统进行完整刻画，有利于建立一个综合且层次分明的指标评价体系，并对一个时期国家资源安全的总体状态进行模拟跟踪，这对于揭示资源安全问题产生的原因、变化过程、现实影响及制定有关资源安全管理制度和政策具有重要的理论和现实意义。根据这种指导思想和基本原则，根据压力、状态、响应过程与制度、社会、经济和资源环境系统的耦合，建立矩阵式国家资源安全指标体系框架。这种框架表述了国家资源安全的形成、结果和调控响应过程，也对于构成国家资源安全大系统的各个子系统对应于压力、状态和响应的作用予以定位，从而为确定基础性指标划定了具体范围和内容。基于 PSR[①]概念框架的国家资源安全指标体系表见表12.3。

---

① PSR：压力（pressure）—状态（state）—响应（response）。

表 12.3 基于 PSR 概念框架的国家资源安全指标体系表

指标类型	具体指标	压力指标	状态指标	响应指标
社会	人口	人口出生率、人口自然增长率	人口密度	妇女总和生育率
	教育	文盲率	小学以上文化水平人口比率	教育投资增长率
	健康	未获得安全饮用水人口指数	人口预期寿命	医药保健费用占 GDP 比例
	城市	城市总人口增长率、50 万人以上城市数增长指数	城市人口比例、资源型城市数量	城市基建占 GDP 比例
	交通	私人小汽车购买量指数	公路网密度	公共交通运输能力
经济	结构	资源产业产值增长率	资源产业占 GDP 比例	第三次产业占 GDP 比例、环保投入占 GDP 比例、R&D 费用占 GDP 比例
	增长	人口 GDP 指数、GDP 增长率、环境污染直接经济损失指数、单位产值排污量指数	人均粮食占有量、粮食自给率	经济增长技术进步贡献率、环保投入增长率
	贸易	资源产品进口额占 GDP 比例、石油资源进口增长率、粮食进口数量增长率	进口产品中原材料比例	外汇储备增长率
	消费	单位 GDP 能源消耗量指数、单位 GDP 耗水指数、人均粮食消费指数	石油进口集中度、一次能源资源消费结构	成品油价格变动率
资源环境	能源	能源资源开采强度指数、人均能源资源消费强度指数	人均化石能源可采储量、能源资源保证程度、单位能源 GDP 产出、石油资源可开采年限	能源国际开发合作、合同金额增长率
	矿产	金属矿产开采强度指数、非金属矿产开采强度指数、人均金属矿产消费量指数	金属矿产可采年限、人均金属矿产资源储量、非金属矿产可采年限、人均非金属矿产资源储量	矿产资源储采比
	水资源	地下水和地表水抽取量指数、农业总用水量指数、工业总用水量指数、生活总用水量指数	水资源总量、人均占有水资源总量、三类水质以下河段比例、枯水发生概率、降水空间集中度、降水时间集中度	节水灌溉面积增长率、水利基建投资额增长率、地表水控制率、解决饮水困难人口指数、除涝面积指数、治碱面积指数
	土地资源	土地利用变化	垦殖指数、人均耕地数量、耕地有效灌溉率、土地退化率、水土流失面积比例、盐碱化面积、草地退化率、森林覆盖率	土地退化治理率、退耕还林面积增率、水土流失治理面积增率
	环境	化肥使用增长率、废水排放量指数、废气排放量指数、固体废弃物产生量指数	人均二氧化碳排放量、单位二氧化碳排放、大气中二氧化硫浓度	工业废水处理率、工业废气处理率、工业固体废弃物处理率、保护区面积占辖区
政策制度	资源管理	土地违法案件发生数指数、环境污染与破坏事故次数指数、矿产资源勘查、开采违法案件指数、国土资源案件中申请行政复议数指数、矿山资源勘查及采矿许可证申请指数	省、自治区、直辖市及计划单列市资源管理机构数量、地矿勘查、水资源管理、土地管理人员数量	违法土地案件结案率、环境污染案件结案率、矿产资源勘查、开采违法案件处理率、环境污染事故罚款总额、环境污染事故赔偿总额、排污费收取总额、矿山资源勘查及采矿许可证发放数量、全球性条约批准数量

2. 评价指标选取原则

（1）科学性原则。指标体系的建立应该能够完整反映资源安全的内在机制和过程，各指标的定义和概念要具有明确的物理含义，计算方法要有充分的科学依据，数据统计标准要规范，从而保证评估方法的科学性、评估结果的准确性和客观性。

（2）整体性原则。资源安全指标体系既有反映资源、生态、环境等系统的指标，又有反映社会、经济、政治、军事等的指标。影响资源安全状况的因素具有多层次性，除了资源自身属性所起到的决定性与关键性作用外，国际政治、社会经济、资源政策、科技发展、资源利用结构与方式的选择等诸多因素也是重要的影响因素，需要从整体上来考虑指标的选取。

（3）主导性原则。要选择具有代表性的，能够直接反映资源安全主要特征的指标构建指标体系。指标体系很少是面面俱到的，为避免指标体系过于庞杂和难以操作，指标数量不宜过多。所选择的指标应尽可能避免内涵重复或相关性太强，既要设法把大量的数据减少为较简单的形式，同时还要保留原有大量数据所反映的关键特征。

（4）针对性原则。建立资源安全指标体系是为了一个特定的决策和管理目的，即保障国家资源安全，筛选的指标要能够提供资源安全大系统和与之相关的各子系统所具有的功能和特征。指标筛选的最终目标就是把有用的监测资料量化和集成化，再判断资源安全系统是否发生了变化并体现变化的结果，最后给资源管理和决策者指明发生变化的原因和应对的策略。

（5）连续性原则。资源安全指标体系要反映系统变化的驱动力、状态、响应和结果，既要反映某个时点的特征还要描述某个时段的过程和趋势。因此，资料和数据的采集不能只局限于某一个截面，要跟踪系统发生变化的整个过程。指标体系也不是一成不变的，而是要随时间的变化而调整。

（6）定量化原则。指标体系应尽量选择可量化指标，对于难以量化的重要指标可采用定性描述指标，再利用数学方法加以转化和量化。对于确实很难量化的指标，可以采取分级赋值等半定量化的方法来处理，以便进行综合分析与评估。

（7）可行性原则。指标尽可能采用标准的名称、概念、计算方法，做到与国际指标的可比性，同时又要考虑中国的特定历史和现实情况。指标体系的建立要充分考虑到资料信息的可获得性、数据的可靠性和完整性，没有基于监测的良好的数据基础，就不可能建立指标体系。某种指标体系和评价方法在理论上或许是先进和完善的，但由于受到数据采集方式和资料可获得性的制约，往往在实践中难以被应用。某些看似不复杂或不甚严谨的评价方法，由于在对数据的采集方式和完整性上要求不是很苛刻，在实践中具有可操作性，易被采纳。

3. 资源安全评价方法

对国家资源安全分析评价的方法有很多，综合来看，主要是以下述两种方法为基础进行扩展。

（1）以 PSR 指标模型为基础的评价方法。PSR 指标模型是生态系统健康评价中常用的一种评价模型，清晰的因果关系是这一框架模型最大的优点。在确立国家资源安全指标层次关系的基础上，根据压力、状态、响应过程与制度、社会、经济和资源环境系统的耦合，建立矩阵式国家资源安全指标体系框架。由于模型是针对问题而提出的，逻辑关系比较清楚，特别适合用来解决具体的实际问题，所以，模型在较短的时间内得到了广泛的应用。其主要指标构成和逻辑关系可以参照表 12.3。

（2）以层次分析法为基础的评价方法。层次分析法是一种将定性问题定量化处理，把人的思维过程数学化的方法。层次分析法可将一些彼此间重要性不明确的因素加以条理化，并排出各因素间相对重要性的次序，把一些不能直接计算出具体数量的决策问题，通过层次分析法转化为较理想的决策分析结果。它既可以将人的主观判断用数量形式表达和处理，也可以检验人们对某类问题的主观判断前后是否有矛盾。鉴于其优点，众多学者以此方法为基础对资源安全问题进行评估。

12.3 资源安全与地缘政治

地缘政治和资源政治的统一是当代地缘政治的最基本特点，地缘政治本质上是资源政治。资源是传统地缘政治及其制权理论演绎的逻辑起点。在历史上，对资源的争夺一直是引起国际冲突和战争的重要原因之一。

12.3.1 能源安全与地缘政治

能源对现代地缘政治史，尤其是国际体系中的霸权或占主导地位的力量都具有重要意义。在能源资源中，石油与地缘政治的关系，是其他任何原材料都无法比拟的。能源是现代资本主义和现代商业兴起和发展的基础，也是全球最重要的战略性产品。能源安全对中国经济社会发展，对中华民族的伟大复兴至关重要。

1. 世界能源生产中心同时也成为各种政治、军事力量争夺的焦点

能源地缘政治研究历来是地缘政治研究中的一个重点领域，能源供应安全、对能源产地的控制、对能源海上运输通道与重要跨国油气管道的争夺与控制等问题一直备受关注。作为最重要的能源——石油是国家实力的关键成分、世界经济中的主要因素、战略和冲突的焦点、国际事务中的决定力量。

2. 核心能源消费结构的转换是大国地位消长的重要影响因素

能源消费结构的转换是大国地位消长的重要影响因素，17 世纪的荷兰，19 世纪的英国和 20 世纪的美国，它们在能源技术、对能源供应和运输通道控制上的优势，对其政治和军事上的成功都发挥了极其重要作用（图 12.1）。荷兰、英国和美国都拥有价格低廉的能源，这种能源优势转化成了经济优势，进而转化为军事优势和地缘政治优势，成为了他们称雄世界的主要力量源泉。

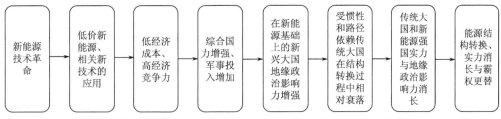

图 12.1 能源结构转换与地缘政治格局演变的传导机制

3. 新能源与低碳技术逐渐成为地缘政治战略争夺的焦点

世界能源结构的历次转换和能源中心的迁移，都导致了世界地缘政治格局发生相应的变化，对此应对及时、适应能力强、能源结构转换快的国家则迅速崛起，反之则导致衰落。新能源发现、开发利用技术变革和创新体制的建立是一个国家能否最有效利用能源的基础，也是大国兴起的力量之源，历史上对新能源及其关键技术的主导权、控制权，关系到权力转移和霸权更迭。获得新能源技术主导权的国家通常也是技术创新和制度变革的领先国。在对未来国际体系主导权的争夺中，新能源的主导者也将会改变全球权力格局。因此，各国新能源竞争不仅关系到能源权力转移，也关乎国际体系转型和主要大国地缘政治影响力的消长。

4. 重要跨境油气管线走向，是地缘政治争夺的重要目标

油气管线牵涉到许多国家的切身利益，重要跨国油气管线更是国际政治、经济、军事争夺的焦点。各国围绕管线的战略博弈，影响世界地缘政治和经济格局。大国和强国本质上都希望能控制对自身能源安全至关重要的跨国油气管线。对重要管线的控制，不仅有益于自身的能源安全，在关键时刻，还能控制竞争对手的能源供应，使得自身在竞争中占据优势。

1) 中国、俄罗斯、日本"安大线""安纳线""泰纳线"之争

中国、俄罗斯和日本围绕"安大线"（安加尔斯克-大庆）、"安纳线"（安加尔斯克-纳霍德卡）、"泰纳线"（泰舍特-纳霍德卡）等油气管线和地缘政治之争，前后历时数年。1994年，俄罗斯主动提出修建中俄石油管道的设想，计划将西伯利亚石油销往中国。但当时中国石油量不大，加上资金短缺，对俄罗斯这项提议兴趣不大，没有与俄罗斯签订相关协议。

经过几年谈判，2001年中俄达成共建"安大线"协议，建设总长度2260km的输油管线，其中800km在中国境内，中俄协议各自负责本国境内的管道建设。当时的计划是2005年初步建成，初期俄罗斯每年向中国出口2000万t原油，2010年后增至每年3000万t。

2002~2003年日本提出希望俄罗斯建设"安纳线"，并许诺如果建设"安纳线"，愿意提供必要的经济援助。于是俄罗斯对修建安大线出现犹豫，一度停止了相关谈判和后续协议。2004年俄罗斯在多方权衡后，提出折中方案，即修建每年能运8000万t油的"泰纳线"，然后再修一条3000万t运量的支线到大庆，以兑现对中国的承诺。

从这条线路的最终走向来看，俄罗斯是最大的受益方，扩大了石油的出口规模，增加了出口对象；日本也获得了自身的利益，通过插手中俄油气管道，增加了一条在日本海就近供应日本的能源管线，给日本能源安全带来有益影响。对中国来说，虽然最初通过管道进口俄罗斯石油，减少对中东石油和马六甲海峡依赖的愿望得以实现，但管线最终走向，无疑是增加了俄罗斯对中国油气谈判的筹码，中国的利益还是在一定程度上受到了影响。

2) 俄罗斯与美国、欧洲围绕俄罗斯到欧洲油气管线的博弈

俄罗斯是欧洲的油气的主要供应国之一。俄罗斯在苏联解体以后，政治军事实力受到削弱，美国趁机对俄罗斯进行战略打压，尤其是利用北约东扩，压缩俄罗斯的战略空间，导致俄罗斯经常利用能源武器对美国的主要盟友东欧国家施压。为此，俄罗斯与波兰、乌克兰等国家都曾因油气供应价格和油气管道过境费用争议等情况，造成输气的暂时中断。由于俄罗斯出口到欧盟国家的油气需要从波兰、乌克兰、白俄罗斯等国过境，他们的争端，也同时使欧洲国家的能源供应受到牵连。俄罗斯和欧盟国家都有意愿修建不经过第三国的油气管道，

以免能源安全受制于人。俄罗斯与德国计划建设经波罗的海到德国的"北溪"和"北溪-2"天然气管道，就是要建设一条从俄罗斯直接通往德国的天然气管道，绕开乌克兰、波兰等东欧陆路国家，通过波罗的海海底管道，把俄罗斯的天然气输送到德国，再经由德国干线管道转运到其他欧洲国家，这样德国将成为俄罗斯天然气在欧洲的转运枢纽。如果此条管道顺利通气，东欧油气管线过境国家的利益必然受损，美国将自身液化天然气卖到欧洲的计划也将受到影响。为此，美国以制裁俄罗斯吞并克里米亚为名，明确反对德国和瑞典的相关公司参与管线建设，并对相关企业进行制裁。美国对俄罗斯的制裁，一方面是为了自身页岩气的出口，另一方面也是担心欧盟对俄罗斯能源的过分依赖，会不利于未来欧盟与美国一起对俄罗斯进行打压。因此，"北溪"管道的建设和运营不仅是一个能源项目，也是一个具有重大政治和经济影响的项目。它涉及俄罗斯、德国以及欧洲其他国家之间的能源合作，已经引起了美国的关注和干预。2022 年 9 月，"北溪"和"北溪-2"管道发生了爆炸泄漏事件，导致这两条管道遭到严重破坏。在爆炸泄漏事件之前，"北溪-2"管道已经开始注入天然气，但由于各种政治和经济因素，包括国际制裁，该项目的运营商面临巨大的挑战，甚至出现了支付困难和解雇员工的情况。由于"北溪"和"北溪-2"管道的破坏和安全问题，德国不得不考虑减少对俄罗斯天然气的依赖，寻找其他能源供应渠道。

3）中国、俄罗斯围绕中亚油气管道的竞争与博弈

中亚是俄罗斯传统的势力范围，中亚能源输出途径过去完全掌握在俄罗斯手中。俄罗斯利用其地理条件和基础设施优势控制了中亚能源输出通道，既能对中亚国家有效地施加政治影响，也有巨大经济好处。中亚国家为了摆脱完全依赖俄罗斯油气管线出口的被动局面，增加向中国这个油气消费大国的出口，积极与中国合作，建设将中亚国家的油气资源运往中国的油气通道。中亚-中国油气管线的建设，大背景是在中国、俄罗斯、日本围绕"安大线""安纳线"相互博弈的时候，中国和哈萨克斯坦为了各自的能源安全利益，率先建设了中哈石油管道，中国增加了一个陆上油气通道，哈萨克斯坦也摆脱了对俄罗斯的绝对依赖。这同时也是因为中国对俄罗斯施压，如果不积极建设到中国大庆的支线，中国完全可以有替代方案，使其不敢轻易放弃中国这个巨大的能源消费市场。在中哈油气管道的基础上，后来中国与土库曼斯坦和乌兹别克斯坦也都建立了天然气输送通道，增加了中国的天然气来源，并有效缓解了天然气供应紧张和能源安全状况。

4）巴（库）-杰（伊汉）线

连接里海和地中海的巴库（阿塞拜疆）—第比利斯（格鲁吉亚）—杰伊汉（土耳其）石油管道，是最具有政治意义的石油管道，改变了高加索和里海地区的地缘政治态势。该管道的建设目的主要是把阿塞拜疆生产的里海石油通过管道直接运到土耳其的地中海城市杰伊汉，然后直接装船运到欧洲等主要消费市场。

里海盆地是世界第三大油气资源区，原来的油气运输线由俄罗斯控制。俄罗斯掌控着里海能源外运三条管道中的两条：从哈萨克斯坦至新罗西斯克的"里海管道"和巴库至新罗西斯克管道，俄罗斯实际上是里海石油流向国际市场的控制者，但巴-杰管线开通打破了俄罗斯在中亚和里海的能源垄断地位。从地缘政治层面上看，巴-杰管线的投运，必然会减弱里海沿岸国家对俄罗斯在能源外运方面的依赖度，降低该地区国家的从属地位，而俄罗斯对这些国家的影响力也会随之下降。

12.3.2　资源安全问题是国家间战争的重要导火索之一

世界观察研究所在其研究报告《全球预警》中指出，在整个人类历史进程中，获取和控制自然资源（包括土地、水、能源和矿产）的战争，一直是国际紧张和武装冲突的重要根源之一。由于资源是保障国家经济社会发展与政治、军事安全的重要战略物资，而世界资源分布不均和相对不足，获得和控制足够的资源成为国家安全战略的重要目标之一。世界范围内资源之争往往是一系列战争的直接导火索。海湾战争的起因是伊拉克为了侵占科威特的油气资源；而美国和西方盟国发动海湾战略，既是解放科威特，更主要是防止萨达姆控制石油资源，利用石油财富重新崛起。俄罗斯的车臣战争等，既与分离主义、恐怖主义有关，也与高加索的油气管线有着一定的关系。

日本在第二次世界大战期间对珍珠港的突袭，被美国历史学家 Walter Lafeber 认为是第一次能源战争。20 世纪 30 年代日本石油消费 80%以上依赖美国。1937 年，日本发动全面侵华战争后，美国为了限制日本扩张在华势力范围，减少了对日本的石油供应。1940 年 7 月美国加大制裁力度，逼着日本不得不南下东南亚寻找石油。1941 年 7 月 26 日，罗斯福最终决定冻结日本在美国的不动产，同时对日本进行石油禁运，日本丧失 95%的石油供应（耶金，2008）。日本发动战争所需的燃料没有了来源，这对日本的影响几乎是毁灭性的，Walter Lafeber 认为正是美国的石油禁运，引发日本下决心在 1941 年对珍珠港进行突袭。这次突袭也被认为是第一场能源战争。

世界上围绕资源的争夺不仅发生在发达国家与发展中国家之间，而且也发生在发达国家之间或发展中国家之间。究其根源，除了大国势力插手，国内政治派别、民族及部落等斗争外，对各种自然资源的争夺，特别是对土地（领土）、水及油气等战略性资源的控制和争夺，是冲突甚至是战争的主要原因之一（表 12.4）。

表 12.4　一些典型的资源争夺与冲突

资源类型	冲突国家或地区	原因
石油及天然气	伊拉克与科威特	领土及石油
	伊朗与阿联酋	关于大通布、小通布和阿布穆萨三岛石油
	沙特阿拉伯与也门	边界、石油
	巴林与卡塔尔	边界、石油
水资源	埃及、苏丹和埃塞俄比亚	尼罗河水资源分配
	伊拉克与叙利亚	幼发拉底河上游大坝截流
	印度与巴基斯坦	印度河及苏特里杰河的引水灌溉
	泰国、老挝、柬埔寨和越南	湄公河流量分配问题
	阿根廷与巴西	巴拉那河上游的大坝
	玻利维亚与智利	劳卡河之争
水资源与水环境	以色列与叙利亚	约旦河之水源保护地——戈兰高地之争
	美国与墨西哥	格兰德河农业灌溉的污染
	捷克与德国	易北河
	捷克与匈牙利	多瑙河水坝建设与水环境
	匈牙利与罗马尼亚	索莫什河、莱茵河
	法国、荷兰和德国	莱茵河泥沙淤积

12.3.3 资源安全战略是国家对外战略的重要组成部分

国家的经济发展和对外战略都离不开外交政策来支撑，对重要资源的争夺往往也是国家之间外交斗争的重要目标，美国、日本及欧洲的发达国家，有时在一些重要区域或敏感地区的政治军事和外交战略都要服从于资源战略或能源战略。中国不断增加对国际市场油气和矿产资源进口，对西方主要大国的资源利益产生了不利影响。为此，它们一方面制造"中国能源和资源威胁论"，另一方面广泛地开展资源外交，配合其对中国能源、经济、政治和军事的多重遏制战略。

俄罗斯是一个能源大国，能源经常被用来作为地缘政治工具。俄罗斯和乌克兰的天然气之争，具有典型的资源（能源）安全和地缘政治等多重战略博弈。

自 2004 年底乌克兰爆发"橙色革命"，亲西方的尤先科总统上台，乌克兰政府执行"亲美倾欧"政策，谋求加入欧盟和北约，并在克里米亚海军基地等问题上与俄罗斯纠纷不断。俄罗斯在 2006 年 1 月和 2009 年 1 月两次切断对乌克兰的天然气供应，是对乌克兰的施压和警告。

俄罗斯、乌克兰的争端也影响了通过乌克兰输往欧洲的天然气供应。欧盟国家所需能源主要从俄罗斯进口，欧盟不少成员国对俄天然气的依赖程度很高。俄罗斯对乌克兰的两次"断气"导致部分欧盟成员国天然气供应紧张，出现取暖用气短缺和供电困难，导致欧盟不得不做出强硬表态，表示若俄罗斯不尽快全面恢复对欧盟的天然气供应，将重新审视欧盟与俄罗斯的能源合作。

在 2014 年俄罗斯与乌克兰关于克里米亚的争端中，美国和欧盟都对俄罗斯进行了经济制裁，但欧盟国家对俄罗斯的施压和制裁的力度明显小于美国，除了地缘政治、经济的原因，欧盟对俄罗斯能源的严重依赖也是重要原因之一。 2018 年 3 月，俄罗斯天然气工业股份公司宣布终止向乌克兰供应天然气的合同，乌克兰政府则宣布冻结并查封俄罗斯在乌克兰的资产。2019 年 12 月，根据斯德哥尔摩仲裁法庭的裁定，俄罗斯向乌克兰石油天然气公司支付了 29 亿美元的款项。2022 年 2 月俄乌冲突爆发后，欧盟开始采取行动以减少对俄罗斯能源的依赖。欧盟各国领导人在 2022 年 3 月达成一致，努力在 2030 年前消除对俄罗斯化石燃料的依赖。欧盟启动了欧盟能源平台，与美国、加拿大、阿尔及利亚、阿塞拜疆、埃及、卡塔尔以及西非国家等国际合作伙伴进行谈判，以丰富能源供应来源和途径。

12.4 资源安全战略对策

资源（能源）安全是国家安全的重要组成部分。资源（能源）安全与国家经济安全、环境安全、国防安全等密切相关。资源安全不仅事关中国经济发展和社会福祉，而且事关政治安全、军事安全和国际地位。国家高层也十分重视资源和能源安全问题。从 2013 年底至 2014 年 6 月，中央财经领导小组三次（第 4、第 5、第 6 次）召开与资源安全相关的专门会议，分别研究国家粮食安全（2013 年 12 月 9 日）、国家水安全（2014 年 3 月 14 日）和国家能源安全（2014 年 6 月 13 日）。资源和能源安全是关系国家经济社会发展的全局性、战略性问题，对国家繁荣发展、人民生活改善、社会长治久安至关重要。

12.4.1 保障资源（能源）供应运输安全

多元化利用国外资源，多途径保障运输安全，在充分利用国外资源的基础上保障资源（能源）供应安全。在经济高速发展背景下，国内资源供给不足，已是无可争辩的事实。自 1993 年从石油净出口国变为净进口国以来，我国石油进口量越来越大。据有关预测，未来中国的石油进口量将继续增加，对外依存度仍将继续走高，2030 年可能达到 4/5；中国战略性矿产的对外依存度也越来越高。中国石油和部分战略性矿产消费主要依靠国外供应的趋势恐怕很难改变。为此需要多元化利用国外石油，多途径保障运输安全。

（1）进口资源来源多元化。多元化利用国外资源，就是多区域、多国家、多途径利用国外资源，也可以理解为进口来源、方式、品种、渠道的多元化，以分散风险。但是目前中国进口的原油主要集中在局部冲突不断、恐怖主义猖獗的中东地区，尤其是在叙利亚局势动荡不安、伊朗核问题悬而未决的情况下，石油进口过分集中在该区域，势必会增加中国石油供应的安全成本。未来要适当减少对中东地区的依赖，增加从非洲、中亚、拉丁美洲、美国、加拿大和俄罗斯等地区的进口，同时加强对中国周边海域，如东海和南海油气资源的勘探开发力度，增加国内油气资源供应规模。

（2）多途径保障运输安全。中国石油进口主要是通过海运，而海上运输安全又面临"马六甲困局"。因此，要寻找可靠的陆路能源运输通道，降低霍尔木兹海峡、曼达海峡和马六甲海峡等在中国能源安全上的重要程度，以海陆并举的方式应对能源运输安全。未来比较理想的能源进口运输框架是：东北地区利用中俄石油管道和中俄东线天然气管道输入俄罗斯的油气，满足以东北和京津冀为核心的经济区能源需求。西北地区依靠中哈、中土管道从中亚和里海周边进口能源，以及利用中俄西线天然气管道进口俄罗斯天然气；巴基斯坦的"中巴能源走廊"作为未来的能源运输线路之一；将来在阿富汗局势稳定后，可以考虑从伊拉克、伊朗通过阿富汗进入中国新疆的新油气管线，共同构建"西气东送"和"西油东输"的能源战略通道。西南地区从孟加拉湾北部经缅甸的管线进口石油和天然气，满足西南地区的需求；未来待条件成熟，可考虑在泰国的克拉地峡打通运河，绕过马六甲海峡。东部和南部沿海油气缺口巨大，还是以海运进口为主；未来北极航线开通后，又可以增加一条"冰上丝绸之路"，可以进口俄罗斯的北极区域的天然气，也作为北向油气运输战略通道。如果上述计划得以落实，就会形成"海上""西北""东北""西南"四个能源运输通道，可以有效减少运输风险，保证能源运输和供应安全。

中国有相当数量的矿产和油气资源，这是中国的一大优势，它具有威慑、调剂、应对突发事件和保持安全底线的多重战略意义。国内资源勘探工作做得越好，我国的资源实力就越雄厚，自身利用国外资源的筹码越高，安全性就越好。在全球经济一体化的形势下，保护性开采国内石油资源是我国应持的战略之一，可将资金、技术和人才转向国外油气资源的勘探和开发，适当保护国内资源。

12.4.2 加强新能源科技创新

以节约和替代为主，适度开源，着力加强新能源科技创新，以创新保安全。节约资源、能源和适度消费是保障资源和能源安全的必要手段。随着人民生活水平的不断提高，人民对资源的需求也在不断增长。无论从当前还是从长远看，石油短缺都将是制约我国经济发展的重要因素。坚持开源与节流并重，节能优先，逐步建立资源节约型经济结构和社会消费模式，不仅是解决我国资源和能源供需缺口的有效方式，也是保障我国资源安全的重要途径之一。

替代能源的开发也是保证我国资源安全的一个重要组成部分。发展洁净煤与其他替代能源技术，也是保护环境的长远大计。作为世界上第一大煤炭生产和消费国，我国应当加快洁净煤技术的研发工作，这一方面是为煤炭的进一步开发利用作技术储备，另一方面，可以保证特殊情况下的能源供应安全。此外，大力发展以新能源为核心的可再生能源，可以从长远角度保证能源安全供应。未来大国竞争的一个重要方面就是在以新能源为核心的低碳技术领域，谁主导新能源技术，谁就能在未来国际政治格局中占据主动地位。在未来国际体系主导权的争夺中，新能源技术的主导者将是改变全球地缘政治格局的关键角色。

为应对当今世界石油价格飙升和未来油气资源短缺的局面，我国除了寻求替代石油的新能源、可再生能源外，还应加大对非常规石油、深海油气田开发利用的科学技术研究，如页岩气、油砂、可燃冰等。美国以页岩气勘探、开采技术为引领，通过技术创新，大大降低了页岩气的开采成本，使之具备与传统天然气竞争的能力，增强了国内天然气的供应能力，2019年页岩气产量已经占美国国内天然气产量的 70%以上，为美国的能源安全和"能源独立"做出了突出贡献。

12.4.3　加强能源资源储备

石油储备是能源供应体系的重要组成部分，石油战略储备再加上商业储备是国家能源安全的最后一道屏障。石油战略储备，是应对短期石油供应大规模减少或中断时的有效途径之一，同时具有平抑油价异常波动的功能。中国建立了以中央政府为主导的国家石油战略储备，同时辅以地方石油储备和企业的商业储备。

从 2003 年起，中国开始筹建石油储备基地，规划用 15 年时间分三期完成油库等硬件设施建设。第一期国家石油储备工程包括浙江镇海、舟山、山东黄岛、辽宁大连四大石油储备基地，建设总库容 1640 万 m^3，至 2008 年底基本建成并投入使用；第二期为 2008～2012 年，于 2009 年起开始建设，设计容量为 2680 万 m^3，储备工程包括：天津滨海、新疆独山子、辽宁锦州、新疆鄯善、广东惠州、广东湛江、江苏金坛、甘肃兰州。第三期从 2012 年底启动，选址包括黑龙江大庆、山东日照、重庆市万州区、海南及河北曹妃甸等地。三期工程全部建设完成后，其战略石油的储备能力可提高至 5 亿桶左右。

当然，石油储备不能只关注建设了多少储备基地，多大的库容，而是要从更宽的视角、更大的空间尺度来考虑问题。

（1）加大对海外资源的投资、并购力度，建立海外能源供应和储备基地。能源矿产消费量与世界经济具有较强的相关性。可以利用世界经济增长放缓，全球对能源和矿产资源的需求下降，部分企业经营出现困难，全球矿业企业将面临新一轮行业大调整的机遇，加大资源、能源相关企业海外并购力度，通过并购、参股、买断等多种方式建立海外矿产资源和能源基地。

（2）利用国际市场价格较低的时机，减少国内资源开采，增加资源后备储量。利用国际市场价格大幅回落的时机，增加油气和战略性矿产资源进口，减少国内资源的消耗，增加储备以备不时之需。对有条件的战略性金属矿山和油气田，可考虑放缓开发速度，适当减少产量，增加进口比例。我国国家战略石油储备基地建成后，还要积极引导和推进商业石油储备，鼓励企业利用闲置的商业库容，增加石油储备。

（3）利用外汇储备扩大海外投资，变外汇储备为能源和战略性资源储备，保障战略性资源的有效供给。中国有很大的外汇储备，如何把巨大的外汇储备变成国家急需的战略性资源，确保我国金融国有资产的安全是当前最紧迫而现实的任务。当前，尤其是通过大型国有企业的国际化，能够实现对能源和矿产资源的战略投资，以化解外汇储备过高的风险。国家可以利用庞大的外汇储备增加对境外能源和战略性资源的投资。在外汇储备用途的多元化过程中，使外汇储备由金融财富变为实际石油与矿产资源储备，以保证我国经济建设所需的能源和矿产资源的有效供给。

（4）积极推进石油期货市场建设，参与全球油价博弈。虽然建立石油战略储备体系是保障中国石油市场供应和价格稳定的重要手段，但它远不是保障中国石油安全的全部。从石油战略储备着手，建立石油期货市场，也是一种软储备。如果将期货市场与石油战略储备结合起来使用，再加上金融行业的介入，更利于石油安全体系的建立。中国作为一个石油生产消费大国，在现有经济发展状况下，将越来越吸引国际石油公司、企业的关注，我国具备成为亚洲石油贸易中心的条件。

12.4.4 构建全球能源资源治理体系

在全球化和相互依赖日益加深的时代，资源安全问题是全球共同面临的挑战，需要世界各国共同来应对。积极参与重塑全球能源和资源治理体系，建设全球资源（能源）命运共同体，共同应对资源安全问题。

资源安全在全球化的时代呈现出新的特征，这就要求用新的方式应对全球资源安全面临的挑战。西方传统的控制资源产地、控制运输通道，甚至颠覆重要资源出口国政权等办法，已经难以适应新的形势。保障资源安全以建立国际治理机制来解决问题，成为多数国家的共识。现存全球资源治理机制还不健全，还存在许多亟待解决的问题。中国要利用全球重要新兴大国、全球最大的资源消费市场和进口大国的地位，积极参与改造和重塑现存的国际资源治理体系，改革不合理、不公平的国际资源治理体系，使之向着发达国家、新兴经济体和广大发展中国家利益相对均衡的方向发展，最终形成新的国际资源治理新体系，保障全球资源（能源）安全。

练 习 题

1. 当前影响全球资源（能源）安全的最主要威胁是什么？
2. 中国能源安全中的关键问题是什么？
3. "一带一路"倡议与中国资源安全的关系是什么？
4. 中国能源运输通道安全面临的主要风险有哪些？如何避险？
5. 全球能源治理存在的问题与解决途径。
6. 北极航运资源开发对中国资源（能源）运输通道安全有何影响？

主要参考文献

封志明. 2004. 资源科学导论. 北京: 科学出版社

谷树忠, 成升魁. 2010. 中国资源报告: 新时期中国资源安全透视. 北京: 商务印书馆谷树忠, 姚予龙, 沈镭, 等. 2002. 资源安全及其基本属性与研究框架. 自然资源学报, 17(3): 281-285

谷树忠, 姚予龙. 2006. 国家资源安全及其系统分析. 中国人口、资源与环境, 16(6): 142-148

黄小锋. 2005. 水资源系统安全分析理论研究. 武汉: 武汉大学硕士学位论文

季志业. 2009. 俄乌天然气争端及其政治经济背景分析. 国际石油经济, 17(1): 25-30, 83

郎一环, 王礼茂, 李红强. 2012. 中国能源地缘政治的战略定位与对策. 中国能源, 34(8): 24-30

郎一环, 王礼茂. 2008a. 国际安全新形势下的中国石油安全战略调整. 中国能源, 30(1): 8-12

郎一环, 王礼茂. 2008b. 石油地缘政治格局的演变态势及中国的政策响应. 资源科学, (12): 1778-1783

李岩, 王礼茂. 2008. 从地缘政治角度看中国石油进口运输安全. 资源科学, (12): 1784-1790

麦克尼尔, 格非. 2008. 能源帝国: 化石燃料与 1580 年以来的地缘政治. 学术研究, (6): 108-114

赛比耶-洛佩兹. 2008. 石油地缘政治. 潘革平, 译. 北京: 社会科学文献出版社

沈镭, 成升魁. 2002. 论国家资源安全及其保障战略. 自然资源学报, 17(4): 393-400

王丹, 李丹阳, 赵利昕, 等. 2020. 中国原油进口海运保障能力测算及发展对策研究. 中国软科学, (6): 1-9

王礼茂, 方叶兵. 2002. 资源安全的影响因素与评估指标. 自然资源学报, 17(4): 401-408

王礼茂, 郎一环. 2002. 资源安全研究进展与问题. 地理科学进展, 21(4): 333-339

王礼茂, 牟初夫, 陆大道. 2016. 地缘政治的驱动力变化与地缘政治学研究的新趋势. 地理研究, 35(1): 3-13

王礼茂. 2002. 中国资源安全战略——以石油为例. 资源科学, (1): 5-10

吴巧生. 2004. 中国可持续发展油气资源安全系统研究. 北京: 中国地质大学博士学位论文

耶金. 2008. 石油大博弈(上). 艾平, 等译. 北京: 中信出版社

余建华, 孙霞. 2010. 俄乌天然气争端反思. 俄罗斯中亚东欧研究, (3): 62-68

张文木. 2012. 世界地缘政治中的中国国家安全利益分析. 北京: 中国社会科学出版社

Maechling C. 2000. Pearl Harbor: The first energy war. History Today, 50(12): 41-47

第13章 自然资源战略

自然资源战略以自然资源的有效供给与合理利用为研究对象，是资源经济学理论研究和社会经济发展战略实践的重要组成部分。自然资源战略具有时空性，其实践运用多由国家或区域以及与自然资源高度关联的经济组织来制定和实施，且主要为工业化或与工业化高度相关的国家、区域和企业，并贯穿于战略运用于国家或区域的自然资源管理全过程。自然资源战略包括战略目标、主要资源战略、战略规划和战略管理等部分，通常又有总体自然资源战略和专项或行业部门战略之分。本章重点介绍资源战略的界定与内涵，主要资源战略类型与内容，以及世界主要国家和中国的资源战略。

13.1 资源战略的源起、概念与内涵

13.1.1 资源与战略的源起

要了解自然资源战略之源起，首先就需要厘清战略之由来。即在理解和掌握战略缘起基础上，进一步理解和掌握什么是资源战略，从而理解和掌握资源战略及其相关问题。

西方的"战略"术语可追溯到罗马帝国时代，甚至是希腊城邦联盟时代的军事、行政活动中。英文"strategy"源于希腊语"strategos"，其本意指军事将领、或地方行政长官，后逐渐演变成为军事术语，意指军事将领指挥军队作战的谋略。最早与此相关的表述来自古罗马军事理论家弗龙蒂努斯，大约公元84～96年，他撰写了《谋略》（*The Strategems*），主要分析有文字记载并可溯及的各类战例，尤其是在宏观谋略上成功的战例，该书成为当时罗马将军们筹划和指挥作战的重要指南和参考。公元579年，东罗马帝国（拜占庭王朝）的皇帝毛莱斯（Maurice），用拉丁文撰写了《战略学》（*Stratajicon*）一书，作为培训将领们的规范教材，该书后被公认为西方首部关于军事战略与作战谋略的正式著作。到18世纪末，普鲁士军事理论家冯·比洛（von Blow）在《新战争体系的精神实质》著作中，将战略和战术（tactics）进行了较为明确区别，并强调战略从属于政治，战术从属于战略。

"战略"一词在中国的历史也可追溯至2000多年前，与军事直接相关。"战"即指战争、战役，"略"则指与之相关联的谋略、谋划。春秋时期吴国著名将领孙武（公元前约545—前470年）所著的《孙子兵法》，被认为是中国最早进行战略筹划的军事著作。公元前26年，汉成帝刘骜命步兵校尉任宏校编兵书，兵书分兵权谋、兵形势、兵阴阳、兵技巧四篇，其中兵权谋的基本内容就是战略。"战略"一词最早出现在西晋初史家司马彪（？—公元306）所著《战略》一书中，后在《三国志》《廿一史战略考》等史籍中不断显现。该词核心含义与现代战略有类似之处，但与战术区分不严格，有时还含有政治、外交谋略和对策之意，

运用也不尽一致。明确将英文"strategy"与中文"战略"一词相对应，要追溯到 19 世纪末。新中国主要缔造者毛泽东在 20 世纪 30 年代所著《中国革命战争的战略问题》中明确提出："战略问题是研究战争全局的规律的东西"。毛泽东关于战略的论述，被认为是关于现代中国战略定义的基础。

总之，古今中外对"战略"一词的定义繁多。不同时代不同提出者因视角不同而有不同的界定。"战略"一词源出军事领域，是指在一定历史时期，为达到一定政治、经济等目的，运用军事力量，筹划和指导战争全局的谋划，是为阶级、国家、民族和相关利益集团服务的方略。18 世纪末，普鲁士的冯·比洛的定义是："战略是关于超出视界和火炮射程，进行军事行动的科学；而战术是关于在上述范围以内进行军事行动的科学"。冯·克劳塞维茨为战略所下的定义是：为实现战争目标，在战役、战斗中的运用。瑞士学者若米尼将战略定义为：战略是进行战争的艺术，是在地图上研究整个战争区的艺术。美国参谋长联席会议批准的军事战略的定义是：运用一国的武装力量，通过使用武力或以武力威慑，以达到国家政策目标的艺术和科学。《简明不列颠百科全书》的定义是：在战争中，利用军事的手段达到战争目标的科学和艺术。日本的《世界大百科全书》的定义是：为实现特定目标，而运用各种力量的科学与策略。《苏联军事百科全书》所下的定义是：是军事学术的组成部分，属于军事活动最高领域，包括国家和武装力量，从准备、计划到进行战争与战略性战役的理论与实施。在国内，《中国大百科全书·军事（上册）》的定义是：战争指导者为达成战争的政治目的，依据战争规律所制定和采取的准备和实施战争的方针、策略和方法。一般包括四层含义，一是在一定历史时期为实现一定目标或达到一定目的的谋略；二是必须遵循相应的内在规律；三是战略的提出与制定需要建立在一定的背景与条件基础之上；四是战略推进需要建立在与之配合的战术基础上。随着中外战略理论发展历史的延伸，"战略"在内涵上已延伸到军事以外，运用于其他如政治、经济、文化、金融、企业、区域等各个领域，其内涵已演变成为泛指具有统领性、全局性、能够左右胜败的谋略、策略、方案和对策。有的国家，尤其是大国，如美国、英国、俄罗斯（苏联）、中国、日本等，陆续出现了更高层次的全球大战略、国家战略、国防战略等，但在本质上还是立足于对全局性的、重大的、高层次的决策谋略。

将资源与战略联系起来，共同表达为"资源战略"，尤其是"资源"仅包含自然资源这一范畴时，主要出现于 20 世纪中后期。由于第二次世界大战后世界各国致力于经济恢复与发展，并重视社会经济的中长期发展问题，"战略"一词被频繁应用于各国社会经济发展研究与政策制定及实施中。自然资源作为社会经济发展的基础物质构成要素，以及作为自然物质客观存在的稀缺性，在关注社会经济发展的总体战略中，资源与战略两个相对独立的词汇"汇合"在一起了。但由于文献资料不足，最早的"资源战略"概念的提出者尚无权威考证。

目前，西方国家并没有自然资源战略的相关论述，相关文献中的英文释义少见。国内也缺少对资源战略进行明确的定义，只有《中国资源百科全书》定义为：从全局、长远、内部联系、外部环境等方面，对资源的勘查、评价、开发利用所进行的谋划或为此制定的方略。

本书认为，自然资源战略应该是为持续保障发展进程中对自然资源的有效需求，促进资源的合理利用，在不同历史时期所推进与实施的自然资源开发利用谋略。

13.1.2 资源战略背景与内涵

任何资源战略的提出与制定，均有其特定的内涵和相应的背景，理论架构也建立在一定的哲学基础之上。由于资源战略的出现主要在 20 世纪的中后期，无论资源战略的提出与制定者是属于国家、区域，还是部门、企业，各自的资源战略均有其特定的内涵。

　　我国资源战略问题的提出较为集中出现在 20 世纪 90 年代中后期。我国经济高速增长，工业化与城镇化进程不断加快，对自然资源的需求度大幅度增长。资源有效供给与资源不当消耗所产生的生态环境问题持续增加，资源战略成为学界、政府、企业乃至民众关注的重点。因此，为保障国家、区域、企业不同层面的总体发展目标，实现资源需求与有效供给，资源安全与资源环境协调，成为资源战略考量的核心，表现为由单项的资源供需及资源环境协调，向综合的资源战略推进。

　　相对应的我国资源战略内涵是：持续保障满足有效需求，并同时持续资源利用技术进步与管理提升，实现资源的合理利用（包括资源替代与循环利用等）。实际上，资源战略表层是供需问题和资源环境协调问题，深层却是人类活动、人口与资源、环境的协调问题。无论既有的资源战略理论及方法体系的建立和出发角度有何差异，理论与对策主张如何大相径庭，因关注的基本对象是自然资源这类基本的自然物质，资源战略的哲学基础无疑要立足于唯物主义，基本哲学观需要既坚持历史唯物主义，更要立足于辩证唯物主义。坚持问题导向是基本出发点。其中，历史唯物主义的资源战略需要根据不断同社会经济历史发展阶段，考虑具体的国内为社会经济发展基础和环境，适时构建与之相适应的资源战略内涵；还需要站在不同区域层级换位思考，因地制宜应对资源供需与资源环境面临的问题和挑战。

13.1.3　资源战略与社会经济发展战略及相关战略关系

　　资源战略可以视为国家或区域社会经济发展战略的子战略（图 13.1），是国家或区域阶段性发展战略、产业战略、市场战略等战略的重要基础。在学术研究方面，资源战略也是资源科学尤其是资源经济学的主要研究范畴，是从静态分析走向动态研究及预测的充分体现。

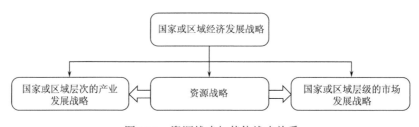

图 13.1　资源战略与其他战略关系

13.2　主要的资源战略类型和基本内容

13.2.1　资源战略的理论基础与基本特征

　　现代资源战略的理论基础主要由可持续发展理论、区域发展理论、资源环境理论、传统与非传统安全理论、地缘政治经济理论等构成。

　　现代资源战略之所以需要可持续发展理论作基础，源自于现代资源战略不能仅关注当前的发展需要和资源供给问题，即既要顾及当前的资源安全供需，又要兼顾后代人的资源安全供需，既要考虑当代人的资源环境协调，又要兼顾后代人的资源环境承载力和环境治理能力。

区域发展理论需要作为资源战略的理论基础，是源于所有的资源本身存在的空间特性，以及资源可获取的时间特性，资源的安全供需和资源环境的协调必然存在于一定时间和空间范畴内。所以，资源战略的选择与确立，必然要立足于一定的时空范畴之内。

资源环境理论的核心是资源环境承载力，也是资源战略的一个重要理论基础。现代资源战略的制定和实施必须要充分考虑到所在空间的资源环境承载力问题，鉴于不同区域和空间环境的环境承载力高低和差异，在一定的社会经济能力和科技支撑能力条件下，所在区域和空间的环境承载力高低和差异，就决定了资源战略目标的大小和实现的路径。

地缘政治经济理论对国家和区域层面，乃至企业层面（尤其是跨国和跨区域企业集团）资源战略的制定和实现路径产生重要影响。作为外部重要影响作用力和相互博弈能力的比较、较量，直接影响到国家、区域、企业层面资源战略目标的实现程度和实现结局。

现代资源战略的制定和实施是立足于需求理想和现实选择之间的博弈结果。因此，资源战略在基本特征上具有显著的客观性、动态性、时效性、系统性。资源战略的制定不能离开战略执行者的能力大小和外部环境。战略制定及实施过程本身就是一个系统工程。战略制定之初，就必须全面和系统地比较各种影响因素及其影响大小，充分考量制定战略的客观现实；同时，需要根据外部环境的变化和执行者能力高低，进行相应的调整；面向中长期发展目标和情景展望，战略通过刻画时代背景的变化和发展能力的高低，识别未来发展的不确定性，使战略的制定本身就存在一定的时效特性。

13.2.2 战略推进和实施的基本路径

由于资源战略的层级和目标价值取向的差异，不同类型和层级的资源战略在推进和实施的程序上必然存在着一定的差异性。一般推进和实施的基本路径是：存在（种类、规模、空间）—研发—选择—利用—规划。总体上，资源战略需要依据一定的战略目标，选择、评估和确定整个资源战略体系中的战略资源，并根据战略具体实施的进程，确定是否需要进一步制定和落实资源战略规划，确定和推进相应的战略综合管理方案等（图 13.2）。

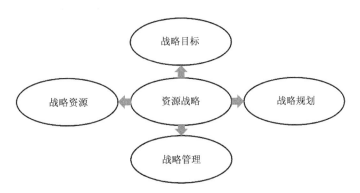

图 13.2 资源战略的基本内容

13.2.3 资源战略的主要类型

按照不同的分类体系和分类标准，面向不同的需要，可以将资源战略划分为不同的类型，以构建不同价值取向的资源战略（图 13.3）。例如，按照资源战略层级可划分为国家资源战略、部门行业资源战略、区域资源战略、企业资源战略，乃至家庭资源战略（如规模型农户经济）等。

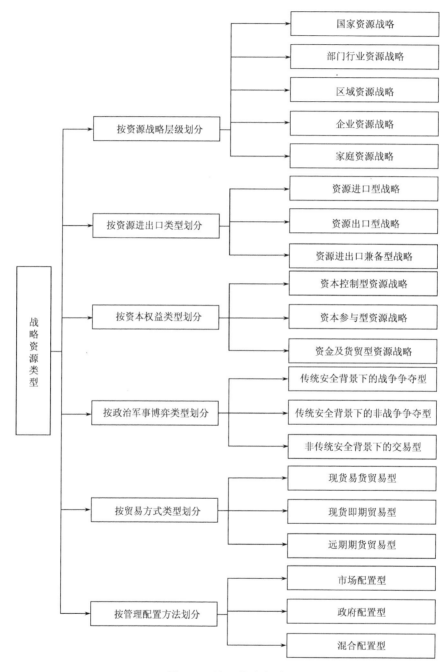

图 13.3 资源战略类型

13.2.4 资源战略规划的构成

通常情形下，资源战略的付诸实施需要通过具体的资源战略规划的制定去加以具象化。

换句话讲，只有具象化的资源战略规划，才能够使业已确定的资源战略得到具体的落实和实施，才能使确定的资源战略具有可操作性。一个具有可行性和可操作性的资源战略规划，大致要分为几个过程：判断、目标、重点、内容、步骤、实施（图 13.4）。

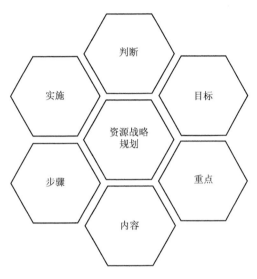

图 13.4　资源战略规划构成

判断：即是通过相关信息的收集和整理，并运用一系列的研究方法（既有定性研究方法，也有定量研究方法，具体分析资源战略提出的客观环境、背景和各类影响因素，以及这些环境、背景和因素的具体状态。

目标：即在判断客观环境、背景和影响要素的基础上，依据战略所提出的目标（包括指导思想、原则、主要路径等），进一步确定在不同时段和空间上的总体与分阶段目标，确定这些目标可能达到的强度。

重点：在确定总体和分阶段目标的基础上，进一步选择和确定分时段、分区域的重点目标及其主要路径，以便抓住主要矛盾，解决主要问题。

内容：为了实现目标，尤其是重点目标，需要进一步对目标和具体的工作内容进行细分和确定，包括出现负面结果时，如何止损等。

步骤：按照已经制定的内容，确定这些工作内容需要何种步骤来加以落实。

实施：在已确定的实施步骤基础上，具体组织和落实的过程。

资源战略规划相关内容也可总结为三个方面：一是战略分析，也即评价与诊断（了解所处的环境和相对竞争地位，基本格局与趋势判断、因素的选择与确定、优劣势的比较）；二是战略选择与调整，战略制定、评价、再评价和选择决策（确定需要达成的分时段分地域的总目标和分类、基本思路、战略资源选择、战略模式选择，以及检验战略的有效性）；三是战略资源规划与实施（实施步骤、储备体系、制度安排、引导政策）。

13.3　世界主要国家的资源战略

13.3.1　国别资源战略的历史演进与阶段划分

　　纵观资源战略的演进历史，基本上可以将既往的国别资源战略演进历史划分为两个大的历史阶段，即 20 世纪以第二次世界大战的结束为分水岭，第二次世界大战之前的国家资源战略为无差别的共性国别资源战略，以及第二次世界大战以后的分类型国别资源战略。

　　第二次世界大战以前的共性国别资源战略可基本总结为：以零和思维为哲学基础，以传统安全手段（军事争斗）为主要方式，以"生存空间"争夺为主线的国家资源战略。基本上可以表述为两个方面：第一，第二次世界大战以前的国家资源战略基本可概述为传统资源战略，国家或民族的"生存空间"与"资源"是两个可以互换的概念；第二，传统的资源战略基本上具体表现为对"生存空间"的争夺，历次传统安全活动（战争）均与"生存空间"争夺相关联，这一历史进程直到第二次世界大战结束后才逐步改变。

　　最经典理论案例来自至今仍然还在影响着世界的地缘政治理论"陆权论"与"海权论"。虽然两论的视角表述是空间地域，但支撑空间地域的自然物质基础，实质上就是自然资源。哈尔福德·麦金德（Halford Mackinder），英国著名地缘政治学者，提出了"世界岛"概念与"陆权论"。1904 年，麦金德发表《历史的地理枢纽》，提出"世界的心脏地带"，到 1919年的著作《民主的理想和现实：重建的政治学之研究》和 1943 年的战略评论《环形世界与赢得和平》相继出版，完成了麦金德"陆权论"理论的构筑与完善。"陆权论"的基本内涵是：其一，工业化以来的陆域交通日益进步，世界力量重心必然产生在与陆域直接相连的欧、亚、非三大洲，由此形成一个世界岛；其二，世界岛中心地带位于伏尔加河至长江、喜马拉雅山脉至北极之间。除东欧外，在其他方向上海权国家进入不易，形成了世界最大的天然堡垒，并可以向欧亚大陆边缘地带扩张。麦金德将全球战略思想归纳成著名的三段式警句："谁统治东欧，谁就控制了心脏地带；谁统治心脏地带，谁就控制了世界岛；谁统治世界岛，谁就控制了全世界"。麦氏观点表面是阐述如何在空间上构筑世界地缘的中心地带问题，本质是强调"世界岛"上相对丰富的人力和物力资源，其中物力资源就是自然资源。只有在空间上控制住了这些自然与人力资源，才能真正控制世界。英国前首相温斯顿·丘吉尔（Winston Churchill）就是一位典型的"陆权论"实践者和操弄人，"陆权论"的功效与作用直到 20 世纪 90 年代初期苏联解体冷战结束后，才暂时失去了指导意义。

　　与麦金德相对应的最有代表性理论是美国军事理论家、美国海军学院原院长阿尔弗雷德·赛耶·马汉（Alfred Thayer Mahan）提出的"海权论"。马氏的理论与论证在其代表性著作《海权对历史的影响：1660-1783》、《海权对法国革命和法帝国的影响：1793-1812》和《海权与 1812 年战争的联系》中充分展现。"海权论"的基本观点是：海权（包括海洋航线、基地与港口等）与国家兴衰息息相关，决定制海权由地理位置、自然结构（海岸线、港湾与大河流域）、领土范围、人口数量、民族特点和政府性质共计 6 个基本要素确定。作为地接太平洋、大西洋两洋的美国自然要选择该理论作为国家发展的基础理论，也使美国成功规避了 20 世纪的两次世界大战并成长为世界超级大国。直到今天，作为世界唯一超级大国的美国，"海权论"依然在发挥着重要作用。在 20 世纪 90 年代到 21 世纪初期前 20 年时间里，

"海权论"占据着决定性基础理论地位。此外，在"海权论"体系中，自然资源乃至整个物力资源的地位和作用似乎没有"陆权论"突出，但其要素三"领土范围"的内涵论述依然表现了对自然资源及其规模作用的重视。

经典的案例就是 20 世纪前半叶两次世界大战的发生、发展变化、结果及其背后的动因。两次世界大战从表面上看，似乎诱因表现为种族利益冲突、宗教信仰冲突、政治主张和政治制度冲突等，但其背后的真正原因是"生存空间"争夺，维持本国、本区域利益集团的资源供给，保障本国和本利益集团的工业化对资源的需求。具体讲，是先行工业化国家（英国、法国、美国）和资源大国（俄罗斯）尽力维护已成形的"生存空间"或"利益格局"，后继工业化国家（德意志、奥匈帝国、奥斯曼帝国）因资源供给不足，力图要改变既有的"生存空间"或"利益格局"，以及日本、意大利这类机会主义工业化国家的来回站队。

两次世界大战仅仅相隔 25 年，战争所带来的是对人类发展资源、财富的重大损失和人类生产力的极大破坏。这也使世界各国，尤其是支配全球的大国充分认识到，需要通过新的世界秩序建立和非传统安全手段作为资源获取的主要手段，联合国成为这一构想落实最现实和最权威的国际争端协调机构。加之第二次世界大战后大国先后进入核武器时代，大国之间如果仍然通过传统安全方式来实现其资源战略，无疑最终会导致人类自身的毁灭。因此，无论政治利益集团如何划分，大国之间必须要避免"热战"为主要方式的冲突，政治谈判、外交博弈、贸易往来，以及"冷战"配合成为实现本国资源战略的基本选择。"热战"虽然未能消亡，但第二次世界大战结束 70 多年来基本上被控制在局部地区。

进入 21 世纪后，地处"世界岛"东部的中国在改革开放中和平崛起，尤其是中国在 2013 年"一带一路"倡议及其后"人类命运共同体"理念的提出与推进，让人们看到了"陆权论"重新站起来的迹象。然而，21 世纪中国的崛起与发展，既不是既往"海权论"的实践，也不是"陆权论"的推进。现代生产力已经从陆域扩展到海洋，现代交通已经是陆地和海洋交通网络复合体，重新崛起的中国，决不能依赖某种单一视角的地缘政治理论指导，而伴随"一带一路"倡议推进和实施的，是"人类命运共同体"思想的构建与实践，意在使世界各国步入到和平共处、共享共赢的发展体系中，突破了"或陆""或海"各自为政的空间社会经济发展理念。

13.3.2 第二次世界大战后的现代国别资源战略类型

第二次世界大战后，全球现代资源战略大致可划分为三个类型，即全面进口型资源战略、出口为主型资源战略、进出口混合型资源战略。

1. 全面进口型资源战略（日本、韩国、瑞士、新加坡等）

主要采取多元化的来源目的地与间接资源获取方式（贸易与价值交换）；鼓励海外投资与本国利益高度相关的资源开发领域或资源开发，建立海外资源开发与供给基地；采取多样化的资源投资开发方式，在尊重资源所在国权益基础上的资本投资与股权控制；加强全球资源尤其是能矿资源的勘探渗透，组建"石油公团""金属矿业事业团"等开发促进性机构，支持本国公司的跨国矿业开发经营；健全与完善的战略资源产品储备制度（如石油储备制度，实施政企联合储备、政府储备、企业储备，日本石油储备超过 180 天）；坚持技术创新以加强资源替代、回收利用与循环利用。

2. 出口为主型资源战略（沙特阿拉伯、俄罗斯、加拿大、澳大利亚、巴西等）

重点是加强资源勘探，尽可能强化本国优势资源的战略资源优势；利用本国的资源优势尤其是战略资源优势，构建具有全球战略优势的资源产业；将本国资源优势作为地缘政治博弈和资源市场竞争的战略工具；关注与保护本国的生态环境尤其是开发区域的生态环境，促进资源可持续利用与区域可持续发展。

3. 进出混合型资源战略（美国、英国、法国、德国、印度等）

采取多元化的来源目的地与间接方式（其中美国推行的是全球资源战略，英国、法国、德国等主要推行的原殖民地时期旧附属国的资源战略，印度主要实施的是区域性资源战略）；健全的战略资源及资源产品储备制度（政企联合储备、政府储备、企业储备，英国、法国、德国等西方国家石油储备普遍大于 120 天，印度尚未建立）；完备的国家及企业资源与资源市场信息服务机制（如 EIA、USGS、BP 等）；以经济、军事、科技实力为基础，开展全方位的资源外交与地缘干预活动；世界资源市场交易规则的主要制定者与维护国，完善的法律为主的政策扶持体系，国家海外勘探风险基金的实施；完善协调的政府管理体制并开展相应的资源战略规划。

13.3.3　典型的国别资源战略

1. 美国的资源战略

美国作为当今世界唯一的超级大国，既有丰富的自然资源，又有雄厚的技术经济实力。其资源战略特点是从比较利益出发，实行全开放式的全球资源战略。

美国资源战略有一个显著的分阶段演变过程。20 世纪 20 年代是其资源战略和政策的重要转变时期。1920～1929 年，美国本土生产的矿产品占其消费量的 96%，主要靠自身资源保障经济增长。第二次世界大战结束后至 21 世纪前后，美国经济独大，对资源品种、规模需求的变化和扩大，美国对国际资源市场的依赖程度也越来越大。20 世纪中期开始，美国进口原料规模开始超过出口，到 1977 年，美国经济增长必需的非能源原料中，进口比重超过 50%的已达 18 种，而在 20 世纪 50 年代初期只有铝、锰、镍、锡等 4 种。第二次世界大战后的美国已从一个全球原料供应国，逐渐转变为依赖世界市场的最大资源原料消费国，这既是世界经济发展中相互依赖程度的体现，也是美国资源战略调整与变化。一方面，源自美国自然资源的品种和数量已不能满足第二次世界大战后经济发展规模和结构的需要；另一方面，也是其资源保护和储备战略的体现。例如，美国"冻结"了煤制气和部分矿产品国内价格，使国内资源利用者无利可图，并取消了石油进口限制，以鼓励利用国外资源。美国在全面完成国内工业化与城市化后，一度把已探明大陆架蕴藏的油气资源作为国家资源储备而保存起来，如阿拉巴马州、阿肯色州和佐治亚州的铝土矿及落基山脉地下的油页岩资源等。即使页岩油气大规模开发使美国油气对外依赖度几乎下降至零，但美国至今还是全球石油战略储备规模最大的国家。20 世纪 70 年代开始，政策促进下的比较费用差异，驱使美国国内实体经济资本逐步大规模转向海外，也使美国在后工业化发展时期的原材料工业与基础制造业的大规模向境外转移，这也是美国内各类资源消耗直接下降的重要原因。

进入 21 世纪后，美国由于率先实现页岩油气技术革命和开发成本的持续优化，对境外油气资源需求大幅度下降，直接对全球自然资源的获取和控制并非为满足本国之需，在"零和"思维的支配下，资源战略成为控制潜在战略竞争国家和操弄"危险"国家或地区的重要手段（不是主要手段）。

2. 苏联及俄罗斯的资源战略

苏联资源战略的突出特点，就是片面强调资源的自给自足。实行这种资源战略，既有自身地大物博的资源优势，又与第二次世界大战后"冷战"兴起与"铁幕"的构建相关。

自 1917 年苏维埃建立到 20 世纪 50 年代中期，从沙俄帝国时代末期到苏联的建立和兴起，经历了快速且为史上最大规模的工业化进程。得益于横跨欧亚大陆的广袤国土和其丰沛的自然资源雄厚基础，其工业化进程能够基本仅依赖自身的自然资源。1953 年斯大林去世后，苏联对外贸易逐步增长，但贸易对象主要是前经互会成员国和中国，自给自足仍是其资源战略基本特征，其中在矿产资源上表现最为突出。苏联众多投资项目，基于效益判断极不经济，但为了不依赖西方，往往不考虑成本而以指令性计划形式予以保证。20 世纪 70 年代初至 90 年代初期，在苏联"解体"和冷战结束之前，资源战略在美苏地缘政治博弈和苏联农业初级产品的有效供给缺失处于不断调整之中。作为最早建立的社会主义国家，苏联在很长一段时期内，始终面临资本主义国家的贸易封锁问题，外部环境迫使其不得不走自给自足这条道路。

20 世纪 90 年代前期苏联解体后，俄罗斯作为主要继承国面临的外部环境并未发生重大改变，尤其是来自美国为首的北约军事组织和欧盟国家的封锁和抑制，并未因苏联解体而有所缓和。虽然解体后的俄罗斯经济因"休克疗法"急剧萎缩，自身的经济结构调整持续遭遇到"困境"，但俄罗斯凭借丰富的油气资源与大规模的开发，使油气资源成为俄罗斯主要的出口贸易产品以及换汇来源，也是俄罗斯与欧盟政治经济联系难以中断的重要"润滑剂"。更让俄罗斯庆幸的是，20 世纪 70 年代末期改革开放的中国和平崛起，为其提供了"向东看"的新出路，也使俄罗斯成为典型的出口型资源战略推进国家。

3. 澳大利亚的资源战略

澳大利亚的经济发展水平与结构，具有发达国家和发展中国家的双重特点。按经济发展总量和人均水平衡量，澳大利亚已属于发达国家，但经济结构又具有显著的发展中国家特征。突出的特点是澳大利亚农业和矿业在其经济结构中的地位显著，而制造业比重明显偏低，以资源开发利用为基础的农业和矿产品，是澳大利亚经济发展的支柱和外贸的主要来源。

澳大利亚有"骑在羊背上"国家的称谓。在很长一段时期，澳大利亚以少数几种农畜产品（特别是羊毛）贸易为经济重要支柱。第二次世界大战后初期澳大利亚的畜牧业并不十分突出。到了 20 世纪 50 年代初期，国际市场羊毛等畜产品价格猛涨，畜牧业在澳大利亚经济中的地位不断上升。1950～1951 年，澳大利亚羊毛产值就占农产品总值的 55.6%和全部商品出口总值的 63.8%。20 世纪 60 年代，澳大利亚铁矿、铝土矿等矿产资源逐步得到勘探开发，为澳大利亚经济发展提供了新的增长点，使澳大利亚在 20 世纪 60 年代末期转向实施以矿产品为主导的资源战略，利用世界市场尤其是东亚的中国、日本、韩国等，在对铁、铝等金属矿物原料需求增长的有利时期，大规模引进资本和技术，不断加快铁矿、铝土矿的开发进程，使澳大利亚成为当今世界铁矿、铝土矿，以及氧化铝的最大生产国和出口国之一。

当前，澳大利亚资源战略已经处在持续的"纠结和矛盾"之中。由于其经济基础主要依赖于资源型类产品的出口贸易，主要对象国已经从日本、韩国等"体系内国家"转向于"非体系内国家"的中国，而当中国即将完成的传统工业化时，澳大利亚的出口型资源战略未来将面临是否具有可持续性的重大问题。

4. 巴西的资源战略

巴西是南美最大的国家，其资源战略代表着发展中国家中国土面积较大和资源较丰富的国家类型，与此相类似的还有同属南美地区的阿根廷、委内瑞拉、哥伦比亚等国家。

巴西作为曾经的葡属殖民地，经历了从殖民地初期到20世纪30年代的咖啡繁荣到结束的发展阶段，其经济一直建立在不断更替的木材、金、金刚石、蔗糖、咖啡等少数几种农矿产品的生产和出口的基础上。为改变过分依赖少数几种农矿产品的经济形势，巴西在第二次世界大战后，开始大力调整农业生产结构，突出表现在种植业由单一向多品种的过渡。

21世纪以前，巴西能源矿产相对不足。当时能矿资源短缺，且其能源消费结构偏重石油，煤油气等常规化石能源也不能满足国内需要，与其当时的资源赋存和条件不相适应。20世纪60年代到70年代前期，由于国际市场石油价格较低，巴西采取了利用国际市场廉价石油的战略。石油消费比重从1966年的能源消费占比32.08%，提高到1973年的50%。20世纪70年代中期的全球石油危机，因油价大涨，巴西进口外汇消费从1973年的7.7亿美元快速增加到1980年的100亿美元。石油进口值从1972年的进口总额占比9.3%，上升到1982年的53.9%，但也促使巴西加大力度开发自身国土以及丰富水能、生物质能源、水能和生物质燃料，油气进口值比重有所下降，到1990年燃料进口值下降到进口总额的25.97%。巴西政府在1979年发布了新的能源政策，重点是要充分利用本国丰富的水能和核能，大力发展水电和核电，增加在能源消费中的比重，使能源消费结构与本国的资源优势保持协调；同时，利用本国丰富的甘蔗等农业加工副产品、大力发展酒精生产，以替代部分燃料油；同时，持续加强对太阳能、风能、潮汐能和生物能源等新能源的开发。

值得庆幸的是，进入21世纪后，巴西近海大规模深水油气资源的勘探发现和开发利用，使巴西一跃成为加勒比地区以南的南美地区最大石油生产国，并从石油产品净输入国成为净输出国，使得相对突出的国内石油供给不足问题得到了全面缓解。

5. 沙特阿拉伯的资源战略

中东大国沙特阿拉伯气候干旱，大部分区域为沙漠，农业生产条件差，且技术落后、熟练劳动力短缺，但沙特阿拉伯凭借丰富的油气资源赋存（仅探明石油储量就约占世界探明总储量 1/4），采用引进资本和技术，开发石油资源，实施以油气出口带动经济发展的战略，使沙特阿拉伯成为当今全球最主要的油气输出国。与此类似且同为中东地区的国家还有科威特、伊朗、阿联酋、卡塔尔等 OPEC 国家。沙特阿拉伯王室与外国石油公司进行合作勘探、开采，甚至实行租让政策。开发的石油资源对沙特阿拉伯经济发展起到了巨大的推动作用，出口石油和石油经济使沙特阿拉伯成为富裕国家。早期外国石油公司垄断和控制了沙特阿拉伯石油的生产、定价和销售权，并实行高产低价政策，造成了沙特阿拉伯石油财富的流失。20世纪70年代，沙特阿拉伯逐步推进油气资源国有化，沙特阿拉伯国家石油公司成为王室代表。到20世纪80年代中期，以石油天然气为原料的大、中型石油化工企业陆续投产。

目前，沙特阿拉伯正在从单纯依赖石油，致力于经济结构多样化。但无论沙特阿拉伯如何重视非油气产业发展，其自然资源的本底基础和人文基础，在很大程度上也决定了沙特阿拉伯相对俄罗斯更具有出口主导型资源战略的国家特征。

6. 马来西亚的资源战略

东南亚的马来西亚代表着地处热带地区，各类资源较为丰富，且经济技术水平相对较好的发展中国家类型，与此相类似的还有同属东南亚的印度尼西亚、菲律宾、泰国等。

马来西亚在独立前，主要依靠橡胶、锡这两类初级资源性产品维持地区经济发展，经济结构十分畸形、单一。第二次世界大战结束，马来西亚独立后，第一步开始实施初级资源产品多样化资源战略。马来西亚依托其属热带雨林气候，雨量充沛，土壤肥沃，耕地资源潜力大等优越的农业生产条件，在保持传统橡胶种植生产同时，利用充足的土地与气候资源优势，大力发展油棕、硬木、可可、甘蔗和粮食等多种作物，使现在的马来西亚已成为世界上最大的橡胶、棕油、热带硬木生产和出口国。在矿产资源开发与矿业发展方面，除稳定传统的锡矿开采外，马来西亚还十分重视石油、天然气的开发，石油在马来西亚的 5 大类资源性产品（橡胶、棕油、原木、锡、石油）中已跃居首位。

在实现初级产品多样化基础上，马来西亚逐步变单纯的初级资源产品出口为初级加工产品出口为主。以农产品为主要原料的食品、饮料、造纸、木材加工、橡胶加工等制造业得到了较快的发展，以石油、天然气为原料的炼油、石油化工等也得到了较快发展，使马来西亚成为东盟国家中经济成长性较强国家。即使机电业近 20 年已成为马出口最大产业，但其传统农矿资源优势矿产品、农产品及初级加工品，仍紧随机电占据重要地位。总体上，马来西亚属于实施出口资源战略的国家。

7. 日本的资源战略

日本作为地处东亚地区岛国，相对于人口规模而言，日本国土面积狭小，自然资源贫乏，几乎缺乏现代工业生产所需要的全部能源与矿物原料资源。但这样一个资源绝对贫乏、人口众多的国家，在第二次世界大战前以明治维新为开端，通过对外侵略战争完成了初步工业化。在第二次世界大战战败后，美国在地缘政治战略需求下大力扶持日本经济恢复与增长，使日本迅速成为当时世界上仅次于美国的第二大经济强国（直到 2010 年前）。

第二次世界大战后日本经济起飞的因素很多，其中一个重要因素是实施了较为符合自身实际的资源战略。日本采取"加工出口、贸易立国、大进大出"的经济发展战略，即大量进口国外资源，经加工成各种制成品后，再出口国际市场。日本资源战略代表了发达国家中的资源相对贫乏的类型。与欧洲的德国相似，日本在发达工业化国家中属于实体经济为主的国家，各类常规能源资源和矿产资源短缺，使得日本成为实施全面进口型资源战略的典型国家。

在美国的扶持下，日本与各个新独立国家开展贸易或合作生产，以获得稳定的资源和原料供应，其拥有漫长海岸线，众多天然良港，十分有利于海运业和对外贸易，利用海运有利条件和专业化的远洋运输，把所需要的资源产品和进口原材料进口输送到沿海邻近港口布局的工业区，大大降低了运输费用，使日本进口型资源战略得以实施。

20 世纪 80 年代初，为缓解资源能源供应不稳定的影响，日本开始实施"科技立国"战略。利用工业化积累的先进技术和中国改革开放的有利时机，开始了高耗能、能源原材料产业的大规模向外转移，发展对能源原材料消耗小、技术密集、高附加值的高技术产业，逐步减少了对传统能源与原料资源的进口和依赖。到 20 世纪 80 年代中期，由于巨额的贸易顺差，日本与欧美贸易摩擦不断升级。1985 年日美《广场协议》签署，迫使日元升值，日本经济发展一度受挫。20 世纪 80 年代后期，日本加快实施"海外投资立国"战略。通过资本输出，把国内传统过剩产能转移到国外，如中国、东南亚、拉美等国家和地区，就地利用当地资源和市场，建立生产基地，进一步减少对国外资源的依赖程度。总之，进入 21 世纪后的日本，虽然仍属于全面进口型资源战略实施国家的典范，但通过大规模海外投资与产能转移，资源需求规模与结构在总体上已处于稳定并出现下降态势。

13.4　中国的资源战略

13.4.1　中国总体资源战略的历史演变

　　地处欧亚大陆东部，濒临太平洋，季风气候主导的中国，"泱泱中华，地大物博，无所不有"，立足于水土资源，以农牧业经济为主导，生物资源开发利用为主体的基本格局，一直持续到 20 世纪中期。

　　中国真正意义上的工业化，是在 1949 年新中国成立后。在苏联帮助下，自 20 世纪 50 年代初开始工业化，囿于对中国资源基本格局"地大物博"的基本认识，实施"立足国内、略有出口"总体资源战略。

　　从 20 世纪 50 年代初到 70 年代末，中国经济发展过程较为曲折。在经历了百年耻辱之后，新中国从政府到人民大众，都希望以最短的时间改变既有贫穷落后的面貌，增强国家的经济实力和国防实力，应对国际变化莫测的形势。中国在经济发展的指导思想上强调高速度，与这种经济发展战略相适应的则是高消耗、高投入的资源战略，即为了追求产量、产值规模的高增长，不顾各种生产要素的投入合理与协调性，有时甚至以损失、浪费自然资源作为代价。

　　新中国成立初期即遭遇世界冷战，中国由于无法接受西方国家的利益瓜分，不得不选择"一边倒"，遭到美国为首的西方国家的敌视与经济封锁。20 世纪 50 年代末期，中苏友好关系破裂。为避免受别国控制，中国发展经济更加强调自力更生，加之传统"地大物博"资源观影响，造成较长时期的封闭与被封锁。这一时期对外贸易发展缓慢，进口以成套技术装备为主，而资源产品进口较少。因此，20 世纪 50~70 年代的资源战略，具有较高的封闭性，整体上属于高耗、低效、封闭型资源战略。

　　随着 20 世纪 70 年代末改革开放逐步加快和社会经济快速发展，尤其是工业化及城市化的快速推进，原有的资源供需平衡格局逐步失衡，主要表现为常规能源资源油气资源的短缺和铁、锰等黑色金属矿资源的短缺，中国总体资源战略也随之不断进行调整与改变。进入 20 世纪 90 年代前期后，基于保障资源安全的目标，加之冷战结束和世界外部发展环境的改善，中国开始转向推进与实施的"立足国内、进口补充"的总体资源战略。

　　总体上，自 20 世纪 70 年代末，80 年代初开始，直到 20 世纪末期，中国的改革开放和经济发展模式发生转变，资源战略模式也相应发生变化。经济发展目标开始从追求单一产量和规模的高耗高增长向兼顾速度与效益的综合性增长转变；在发展策略上，从过去保重点与不协调发展，转向有重点的相对平衡与协调发展，资源利用由高度关注与重工业发展直接相关的资源保障，转变为综合利用与协调土地、水、矿产和生物等各类资源，关注资源开发所需基础设施的全面发展和资源利用效率的全面提高；在发展方式上，也从过去外延增长为主，简单加大资源开发强度，追求粗放地扩大再生产，逐步转向内涵与外延并重，强调充分合理利用资源，不断提高资源利用深度。在引进国外先进技术装备的同时，逐步扩大资源产品的国际贸易空间和渠道，主动积极进口国外资源产品，并开始向国外投资以获取国内短缺资源。这一资源战略可简单称为低耗、高效、开放式资源战略。中国由于工业化和城市化尚未完成，仍处在高耗、低效、封闭型资源战略向低耗、高效、开放式资源战略的转变时期。

进入到 21 世纪初期，中国经济结构和工业化进程全面转向"重型化"增长，产生了资源供需严重失衡格局，致使中国进一步全面调整，形成了"两种资源、两个市场、开源节流、供给安全"资源总体战略。随着中国逐步完成初步工业化，产业结构正处于重大结构性调整初期，中国对战略资源的需求正从量变走向质变。总体上看，当前中国主要资源消耗类产业（钢铁、有色金属）已进入成熟发展期，水泥等大宗建材已进入平台期；应对气候变化、生态文明建设和可持续发展战略的基础性影响和作用，将促使中国加快全面完成传统工业化。预计到 2030 年前后，中国将构建"充分合理利用境外资源，合理利用保护国内资源，构建新型全球资源治理体系，保障资源供给安全"的总体资源战略。

中国总体资源战略包括以下具体含义。

第一，多样化与多元化是中国资源战略的基本出发点。中国仍是发展中的大国，资源赋存格局是资源总量较丰富，但人均拥有量较少，资源品质不高，部分重要资源品种短缺；同时，中国正在构建一个以实体经济为主，并具有完整产业结构和产业链的庞大复合经济体系。由此，决定了中国资源战略，不能照搬和沿袭国外任何一类国家的资源战略。

中国资源战略的基本出发点就是要实现资源来源的多样化与多元化。首先，中国没有一类资源在世界上具有绝对优势，尤其是能矿资源，无法形成如沙特阿拉伯、俄罗斯等国的常规化石油气资源那样举足轻重的影响，部分资源虽在世界上占有重要地位，但大多属于利用量较小，重要性次之的矿物类资源，如稀土、钨、锑等。其次，中国有 14 亿人口，完整的农业和工业实体经济生产体系对资源消耗量大，自身绝大部分资源要用于国内消耗，不可能像澳大利亚、加拿大等地大人少的国家那样，主要农牧、能矿资源产品能够大部分用于出口。中国的资源战略，更不可能建立在少数几种优势资源基础上，多样化与多元化必然是中国资源战略选择的出发点。因此，中国在开发本国优势资源外，对其他非优势资源，也必须给予充分重视，建立以优势资源为主，实现资源种类和结构多样的资源战略体系。

第二，充分利用国内资源，积极利用国外资源，构建新型全球资源治理体系应是我国资源战略的核心。中国改革开放以前的资源战略与经济运行体制相似，受苏联影响较大，具有较高的封闭性。作为占世界人口 1/5 以上的发展中大国，仅依靠国内资源完全不足以支撑工业化和城镇化。既要立足利用国内资源，也要大力利用国外资源，应是中国资源战略的核心。中国资源战略的立足点是国内，并要尽可能充分地合理利用国内资源，而对于相对不足和绝对短缺的资源，因品质较差、开发条件差的，则需要加强利用国外资源。例如，中国虽铁矿资源总量较大，但富铁矿短缺，而澳大利亚、巴西等富铁矿资源丰富，也是其作为国际贸易创汇的主要出口产品，中国就需要进口这些富铁矿以弥补国内需求不足。同时，中国也可在资源丰富国家投资建厂，直接建立海外原材料及加工基地。

第三，保护资源与生态环境是我国资源战略的重要组成部分。在中国式现代化建设和实现"两个一百年"奋斗目标进程中，各种资源需求和开发强度越来越大，对自身的环境影响也越来越大，资源的保护意识和保护措施需要不断加强。我国在过去较长一段时期，只重视资源的开发利用，而忽视了资源的保护，更引发了日益严重的生态环境问题。要真正使经济持续、稳定、协调发展，就必须将资源相适应、生态环境相协调的内容纳入经济社会发展体系中。只有超前认识和重视资源高效、循环、绿色利用和生态环境保护，才能保证经济社会的健康发展和可持续发展。因此，必须高度重视并把资源保护作为资源战略的重要组成部分。

第四，建立资源节约型国民经济体系是中国资源战略的基本目标。当前国民经济正处于高投入、高消耗的传统发展阶段向低投入、低消耗转变的重要过渡阶段，资源总量需求较大，能源、原材料等资源密集型基础产业，仍是中国实体经济的重要内容。全球资源格局不允许中国走发达国家工业化、城市化的传统道路，必须也只能选择构建低消耗的资源节约型国民经济体系，包括构建以节地、节水为核心内容的节约型农业生产体系，以节能、节材、低碳、循环为核心内容的资源高效型工业生产体系，以减少成品油并向电力转换为核心内容和以公共交通为主干的高效低碳节约型交通运输体系，以节能、节材和绿色能源为核心内容的绿色低碳建筑生产消费体系等。

13.4.2 中国能源资源战略

在工业化进程中，能源资源在资源体系中占据主导地位。中国能源资源战略的变化，一定程度上反映了中国资源战略的演进历程。20世纪中期以来，中国能源资源战略经历了能源全面自主战略（1950～1973年）、能源自主及出口换汇战略（1974～1992年）、能源适量进口战略（1993～2001年）、能源自主及适度进口战略（2002～2015年）、低碳高效安全复合型新战略（2015年至今）。

我国社会各界已充分认识到过度依赖常规化石能源的能源安全体系面临着诸多现实和潜在的资源环境问题。自2010年以来，我国就开始推进和实施大规模的以能源供给侧转型为主的转型发展战略，全面推进和利用水能、风能、太阳能、海洋能、地热能等清洁能源，且这一战略已成为全民共识。《中华人民共和国能源法》明确提出，我国未来能源战略应当是：能源开发利用应当与生态文明相适应，贯彻创新、协调、绿色、开放、共享的新发展理念，遵循推动消费革命、供给革命、技术革命、体制革命和全方位加强国际合作的发展方向，实施节约优先、立足国内、绿色低碳和创新驱动的能源发展战略，构建清洁低碳、安全高效的能源体系。

中国能源总体战略是：加快调控转型、强化节能优先；实施总量控制、保障合理需求，推进战略储备；优化多元结构，实现绿色低碳。其内涵可基本概括为"总量控制、结构调整、绿色、低碳"，即全面推进能源节约利用，加快能源结构调整，充分利用境外油气资源，大力促进风光与生物质能源开发利用。具体包括以下八个方面：

（1）强化单项和综合能源利用效率提升，全面推进"节能优先、总量控制"；

（2）充分利用煤炭资源优势，突出科技创新，大力进行煤炭洁净开发、高效利用；

（3）既要充分利用境外油气资源，又要确保国内油气战略地位，积极开发页岩油气及可燃冰等非常规资源，稳步推进石油战略储备，同时将天然气作为调整开发利用与战略储备的重点；

（4）积极有序开发水能资源，稳步提高最具有现实意义的水电清洁能源生产与消费比重；

（5）大力开发可再生风、光与生物质新能源，全面提升绿色清洁能源资源开发利用强度；

（6）积极稳妥发展核电，以此进一步夯实基本电力供给基础和保障能力；

（7）构建中国特色高效安全（智能）电力与电网系统，加强可再生新能源的大规模集中开发与分布式开发，全面推进电力储能技术的进步与应用；

（8）提高大国担当，在自力更生的同时加强国际合作，力争在核聚变、氢能、氚等未来可成为常规能源资源开发利用技术方面实现突破。

13.4.3 中国矿产资源战略

中国是矿产资源大国，但人均矿产资源消费水平和结构性短缺突出。国家并未出台相应的矿产资源战略，但反映在包括矿产在内的国家矿产资源规划和法律法规中，如《全国矿产资源规划（2008—2015 年）》《全国矿产资源规划（2016—2020 年）》《矿产资源法》等。

从中国矿产资源规模与未来需求趋势来看，主要黑色金属中的铁、锰、铬等，有色金属中的铜、铝等，稀有稀散金属中的镍、钴、铂族金属等，均需要继续实行全球平衡战略。相对而言，非金属矿产的对外依存度总体上较金属矿产要小得多。但未来真正处于绝对短缺，需要全球平衡提升进口比重的非能矿产并非铁、锰等黑色金属，而是铬、铜、铝、镍、锂、锗、镓等有色金属和稀有稀散金属，这些非能矿产在种类上呈现出结构性短缺状况。同美国、欧盟等一样，我国在《全国矿产资源规划（2016—2020 年）》中，将包括石油、天然气、煤炭等能源矿产在内的 24 种矿产列入战略性矿产清单（美国为 50 种、欧盟为 27 种）。

因此，与能源战略相似的是，矿产资源战略更需要尽早构建全球化的新型资源治理体系。按照中国现代化产业体系构建的实际需求，其迫切程度甚至高于能源矿产中的石油、天然气资源。一方面，中国依然要推进实体经济体系作为未来经济现代化和产业结构转换的主线；另一方面，可以在能源技术变革和进步的作用下，降低对石油和天然气的依存度，但以实业为主体的中国经济增长，尤其是高技术产业体系的构建与发展，对有色金属和稀有稀散金属的需求增长是绝对的。2020 年后，中国主要原材料消费（钢材、水泥）虽已进入峰值平台期，但因尚未全面完成工业化和城镇化，未来仍将持续较长时段（15～20 年），故常规矿产资源的消费规模及结构仍将持续较长时期，大规模推进实施城市矿产战略预计在 2030 年以后。

中国的矿产资源总体战略大体是：加快消费规模与结构转型，促进资源合理利用；主动走向世界，积极利用境外资源，有序出口优势资源，强化国内资源勘探储备；推进技术创新与机制创新，引领资源替代，促进资源循环利用。

具体表现为：①在大力推进矿产资源及相关材料科技革命与创新的背景下，全面推进节约型的矿产资源消费与资源相互替代战略；②面对矿产资源赋存复杂和勘探发现难度不断加大的趋势，需要大力推进和实施集约型与科技推动型的勘探开发战略；③在确定需求型和供给型战略矿产资源的基础上，要更大限度推进和实施境内外协调型、跨区域、跨种类的矿产资源配置利用战略；④在中国已成为最大实体经济产业国和最大货物贸易进出口国的格局下，通过全球化和开放型的供给与出口战略推进，主动积极构建全球化矿产资源开发经营机制，实现矿产资源的高效安全供给；⑤积极面对全国矿产资源积累消费"阈值"的到来，逐步推进城市矿产综合开发与资源循环利用战略，稳步构建城市矿产开发利用机制。

需要强调的是，未来的中国矿产资源战略推进与实施，必须加强矿产资源权属、矿产资源勘探、矿产资源开发、矿产资源交易的国内国际两个市场的有机协调与衔接，利用全球最大矿产资源输入国的有利态势，在遵循国际规则和国际惯例的基础上，通过主动构建新型的全球资源治理体系，从全球矿产资源市场的参与者，逐步成为全球矿产资源市场的影响者和引导者。这无疑是未来中国矿产资源战略实施进程中必须面对的历史性重大任务。

13.4.4　中国农业资源战略

由于中国作为全球第一人口大国的基本需求态势和需求品质不断提升，粮食及各类农产品需要基本立足国内供给；同时，因全国和区域农业生产供给体系的变化和发展，需要中国农业资源战略总体上从保数量增长向兼顾数量维持与质量增长的基本思路转变。

中国农业资源总体战略是：以保护与合理配置水土资源为基础，以保障粮食及主要农畜产品安全为目标，以科学技术创新为引领，立足国内资源开发利用，实现农业资源可持续开发利用。具体包含以下内容：①严守全国和区域耕地资源"红线"，实现基本农田和森林、草场、海洋牧场的动态平衡，保护和提升水土资源与种质资源的基本数量规模和品质，稳步提升农林牧渔业资源本底品质；②全面推进和稳定国内生产，实施粮食生产及收储品种结构调整，兼顾全球市场的国家粮食安全战略；③强化持续的农林牧渔业系统科技创新与技术进步推进战略实施，实现农产品安全生产与安全消费的安全供给战略；④强化农业资源与农业生态环境相互协调，在农林牧渔业资源与农业生产领域全面推进和实施国土资源安全战略；⑤中国农业资源战略必须建立在全球化视野基础上，在"一带一路"倡议推进过程中，有序推进和实施农业资源开放与境外开发战略，尤其是毗邻的俄罗斯、蒙古国和中亚各国，以及中南半岛的农业资源优势，应作为未来中国农业资源战略的重要对象。

对北方的俄罗斯、蒙古国，中亚国家和地区，要充分尊重当地的历史、社会习俗和法律法规，加强农畜牧业资源和森林资源利用的作用；对南方中南半岛国家，要特别关注与老挝、柬埔寨等国的深度系统农业资源开发利用合作，要充分利用老挝、柬埔寨两国人力资源相对缺乏，但农业资源（水土与农林渔资源）丰富且有待优势发挥，中国与两国传统友好关系深厚的有利格局，积极探讨和稳步推进，将两国纳入我国西南地区经济一体化发展进程中。而对于非洲和南美国家和地区，需要根据不同实际，开展不同方式和形式的合作，构建从农业资源（重点是耕作类农业资源）到农业生产体系的合作共赢，促进非洲和南美国家优势农业资源及生产供给能力全面提升，积极探索在这些国家和地区推行大规模农业生产基地建设。

13.4.5　中国水资源战略

随着保障水资源供应安全的问题日益突出，改善和提升水质、维护水生环境的关系日益密切，水资源时空格局调整需求日益强烈。中国在未来较长时期内，需要长期坚持水资源总体战略：充分树立中国位列全球 13 个贫水国家、人均不足、时空不均、南北差异大且局部污染严重的意识，以体制改革和法治化制度创新为突破口，以确保合理需求为目标，开源与节流并重，构建新时期"生产、生活、生态"一体化的水资源供给保障体系。具体包含：①构建更加严格的法治化水资源管理制度与管理体制，全面建设节水型社会；②强化水资源综合配置，合理配置北方地区流域水资源，强化流域和区域生产用水、生活用水、生态用水的供给消费比例，持续维护流域和区域水生态环境和提高水环境的修复能力；③调整实体经济产业与产品结构，控制高耗水产业与高耗水产品无序发展；④树立虚拟水资源视角，重视跨区和跨境虚拟水资源开发利用，强化虚拟与非传统水资源利用，重视高耗水产品进口替代；
⑤强化水资源基础工程配置，推进水资源全国协调与区域统一的管理体制建设。

13.5　资源战略模式与综合管理

13.5.1　主要管理模式与类型

自然资源战略管理，强调自然资源供给与保障的稀缺性程度的差异。可从不同性质、不同类型、不同层级、不同权属、不同交易方式等划分出不同的资源战略管理模式与政策类型。从空间视角出发，资源战略管理总体上可划分为国家战略资源管理、区域资源战略管理和企业资源战略管理。从企业到个人层级，因资源权属（包括资源所有权、经营权、使用权及承包权的组合不同差异）的明确性，通常情况下，这类层级的资源战略管理无论是管理模式还是管理类型，均不涉及资源权属问题，故在此不作详细讨论。

在国家和区域层级，无论哪种类型的资源战略管理模式与管理类型，均需要将资源权属性质及归属类型、资源资产化、资源战略规划、资源保障供给、资源交易监督与管理、资源开发利用过程与资源赋存生态环境协调、监督管理、资源开发利用公共服务等内容，纳入资源战略任务之中。

需要着重分析和明确的主要是资源权属性质及归属类型和资源资产化的问题。

就资源权属性质及归属类型而言，虽然国别和区域资源战略通常不在具体文本或政策（如资源国际公约、白皮书、绿皮书）中表述，而通常在国家宪法、民法等基本法及专项资源管理法中，乃至在联合国宪章等予以表述和规定。各国对资源权属的确定，对资源所有权、经营权（承包权）、使用权的统一与权属分离不同，在资源管理制度中就已给予了确定，故其资源战略对所涉及资源的权属基本性质与归属类型均予以明确的规定。

具体而言，全球多数国家实行的是自然资源公有制，且为资源收益共享制。不尽相同的是，各国在自然资源公有所包括的种类范围上，同类资源公有的比重和具体的所有制（权属的统一与分离）等方面，存在不同程度的差异。因国家及资源种类不同，自然资源公有的主体有所差异。具体包括名义上的联盟所有（苏联时期）、联邦所有、州（省）所有、市（县）所有等。即使在市场经济最发育的发达国家，也存在资源所有权国有，经营权国有和使用权共有的明确规定。例如，美国作为土地资源私有权量大且高比例存在的国家，也有 5 亿英亩的土地资源和 7 亿英亩的地下资源明确为国有性质，并由美国联邦内政部作为国有土地和地下资源的所有权代表者。在我国，即使是《宪法》明确规定中华人民共和国境内的自然资源均为国有或集体所有（《宪法》第九条、第十条），但在改革开放以后，逐步通过资源所有权、经营权（承包权）和使用权的"三权"分离和让渡，实现了国有（集有）资源权属的非国有（非集有）经营和使用，如我国农村耕地、草地、宅基地和自留地、自留山场等普遍实行的是集体所有制，但通过经营承包权与所有权的分离和推行，以及经营承包权与使用权的进一步分离，实现了农村土地资源的合理有效开发利用。

就资源的资产化管理问题而言，虽然同所有制权属一样，通常不会在国家和区域的资源战略或政策中表述，但在资源战略或政策出台前，就已经明确了资源是否资产化，归谁管理，资源资产化的收益属于谁的问题。例如，在美国、加拿大等西方发达国家，按照"谁所有—

谁管理—谁收益"原则（不是具体的经营活动，而是公共管理活动），实行的是公有土地及相关自然资源所有权、处置权和管理权基本一体化的管理体制。通过资源所有权、经营权、使用权的让渡，在获得产权收益的同时，放开市场经济活动，既实现了政府宏观调控的目标，又与市场经济活动实现了有机结合。我国还未能实现全面的资源资产化管理，目前实现资源资产化管理基础的资源账户（自然资源负债表制度）尚在研究和典型地区实验推广中，无法施行如西方发达国家的"谁所有—谁管理—谁收益"原则，主要问题集中在"谁受益"环节上出现了较多的混乱，因缺乏资源开发利用前和利用中的前置条件与事中监督管理，导致事后产生了较多的资源环境协调"外部性"问题。

按照资源权属性质及归属类型、资源保障供给、资源交易监督管理、资源开发利用过程与资源赋存生态环境协调、监督管理、资源开发利用公共服务等方面内容的不同与差异，可将世界主要国家的资源战略管理模式及管理类型大致划分为以下三个类型：

（1）市场调节与配置型（美国、英国、法国、加拿大等）。即多数资源明确了是国有还是私有（无集体所有所有权之分），政府只在宏观目标上保障和引导资源供给（石油战略储备除外），通常不具体进行资源的经营交易、资源开发利用与所赋存生态环境的协调等活动，而主要负责监管资源的经营交易活动等是否公平、规范，是否存在资源环境外部性问题，以及必要的资源利用公共信息发布等。

（2）政府调控与配置型（中国、朝鲜、古巴、委内瑞拉等）。即大多数资源明确了国有或者集体所有（基本不存在私有权属的性质），除在宏观目标和政策引导外，政府往往还通过从中央到地方政府的代理——国有企业来保障重要资源的有效供给，以及重要资源通过国有企业进行交易和市场控制等。虽然此种模式及管理类型在资源供给出现危机和短缺时，保障供给的效率要高于前一种类型，但在资源利用的公平、规范性方面相对较差，容易产生较多的资源环境外部性问题。

（3）混合型调控与配置型（日本、印度、俄罗斯、沙特阿拉伯、以色列等）。该模式及管理在市场化、社会化的强度上介于前两种类型之间，资源权属性质也只有国有和私有两种所有权属之分。政府主要针对稀缺性较高的资源，这种资源通常会伴随较多的政府直接参与和较多规范引导活动。例如，以色列作为水资源极度短缺的国家，就明确规定水资源是公共财产，由国家直接控制，私人不得拥有水资源，但可以拥有使用权，并通过法律规定了水资源配置的优先程序，即居民拥有最优先的使用权，其次是工业、农业、其他用途，政府直接介入水资源的有偿使用与合理使用，实行用水许可证制、用水配额制和阶梯水价，以及回用水鼓励制度，并进行用水严格执法和广泛的节水舆论宣传。

13.5.2　主要管理方式

无论推进实施哪种资源战略管理模式与类型均会采用相同和相似的管理方式，差别在于所用管理方式的占比高低和频次多少。通常市场主导型国家、混合型调控与配置型国家会较多地采用法律法规及技术政策管理方式，而政府调控与配置型国家在推进实施资源战略时，较多采用经济政策和行政管控。一般而言，资源战略的管理方式分为以下四种。

（1）法律法规（大陆法系与海洋法系、基本法、管理法、法规）。这是市场经济体制较为成熟的国家和区域通常使用的资源战略管理方式，这些国家大多进行资源产权登记，编制了资源资产清单，全面推行资源开发利用事前审批许可证制度，并突出与资源开发利用相关的生态环境相协调目标。上述内容在我国虽然已开始逐步推进，但多在实验和探索阶段。

（2）经济政策（产业政策、金融政策、税收政策）。这是将所有资源战略模式中最为常用的管理方式，主要适用于保障资源的有效供给，结合资源供给在某一阶段的保障程度和稀缺性，进行具体的指导性发布和经济刺激。

（3）技术政策（行业标准、技术规范）。该类管理方式主要在经济发达的西方国家采用较多，如资源开发利用的审批许可证制度中配套的准入行业标准和相应的技术规范，即不达相关技术标准不予许可证发放。

（4）行政政策（行政办法、行政规范）。该类管理方式一般在市场经济体制尚不成熟的国家中采用较多，即资源战略管理模式中政府调控与配置型国家使用较多，原因在于对资源开发利用事前可能发生的问题预见不足，由于缺乏相应的法律法规基础，这类政策的推进和实施通常存在较多的随机性和随意性。

13.5.3 中国资源战略管理模式演变

经过 40 多年的改革创新，中国的社会主义市场经济基本框架和制度逐步得以建立和不断优化，中国资源战略管理模式也处在相应的调整与变革之中，总体上更加注重制度化建设和公平性与规范性。2019 年 10 月 28～31 日，中国共产党第十九届中央委员会第四次全体会议审议通过了《中共中央关于坚持和完善中国特色社会主义制度、推进国家治理体系和治理能力现代化若干重大问题的决定》。这在体制机制上为全面的法治化、规范化，为环境保护、资源高效利用和生态文明体系建设指明了方向。主要体现在以下几个方面。

第一，法治化的管理体制机制建设是中国资源战略推进和实施的必然选择。中国资源战略管理模式的法治化建设是必由之路。具体的改革方向是坚持资源所有者与监管者分离的原则，要着重处理好政府与市场、自然资源资产所有者与资源监管者、中央政府和地方政府、自然资源监管与生态环境治理四种关系。需要尽快出台自然资源管理基本法，尽快完成相关部门法和管理法的梳理和调整，如《中华人民共和国土地资源管理法》《矿产资源法》《水法》及其相应的实施条例等，形成一个完整协调的资源法律法规体系。

第二，资源资产化是中国资源战略管理推进实施的重要内容。在尽快完成全国资源资产化工作要求下，需要同步编制资源资产账户（资源资产负债表），在此基础上整合目前分散的全民所有（国有）自然资源资产所有者职责，明确授权自然资源部，对在同一国土空间内的全民所有的矿藏、水流、森林、山岭、草原、荒地、海域、滩涂等各类自然资源资产，统一行使占有、收益、使用、处置等所有权。具体内容包括：①依照有关法律和行政法规规定，履行自然资源资产所有者职责；②对各类全民所有自然资源资产进行统一确权登记、统一资源配置、统一标准规范、统一信息平台；③建立覆盖各类全民所有自然资源资产的有偿出让制度，依法征收资产收益；④负责管理中央直接行使所有权的自然资源资产，承担其保值增值的责任，指导并监督地方政府代行所有者职责的全民所有自然资源资产。

第三，融入全球化、引导全球化是中国资源战略主导构建新型全球资源治理体系的基本路径。应在资源战略中，主动引导不同类别资源在企业层面积极参与全球资源开发利用技术及贸易机制的改革和创新。在加快融入全球化资源市场机制的进程中，逐步通过开发利用的规模效应和资本运作，力争获得更多国际资源市场的定价主导权，主导构建反映"全球命运共同体"的新型全球资源治理体系。

　　第四，资源战略与环境、生态战略管理持续融合是中国资源战略管理模式的重要特征。中国作为一个负责任的发展中大国，资源战略的实施进程必须与生态环境战略管理进行持续协调与融合。资源战略管理模式构建的重点是在资源开发利用事前和事中的过程性调控，充分利用和借助生态环境行业标准和技术标准，尽可能预防和控制资源开发利用的过程中和事后的生态环境问题发生，为减少生态环境的"外部性"提供更为坚实的基础。

练 习 题

　　1. 什么是资源战略？有哪些主要的资源战略类型？
　　2. 如何定位自然资源战略？
　　3. 自然资源战略具有怎样的目标与功能？
　　4. 中国为什么需要制定和实施自然资源战略？
　　5. 实施资源战略有哪些模式和类型？

主要参考文献

财联社，自然资源部网站. 2021. 美国政府拟修订关键矿产目录：萤石仍在列，新增镍、锌！(2021-11-08)[2024-06-10]. https://www. sohu. com/a/500620341_120723576

陈从喜，吴琪，李政，等. 2017. 2016 年中国矿产资源开发利用形势分析. 矿产资源保护与利用, (5): 1-7

陈甲斌，霍文敏，冯丹丹，等. 2020. 中国与美欧战略性(关键)矿产资源形势分析. 中国国土资源经济, 33(8): 9-17

陈军，成金华. 2016. 完善我国自然资源管理制度的系统架构. 中国国土资源经济, (1): 42-45

崔建树. 2010. 哈尔福德·麦金德的地缘政治思想研究. 国际政治研究, (4): 81-102

电力规划设计总院. 2019. 中国能源发展报告 2018. (2019-04-28)[2024-06-10]. http://news. bjx. com. cn/html/20190429/977730. Shtml

法提赫·比罗尔. 2018. 电力将成为能源的未来. (2018-01-12)[2024-06-10]. http://www. china5e. com/news/news-1016748-1. Html

国家发展改革委，国家能源局. 2017. 能源生产和消费革命战略(2016-2030). 电器工业, (5): 39-47

国家能源局. 2019. 2018 年全国电力工业统计数据. (2019-01-18)[2024-06-10]. http://www. nea. gov. cn/2019-01/18/c_137754977. Htm

国家能源局. 2020. 国家能源局关于《中华人民共和国能源法(征求意见稿)》公开征求意见的公告. 电力设备管理, (4): 16-25

国家能源局. 2021. 我国可再生能源发电累计装机容量突破 10 亿千瓦. (2021-11-20)[2024-06-10]. http://www. nea. gov. cn/2021- 11/20/c_1310323021. htm

国家统计局. 2019. 中国统计年鉴 2019. 北京：中国统计出版社

国务院. 2016. 国务院关于全国矿产资源规划(2016-2020 年)的批复. 中华人民共和国国务院公报, (33): 39-40

国务院. 2017. 全国国土规划纲要(2016-2030 年). 中华人民共和国国务院公报, (6): 30

何腊柏. 2013. 中国非洲资源战略面临新挑战. 世界有色金属, (1): 26-29

黄晓芳. 2019. 自然资源资产产权制度改革全面推开. 经济日报. (2019-04-23)[2024-06-10]. https://www.gov.cn/zhengce/2019-04-23/content_5385244.htm

李忠. 2012. 发达国家能矿资源利用战略及启示. 宏观经济管理, (11): 77-79

刘伯恩. 2017. 自然资源管理体制改革发展趋势及政策建议. 中国国土资源经济, (4): 81-21

刘丽, 陈丽萍, 吴初国. 2015. 国际自然资源资产管理体制概览. 国土资源情报, (2): 3-8

米尔施泰因, 等. 1985. 论资产阶级军事科学. 黄良宇, 程钟培, 丘泰, 译. 北京: 军事科学出版社

任辉. 2020. 关于全国矿产资源规划(2021—2025 年)编制的思考与建议. 中国煤炭地质, 32(9): 1-8, 20

宋建军. 2006. 世界资源形势与资源战略. 粤港澳市场与价格, (9): 31-33

宋绍松. 1999. 战略小考. 现代军事, (6): 58-59

孙鸿烈. 2000. 中国资源科学百科全书. 北京: 中国大百科全书出版社/石油大学出版社

王安建, 高芯蕊. 2020. 中国能源与重要矿产资源需求展望. 中国科学院院刊, 35(3): 338-344

王克强, 赵凯, 刘红梅. 2015. 资源与环境经济学. 上海: 复旦大学出版社

王礼茂, 郎一环. 1994. 不同类型国家资源战略实施的启示及我国资源战略的选择. 自然资源学报, (4): 304-312

王雅倩, 谭文华. 2021. 新时代推进我国生态环境有效治理的路径探析. 现代农业, (1): 6-9

文博杰, 陈毓川, 王高尚, 等. 2019. 2035 年中国能源与矿产资源需求展望. 中国工程科学, 21(1): 68-73

夏云峰. 2017. 2016 年中国风电开发主要数据汇总. 风能. (4): 34-36

徐强. 2006. 美国全球资源战略综述. 天然气经济, (3): 20-23

于宏源, 邵律. 2017. 欧盟资源政治经济战略和对中国的启示. 上海经济, (1): 41-47

余敬, 张京, 武剑, 等. 2015. 重要矿产资源可持续供给评价与战略研究. 北京: 经济日报出版社

袁国华. 2012. 我国的全球资源战略及组织实施中的几个问题. 中国国土资源经济, (5): 8-10

翟明国, 胡波. 2021. 矿产资源国家安全、国际争议与国家战略之思考. 地球科学与环境学报, 43(1): 1-11

中电联电力统计与数据中心. 2021. 2020-2021 年度全国电力供需形势分析预测报告. (2021-02-03)[2024-06-10]. http://www.chinapower.com.cn/zx/zxbg/20210203/50117.html

中电联规划发展部. 2017. 2016-2017 年度全国电力供需形势分析预测报告. (2017-02-03)[2024-06-10]. http://www.chinapower.com.cn/informationzxbg/20170203/79573.html

中电联行业发展与环境资源部. 2019. 2018-2019 年度全国电力供需形势分析预测报告. (2019-01-29) [2024-06-10]. http://www.chinapower.com.cn/focus/20190129/1264759.html

中共中央. 2019. 中共中央关于坚持和完善中国特色社会主义制度 推进国家治理体系和治理能力现代化若干重大问题的决定. (2019-11-05)[2024-06-10]. http://www.qstheory.cn/yaowen/2019-11/07/c_1125202003.htm

中共中央办公厅, 国务院办公厅. 2019. 中共中央办公厅 国务院办公厅印发《关于统筹推进自然资源资产产权制度改革的指导意见. (2019-4-14)[2024-06-10]. http://www.qstheory.cn/yaowen/2019-04/14/c_1124365222.htm

BP. 2019. 2019 年 BP 世界能源统计年鉴. (2019-7-30)[2024-06-10]. https://www.bp.com.cn/content/dam/bp/country-sites/zh_cn/china/home/reports/statistical-review-of-world-energy/2019/2019srbook.pdf

中国大百科全书军事编委会. 2007. 中国大百科全书: 军事. 北京: 中国大百科出版社

中国能源中长期战略研究项目组. 2011. 中国能源中长期(2030、2050)发展战略研究. 北京: 科学出版社

中央编办二司课题组. 2016. 关于完善自然资源管理体制的初步思考. 中国机构改革与管理, (5): 29-31

钟志生. 2021. 对外依赖度飙升至 73%? 我国 10 年已新增石油资源超 100 亿吨. (2021-02-26)[2024-06-10]. https://www.china5e.com/news/news-1110148-1.html

自然资源部. 2019. 中国矿产资源报告 2019. 北京: 地质出版社

自然资源部. 2021. 中国矿产资源报告 2021. 北京: 地质出版社

自然资源部中国地质调查局国际矿业研究中心. 2019. 全球矿业发展报告 2019. 北京: 中国矿业报社

第14章 资源环境与可持续发展

> 资源环境与可持续发展是环境经济学和资源经济学的重要研究内容。中国正在开展的生态文明建设是关系中华民族永续发展的重大任务，强调必须践行"绿水青山就是金山银山"的理念，坚持节约资源和保护环境的基本国策，坚持"节约优先、保护优先、自然恢复为主"的方针，坚定走兼顾"生产发展、生活富裕、生态良好"的文明发展道路，全面建设美丽中国。本章重点介绍资源与环境之间的关系，分析资源环境问题的产生与演进，探讨缓解资源环境问题的战略应对与路径选择，以及资源环境管理的发展与展望。

14.1 资源与环境之间的关系

要掌握和理解资源环境与可持续发展的关系，就需要在准确了解和掌握环境、生态环境、资源各个基本概念及内涵的基础上，厘清资源、环境、生态与人类活动的关系。

14.1.1 环境和生态环境的区别及其与资源的关系

1. 环境和生态环境的界定

古汉语中有关环境的表述是周围的地方和事物。例如，《新唐书》："时江南环境为盗区，凝以强弩据采石，张疑帜，遣别将马颖，解和州之围。"宋代洪迈的《夷坚甲志·宗本遇异人》中："二月，环境盗起，邑落焚刘无馀。"清代方苞在《兵部尚书范公墓表》述及："鲁魁山贼二百年为环境害，至是就抚。"而指环绕所管辖的地区，如见于《元史·余阙传》："抵官十日而寇至，拒却之，乃集有司与诸将议屯田战守计，环境筑堡寨，选精甲外捍，而耕稼于中。"清代刘大櫆《偃师知县卢君传》："君之未治偃师，初出为陕之陇西县，寇贼环境。"表达为人类所处的情况和条件，现代例如，茅盾《青年苦闷的分析》一文中："只有不断地和环境奋斗，然后才可以使你长成。"

《辞海》的科学百科词条对"环境"的定义是：人类生存的空间及其中可以直接或间接影响人类生活和发展的各种自然因素称为环境。《中国大百科全书·环境科学卷》的定义是：围绕着人群的空间及其中可以直接、间接影响人类生活和发展的各种自然因素的总体。环境管理体系认证标准（ISO14001）中，对"环境"的定义是：组织运行的外部存在，包括空气、水、土地、自然资源、植物、动物、人，以及它们之间的相互关系。《韦氏新大学词典》第九版对"环境"的定义是：第一，环绕的情况、物体和条件。第二，分别是指"作用于生物或生物社会并最终决定其形式和生存的物质的、化学的和生物的因素（如气候、土壤或生命体）"，或者是"影响个人或社会生活的社会和文化条件的总和"。《柯林斯词典》的解释是：影响人们或事物存在及其结果的外部条件。《不列颠百科全书》对环境的定义是：作用于有机体或生态群落并最终决定其形态和生存的物理、化学和生物因素的综合体。《牛津词典》的解释是：影响某人的行为和发展的条件；某人或某事物存在的物理条件。

　　一般而言，环境不能脱离具体的人或事物而独立存在。因具体的人、人群或事物不同，与之相对应和联系的环境所述及内涵就有所不同。从哲学角度讲，环境是一个相对于主体而存在的客体。总体上，环境是指以人类社会为主体的外部世界的总和，按照环境要素的形成应包括影响人类生存与发展的各种自然因素和社会因素的总和。对于环境科学而言，环境是泛指以人类为中心（主体）的外部世界的总和，即人类或某一群体赖以生存和发展的，包括自然因素和社会因素的综合体。从认识环境的自然属性（或称自然环境）出发，环境是指直接或间接影响到人类的一切自然形成的物质、能量和自然现象的总体。近年来，国际环境教育界将"环境"定义为：人以外的一切都是环境；同时，每个人也是他人环境的组成部分。该定义从微观层面出发，有助于公众理解环境问题与自己的关系，从而激发民众去为保护环境，身体力行地做一些力所能及的事情。

　　《中华人民共和国环境保护法》（简称环境保护法）第二条规定：本法所称环境，是指影响人类生存和发展的各种天然的和经过人工改造的自然因素的总体，包括大气、水、海洋、土地、矿藏、森林、草原、湿地、野生生物、自然遗迹、人文遗迹、自然保护区、风景名胜区、城市和乡村等。

　　本书在此所指"环境"，是与人类从事社会经济等各类活动相关的区域宏观与微观、自然与社会经济状况。在宏观层面上，与人类相关的自然环境包括岩石圈（包括土壤圈）、水圈、大气圈、生物圈。其中，与人类生活关系最密切的是生物圈与岩石圈。环境为人类生产和生活提供了空间、资源和必要的条件。因此，"环境"在内涵上由两个基本方面构成，其一是以人为核心，其二是与人相关联的外部条件，包括自然环境、自然资源及社会环境。人与环境的关系不是征服与被征服的关系，而是相互协调、共生共荣的关系。

　　在充分理解和把握了环境这一概念、内涵的基础上，可以进一步理解生态的内涵。

　　生态（eco-）源于古希腊文字，指家（house）或是大家的环境。就生物总体或群体而言，生态指所有生物的生存状态，以及所有生物之间，生物和环境之间的相互关系。现在通常是指在一定时空范围内，不同生物的生活状态，或是在一定自然环境中，不同生物生存和发展的状态，包括各种生物的生理特性和生活习性。简而言之，生态是在一定时空范围内，各种生物及其存在的环境相互关系的总和。

　　中国古代语义中的"生态"原为文学名词，含义主要包含两个方面。一是指显露美好的姿态，例如，南朝梁简文帝《筝赋》："丹荑成叶，翠阴如黛。佳人采掇，动容生态"；《东周列国志》第十七回："（息妫）目如秋水，脸似桃花，长短适中，举动生态，目中未见其二"。二是指生动的意态。例如，唐代杜甫《晓发公安》诗曰："邻鸡野哭如昨日，物色生态能几时"；　明代刘基《解语花·咏柳》词："依依旎旎、袅袅娟娟，生态真无比"。中文"生态"因包含的意义最接近于所含蕴义，故为今人所采用，逐步转变成为一科学学术名词。

　　生态学（ecology）最早是从研究生物个体开始的。德国生物学家海克尔（Haeckel）在1869 年最早提出了生态学的概念，明确生态学是研究动植物及其环境间、动物与植物之间，及其对所存在的生态系统影响的一门学科。如今，生态学已渗透到各个领域，"生态"一词运用的范围也越来越广。

　　生态系统（eco-system）是生态学研究与发展的核心主题，是指在一定空间与时间范围内，共同生存的所有生物（或称为生物群落）与其环境之间，通过不断进行物质循环和能量流动过程，形成的统一整体。英国生态学家亚瑟·乔治·坦斯利（Arthur George Tansley）在 1935 年提出，生态系统是采用物理学"系统"整体概念，该系统不仅包括有机复合体，也包括形成环境的整个物理因素构成的复合体。

　　生态系统是由各组成要素，借助物种、能量和价值流动，物质循环和信息传递，同时相互联系、相互制约，并具有自调节功能的复合体，是生物与环境之间进行能量转换和物质循环的基本功能单位。生态系统可以是一个很具象的概念，小至一个池塘、一块草地或是一片森林，大到整个地球。小的生态系统聚合成大的生态系统，简单的生态系统可集合成更为复杂的生态系统，到最大、最复杂的生态系统就是生物圈；同时，生态系统在空间范围上，则成为相对抽象的概念，生态系统和生物圈只是涉及的空间范围及其聚合的复杂程度不同。

　　对于生态环境（ecological environment），一般被认为是"由生态关系组成的环境"的简称，指与各类生物，尤其是人类密切相关的，影响或作用于各类生物生存的各种自然力量（物质和能量）的总和。换句话说，生态环境是指影响生物，尤其是影响人类社会和经济可持续发展的水、土地、生物、矿物资源，以及气候资源数量与质量的总称。生态环境问题则是指人类为其自身生存和发展，在利用自然和改造自然过程中，应对自然环境破坏和污染产生的危及人类的各种负反馈效应。

　　生态环境由生态和环境两个术语组合而成。生态环境最早组合成为一个术语要追溯到1982 年第五届全国人民代表大会第五次会议上。当时在讨论《中华人民共和国第四部宪法（草案）》和《政府工作报告（讨论稿）》时，使用了当时比较流行的"保护生态平衡"的提法。时任全国人民代表大会常务委员会委员、中国科学院地理研究所所长的黄秉维院士，在讨论过程中指出：生态平衡是动态的。在自然界中，平衡总是不断被打破，进而建立新的平衡，故用保护生态平衡不妥，应以保护生态环境替代保护生态平衡。会议接受了这一提法，最后使《宪法》第二十六条表述为：国家保护和改善生活环境和生态环境，防治污染和其他公害。当年的政府工作报告也采用了相似表述。由于宪法和政府工作报告均使用了这一提法，"生态环境"一词沿用至今。但由于当时宪法和政府工作报告中都没有对该词做出解释，因此其内涵也一直存在争议至今。

　　黄秉维先生在提出生态环境一词后，发现国外学界很少使用这一名词，随后他对"生态环境"一词本身提出了新的观点。中国人民政治协商会议全国委员会前副主席钱正英院士等，在 2005 年发表的《建议逐步改正"生态环境建设"一词的提法》一文中，转述了黄秉维院士后来的观点，即"顾名思义，生态环境就是环境，污染和其他的环境问题都应该包括在内，不应该分开，所以我这个提法是错误的"，同时提出，"我觉得我国自然科学名词委员会应该考虑这个问题，它有权改变这个东西"。黄先生认为：环境存在在先，环境是基础，是生态及生态系统存在的平台，为避免产生歧义，学术领域原则上应不宜提"生态环境"，生态环境就是环境。然而，直到今天，"生态环境"一词的准确定义在我国仍未得到明确，却在上至党中央、国务院，下至基层政府宣传与民间社会交流被广泛述及和运用。而本书更倾向于黄先生后来对该词的重新解释和相应的看法。基于该词汇已在全国广泛普及应用，重新调整对全社会和大众意义不大，强行改正不如继续使用。但作为资源、环境、生态领域的专业人员，则需要对这一基本概念及其内涵有一个较为清醒的认知。

2. 环境与资源的关系

对于环境与资源的基本关系，一般情况下（或情形）在专业上需分清三种内涵与外延：

一是认为资源存在于环境中，资源置于环境中。环境本身包括自然环境和人文环境，而资源是自然环境中对人类经济活动起重要作用的一部分，是人类活动所需要的原生能源、原材料的基本来源，环境的概念已经包括了资源。这种观点也被部分环境经济学家所采纳和运用。例如，霍斯特・西伯特（Horst Siebert）所著《环境经济学》中，提出环境概念包括了自然资源，环境问题不仅包括一般的环境污染问题，还应包括自然资源耗竭的问题。

二是将环境作为一种广义的资源要素。经济学上的资源概念范畴很广泛。经济学基本任务就是研究如何最有效地利用具有稀缺性的资源，以实现人类现在和将来无限欲望的最大满足。资源泛指对人类的生产、消费经济活动有价值、有用途，同时又有稀缺性特征的要素。资源包括自然资源，如矿藏、森林、土地、水、动植物等，也包括社会资源、人力资源，还应包括环境资源，资源的内涵拓展到包括土地、水、空气、矿藏、森林、庄稼、动物等资源。

三是将环境与资源并列。汤姆・泰坦伯格（Tom Tietenberg）在其著作《环境与自然资源经济学》中，将资源视为人类经济活动中所需要的原生能源、原材料的基本来源，如矿产资源、动植物资源等，而环境则是人类社会支持系统中，除去自然资源的所有要素，如空气、水、土地等。环境污染主要是空气、水、土地的污染等。随着人口规模持续增长，人类社会赖以生存的水、土地、能源、矿产等要素也将越来越稀缺，逐步进入资源的范围，使环境与自然资源之间进一步强化相互联系、相互影响、相互作用，共同构成人类生命支持系统。自20 世纪60 年代以来，人们日益意识到人类活动所引发的环境污染和自然资源耗竭问题，并将资源与环境问题并列。

本书把资源明确限定在自然资源，不包含经济学上的广义资源，即不将环境视为一种资源要素。在分析环境和资源问题时，更侧重于将环境与资源的关系并列，即过度的资源开发利用在引发资源耗竭或短缺的同时，也引发了环境污染问题。

14.1.2　环境、资源与人类活动的关系

1. 环境与人类的关系

自然环境是一种客观存在之物，是人类诞生、生存与发展的条件，更是人类发展的基础。

地球科学研究成果指出，地球已有 45 亿年历史，而以新石器时代开端的人类文明史至今则不超过 10000 年。当代以工业文明为标志的现代社会历史只有短短的 200 余年。而这 200多年的工业文明史才是真正引发环境问题，并使人类重新审视自身活动的关键阶段。

人与自然环境的基本关系是一个不断演进的过程。正如恩格斯指出的："人本身是自然界的产物，是在他们的环境中并且和这个环境一起发展起来的"。工业文明到来之前，人类基本属于神化自然、崇拜自然时期，以一种神秘不可知的观念来仰视自然，屈从于自然，生存基本为自然所支配。随着人类社会演进，人们对自然的知识了解日渐加深，逐步也不愿受自然的支配，认为可以利用自然，改造自然，甚至凌驾于自然之上支配和控制自然。工业文明以来，人类过度利用自然，无节制、大规模开发自然资源，并向大自然倾泻各类固态、液态和气态废弃物，导致环境污染和生态破坏，进一步还引起了环境的变化。

人类社会和环境共同组成的矛盾统一体，二者之间具有对立和统一的辩证关系。一方面，人类的生存和发展离不开自然，需通过人类生产劳动同自然进行物质、能量交换。随着人类认识自然、改造自然的能力不断提升，今天的自然或者环境已经成为人化了的自然。"人化自然"表明人与自然之间，已经形成了相互联系、相互依存、相互渗透的紧密关系。人类在认识、利用和改造自然，推动人类社会自身进步的进程中，既要受人类社会发展规律的支配，更要尊重自然，受自然规律支配，实现自然与人类社会的协调发展。另一方面，人与自然之间又存在相互对立关系，为更好地生存和发展，人类自身总是在不断地改变自然，但也不断得到自然对人的否定，由此形成人与自然之间，否定与反否定、改变与反改变、作用与反作用的关系。如果这种关系处理不当，极易造成人与自然之间失衡。恩格斯曾在《自然辩证法》一文中告诫过人们："不要过分陶醉于我们对自然界的胜利。对于每一次这样的胜利，自然界都报复了我们。每一次胜利，在第一步都确实取得了我们预期的结果，但是在第二步和第三步却有了完全不同的、出乎预料的影响，常常把第一个结果又取消了"。

古今中外的哲学理论，在人与自然的关系上出现最多的主要有两种理念：一是人类中心论，主要观点是强调人与动物的区别，突出人在智慧、意志、精神、力量等各方面的重要作用和地位，认为人出自自然，但高于自然；第二是自然主义论，主要强调人与动物的共性，突出大自然的地位和作用，认为人与自然的关系是从属关系。前一种可总结为"极端人类中心论"，"人是万物之灵"，是自然的中心、主宰、征服者、统治者，对自然有绝对的自由支配权利，一切应从人的利益出发，甚至是从某个阶级、阶层、集团的利益出发对待自然；后一种则属于"极端的自然论"，可称为自然中心主义或生态中心主义，认为人与自然无区别，根本否认人的作用，完全忽视人的利益和创造力，强调以生态为中心、一切要顺应自然，无限夸大自然与人的共性、轻视人的地位和作用。两种理论均有偏颇，既要反对"极端的人类中心论"，也不应囿于绝对"自然主义"。

2. 资源与人类活动的关系

在不同历史阶段，资源与人类活动呈现出不同的作用与反作用关系，资源种类和范围呈现出不断扩大的趋势。按照人类活动进步的程度和利用资源的主要方向，人类社会阶段被划分为：史前文明阶段（史前社会阶段）和文明发展阶段，文明发展阶段又进一步划分为农牧业社会阶段、工业社会阶段、后工业化社会阶段，人类活动在不同历史阶段与资源的互动关系参见表 14.1。

表 14.1　人类活动不同历史阶段与资源、环境的互动关系

人类社会阶段	史前社会阶段	农牧业社会阶段	工业社会阶段	后工业社会阶段
对环境依赖度	极强	较强	较弱	弱
对资源依赖度	极高	高	高	较低
利用的主要资源	可更新的水土生类资源	可更新的水土气生类资源	不可更新的化石能源、矿产资源	再生资源与多元化可更新类资源
对资源作用强度	极低，空间范围小	低，空间范围较小	强，广度为主的空间范围持续扩张	极强，深度为主的空间范围稳步扩张
资源反作用程度	低	较低	较强	较低

资源环境与人类活动关系图如图 14.1 所示。人类及人类活动有赖于环境，并需要资源来支撑其生存与发展，当人类活动不能遵循自然规律，合理有序利用资源，有效保护环境，则必将导致资源短缺和耗竭，对环境造成破坏，进而污染环境并扰动了生态系统，既有的生态系统因存在的基础和平台被破坏而不具有持续性，生态文明也就无从谈起。

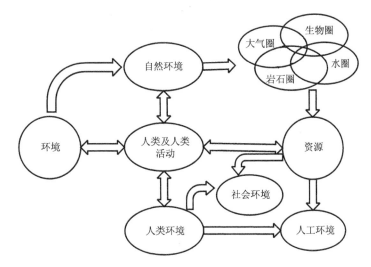

图 14.1　环境、资源与人类活动关系图

14.1.3　经济学视角下资源与环境特征

无论是资源还是环境，在其内涵与外延上，均作为一个体系存在。

1. 环境结构及特征

环境结构及要素作为一个系统，由不同的功能结构单位构成。环境系统由两个独立的、性质不同的自然环境和人类环境所构成。自然环境结构可简化为大气、陆地和海洋三大部分。人类环境则主要由人类活动积累而形成的乡村、农田、牧场、林场、城镇、工矿企业、道梁隧港、旅游景区及景观等人工构筑物构成。

经济学视角的环境特征主要可总结为空间地带性、周期性、等级性、稳定性和变异性。主要内容包括：空间地带性表现为水平地带性和垂直地带性及其影响作用；四季变化、昼夜交替、江河涨落、海洋潮汐、冰川进退所显示出的周期性；光合作用、生物链结构所产生的等级性；一定时间与空间范围组合内并能承受人类活动强度所显示出的环境稳定性；以及自然环境系统中某一要素变动超过"阈值"所引发的结构性变动并实现新的平衡的变异性。

2. 资源结构及特征

自然资源种类与结构自始就是人类依据自身需求、使用价值与可获得性来划分的，结合自然属性。随着人类活动能力不断提升，不仅资源种类不断增多，而且传统意义上的可更新与不可更新资源划分结构体系也被逐渐突破。部分不可更新资源因人类利用和回收再利用能力全面提高而成为可更新资源。例如，进入 21 世纪以来得到广泛讨论的城市矿产资源、工业再生资源；再如，能源资源范围从农牧业社会阶段的传统的薪柴粪肥，到工业社会阶段的水能和煤油气化石能源，扩张到后工业化社会阶段的生物质能源、太阳能、风能、潮汐能、地热能、可燃冰、页岩油气、核能、氢能等各种固、液、气的载能物质。

可更新资源也因利用形式的多样化在深度和广度上被不断拓展。例如，土地资源在传统上界限划分的耕地资源、林地资源、草地资源、湿地资源等，逐步扩张成城镇用地资源、工矿用地资源、交通用地资源、旅游用地资源、自然保护区用地资源、特种用地资源、待开发土地资源等界限模糊和相互替代的分类体系；再如，工业化初期阶段从生物资源分离出来的微生物资源，到工业化后期因功能、功效不同，被进一步划分为工业微生物、农业微生物、林业微生物、畜牧业微生物、医学微生物、药用微生物、环保微生物、生态微生物资源等。

不管资源的种类如何扩展，资源的交叉使用范围如何扩大，资源种类界限如何模糊化，人类社会制度存在何种差异，从经济学视角出发的资源仍然具有系统性、有限性、权属性、空间差异性、替代性与多功能性、技术可行性和经济可行性七个基本特性。其中，资源系统性指各个自然资源存在不同程度的相互联系，形成有机整体；资源有限性因其在规模、数量及质量上的稀缺度，无限无代价的物质不能称为资源，也是资源使用价值、交易价值及价格形成的基础；资源权属性指人类社会因国界、政府、家庭与个人独占而产生的产权排他性；资源空间差异性指任何一种资源必然存在于一定的空间和区域范围内；资源替代性与多功能性指在一定时间和空间范围内具有被其他资源替换或能够实现多种功能的特性；资源技术可行性是指随着人类知识和技能的提高，存在于环境中的自然物质从不可利用转变为可利用；资源经济可行性是指在技术可行性的基础上，还能控制资源利用的经济成本并能够带来效益，否则将不具有资源的可持续性。

14.2　资源和环境问题的产生与演进

14.2.1　资源环境问题的演进

1. 环境问题的产生与发展

就地球系统的生命体而言，环境问题一般可分为两大类，即原生环境问题和次生环境问题。

1）原生环境问题。是自然环境系统本身在其演进过程中，某一类自然活动或某些因素的变化引发自然环境系统失衡，进而破坏和污染地球生命生存而产生的环境问题。行星撞击地球、岩浆喷发火山、板块挤压地震、风暴潮、洪涝干旱、滑坡泥石流，以及地表元素结构失衡与放射性元素聚集等，通常这类原生性环境问题是生命体无法规避或改变的环境问题。既有的地质地球历史研究成果发现，中生代始于二叠纪—三叠纪的大灭绝时期，地球上90%～96%的海洋生物和与70%以上陆生生物灭绝，也是原生环境问题最为经典的案例。

2）次生环境问题。是指进入人类活动时代（人类世）的现代地球演化时代，人类过度和不合理的生产、生活和社会活动等，对环境产生负面影响，各种污染物或污染因素进入环境，并超过环境自身的承载能力，超过环境容量极限，导致生态系统变异，反过来可能危及人类自身的生存和发展，使人类生存的环境系统失衡与变化，从而产生环境问题。

次生环境问题主要包括环境污染、生态破坏、资源浪费三个方面，当前人们述及更多的是次生环境问题。随着人类活动强度的不断上升，部分原生和次生环境问题开始重叠的状况越来越显著，且已经从点、面状的局部性环境污染和生态系统破坏，演变成跨区域、流域性乃至全球性的环境污染和生态系统破坏。例如，全球增温导致的气候变化、臭氧层空洞化、酸雨面积扩张、洪涝与干旱同增、低温和高温并发、流域性水环境污染、土地荒漠化、森林生态系统破坏、垃圾围城、雾霾频发，生产性安全事故屡禁不止等。在环境污染种类上，可归纳为陆域污染、水域污染、海洋污染、大气污染、空气污染、噪声污染、放射性污染等。

在时间尺度上，与人类活动相关联的环境污染历史进程，大致可以划分为史前文明阶段、农耕养殖业阶段、工业化前中期阶段、现代工业化与后工业化混合阶段四个阶段（图 14.2）。

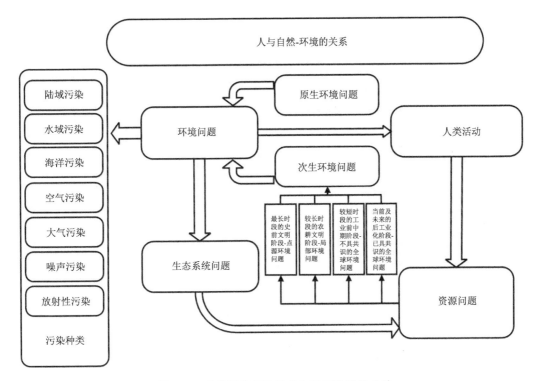

图 14.2 环境问题产生及其与发展阶段的关系

（1）史前文明阶段，在人类活动历史时期是一个最为漫长的阶段，其中集体狩猎和采集逐水草而居的游牧生产、生活占据了大部分的时段，这一阶段人类对环境的影响和作用是十分微弱的，基本上处于无序的点状污染阶段，对区域生态系统的破坏也是暂时性的。

（2）农耕养殖业阶段以耕种和养殖为主要生产方式的劳动大分工和定居生活阶段，这一阶段相较于第一阶段，在时间尺度上虽然相对较短，但对环境的影响度成倍增长，环境污染状态也开始从点状走向面状，从烧荒、垦荒到森林无序采伐，从自流灌溉到水利工程灌溉、从采石到各类采矿，已经产生了水土流失、土壤盐碱化、沼泽化、塌方与泥石流等局部性的环境污染和生态破坏。西亚两河流域文明的消失，东亚黄河流域中部的黄土高原农耕生产力的大幅度下降，均是其中的典型。当然，这一阶段的环境污染总体上还是局部性的。

（3）工业化前中期阶段，开始于 18 世纪中期的工业革命到 20 世纪中叶（到 70 年代末期发现南极上空的臭氧空洞），在 200 多年时间段内的工业化和城市化快速发展，时间尺度上较第二阶段只有不到十分之一，新的生产方式使欧洲（主要是西欧）、北美及东亚的日本在 100 多年时间内先后进入工业化社会，南美部分国家（如阿根廷）和亚洲"四小龙"等也在第二次世界大战后加入这一进程。这一时期也是人口高度聚集和化石能源消费高速增长阶段，人类活动对环境污染和生态系统破坏从局部地区快速向全球蔓延，也从陆地环境污染走向海洋环境污染，原生环境问题和次生环境问题复合重叠在这一阶段十分显著。

（4）现代工业化与后工业化混合阶段，即从 20 世纪 80 年代到今天，发达国家和地区在高度重视本国或本地区环境问题和生态系统重建的同时，加快了大规模的高污染、高耗能的产业转移，工业化和城市化的环境污染问题逐步向发展中国家和地区转移，但酸雨加雾霾、臭氧空洞化扩张、气候变化与全球性变暖三大全球性问题并未在发达国家和地区有所缓解。原生环境问题和次生环境问题复合重叠呈现进一步加剧的趋势。环境问题全球化使发达国家和地区难以独善其身和逃离外部性。世界气象组织（WMO）在 2021 年 10 月 25 日发布的《WMO温室气体公报（2020）第 17 期》指出，2020 年地球大气中温室气体平均浓度再次刷新纪录，温室气体的水平持续增长已成长期趋势，未来将导致更加严重的气候变化。其中，CO_2 是大气中主要的长效温室气体，在大气中滞留数百年。2018 年全球 CO_2 浓度已达到（413.2 ± 0.2）ppm（1 ppm 为百万分之一），是 1750 年工业化前水平的 149%。

庆幸的是，环境问题虽然成为全球性问题，但重视环境保护，关注生态系统维护与重建，已成为世界各国政府、企业和社会的共识，可持续发展已成为各国发展的共同理念，并且在理论和制度安排上采取共同的发展实践与具体行动。

2. 资源问题的产生与发展

资源问题是稀缺性与人类活动需求度增长这一基本矛盾和冲突的缓解和加重问题。人类社会经济发展的历史始终伴随着资源稀缺性，人类也在不断探索缓解稀缺性矛盾和冲突，人类活动因过度和不合理的资源开发利用也始终是引发次生环境问题的根源所在。

资源问题的发展也大致上呈现为史前文明阶段、农耕养殖业阶段、工业化前中期阶段、现代工业化学后工业化混合阶段四个阶段。但如果按资源利用形态和类别划分，可以只划分为生物资源利用主体阶段、矿物资源利用主体阶段和资源复合利用全体阶段三个阶段。

（1）生物资源利用主导阶段包括人类活动从史前文明到农业文明两个时段。这一阶段的主要资源利用对象始终是生物资源，主要是土地、水和森林等三类可更新资源利用数量上的线性增长，主要解决的是现代人类"衣食住行"的功能需求，资源开发产生的环境问题基本限于陆地和淡水水域，所引发的环境问题也基本是局部和区域性问题。

（2）矿物资源利用主导阶段主要与工业化社会发展时期相重合。这一阶段的主要资源利用对象从生物资源转向能矿资源，煤油气等化石能源的逐次替代，按阶段可以细分为 18 世纪中期至 20 世纪前期的"煤+铁"时代、20 世纪前期至 20 世纪的中期"石油+钢铁+水泥"时代、20 世纪中期至末期的"石油+天然气+核能+钢铁+水泥"时代三个阶段，土地、水和森林等三类可更新资源的利用在数量上虽继续增长，但趋势明显放缓，且"农药+化肥"的方式得到工业化的助力，逐步满足了人类"衣食住行"的功能需求，但引发的次生环境问题已横向从陆地扩散到海洋，纵向从地表扩散到地下和大气层，并从区域性上升为全球性问题。

（3）资源复合利用主导阶段主要与后工业化发展阶段相复合。一方面，人类利用资源已形成"开源与节约"并重的理念，不仅依靠自身科技能力将自然生物和矿物资源利用编织成一个"三深"(深地、深海、深空)自然资源复合体系,而且已将不可更新资源通过回收利用纳入到资源循环利用体系之中,能源利用已开始呈现多元化来源,但对稀有、稀散矿物资源的需求大增。另一方面,由于全球人口规模不受节制地增长,贫富悬殊加大和地区性安全问题持续发生,如何使全球资源问题得到更为有力和合理的制度性配置,以缓解全球性环境问题,正成为这一阶段亟待解决的资源社会问题。资源问题产生与发展关系见图14.3。

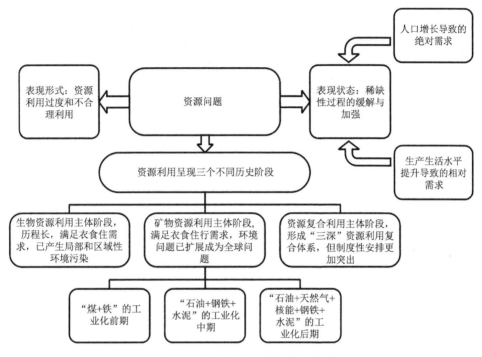

图 14.3 资源问题产生与发展关系

14.2.2 中国的资源环境问题

现代文明发展历程中出现过的所有资源环境问题,都在中国有不同程度的重现或反映。中国在生物资源利用主导时期一直处于世界领先发展状态,但18世纪西方英法等国率先启动的工业化,在19世纪中叶沉重打碎了东方华夏帝国的美梦。图变求新,"师夷长技以制夷"的思路虽美好,但最终未能让华夏封建王朝走上矿物资源利用主导的发展道路。这一状态持续到20世纪中期才开始出现了转变。中国工业化道路在1949年才真正开始。新中国成立70多年来的工业化进程前30年属于打基础、构体系的筑基阶段,改革开放后的40多年属于加速增长,惠及民生的发展阶段。总体上,中国资源环境问题大致上又可分为三个阶段。

(1)生物资源利用主导阶段。虽然中国工业化真正开始于20世纪中叶,但不能因此认为中国的资源环境问题就产生和发展于新中国成立以来的70多年。实际上,伴随着中华文明的历史进程,资源环境问题同样如影相随,追求"大一统"理想的历代政权立国后均需要面对不断出现的资源环境问题。原生和次生环境问题及人为所致资源问题的重叠,在一定程度上也影响到政权活动和疆域变迁。总体上,中国这一历史阶段的资源问题主要集中于农耕资源的拓展。在新中国成立以前,除黑龙江、新疆、西藏等边远省区外,中国适宜耕作的土地资源在区域上基本利用殆尽。

在生物资源利用主导时期，中国历史上资源环境问题也曾经影响和决定了王朝帝都的选择和经济重心布局，尚无次生环境问题及其因素作用的气候变化因素也在一定程度上影响到王朝的更替。例如，北魏王都自平城（现山西大同）南迁至洛阳（河南洛阳），实属当时的气候变化（气温的降低、降水的减少）致使大同地区的农耕难以为继。再如，明末农民大起义，除明朝廷的赋税、徭役等暴政因素是主线外，万历后期至天启年间，中国气候显著变冷，北方地区风沙壅积日甚，灾害逐年增多，农业收成锐减，致使陕北地区连年大旱，也无疑起到了推波助澜的作用。在这一时期，环境问题的产生和形成根源，主要还是原生环境因素，其中气候变化引发的洪涝干旱、冰霜雨雪等自然灾害是影响国计民生的主要原因。

资源环境问题在南北区域上又有不同表现。北方地区的环境问题往往是原生和次生环境因素叠加影响和作用的结果，但原生环境因素居于主导地位，次生环境居于强化地位。例如，历史上曾多次发生的黄河夺淮入海，以及黄河中下游泥沙堆积形成"地上河"，主要原因都是地形地貌、洪水泛滥、土质松软、植被密度较低等自然条件，不合理资源利用和人为破坏是次要原因。同时，环境问题往往在中原王朝与北方游牧政权的冲突中起到了表面诱因和推波助澜的作用。结果是北方地区的环境问题远远大于或多于南方地区，且波及范围和影响区域面积更大。南方地区虽也受到原生和次生环境因素的叠加影响，但南方地区在降水、积温、土壤等生产、生活要素方面相对较优，地形地貌要素相对较差，这一组合结构导致次生环境因素作用一般要高于原生环境要素，致使南方地区自然恢复能力（或称为环境耐受能力）相对较强，加之战争等极端人为破坏行为在频率上也低于北方地区，故人为所致的洪涝灾害、水土流失在丘陵山区虽频发，但环境问题基本属于局部和区域性问题。

1840 年以后，中国开始进入半殖民地、半封建社会。沿海、沿江部分城镇在辟为通商口岸的同时，也开始了工商业化和城镇化的进程，1905 年日俄战争后的中长铁路沿线和大连地区，伴随这些城镇和通商口岸的扩展，西方国家工业化前中期时期的环境问题也在这些城镇和通商口岸显现，而广大的内陆和乡村地区所产生的原生环境问题基本格局并未发生变化。

（2）矿物资源利用主导前期阶段（1949～1979 年）。中国的工业化及城市化进程滞后西方 100 多年。20 世纪中期以前，工业化与城镇化作为西方列强入侵的副产品，主要出现在沿海和长江中下游地区。中国工业化进程真正开始还是在 20 世纪 50 年代前期，朝鲜战争即将结束及随之而来的中苏合作 156 项工程强力嵌入，才是中国工业化及相应城镇化的开端，20世纪 60 年代中后期的"三线"建设平衡了中国工业化空间失衡的状况。至 20 世纪 70 年代末期的前 30 年，虽然中国工业体系结构基本形成，但经济总量以及工业化和城镇化总体规模都相对较小（表 14.2）。这一阶段发展所需的工矿资源基本能在国内实现，50 年代曾出现的"油荒"因大庆油田的发现和开发得到缓解，也使原油一度成为出口创汇的重要资源产品。

表 14.2　新中国成立 70 多年以来的人口与经济规模

年份	人口总量/万人	乡村人口比重/%	名义 GDP 总量/亿元	第一产业/%	第二产业/%
1953	58796	86.69	824	45.87	23.36
1979	96259	82.08	4063	31.27	47.10
2019	140005	39.40	990865	7.11	38.97

注：根据国家统计局相关数据整理。

但这一阶段工业化和城镇化所产生的"三废"排放，已经从沿海和长江中下游扩展到长江、黄河中上游，从东北"T"形铁路沿线及其工业城镇地区扩展到京沪、京广、陇海等铁路干线和工业城镇地区，大江大河沿线主要工业城镇途经区域普遍水质较低。同时，广大乡村地区虽然还是以点源性污染为主，但东北、西南林区森林资源的大规模采伐，进一步加剧了全国水土流失问题，水土流失加剧已从黄河流域蔓延到长江流域、松花江流域和珠江流域，北方地区的荒漠化与南方石灰岩地区的石漠化开始并行。总体上，环境问题尚处在环境自身缓解耐受能力的边缘，全国性环境问题尚未显现。但部分学者已注意到资源耗竭与环境保护的重要性。1963 年，中国科学院副院长竺可桢先生等 24 位科学家向中央提交了《关于自然资源破坏情况及今后加强合理利用与保护的意见》报告。

中国政府在 20 世纪 70 年代前期已转变了对环境问题的观念，并采取了应对之举。1973 年 8 月，国务院召开了第一次全国环境保护会议，通过了"全面规划、合理布局、综合利用、化害为利、依靠群众、大家动手、保护环境、造福人民"的环境保护工作 32 字方针，实施了我国第一个环境保护文件《关于保护和改善环境的若干规定（试行草案）》；到 1974 年 10 月，国务院正式成立了环境保护领导小组；1978 年，新中国第一次在《宪法》修订中，增加"国家保护环境和自然资源，防治污染和其他公害"的规定。

（3）矿物资源利用主导中后期阶段（1979 年以来）。这一时期既是中国经济快速增长时期，也是中国环境问题持续爆发的阶段。一方面，工业化扮演了主要角色，高污染、高排放的能源和原材料开发利用规模快速增长；另一方面，由于预判不足，尤其是乡镇企业雨后春笋般增长将产生的环境问题，致使次生环境从城镇蔓延至乡村地区。地方各级政府以 GDP 增长为核心，部门、乡村、社团以招商引资、办企业、搞经营为重点，以沿海、沿江、沿交通干线为主的广大乡村地区"村村点火、户户冒烟"，以原始积累为动因，野蛮增长为主线，在质上为全国性环境问题从线到面的进一步扩张提供了制度性通道。

经济增长的基本制度性安排一旦形成，开足了马力的各类所有制企业，尤其是处于原始积累阶段的乡镇企业、民营企业和以转移污染型产能并以盈利为目标的外资企业，很难主动适应中国环境保护的目标需要。在环境外部性问题不能在制度上获得有效解决和被环境问题反噬企业自身之前，增长和盈利始终是企业生存与发展的主要目标。结果是资源环境承载力直线下降，主要表现为：江河湖海水质下降，酸雨面积持续扩张，生产生活垃圾围城造山，矿山塌陷区和华北地下水"漏斗"面积持续扩大，水土流失、荒漠化问题日益突出。由环境问题导致的生态问题全面爆发，北方地区沙尘暴愈演愈烈，黄河断流、长江洪水等特大自然和生态灾害频发，环境及生态问题在世纪之交达到了顶峰。同时，资源消费从种类到规模达到前所未有的高峰。2000 年以来，大宗农林能矿资源性产品进口规模（大豆、木材、食用植物油、纸浆、原油、天然气、铁矿砂及其精矿、粗铜及铜材、氧化铝等）持续全面增长，直至 2015 年后才开始趋缓，资源短缺和资源浪费并行也加剧了环境保护的难度。回顾改革开放以来 40 年的发展历程，一方面，我国宏观经济增长的总体目标和阶段性目标不断被突破和提前实现；另一方面，环境保护和生态建设的总体目标却在前 30 多年不断出现结构性缺失，不以环境损失为代价的经济增长目标在全国多数区域未能如期实现。

这一进程也是政府与企业之间不断"博弈"的过程。在政府层面，为使环境保护与环境执法落到实处，20 世纪 90 年代中后期，国家在 1989 年 12 月实施《环境保护法》的基础上，在 1994 年制定了《中国 21 世纪议程——中国 21 世纪人口、环境与发展白皮书》，提出了我国的可持续发展目标；启动了"33211"重大污染治理工程，这是我国历史上首个大规模污染治理行动。在此，"33"指三河（淮河、海河、辽河）和三湖（滇池、太湖、巢湖）；"2"指两控制区，即二氧化硫控制区和酸雨控制区；"11"指一市（北京市）和一海（渤海）。进入21世纪后，中国政府开始全力推动以遏制主要污染物排放总量快速增长趋势，实施总量控制为目标，全面推进供给侧"去产能"、节能减排降耗"硬约束"工作机制，才开始逐步控制住了全国性环境及生态问题恶化的势头。进入2010年以后的中国共产党第十八次全国代表大会以来，国家将生态文明建设纳入"五位一体"总体布局，从"增长优先"转向"保护优先"，把坚持人与自然和谐共生，作为新时代必须坚持的中国特色社会主义基本方略之一，把"绿水青山就是金山银山"和绿色发展作为新发展理念之一，坚持不懈向污染宣战，实施了大气、水、土壤"三个十条"，出台了《生态文明体制改革总体方案》，建立了中央环保督察等一系列重大制度。

中国全面落实环境保护始自2011年以后，并不断出现转折与良机。一方面，中国工业化进程已开始进入到峰值阶段，并开始从"峰值"期转向"平台"发展阶段，化石能源以煤炭为主体的能源生产及消费结构和钢铁、水泥为主的传统原材料产业发展增长乏力（表14.3），区域产业结构以资源消耗为主的"路径依赖"增长模式开始陷入困境，新一轮产业技术革命迫使传统产业和企业必须转换发展方式，走向绿色创新发展道路；另一方面，可持续发展与"碳中和"成为世界各国主流发展理念和实践准则，从政府到社会大众达成共识，中国开始主动积极作为，并率先在国内推进绿色发展路线和史上最严格的环境保护制度建设。

表14.3 中国主要资源性工业产品产量变化

产品	2009年	2010年	2011年	2012年	2013年	2014年	2015年	2016年	2017年	2018年
煤炭/亿t	30.5	32.4	35.2	36.5	36.8	38.7	37.5	34.1	35.2	36.8
粗钢/万t	56803	62696	68388	71716	77904	82270	80383	80837	83173	92800
钢材/万t	69626	79776	88258	95318	106762	112557	112350	113801	104959	110551
10种有色金属/万t	2650	3093	3434	3672	4055	4380	5156	5310	5501	5702
水泥/亿t	16.5	18.8	20.9	22.1	24.2	24.8	23.6	24.1	23.4	22.1
乙烯/万t	1066	1419	1528	1487	1623	1697	1715	1781	1822	1841
化肥（折100%）/万t	6599	6741	6217	7296	7038	6887	7432	7129	6184	5424

注：根据国家统计局相关数据整理。

14.2.3 资源环境问题研究的进展概述

总体上，国内外将资源与环境合并在一起，并加入生态问题，从经济学角度开展研究已经成形，且展现出理论创新与融合、技术方法创新与发展、问题导向融合、学科交叉强化的趋势。当代的经济增长必须建立在资源高效利用、环境有效维护和生态系统保护基础上，否则当代的经济增长必然是不可持续的。在体系结构上，资源环境与可持续发展研究框架如图14.4所示。鉴于资源经济学方面的相关理论与研究方法已在前面的章节中有所介绍，故本章的相关理论与方法重点主要涉及与环境方面的概念问题相关的阐述。

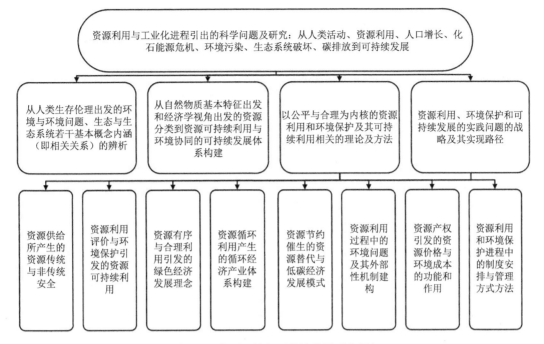

图 14.4　资源环境与可持续发展研究框架

我国国内的资源环境问题研究在基本脉络上，即从理论到方法，大多源自西方发达国家，实际问题则是中西方结合，有的甚至是基本照搬。20 世纪 90 年代初期开始，中国的资源经济学和环境经济学是各自单向发展，至 90 年代末期则开始出现合流。原因在于学者发现进入矿物资源利用主导阶段的资源和环境问题，本身就是交织在一起的，往往资源的过度和不合理利用，同时就伴随着环境问题的发生，且在许多区域环境问题本身就因稀缺性而构成为资源问题。由此，在国内资源和环境经济研究能够达成的共识主要有三个方面，第一是环境本身就是稀缺品，污染环境意味着对这种稀缺品的耗损与浪费；第二是环境可以成为一种特殊商品，其价值可以用效用价值理论和方法来确定；第三是经济活动与环境保护存在必然的相互促进和相互制约关系，环境保护本身可以作为一项经济活动（产业）来展开和发展。

14.3　缓解资源环境问题的基本策略

20 世纪 80 年代，联合国作为全球最大、成员国最广泛的国际组织，开始全面介入人口、资源、环境、发展（简称"PRED"）问题。1983 年第 38 届联合国大会上决议设立世界环境与发展委员会（WECD），1987 年以挪威前首相布伦特兰夫人为首的 WECD 成员以"我们共同的未来"（Our Common Future）报告，正式向联合国全体成员提出了"可持续发展"（sustainable development）的概念、内涵、基本原则和模式。

14.3.1　可持续发展的理念与内涵

"可持续"一词源于生态学概念而被引入人类社会发展领域之中，从而与"发展"一词结合成为"可持续发展"。目前，关于可持续发展的定义已超过 100 种，从不同视角理解可持续发展，就会产生不同的定义及内涵。

从自然属性定义，可持续发展即是生态可持续。基本目的是说明自然资源及其开发利用程度间存在的生态平衡，并满足社会经济发展而产生对生态资源不断增长的需求。国际自然保护同盟在 1980 年发布的《世界自然资源保护大纲》中提出：必须研究包括自然、社会、生态、经济，以及利用自然资源过程中的基本关系，以保证全球的可持续发展。

从社会属性定义，可持续发展着重于可持续的落脚点是人类社会，突出改善人类的生活质量，创造美好的生活环境。世界自然保护同盟、联合国环境规划署、世界野生生物基金会，在 1991 年共同发布的《保护地球：可持续生存战略》报告中，将可持续发展定义为：在人类生存不超出维持生态系统承载能力的情况下，持续改善人类的生活品质。

从经济属性定义，可持续发展侧重于经济增长，在于经济发展是国家实力和社会财富的基础。但经济的可持续发展要求，不仅要注重经济增长的数量，更要关注增长的质量，以此实现经济增长与生态环境要素的协调统一，而不以牺牲生态环境为代价。有关学者提出：在保护自然资源的质量和其提供的服务前提下，使经济增长的净效益达到最大限度；还有部分学者提出：今天的资源消费不应减少未来的实际收入。

从科技属性定义，可持续发展除了政策和管理因素的实施外，科技进步起着重大作用。没有科技进步，可持续发展就难以实现。部分学者从技术选择角度，对可持续发展定义加以扩展，提出：可持续发展就是通过运用更清洁、更有效的技术，尽可能实现资源耗用接近"零排放"或"密闭式"工艺方法，尽可能减少对能源和其他资源的消耗。

从代际关系定义，可持续发展成为目前国际社会大多成员能接受的表述。挪威前首相布伦特兰夫人主持的世界环境与发展委员会，在 1987 年发布的《我们共同的未来》报告中，可持续发展被定义为：既满足当代人的需要，又不损害后代人满足需要的能力的发展。

1989 年 5 月，在第 15 届联合国环境规划署理事会上，通过了《关于可持续的发展的声明》，可持续发展正式被定义为：满足当前需要而又不削弱子孙后代满足需要能力的发展，且绝不包括侵犯国家主权的含义。

综上，在可持续发展的内涵上，需要把握以下几点：第一，可持续发展是全人类当前和未来的基本发展战略，发展有别于传统的国别或世界经济增长；第二，可持续发展不得以资源耗竭、环境与生态系统破坏为代价，不得损害人类后代的资源、环境和生态系统的承载能力；第三，可持续发展在代际内、国家间必须以和平方式实现。

如果在基本理念上追根溯源，相较于结构主义和人地零和关系的西方本源思维模式，以中华文明为代表的东方综合思维模式，即追求整体联系和人与自然和谐，更利于可持续发展理论和战略的推进与实施（图 14.5）。

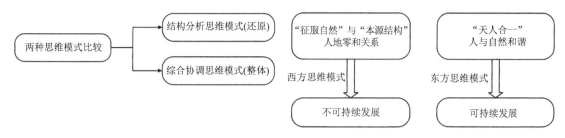

图 14.5　东西方两种思维模式比较

14.3.2　可持续发展的历程与推进原则

1972 年 6 月，联合国在瑞典首都斯德哥尔摩首次召开了人类环境会议，发表了《人类环境宣言》。1980 年 3 月，受联合国环境规划署的委托，国际自然与自然资源保护同盟（International union for conservation of Nature, IUCN）和世界野生生物基金会（World Wide Fund of Nature or World Wildlife Fund, WWF）起草了《世界自然资源保护大纲》，为世界主要国家所接受。1987 年 2 月，世界环境与发展委员会向联合国提交了题为"我们共同的未来"（Our Common Future）的报告，正式和明确提出可持续发展的思想。1992 年 6 月，联合国在巴西的里约热内卢召开了环境与发展大会，通过了关于环境与发展的《里约热内卢宣言》和《21 世纪议程》，在全球范围内将可持续发展正式由理论推向行动。2002 年 9 月，192 个国家政府元首、首脑及代表齐聚南非约翰内斯堡，出席可持续发展首脑峰会，发表了《约翰内斯堡可持续发展宣言》，进一步深化了人类对可持续发展的认识，明确了环境保护、经济发展和社会进步是事关可持续发展的三座基石，再次重申保护环境是世界各国政府的共同责任。

可持续发展的推进必须贯彻和坚持可持续性、共同性、公平性三项基本原则。可持续性指资源的永续利用和生态系统可持续性的保持是人类可持续发展的首要条件；共同性指必须采取全球共同的联合行动，共同遵守公平性和可持续性原则；公平性指必须坚持包括本代人的公平、代际间的公平和公平分配有限资源。

可持续发展包括资源可持续利用、环境健康、生态系统平衡、经济社会可持续，相互关联、互为一体。其基本特征是：以保护自然为基础，与资源和环境承载力相协调；鼓励经济成长；以改善和提高生活质量为目的，与社会进步相适应。第一是控制可再生资源的消耗速度，且不超过其再生速度；第二是控制不可再生资源及稀缺资源的消耗速度，不超过其可再生替代物的补充速度；第三是控制污染物的排放速度，不超过自然环境系统的吸收和自净能力；第四是必须维持地球上的生物多样性，不受到严重影响，以保持生态系统的可持续性。

14.3.3　可持续发展的主要路径

1. 资源有序利用与绿色经济发展

"绿色经济"（green economy）源自 1989 年英国环境经济学家大卫·皮尔斯（David Preece）出版的《绿色经济蓝图》一书，是指市场经济背景下以传统和实体经济为主要对象、以经济与环境的和谐为目的发展起来的一种新的经济模式。绿色经济既是一种经济发展理念，也是一种经济发展形态。绿色经济以效率、和谐、持续为目标，以生态农业、循环工业和服务产业为基本内容的经济结构、增长方式、消费方式和社会形态，是现代产业经济体系为适应人类环保与健康需要而形成的一种发展状态。英国政府在提出"绿色经济"这一概念时，强调了绿色经济价值，在于增长效应在经济体系中的最大化，财富能够得到持续的增长，包括了低碳发展、环保产品和绿色服务等若干方面。联合国工业发展组织则认为，为获得人类的自身发展，绿色产业发展不以自然体系的健康发展为代价。美国布鲁金斯学会定义的"清洁经济"同美国劳工局使用的概念相同，认为清洁经济能够在产品与服务中增添环境效益。

绿色经济是一种市场化和生态化有机结合的经济，充分体现自然资源价值和生态价值。绿色经济既强调生产绿色，也鼓励和支持消费绿色，既可以是指具体的一个企业层级的微观单位经济，也可是一个国家的国民经济体系，甚至涵盖全球经济。在绿色经济发展模式下，以高新技术为支撑，将环保技术、清洁生产工艺等众多有助于环境的技术，通过产品、生产线、企业、行业到产业转化为生产力，通过有助于环境或与环境无害化的经济行为，实现人与自然和谐共处并促进经济可持续发展。

加拿大政府在 1989 年提出的"绿色产业计划"，第一次在政府宏观管理上把"绿色产业"与整个社会经济发展的规划进行结合。随后，12 个发达国家提出了 20 多项"绿色产业计划"。需要强调的是，绿色产业并不是独立于传统第一、二、三产业之外的第四产业，也不是单指环保类产业，而是泛指企业、行业、产业，因采取了低能耗、无污染的技术，使产品在生产、消费和回收过程中不会对环境造成污染和破坏。

中国自 2012 年 11 月的中共十八大以来，明确了实践创新、理论创新，协调推进"四个全面"战略布局，即全面建成小康社会、全面深化改革、全面依法治国、全面从严治党的战略布局，坚持统筹国内国际两个大局，牢固树立并贯彻创新、协调、绿色、开放、共享的新发展理念。国家发展和改革委员会、工业和信息化部、自然资源部等七部委联合于 2019 年 2 月 14 日发布了《绿色产业指导目录（2019 年版）》。2024 年 2 月 29 日，《绿色低碳转型产业指导目录（2024 年版）》发布。该版本是对 2019 年版的修订，结合绿色发展新形势、新任务、新要求，明确了绿色低碳转型方面需要重点支持、加快发展的产业；全面落实"双碳"目标；优化目录结构，更好厘清产业边界；拓展覆盖范围，增补重点新兴产业；明晰产业内涵，强化法规政策要求。

2. 资源循环利用与循环经济发展

循环经济也称为"资源循环型经济"（resource circular economy），是以资源高效利用为对象，以资源节约利用和循环利用为特征，以环境和谐，适应生态系统内在要求的经济发展模式。循环经济尤其强调在生产过程中把经济活动组织成一个"资源—产品—再生资源"的反馈式流程（图 14.6），实现全过程的低开采、高利用、低排放，实现所有的自然物质和能源资源能在持续进行的经济循环中，得到高效、合理和持久的利用，将经济活动对环境的不利影响降低到尽可能小的程度。

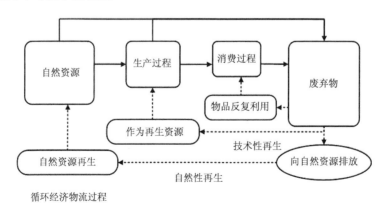

图 14.6　循环经济物质流过程关系图

循环经济在内涵上分为广义和狭义。广义循环经济指严格遵循资源高效利用和环境友好的目标开展社会生产活动，以尽可能小的资源环境代价，获得最大经济社会效益；狭义循环经济是突出在具体的生产过程中，通过废物再利用、资源再循环利用等进行再生产，在范畴上与"垃圾经济""废物经济"相当。循环经济的理论基础源自生态经济学。在宏观上，循环经济与可持续发展一脉相承，强调社会经济系统与自然生态系统的和谐共生，是一个集经济、技术和社会的系统工程；中观和微观是聚焦在生产和消费层面的具体落实和实施。比较而言，循环经济相对绿色经济发展模式具有更显著的时间性和空间性，需要在一定时间和空间范围内，通过经济活动的要素聚集和有效配置来实现（图 14.7）。

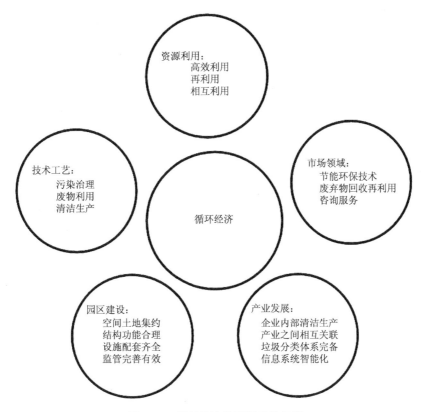

图 14.7　循环经济发展要素结构图

循环经济发展的宏观原则主要表述为：①成本优化（cost-optimization）原则，调整产业结构、优化空间布局、功能经济完善；②生态效率（eco-efficiency）原则，物质、能源、物质守恒、生命周期；③环境友好（environment-friendly）原则，预防为主、零排放，保护环境和生态系统，上升到保护整个地球，实现物质能量利用的低碳化、低能量化；④园区化（Industrial-zone）原则，生产与消费要素在空间上聚集，实现聚集效应；⑤技术跨越（Technology leapfrogging）原则，利用现代信息技术，实现经济发展的数字化；⑥信息化（通信技术、互联网技术支持）、智能化。循环经济在区域和产业园区层面秉持的理念核心是：减量化（reduce）、再利用（reuse）、再循环（recycle）原则（图 14.8），需要坚持的操作原则是：①减量化（reduce）；②去物质化（dematerialization）；③再利用（reuse）；④再循环（recycle）；

⑤绿色再制造（remanufacture）；　⑥去毒物（detoxification）；　⑦可降解（degradable）；
⑧无害化（environmental soundly）；　⑨可恢复或修复（recovery, repair）等。

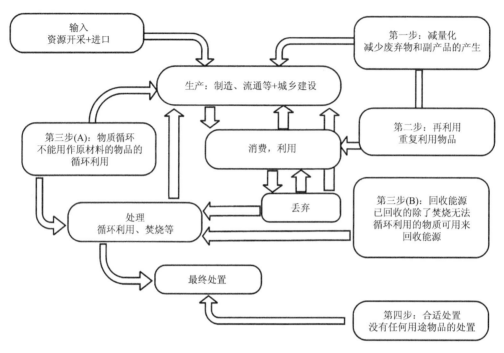

图 14.8　循环经济物质流"3R"关系图

3. 资源替代利用与低碳经济发展

低碳经济（low-carbon economy）是指在可持续发展理念和理论引领下，通过技术与制度
创新、产业转型、新能源开发等多种方式和举措，重点针对能源系统，尽可能地减少煤炭、
石油等高碳能源消耗，以低碳能源系统逐步替代高碳能源系统，以低耗能材料替代高耗能材
料，减少温室气体排放，达到经济社会发展与生态环境保护双赢的一种经济发展形态。

进入 21 世纪，在全球气候变暖日益加剧和应对气候变化成为全球共识的背景下，以低
能耗、低排放、低污染为基础的"低碳经济"成为全球热点。与低碳经济紧密相关的碳足迹、
低碳技术、低碳发展、低碳生活方式、低碳社会、低碳城市、低碳世界等一系列新概念、新
政策应运而生。低碳经济正式的官方表述来自 2003 年英国政府的能源白皮书《我们能源的未
来：创建低碳经济》。在此之后，欧美发达国家加快了产业转型步伐，大力推进以高能效、
低排放为核心的"低碳革命"，着力于"低碳技术"发展，在产业、能源、技术、贸易等政
策方面的重大调整，抢占先机和产业制高点。低碳经济虽然核心对象是能源系统，但其关联
对象却是整个耗能产业和社会，构建全方位的低碳技术体系。

低碳经济与循环经济在目标、内涵与范畴上既有联系，也有区别。最终目标上，二者都
是要实现人与自然和谐的可持续发展。在各个具体的对象上具有较高的一致性和重叠性，循
环经济与低碳经济在生产、消费过程中相互联系。循环经济理念、理论和实施在时间上相对
早于低碳经济，循环经济整合了节约资源和环境保护的目标和措施，在循环利用的同时也是

减少碳排放的过程；低碳经济相对侧重于资源的开发和利用过程低排放，着力解决高能耗、高污染、高排放问题，更关注技术的创新和科技支撑能力建设。

低碳技术包括对水能、风能、太阳能、核能、氢能、地热能、潮汐能、波动能、生物质能等清洁能源、新能源资源利用技术的创新和开发利用，也包括传统化石能源煤炭、石油、天然气在生产、生活领域的技术变革，实现对传统化石能源消费的数量下降和单位节约，涉及火力发电、工业节能、运载装备、建筑节能、节能储能材料、照明设施、生活耗能器具、资源回收、节能与环保技术装备等各领域；还包括煤炭清洁利用技术（IGCC）和碳捕捉与碳封存（CCS）技术等。

低碳经济关注的起点是碳源和碳足迹（碳流动）。目前碳排放在碳源和碳足迹上主要有4 个方面。其一是能源生产系统的火力发电排放部分，其二是非电力生产部门工业生产过程的化石燃料直接燃烧排放，其三是机动交通运输工具的尾气排放，其四是建筑运行过程的用能排放。低碳经济还是一种生活态度和生活方式，它的增长和发展需要社会大众的全面参与，以减少各种能源的消耗和载能物质的消费，是对绿色经济发展在落实层面的补充和完善。

中国作为全球第二大经济体、最大的实体经济体和最大的发展中国家，在转型发展低碳经济的进程中，也面临着挑战，主要是：

第一，中国正处在工业化、城市化的加快推进阶段，大规模基础设施建设方兴未艾，能源消费处于快速上升时期。中国虽已实现全面小康的第一个百年奋斗目标，但在新时代要更加致力于改善和提升 14 亿人民的生活水平，对能源消费需求仍将增长。在继续增长的能源消费需求中，还要避免西方发达国家以牺牲环境为代价发展的老路，是中国低碳经济发展的第一个挑战。

第二，中国传统化石能源具有"富煤、少气、缺油"的资源赋存格局，使能源生产消费结构以煤为主，虽然清洁能源供给增长较快，但到 2020 年的电力生产中火电仍占 67.88%，而每燃烧 1t 煤炭会产生 4.12t 的 CO_2，较石油和天然气单位排放高 30%和 70%，"高碳"特征的"发展型排放"致使转型难度大，是中国发展低碳经济发展的第二个挑战。

第三，中国经济的主体是实体经济，重点是工业经济，拥有全球最完整的工业结构体系，也决定了能源消费的工业主导型结构，而工业生产能耗技术与能耗种类，又加重了中国经济的高碳特征。2018 年中国工业能源消费占能源消费总量近 2/3，工业电力消费仍占全部电力消费的 67.9%，火电、钢铁、有色金属、建材、化工等高耗能产业占工业能源消费 2/3 以上，如何提升工业生产技术和能源利用效率，是中国低碳经济发展的第三个挑战。

第四，作为全球最大发展中国家，中国经济要从"高碳"向"低碳"转变，产业科技水平相对落后也是重要制约，不断丰富和完善的《联合国气候变化框架公约》，虽然在《京都议定书》和"巴厘路线图"明确了发达国家有义务向发展中国家提供技术转让和资金支持，但中国从未享受到发展中国家待遇，中国经济转型发展的科技创新和产业转型投入，基本上要由自身承担，是中国低碳经济发展的第四个挑战。

总之，绿色经济、循环经济和低碳经济在本质上都是符合可持续发展理念的经济发展模式，但它们在针对的具体问题对象、作用的范围和方式上存在一定的区别（图 14.9）。

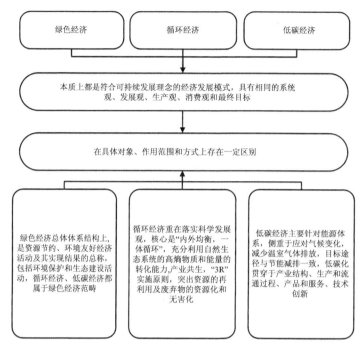

图 14.9　绿色经济、循环经济和低碳经济关系图

14.4　未　来　展　望

14.4.1　中国资源环境管理的历史演进

虽然在 20 世纪 70 年代初期，中央政府就发现和认识到资源环境管理的问题所在，在《中华人民共和国宪法》和《中华人民共和国刑法》及其系列修正案确认了资源利用和环境保护相关权利和义务，并以 1979 年制定和实施《中华人民共和国环境保护法（试行）》为开端，相继出台和实施了《中华人民共和国海洋环境保护法》、《中华人民共和国森林法》和《中华人民共和国水污染防治法》等一系列资源利用与环境保护相关法律法规，初步形成了我国资源环境管理法律体系。进入 21 世纪以后，除修订既有实施的资源利用与环境保护法律法规外，进一步出台和实施了《中华人民共和国防沙治沙法》和《危险化学品安全管理条例》等若干法律法规，形成了更为完善的资源与环境管理法律体系（表 14.3）。

表 14.3　中国资源环境相关法律法规

法律法规全名	公布日期	修正或修订日期
中华人民共和国宪法	1954 年 1975 年 1978 年 1982 年	1979 年修正、1980 年修正 1988 年修正、1993 年修正、1999 年修正、2004 年修正、2018 年修正
中华人民共和国刑法	1979 年	1997 年修订、1998 年修正、1999 年修正 2001 年第一次修正和第二次修正、2002 年修正、2005 年修正、2006 年修正、2009 年第一次修正和第二次修正、2011 年修正、2015 年修正、2017 年修正、2020 年修正、2023 年修正
中华人民共和国环境保护法（试行）	1979 年	

续表

法律法规全名	公布日期	修正或修订日期
中华人民共和国森林法（试行）	1979 年	
中华人民共和国海洋环境保护法	1982 年	1999 年修订、2013 年修正、2016 年修正、2017 年修正、2023 年修订
中华人民共和国森林法	1984 年	1998 年修正、2009 年修正、2019 年修订
中华人民共和国水污染防治法	1984 年	1996 年修正、2008 年修订、2017 年修正
中华人民共和国草原法	1985 年	2002 年修订、2009 年修正、2013 年修正、2021 年修正
中华人民共和国矿产资源法	1986 年	1996 年修正、2009 年修正
中华人民共和国土地管理法	1986 年	1988 年修正、1998 年修订、2004 年修正、2019 年修正
中华人民共和国大气污染防治法	1987 年	1995 年修正、2000 年修订、2015 年修订、2018 年修正
中华人民共和国水法	1988 年	2002 年修订、2009 年修正、2016 年修正
中华人民共和国野生动物保护法	1988 年	2004 年修正、2009 年修正、2016 年修订、2018 年修正、2022 年修订
中华人民共和国环境保护法	1989 年	2014 年修订
中华人民共和国水土保持法	1991 年	2009 年修正、2010 年修订
中华人民共和国农业法	1993 年	2002 年修订、2009 年修正、2012 年修正
中华人民共和国固体废物污染环境防治法	1995 年	2004 年修订、2013 年修正、2015 年修正、2016 年修正、2020 年修订
中华人民共和国煤炭法	1996 年	2009 年修正、2011 年修正、2013 年修正、2016 年修正
中华人民共和国环境噪声污染防治法	1996 年	2018 年修正
中华人民共和国防震减灾法	1997 年	2008 年修订
中华人民共和国节约能源法	1997 年	2007 年修订、2016 年修正、2018 年修正
中华人民共和国消防法	1998 年	2008 年修订、2019 年修正、2021 年修正
中华人民共和国气象法	1999 年	2009 年修正、2014 年修正、2016 年修正
中华人民共和国防沙治沙法	2001 年	2018 年修正
中华人民共和国海域使用管理法	2001 年	
中华人民共和国环境影响评价法	2002 年	2016 年修正、2018 年修正
中华人民共和国清洁生产促进法	2002 年	2012 年修正
中华人民共和国放射性污染防治法	2003 年	
中华人民共和国可再生能源法	2005 年	2009 年修正
中华人民共和国农产品质量安全法	2006 年	2018 年修正、2022 年修订
中华人民共和国城乡规划法	2007 年	2015 年修正、2019 年修正
中华人民共和国循环经济促进法	2008 年	2018 年修正
中华人民共和国旅游法	2013 年	2016 年修正、2018 年修正
中华人民共和国环境保护税法	2016 年	2018 年修正
中华人民共和国土壤污染防治法	2018 年	
中华人民共和国反食品浪费法	2021 年	
中华人民共和国海洋石油勘探开发环境保护管理条例	1983 年	
风景名胜区管理暂行条例	1985 年	
对外经济开放地区环境管理暂行规定	1986 年	
野生药材资源保护管理条例	1987 年	
化学危险物品安全管理条例	1987 年	

续表

法律法规全名	公布日期	修正或修订日期
放射性同位素与射线装置放射防护条例	1989 年	
中华人民共和国防治海岸工程建设项目污染损害海洋环境管理条例	1990 年	2007 年修订、2017 年修订、2018 年修订
中华人民共和国大气污染防治法实施细则	1991 年	
中华人民共和国陆生野生动物保护实施条例	1992 年	2011 年修订、2016 年修订
基本农田保护条例	1994 年 1998 年	2011 年修订
中华人民共和国自然保护区条例	1994 年	2011 年修订、2017 年修订
淮河流域水污染防治暂行条例	1995 年	2011 年修订
农药管理条例	1997 年	2001 年修订、2017 年修订、2022 年修订
中华人民共和国水污染防治法实施细则	2000 年	
危险化学品安全管理条例	2002 年	2011 年修订、2013 年修订
放射性同位素与射线装置安全和防护条例	2005 年	2014 年修订、2019 年修订
防治海洋工程建设项目污染损害海洋环境管理条例	2006 年	2017 年修订、2018 年修订
防治船舶污染海洋环境管理条例	2009 年	2013 年修订和第二次修订、2014 年修订、2016 年修订、2017 年修订、2018 年修订
古生物化石保护条例	2010 年	2019 年修订
城镇排水与污水处理条例	2013 年	

在管理组织机构方面,1988 年正式成立了国务院直属的国家环境保护局,1998 年升格为国家环境保护总局,2008 年 7 月进一步组建环境保护部,成为国务院正式组成部门,2018 年最新一轮改革又正式将生态文明建设纳入国家环保管理体系之中,组建功能更加完善的生态环境部;同时,资源管理机制从多头管理逐步走向单一化集中管理,表现在同时组建了生态环境部和自然资源部。目前,中国的资源环境管理的法律法规体系已基本形成,国家层面的相关法律法规已达百余件,法律类全部由全国人民代表大会颁布和监督实施,法规类由县级以上人民代表大会颁布和监督实施,以及由国务院和地方县级以上人民政府制定和实施。

14.4.2 资源环境管理的类型与方式

资源环境管理按政策类型分类,大致划分为五种:①按政策性质划分为管制政策、经济政策、教育与信息政策;②按政策层级划分为法律、法规、条例、意见、通知、办法和实施细则;③按政策激励机制功能划分为政治、经济、财政、税收、文化等;④按政策构成关系划分为独立政策、互补政策、交叉政策、承接政策、冲突政策和缺失政策;⑤按政策的国内外差异划分为国家政策和国际政策。当代国家在管理方式或手段上,大致划分为法律管理、经济管理和行政管理三种类型。国家之间的资源环境管理合作,大多是通过具有法律约束性的协议和相应配置的运行机构来保证和实施。

14.4.3　中国的资源环境管理展望

中国资源环境管理正在快速推进大数据和人工智能技术的深度融合发展。通过大数据和人工智能技术，可以实现自然资源数据的快速获取、处理和智能分析，建立有效的自然资源监测和分析体系，优化自然资源管理流程。面向多尺度、多主体和多目标优化的自然资源大数据平台快速发展，将通过整合多源数据和提供数据共享服务，支持综合性、系统性且更加细致的资源评估和规划。数据整合和优化技术的应用将提升数据质量和可用性，解决数据标准化问题。基于多源空间数据的决策支持系统将帮助决策者更好地认识自然规律、生态规律和经济规律，预测模拟自然资源利用对自然环境系统和社会经济系统的复杂作用及其关联影响，支持高效、精准和智能化的资源利用与环境保护科学决策。同时，随着相关法律法规不断完善和实践经验积累，中国的资源环境产权制度改革将更加符合实际发展需求。

练 习 题

1. 如何理解资源与环境和生态之间的区别和联系？
2. 如何识别与判断资源环境外部性问题？
3. 资源环境问题有哪些主要缓解路径？
4. 如何辨析中国经济发展与资源环境承载力的关系？
5. 如何选择可持续发展理念下的发展模式？

主要参考文献

陈德第, 李轴, 库桂生. 2001. 国防经济大辞典. 北京: 军事科学出版社

方克定. 2018. 立足资源优势 共建生态文明—国土空间利用 40 年回顾与展望. 中国自然资源报

封志明, 杨艳昭, 闫慧敏, 等. 2017. 百年来的资源环境承载力研究: 从理论到实践. 资源科学, 39(3): 379-395

高世楫, 俞敏. 2021. 中国提出"双碳"目标的历史背景、重大意义和变革路径. 新经济导刊, (2): 4-8

葛全胜, 等. 2011. 中国历朝气候变化. 北京: 科学出版社

国家发展改革委, 工业和信息化部, 自然资源部, 等. 2019. 关于印发《绿色产业指导目录(2019 年版)》的通知. 中国煤炭, 45(4): 1

国家发展改革委, 国家能源局. 2016. 能源技术革命创新行动计划(2016-2030). 电力与能源, (3): 370

国务院. 2017. 国务院关于印发全国国土规划纲要(2016-2030 年)的通知. 中华人民共和国国务院公报, (6): 35-64

何利, 沈镭, 陶建格, 等. 2019. 再生资源回收利用的理论研究与实践进展综述. 资源与产业, (4): 60-67

黄成峰. 2020. 论在新时代统揽"四个伟大"的实践. 学理论, (10): 8-12

兰德尔. 1989. 资源经济学——从经济学角度对自然资源和环境政策的探讨. 施以正译. 北京: 商务印书馆

李广池. 2012. 中国环境质量改善的思考. 能源与节能, (12): 68-69

李文华, 成升魁, 梅旭荣, 等. 2016. 中国农业资源与环境可持续发展战略研究. 中国工程科学, (1): 56-64

李曦辉, 黄基鑫. 2019. 绿色发展: 新常态背景下中国经济发展新战略. 经济与管理研究, (8): 3-15

厉以宁, 章铮. 1995. 环境经济学. 北京: 中国计划出版社

廖慧璇, 籍永丽, 彭少麟. 2016. 资源环境承载力与区域可持续发展. 生态环境学报, (7): 1253-1258

刘征, 阳艾利, 高攀峰, 等. 2018. 我国环境政策协同机制及存在的问题初探. 改革与开放, (15): 42-44

马克思, 恩格斯. 2012. 马克思恩格斯选集(第 3 卷). 北京: 人民出版社

马莉. 2011. 资源环境审计理论动因分析. 会计师, (9): 109-110

马永欢, 吴初国, 林慧, 等. 2019. 完善全民所有自然资源资产管理体制研究. 中国科学院院刊, (1): 60-70

欧阳志云, 王如松, 赵景柱. 1999. 生态系统服务功能及其生态经济价值评价. 应用生态学报, (5): 635-640

皮尔思, 杰瑞米·沃福德. 1996. 世界无末日: 经济学、环境与可持续发展. 张世秋, 等译. 北京: 中国财政经济
　　出版社

钱正英, 沈国舫, 刘昌明. 2005. 建议逐步改正"生态环境建设"一词的提法. 科技术语研究, (2): 20-21

任保平. 2019. 新中国 70 年经济发展的逻辑与发展经济学领域的重大创新. 学术月刊, 51(8): 27-36

沈镭. 2005. 资源的循环特征与循环经济政策. 资源科学, (1): 32-38

沈满洪, 马永喜, 谢慧明, 等. 2015. 资源与环境经济学. 2 版. 北京: 中国环境出版社

盛馥来, 诸大建. 2015. 绿色经济: 联合国视野中的理论、方法与案例. 北京: 中国财政经济出版社

石玉林, 陈传友, 何贤杰, 等. 2006. 资源科学. 北京: 高等教育出版社

世界环境与发展委员会. 1997. 我们共同的未. 长春: 吉林人民出版社

孙鸿烈, 郑度, 夏军, 等. 2018. 专家笔谈: 资源环境热点问题. 自然资源学报, 33(6): 1092-1102

孙彦泉. 2003. 环境科学与生态文明建设. 前沿, (2): 120-124

汤姆·提腾伯格, 琳恩·刘易斯. 2011. 环境与自然资源经济学. 北京: 中国人民大学出版社

王傲雪. 2015. 关于绿色产业概念与特征的界定研究. 现代经济信息, (15): 370-371

王克强, 赵凯, 刘红梅. 2015. 资源与环境经济学. 上海: 复旦大学出版社

乌节, 袁雯. 1992. 绿色计划: 对加拿大的挑战. 世界科学, (5): 26-28

谢平. 2013. 从生态学透视生命系统的设计、运作与演化——生态、遗传和进化通过生殖的融合. 北京: 科学
　　出版社

解振华. 2019. 中国改革开放 40 年生态环境保护的历史变革——从"三废"治理走向生态文明建设. 中国环
　　境管理, 11(4): 5-10, 16

姚华军, 张润丽. 2007. 构建和谐社会资源环境管理政策的思考. 中国地质大学学报(社会科学版), (4): 15-20

曾克峰, 刘超, 陈昆仑. 2013. 环境与资源经济学教程. 武汉: 中国地质大学出版社

赵建安. 1996. 我国资源开发利用中的价格问题. 自然资源学报, (4): 326-332

赵金虹. 2020. 绿色发展要求背景下我国经济发展方式转变探究. 知识文库, (15): 196, 198

中共中央. 2019. 中共中央关于坚持和完善中国特色社会主义制度 推进国家治理体系和治理能力现代化若
　　干重大问题的决定. 当代党员, (22): 7-17

中共中央办公厅. 2021. 国务院办公厅印发《关于进一步加强生物多样性保护的意见》. 环境科学与管理,
　　46(10): 1-4

中华人民共和国全国人民代表大会常务委员会. 2008. 中华人民共和国循环经济促进法. 中华人民共和国全
　　国人民代表大会常务委员会公报, (6): 558-564

中华人民共和国生态环境部. 2019. 2018 年《中国生态环境状况公报》. 环境保护, (12): 50-55

周全, 董战峰, 杨昭林, 等. 2020. 绿色经济发展的国际经验及启示. 环境经济, (6): 56-61

Hardin G. 1968. The tragedy of the commons. Science, (162): 1243-1248

Raworth K. 2017. Doughnut Economics: Seven Ways to Think Like a 21st-Century Economist. London: Random
　　House Business Books

Steffen W, Richardson K, Rockstrom J, et al. 2015. Planetary boundaries: Guiding human development on a
　　changing planet. Science, 347(6223): 736-746